善經濟

經濟的利他思想與實踐

何日生 著

本研究特別感恩敦和基金會提供贊助與支持；
也感恩劍橋大學、牛津大學、慈濟基金會協助提供學術研究資源。

目次

推薦序

為世界大同提供想像與思辨的起點

國立政治大學社會科學院院長　江明修

聞日生兄大作即將問世，並有幸先前拜讀，深感敬佩。近年來，他常於歐美等國與兩岸之間往來講學研究，尤其在「善學研究」、「善經濟」、「善治理」、「圓組織」等相關議題上，用心精研，並著墨甚深，實為學人孜孜遊學之典型。

日生兄從媒體界進入慈濟奉獻，均以證嚴上人的思想精髓為根基，從歷史的脈絡和世界發展的趨勢衍論，深入探究「善經濟」在東西文化中的發展的歷程、典範、可能性，以及對於社會進步的積極意義，誠為具有整合、創新與跨界意涵的力作。

自古以來，人類文明面臨利他 v.s. 利己、平等 v.s. 自由、個體善 v.s. 群體善等兩難議困局，包括在慈善領域的發展或限制，在在彰顯出人類文明在這些議題上的自我覺察和反思。尤其是，二十一世紀以來，互聯網和ＡＩ等新科技的不停躍進突破，使人類生活的即時相互滲透，已經到了無遠弗屆，更進而催生許多新興現象與機制的浮顯，例如社會企業、地方創生、共享經濟、微型金融、科技向善等議題，都已經引發社會廣泛的關注和討論。然而，善惡相依，人類利用創新科技與機能的為惡能耐，也同時大幅地擴張，更讓世界更加地動盪、混亂與價值混淆。

人類追求合乎公平正義的經濟生活之願景，離不開追求人與神的關係、人與自然的關係、人與人的關係，「善經濟」為我們觸發了新的思考維度，重新審視「善性」在人類經濟生活中之催化作用，並為人類社會經濟秩序提供新的典範。人類面對如此變局之當下，如何發掘文化和社會生活中「善性」的力量，並實踐於經濟、文化、自然、人民福祉等面向，已經是刻不容緩的當務之急，而我們當可通過此書與己對話、與多元文化對話、與衝突對立的世界對話，相信對全球永續與世界和平，有其重要啟示作用。

面對資本主義與社會主義兩大思潮的貧乏與相互為害，「善經濟」可提供延續傳承、且面向未來的「第三條路」，可以為全球一家、世界大同的前景，提供一些想像與思辨起點。

因此，除了探索價值重建的方向外，我們更期待以後有更多環繞「善」的政治、經濟、社會、文化機制與制度的形成。爰此，許多古典的普世命題也必須面對，探究其與「善」的結合之道，例如：個人自由的保障，人民就業、教育與福利的保障，民主的優化與鞏固，科學、教育與講學自由的確保與促進等。千里之行，始於足下，期待此書成為「千年一仞」的經典先聲。

推薦序

以王道信念建立善的循環

施振榮
宏碁集團創辦人／智榮基金會董事長

因慈濟的因緣認識本書作者何日生先生已十餘年，最近他暫時停職放下手上的慈濟工作，到大陸北京大學、英國牛津及劍橋大學以及美國哈佛大學、哥倫比亞大學進行研究及講學。

何先生對「善經濟」這個議題有很深的認識，他從歷史、哲學、宗教及現代資本主義的不同觀點及角度切入，深入研究並在比較分析後提出論述，對於組織建立善經濟的思維及有效落實值得參考。

我認為書中所談的善經濟，與我所推動的王道思維，目標都是在引導組織往善的、對的方向發展。所謂的王道就是大大小小組織的領導人之道，同樣善的組織也要靠領導人有思想及信念，以身作則，才能建立善的生態，讓善經濟循環下去。

宏碁在創立的第一天就以「人性本善」作為企業文化的基本信念，也因此為企業及社會培育許多人才，創造許多「間接、無形、未來」的隱性價值，也對許多企業、家庭及社會帶來深遠的影響，建立起善的正面循環。

「善經濟」十分強調利他的重要性，這和我所談的「利他是最好的利己」，都同樣是重視創造「間接、無形、未來」的隱性價值，相信也只有透過利他才能永久利己，建立源源不斷的善循環，並將所創造的價值由隱性價值逐漸轉化為顯性價值。

本書作者用心推動善經濟及善循環，值得大家進一步深入了解，並將善的信念內化在自己及組織的文化中。我四十多年來也是堅持王道的信念，一路走來以實踐「利他」，為社會創造許多顯性及隱性的價值，最終也都證明秉持善的信念定能建立起良性的循環而生生不息。

推薦序

營善研善　根深廣披

林俊龍
佛教慈濟醫療財團法人執行長

醫療事業的根本是善與愛。

從事醫師為志的出發是善，醫院的一切設施用來救治病人是善，醫療的結果是人人的健康，都是歸向善。

當我進入醫業時，我鄭重地保證，要奉獻一切為人類服務，憑著良心跟尊嚴從事醫業，病人的健康為我首要顧念……

身為醫師，從大聲讀出希波克拉底斯（Hippocrates）醫師誓詞開始，甚至更早的習醫初衷，就已將利益眾生的理念，列為行醫時的首要準則。

二〇二〇開春，「新冠肺炎」蔓延全球許多地區，越來越多新興傳染疾病藉著全球化交通的便利，散播得更快更廣更遠。身為醫師，不能只顧著眼前的病人狀況，更要放眼世界，了解疫情，並以保護全球眾生的角度去思考與規劃應對之道。醫療不是以營利為目的之行業，看看在臨床第一線就算奉獻生命也要醫治病人的醫療從業者，多麼令人敬佩，他們都是醫業的典範。以新冠肺炎來看，全球醫界透過網路，即時交換醫治經驗，分享病症資訊，研討傳播途徑，研發疫苗新藥等等，這些都是以保護全體人類為出發，也就是根植於善，從善出發。

醫療在當今社會是一個龐大的經濟體系。從建院所調動的經濟資源，到日常營運所涉及的無不是經濟活動，但這一切的經濟活動都離不開善與愛。

慈濟醫療志業多年來，全心全力推動「全人醫療」與「健康促進醫院」，針對四大面向：病人家屬、社區、同仁與環境，多管並進，努力營造。這是因為醫療的本質是要讓病者重獲健康，無病者維持健康，更重要的是讓社區的健康促進活動成為常態，全面提升民眾身心靈的健康。為此，對於醫院本體與周遭環境也考慮環保與對地球友善的面向，具體實踐綠建築概念，推行垃圾減量、資源分類回收、太陽能集電面板使用等；院區道路鋪設連鎖磚，讓土地呼吸，雨水也能回歸大地；中水回收設備將雨水、廢水等，用於馬桶、園藝；熱汞回收冷氣熱能製作熱水；全院同仁及病房都推行使用環保餐具。

除此之外，遍布在全球十三個國家地區，八千多位擁有醫療專業與六千多位後勤志工所組成的國際慈濟人醫會，在世界各地偏鄉海角或災難現場義診，至二〇一八年底為止，總計在五十個國家地區，累計完成一萬六千多場義診，受惠病人超過三百萬人次。這些都是醫療以善為根基所呈現的成果。

認識何教授已二十餘年了，最早是在洛杉磯的美國慈濟分會相識。當年這位年輕的電視新聞主播婚後赴美深造，賢伉儷二人充滿熱誠投入慈濟慈善與人文的志工服務，創辦《美國慈濟月刊》，也參與拍攝《美國慈濟世界》的影片在南加州華語頻道播放，傳播慈濟行善利他的理念。轉眼間，在證嚴上人殷殷期待之下，我辭去洛杉磯北嶺醫學中心院長一職，回到花蓮慈濟醫院服務；而何教授學成之後，亦重返臺灣新聞界，爾後夫妻二人皆回到慈濟志業體任職，現在兒子也受證成為慈濟志工，一家人將證嚴上人教導的「慈濟理念」融入了生命之中。何教授在北京大學取得哲學博士學位後，對於慈濟學研究融入更深，亦發起舉辦「慈濟論壇」，將慈濟行善利他理念與海內外各著名大學進行交流，將利益眾生的佛教理念發揚光大。

欣聞何教授在英美訪學期間研究撰寫的《善經濟》一書即將付梓，期能持續推動「以善為根」之經濟體系，造福社會，樂為之序，感恩。

推薦序

商業向善、資本向善

聯合國影響力投資顧問、原招商銀行行長
馬蔚華

近年來，商業向善逐漸成為一種潮流。我們可以從理論與實踐上分析這種潮流的出現。可以看到，商業逐漸從最大化股東利益向創造社會價值的利益相關方利益轉變。

從理論角度看，經濟學家們的觀點在轉變。諾貝爾經濟學獎得主彌爾頓・傅利曼（Milton Friedman）一九七〇年在《紐約時報》發布文章，認為「企業管理者對股東負責，股東利益就是利潤」，企業管理者的特長是賺取利潤而非解決社會問題。他認為，企業為慈善事業捐贈不符合社會自由的原則。這種理論觀點在當時社會環境下，或許代替了主流思想。

隨著時間的推移，有學者提出不同意見。

另一位諾獎獲得者肯尼斯・阿羅（Kenneth Joseph Arrow）認為傅利曼的假設存在漏洞：這些假設忽略甚至否定了部分企業尋求社會和環境好的事實。阿羅認為，企業應習慣相應的社會責任。

一方面，企業在生產過程中或其產品會產生負面溢出效應。比如農藥雖然可以殺死害蟲，但也可能消滅益蟲和破壞土壤環境。這些後果誰來承擔呢？所以，企業有責任解決這些社會問題。

另一方面，每個行業的生產力不對稱。如果一味追求利潤，勢必造成不同行業間收入差距的擴大，形成貧富差距懸殊。

愛德華．弗里曼（R. Edward Freeman）從上世紀八〇年代就在研究商業倫理。他認為「在社會關係日趨複雜的情況下，個體是無法生存的，所有企業和個人都要同周圍的人和事物產生關係」。因此，企業需要處理好與利益相關方的關係才能實現可持續發展（相關方包括員工、消費者、社區環境等）。

以上是理論界對商業向善的看法。從實踐的角度看，商業向善可追溯到一、兩千年前的宗教時代。比如，《可蘭經》中提到借款人不能收利息；如今伊斯蘭國家，貸款的利息還是比較低的。佛教對人們如何對待金錢也有類似的觀點。釋迦牟尼佛認為，人們實際能支配的財富只有五分之一，其餘的要交稅、施捨、贈與。人不能為牟取暴利鋌而走險。

關於基督教，一七六〇年，衛理派創始人衛斯理說，人們在賺錢時不能傷害他人的心靈、健康和財富，不能投資戰爭、菸酒等「邪惡」貿易。這些證明，在古代，商業向善的觀念已出現。在中國文化也有「窮則獨善其身，達則兼濟天下」的觀念。

二十世紀中葉，美國民權運動領袖馬丁．路德．金恩發起蒙哥馬利巴士抵制等一系列人權運動，是典型的消費者迫使企業在消費者權益方面履行社會責任的案例。

另一個例子是越戰時期，一些美國公司生產投入戰爭的化學品，如凝固汽油彈。當時《紐約時報》刊登了一張照片，一名越南女童背部被凝固汽油彈大面積燒傷。這件事引起社會對戰爭的極大反感，人們開始抵制這家公司的股票，迫使它減少或停止生產這些產品。

所以，社會責任、社會價值越來越被廣大社會所接受。

從八〇年代到本世紀初，責任投資、可持續發展投資陸續出現。部分企業家開始注重在投資及生產過程中避免產生不良的社會和環境後果，直接把發展和環境、可持續發展和治理作為商業決策的重要因素。

二〇〇四年，聯合國推出非強制的責任投資原則，為企業「不作惡」和可持續發展提供建議。美國有一個多米尼四百社會指數（Domini 400 Social Index），它選取了四百個既有經濟效益又有社會效益的上市公司，過去十年，多米尼四百指數一直跑贏標普五百，這說明大家非常贊成這樣又有經濟效益又有社會效益的企業。

在中國大陸，我們的「社投盟」也嘗試設計了一個多米尼指數這樣的股票。我們從深滬三百中選出九十九支股票，我們把它叫「義利九九指數」，這九十九支股票也是按照經濟效益和社會責任的這些原則選出，它的結果是過去六年，這義利九九支的收益指數不只跑贏深滬三百，也跑贏中國社會所有的指數。這證明企業向善，在資本向善。

商業向善為金融向善提供理論與實踐的基礎，因為金融本質也是商業，只是金融向善會前所未有地極大加快商業向善的規模和力度。

現在我們所處的階段，從二十一世紀開始至今，我們稱之為新公益時代，其核心內涵是商業模式被引入公益領域，本質是公益與金融的結合，最明顯的趨勢是影響力投資的快速發展。

為什麼出現這種新公益的形式？近二十年，全球經濟增長得非常快，與此同時，財富的積聚也很快。蘋果公司在不到二十年，市值達到約八千億美元，相當於印度尼西亞的國民生產總值。中國大陸的騰訊在去年（二〇一九）十一月時市值超過五千億美元，在過去十二年的時間增長了六百五十六倍，它的市值相當於一些中等國家的國民生產總值，都是富可敵國。

全球經濟和財富高速發展的背後是什麼？那就是科技革命、金融創新、資本市場和全球化。

在經濟發展的同時，我們也看到，出現越來越多的成長中的煩惱，這包括生態環境的惡化、環境的破壞、貧富差距的加大、社會不公平的現象增多，同時也影響了經濟的可持續發展。

為了應對這些社會問題，實現經濟的可持續發展，需要大量的資金投入。我覺得影響力投資可以解決這些問題。影響力投資正迅速在全球發展和增長。一方面，財富的增長引起社會問題，需要從財富本身解決。影響力投資、公益金融是當今社會人性向善、商業向善和金融向善的必然要求。影響力投資已經成為全球的趨勢。它符合當前人心向善，世界向善的趨勢。

推薦序

為善意志業描摹出方向與重點的難得之作

閻雲
臺北醫學大學前校長

日生兄貢獻慈濟志業經年，凡對法脈宗門之源流、理論依據，皆契合證嚴上人之理念。日生兄近年對於慈善組織之永續發展有深刻之認識，特別對佛教之經濟學頗有深究。在其英倫遊學期間，將其體會合集成冊，以教於世人。

此書不僅涵蓋善的經濟學，更對西方自羅馬時期，乃至中古教會之教產孳息之態度，更至海洋文化對個人主義之興起與資本主義的起源皆有描述。而對中華文化及儒釋道對經濟之態度亦有深入淺出之勾勒，對中西雙方對經濟之態度相互呼應頗有了解。其畫龍點睛之重點在於善的經濟即為利他之經濟，所謂利人即利己，利眾即是利潤，其言簡意賅，實為難得之佳作。其利他之善經濟更可為非營利事業、善意志業描摹出方向與重點，讀之獲益良多。

自序

寫在《善經濟》一書之前

二〇一八年的春天，我到了劍橋大學作為訪問學人，從事「善經濟」的研究。我在康河邊上租了一個小公寓，正面對著康河。從二樓公寓的窗口望去，就看到康河柔美的身影。四月的劍橋仍略顯冰冷，屋子的四周環繞著大片的草地，層層的樹林包裹著閒適的小鎮，而幽靜的康河，在濃密柳樹的垂愛下，靜靜地流淌著，穿越整個劍橋大學的學區。

康河，就是劍橋不朽的靈魂，也像是劍橋永恆的戀人，曾經讓徐志摩深深地著迷，寧願待在康河邊的草地上，也不願泡在圖書館裡。但我可不行，我每天早晨騎著單車，穿過優雅的古老建築、踩著片片石塊堆疊的街道，穿過一座歷經六百多年的老教堂，教堂的牌樓上寫著：「歡迎聖人、罪人、富人、窮人、居豪宅者，或無家可歸者，都到教堂來用餐。」這是古老基督文明善經濟的情懷，這也是劍橋深厚人文精神之體現。

劍橋大學的圖書館坐落在一片森林裡，很安靜、有點與世隔絕，這正是我需要的環境。我也常在東亞學院（FAMES-Faculty of East Asia and Middle East Study）圖書館的研究室裡待著，東亞學院圖書館的宗教與東亞文化的藏書量十分豐富，在這裡可以與教授們交流彼此的研究。

寫作、閱讀，一天的時光很快地過去。傍晚之際，我常在康河邊上靜坐，赤腳踩著草地，感受到大地的能量和歡喜。讓夕陽的餘暉沉澱所有的思緒。這是劍橋。

沒有比身處靜謐的環境，心靈思緒更為澎湃。我此行是研究人類歷史以來各經濟體系中「善的文明」。這也是我在慈濟從事慈善十八年的工作當中，深感善的力量，而思索如何從慈善中的善，提煉為經濟中的善。

劍橋東亞學院的對面就是經濟學院，偉大的經濟學家凱恩斯就在這裡提出他的經濟主張。他的計畫經濟思想，挽救了一九三〇年代美國的經濟大蕭條。羅斯福總統以新政，擴大內需，重振美國經濟。當年臺灣的蔣經國先生也是以十大建設，擴大內需，政府的調控創造臺灣亞洲四小龍的經濟榮景。鄧小平四個現代化的經濟改革，同樣是在凱恩斯的經濟思想影響下，締造全世界最大的經濟實體之一。

凱恩斯眼中的經濟理想是國家與個人的富足。但富足不是經濟的最終目的。富足不等於幸福。幸福，必須建立「愛的關係」，豐富「心靈價值」，創造「社會公共利益」，這才是社會及個人幸福的榮景。我把這樣的境界稱為「善」，而環繞著這種價值的經濟體系是為「善經濟」。

在東西方文明中，善一直是各文明的核心議題。對於西方，善是真理。對於中國，善是利益萬民、利益萬物。

孔子聽到武樂說：「盡美矣，未盡善也。」聽到韶樂說：「盡美矣，又盡善也。」這兩段話的意思是達到美還不夠，還要善。所以，美不離善，美必須趨於善，才是圓滿。

孔子在《禮記》裡也說：「雖有至道，弗學，不知其善也。」這說明，真理必須是善。學，即實踐。真理必須實踐，才知道其益處。善有「受益」之意。善不是以一項真理框限每一個人，而是造福每一個人。雖有最高的真理，如果不能讓人獲益，這真理就不善。所以真理必須善，對於生命的完整性，善比真理還要究竟。

中國人眼中善的意涵，從造字中就可以看出。善，就是一人一口羊。每個人都有，每一個都享受幸福，每個人都生活在共容、共享、共榮的社會那才是善。

西方哲學的始祖柏拉圖講「至善」（Summom Bonum），強調真理，追求最高的真理。但中國人的善不是去追求、認知最高的真理，然後用這真理來衡量世間的一切。中國的善是各人「善其所善，美其所美」，才是善。如孟子言：「可欲之謂善」，「充實之謂美」，滿足人民所需要的就是善，每個百姓都擁有幸福才是美。所以說「充實之謂美」。[1]

連主張生命要復歸於「無」的老子都強調：「上善若水，水善利萬物而不爭，處眾人之所惡，故幾於道。」善利萬物，連惡都要去靠近、去幫助。所以不是打擊惡，而是教化惡。直到世間的一切的惡都轉化為善，才是善。

所以善，就是利他。利益萬民，利益萬物。

其哲學的最高理想是，與萬物合一、與萬法合一，是為共善。

其實踐方式是，與一切的人事物都建立愛的關係，是為共善。

善是利他。「善經濟」就是從利他的角度從事經濟活動。經濟的主體就應該是利他。

利他才能得到幸福

本書論證在經濟活動中，利他才能利己，利眾才能利潤。[2]利他不是為己，利他無損自己，利他是更好的利己。

然而我們常認為「自利，就能利他」。這是十八世紀亞當．斯密（Adam Smith）告訴我們的觀點。亞

1　孫家琦編（二〇一九），〈盡心下〉，《孟子》。新北市：人人出版，頁三三九。
2　白岩松觀點。

當．斯密讓原本就有自私面向的人類深信，只要我們為著自己的利益努力，就會有一隻看不見的手，分配這些利益到社會中的每一個人手上，因而最終促進社會整體的均富與幸福。但是我們知道，亞當．斯密的預言從來沒有發生過。資本社會中的貧富差距從來沒有弭平過，甚至還有益趨加深的危機。

今天，全世界仍有八億人活在貧窮線以下。按聯合國的標準，每天生活在一塊美金以下的就是窮人。劍橋大學費茲威廉學院（Fitzwilliam College）的安古斯．丹頓教授（Angus Deaton）研究指出，美國人只要每天捐助美元15分，就能挽救這八億人口脫離貧窮線。但困難在於：第一、不太可能每一個人都如此發善心；第二、這些錢的分配通常無法真正給予到那些需要幫助的人手上。層層剝削使得即使有善心人士捐出足夠的錢，也無法挽救世界的貧窮。

我們設想如何能夠讓這八億人脫離貧困？以亞當．斯密的觀點，永遠無法挽救這些貧窮。因為自利之心，追逐的是自我的利益，不是公益。

自利之心的滿足永遠沒有底線，每一個人都追求自我的慾望，這慾望是無底洞。如同「邊際效益遞減理論」告訴我們，當人獲得第一個一百萬很快樂，但是第二個一百萬就沒有那麼興奮，因為兩百萬只有一百萬的兩倍。

所以也許賺到第一個一億元很快樂，但是第二個一億元這種快樂就遞減了。當人期盼得到從一塊錢到一百萬的那種快樂，他需要的是一百萬倍的金錢。一百萬元的一百萬倍是多少？邊際效益遞減，那種快樂的獲得是要賺一萬億。但是有多少人賺一萬億，有一萬億之後，下一個一萬億又邊際效益遞減。如此永遠無法滿足與快樂。

人在慾望中永遠不可能真正快樂。

人心有追逐無限的本質。追逐無限的心指向慾望，就永遠不滿足，永遠無法快樂。追逐無限的心指向付出，付出無限，得無限的快樂。

所以從心理層次言之，利他比利己更容易得到快樂與幸福。

達爾文從生物學研究物競天擇，他歸結，互助的物種比起自利的物種更具競爭優勢。所有生存下來的物種，都是具備互助與利他的本能與機制。

醫學科學家已經發現動物身上有利他慈悲的區塊，稱之為「Temporal Cortex」。實驗室中，當老鼠看到同類被殺害，慈悲利他區塊會放大。人類也一樣，看到他人布施，或他人苦難，自己慈悲利他的區塊會放大。慈悲利他可以被激發，可以被放大。只要我們認知到，利他比起利己更有助於自我與群體的發展，人類會更積極地，更大幅度地實踐利他。

各文明經濟體系中的善

吾人探討「善經濟」，是從利他的角度，重新審視人類歷史以來各文明經濟體系中的善和利他的思想與實踐。吾人沒有時間探討惡，而是把推動每一個經濟文明背後的善與利他思想總結出來，闡述人類文明經濟體系中的善之模式，以及善如何在推動經濟發展中產生積極的作用。

古老的蘇美文明距今約八千年，蘇美文明中的《吉爾加美什》史詩，就預示人類文明對邁向城市化、機械化所產生的恐懼。因為城市化加深社會的貧富差距，機械化使人與自然衝突加劇，《吉爾加美什》史詩是古老蘇美文明善經濟的反思。

希臘神話詩篇〈工作與時日〉（Works and Days）強調經濟生活中勤奮與節制的美德。貪慾造成生命的最終潰敗。所以亞里斯多德說，經濟活動的目的是幸福不是金錢。一味追逐金錢反而遠離幸福。幸福，以亞里斯多德觀之，是必須與人建立愛的關係，參與公共服務，具備哲學的反思與遵循心靈的快樂。

猶太文明是人類最具智慧的商業文明之一。猶太人認為上帝給他們的賞賜都在人間，不在天堂。猶太人將所有心力關注在現世的成就。猶太人也謹守安息日。安息日教導善於做生意的猶太人，從小就理解人必須在有限制的條件底下工作；工作時間是有限的，經濟資源是有限的，但是人必須在有限制的條件下，求取最大的經濟利益與生活幸福。

中國儒家的財富觀強調富而有仁德，富有而能和合。所以聖人孔子告誡弟子：「富有天下而無怨財，布施天下而不病貧。」[3]擁有財富不是問題，社會中一切關係的圓滿才是儒家所強調的，人與人、人與自然關係圓滿的前提下，擁有最大的財富。儒家的經濟思想是和善。

佛教在「萬物一體」的前提下，主張一切的經濟活動必須創造世界整體最大幸福與圓滿。佛教經濟的目標是共善。

近代海洋貿易的發展與城市公民的興起，是資本主義發軔的重要關鍵。海洋貿易與城市公民的興起是互助。經由海洋貿易、經由商會的互助系統而急速擴展，城市公民基於工匠的會社而保障彼此的生存。資本主義的前期，十八世紀，國家與國家戰爭，宗教充滿衝突，基督教內部天主教會與新教激烈鬥爭，只有在商場上才擁有最大的自由與開放。如同十八世紀的哲學家伏爾泰所說：

> 在倫敦交易所，你會看到來自世界為各自利益前來的代表們聚在一起，在這裡，猶太人、穆斯林和基督徒彼此善待，就好像他們有著相同的宗教信仰一樣。在這裡，長老教會的人會信任浸信會的教徒，大公會教徒也接受貴格會教徒的允諾。一離開這些和平自由的集會，有人會去猶太集會；有人會去喝酒，也有人會去以上帝為名為孩子們接受洗禮；還有人會去割掉孩子的包皮，並對孩子低聲說一下他自己都不懂的希伯來語；而另一些人則戴著帽子去教堂期待上天賜予靈感。在這裡，所有的人都感到心滿意足。[4]

伏爾泰描述的正是當時的商業正義，在充滿政治與宗教衝突的年代裡，商業提供一個和諧互利的場域。商業在當時世界的各領域中是最大的善。

這是我們求諸歷史所看到的不同經濟體系中的善思想與善實踐。

強大的經濟體，必須有強大的文化思想作支撐。

每個企求持續發展的經濟實體，其背後都必須有一強大的文化思想為其基礎。缺乏強有力的文化思想，經濟發展將遲緩，甚至逐步走向衰落。

什麼才是經濟背後強大的文化思想？答案是「善」與「利他」。

善，不是確立一個最高的真理，而是追求最好的「利益萬民，利益萬物」。

只要經濟還掌握在少數人，經濟的發展就會受限。而當文化不能提供一種利益更多數人的價值觀，而任由少數利益者掌握特定的文化論述，以便合理化這種壟斷，經濟的發展就會開始出現瓶頸，最終走向衰落。

商場曾為最高的善

曾經在十八世紀，自利，是衝突的各方宗教人士與各民族都能認同的價值觀。商場中，每個人都為著追逐自己的利益而在一起平等地做生意，商場上沒有意識形態之爭，所以大家都能和諧相處。

但是到了今天，經濟世界的問題就在於我們一直繼承這種精神，過度地將自我利益之追逐視為至高的善。自利是當今世界最大的公約數。

---

3 〔清〕王先謙撰（一九九四），〈哀公三十一〉，《荀子集解》。山東：山東友誼書社，頁八五三—八五四。

4 傑瑞．穆勒著，佘曉成、蘆畫澤譯（二〇一六），《市場與大師：西方思想如何看待資本主義》。北京：社會科學文獻出版社，頁四四—四五。

但是當今世界的衝突不是意識形態的衝突，也不是宗教的衝突，其實是貧富差距的衝突，是經濟資源控制的衝突。經濟弱勢的一方，對於經濟優勢的一方，提出反動，甚至以宗教或種族的理由，擴大這種衝突。

杭亭頓認為文明的衝突才是人類最大的隱憂，他曾預言，那些喝著美國可樂、看著美國好萊塢電影的人，會去炸美國的大樓，其衝突背後就是文明的不認同。其實，以吾人觀之，這種衝突是經濟的不平等所衍生出的文化衝突。

發動攻擊的恐怖分子，根據一項統計通常是出現在十萬到二十萬人口的城市。這些在物質上不算匱乏的環境長大的人，他們享受到基本的物質文明，也看到物質文明的巨大差距及剝削。比起還在貧窮線掙扎的人，這批人似乎更知道、也更有資源反抗。

在過度自利的全球經濟體系下，大者恆大，富者恆富，貧者恆貧。除非我們開始改變我們認知的經濟價值觀，不再追逐自利，而是追逐共利、共享、共榮、共善，人類才能避免世界範圍內持續的衝突與對抗。

不止人與人的衝突，人與自然的衝突，不正是由於人類自利之心所造成的嗎？

利他能自動合理分配資源

利己的心永遠無法達到人類資源最有效的分配。自利始終造成分配的不均。《囚徒困境》告訴我們，囚徒各自守著自我利益，其結果是兩個囚徒都不能獲益。只有兩位囚徒都顧及對方的利益，他們才能雙雙獲益。

自利，永遠達不到經濟學上的「帕雷托最優」（Pareto optimality）。帕雷托最優是指經濟資源分配達到最理想的狀態。「帕雷托改進」要求在提高某些人福利的時候不能減少任何一個人的福利。而這種最理想的分配，只有利他之心才能達成。

利他之心像水一樣，會自動、自然地將資源流到低窪的地方。

只要利他之心升起，個人會以自己的模式與方法去照顧看得到的貧困人。就像全球最大的慈善組織之一的慈濟慈善基金會，能做到哪裡有災難，志工就自動前往哪裡救援。這種自動自發的力量，正是利他的悲心養成之後的結果。

珍惜物命的善經濟

善經濟主張，「生產的善」與「消費的善」必須基於對「物命」的珍惜。能珍惜物命，我們不會以利益刺激消費，無止境地製造物品、消費物品，然後任意地丟棄物品。

生產創造的源頭應該是利他。當一個人製造一個產品之際，亞當・斯密的假設是麵包師或釀酒師考慮的不是消費者，而是其自身生活的著落與孩子們晚餐的費用。但是如果麵包師或釀酒師不考慮其產品消費者喜不喜歡，受不受歡迎，他又將如何釀酒與做麵包？

在商業自利的背後，其實就是利他。能夠考慮到利他，商業才能夠成功。

「善經濟」強調「利他利己」。只有利他，才能化解衝突。利他的前提是慈悲，是同理心。當我們真正地把他人的利益與幸福，當作自己的利益與幸福，才是真正利他。當我們共同地利益人類，才能締造世界的和諧。當我們共同地體認人類要利益萬物，我們才能挽救逐漸崩解的地球。

利他，讓人類找到共贏、共榮之道。

每一個人都有自利之心，也有利他之心。如何擴大利他，縮小自利之心，是探討善經濟的善動機必要之關鍵。如何強化利他之心，從接觸苦難人開始。幫助苦難人，是轉自利為利他的關鍵。

和合共善的理想

善，是以利他為動機，以和合為手段。

中國的和具備三個層次，一是「中和」。允執厥中，從不同的極端見解與利益，找到共容之道，是為中和。二是「保和」，每個人都能各安其位，各享其利，各正其命，是為保和。三是「太和」，這樣的和合境界能持之以恆至萬代，是太和。中國故宮就具備這三個大殿：中和殿、保和殿、太和殿。象徵古老中國治理天下的理想與智慧。

和合是善。善的理想是「與萬物合一」，「與萬法合一」的共善。與萬物合一，就是愛一切的人與物。與萬法合一，就是與一切真理合一。

「利他為本，和合共善」，是善經濟所追求的最終理想與目標。期許「善經濟」為人類建構一個「身、心、境」富足、和合的社會。善經濟在指向物質豐饒的同時，也提供心靈清淨的實踐之道。在追求人類普遍富庶之際，永續地球的生命。讓商業是善，物質也是善，心、物皆為善的理想，能體現在世間。

導論

善經濟的思想緣起

價值哲學與經濟繁榮

在人類文明發展歷史中，每一個強大的經濟體背後，都有一個支撐它的堅實哲學思想與價值體系。對於猶太文明，猶太人的信仰使他們深信，上帝給予他們的榮耀都在現世，不在來生，也不在天堂。每一個猶太人的先知都是富有的人，亞伯拉罕牛羊數萬、壽命極長；大衛王是一代明君；雅各是大貴族；約瑟夫貴為埃及宰相；摩西是王子。猶太先知非富即貴。猶太人經歷十多個世紀的物質繁榮與巨大財富，來自於他們遵循上帝給他們的允諾——享受現世間的昌盛與富足。但他們同時必須謹守上帝的律法，節儉、勤奮、規律地工作。包括謹守安息日，這天上帝都休息，何況人類？安息日也告訴猶太人必須在有限制的資源底下，創造最大的財富。

希臘理性主義是近代科學文明的源頭。從蘇格拉底強調人的理性，到柏拉圖提出理型的永恆，重視理念而忽視物質，一直到亞里斯多德修正他的老師柏拉圖的哲學，主張「理與事兼備」、「心與物結合」的思想。他說蘋果的理念只有在蘋果中實現。亞里斯多德重視理念、也重視現實的哲學思想，造就了希臘最偉大、最繁榮的時代。亞里斯多德的學生亞歷山大大帝，建立了橫跨歐、亞、非繁榮昌盛的大帝國，將希臘文明帶到歐洲、亞洲和非洲。

基督文明的「新教倫理」，相信個人在現世間的功業就是彰顯上帝給予個人的榮耀。基督新教徒認為，個人是否為上帝的選民，不是由天主教的教會來決定，而是由個人的事功與謹守律法來決定。新教徒認為，只要建立現實的事功，並遵守紀律與勤儉的美德，則足以證明自己是上帝的選民。

這種思想造就近代西方無數偉大的資本家，如約翰．洛克斐勒、亨利．福特、比爾．蓋茲、華倫．巴菲特等，他們創立了跨國際的企業成就，以事功彰顯上帝的榮耀，同時堅守簡樸生活，遵循極有紀律的工作倫理。

在人類經濟史上，沒有一個世代如近代資本主義一樣，無止盡地追逐事業版圖之擴張。顯然因為以事功成就來彰顯上帝的榮耀永遠是不足的，這種內在的動力，促使受新教精神影響的資本家，不斷地在世界的格局下擴張資本的版圖，造就富可敵國的企業，也造成國與國、人與人之間極大的貧富差距。

儒家文明的商者，在重農抑商、重仕不重術的文化底蘊影響下，傳統中國的企業家離不開家族的榮耀，與對鄉里的照護。家族的範疇是傳統中國商者的範疇。

雖然許多儒商在中國各地經營事業，但其理念仍然回到對於家族的延續，與對於鄉里的社會責任。使得中國社會即便出現過在世界格局之下最繁榮昌盛的經濟景象，但始終沒有形成如近代西方的全球資本市場。因為榮耀家、環繞著家的概念，始終是中國傳統商者最大的心願。

佛教在原初佛陀的教導下，強調苦、集、滅、道，引導弟子在斷慾清淨的修持下，離世間苦，得究竟解脫。對於世間的種種追逐，自然並不熱衷。

雖然佛陀的教法也主張行菩薩道，要入世間利他行，但是在漫長的佛教歷史中，離世間苦仍是佛法所強調的根本思想。在印度、尼泊爾等佛教的原始發源地，大量人口的貧窮、困苦，仍是社會的一大問題。佛陀出生的地方位於如今尼泊爾的藍毗尼，許多農民至今仍是住著與兩千六百年前的居民一樣的牛糞屋。

大乘佛教在移入漢地，於漢地興起之後，對於世間關注的幅度大大地增加。但其關注僅僅止於佛法的給予與寺廟的慈善行為，佛教的經濟思想在佛教歷史發展中始終未被重視與強調。這使得佛教始終帶著出世與現實苦空無常的印記。對於積極追逐現世間財富與成功，不是佛教的基本思維。

在彼岸，非在此世，在西方彼國，非在人間，是傳統佛教徒追逐的理想。

歷史上，在佛教的國度一直沒有產生強大、持續的經濟體，與其根本思想有關。

本書分析人類文明歷史中，不同經濟體系背後的哲學思想與價值體系。歸結出強大的經濟體系背後，必有堅實的哲學與價值體系。同樣地，合理有序的經濟社會，必須從建立哲學與價值體系著眼。

在當今中國與世界各國都追求物質繁榮、經濟秩序的公平合理，以及社會均富的理想下，經濟背後的哲學與價值之探討，益發變成刻不容緩。

本書試著提出經濟活動背後的利他思想與善的價值體系，如何影響一個經濟體的繁榮、公平與合理。並以利他思想為出發，探索如何以善經濟為核心，建立一個富庶、公平與合理的理想世界。

從慈善經濟到善經濟

「善經濟」這個概念發軔於我在慈濟十八年的慈善工作經驗。在有幸長年跟隨創辦人證嚴上人左右，親臨並見證了許多企業家在加入慈濟慈善工作之後，生命產生很大的蛻變。

我看到企業家們在投入慈善之後，從以自我利益為中心，到以關懷他人為中心。從自利到利他；從追逐事業的不斷擴張，到領悟對人群付出的重要性。

企業家們的投入慈善，不是為著虛名，而是他們真正感受到付出的喜悅，從無所求的付出中，感受到生命的價值與喜悅。這是驅使他們不斷地、長期地投入慈善的關鍵。

我也注意到，企業家們的改變不只是投入慈善，更在經營事業的方針有了很大的轉變。他們開始將慈濟的人文價值運用到事業裡。特別是感恩的文化，他們對員工感恩，對家人感恩，對朋友夥伴感恩。感恩心是證嚴上人所強調的核心理念，企業家們運用到事業中，成為人際和睦的重要關鍵。

老闆與員工，員工與員工，有如家人之間的感恩心，讓彼此成為一個有愛的大家庭。這是慈濟所強調的，以愛為管理。

所以，企業家不是只有做慈善是善，從事企業也可以是善，企業創造員工與社會的福祉，創造環境的永續，這就是善。

企業力行利他精神是善。不管從事任何一種領域的事業，能利益萬物、利益萬民亦是善，這是我從慈善工作到善經濟的心路歷程與思想發展的線索。

以信念為核心

我決心開始研究善經濟的理論與實證，也要追溯二〇一一年在哈佛大學商學院的專題演講。哈佛大學李奧納教授於二〇〇九年專訪慈濟與創辦人證嚴上人，他得出的結論是，證嚴上人是以信念、以價值作領導。

二〇一〇年他完成了慈濟個案研究，請我審閱，二〇一一年他正式邀請我到哈佛大學商學院課堂講授慈濟的價值領導與愛的管理，這是證嚴上人成功地將慈濟擴展到全球九十八個國家的重要核心精神。那一場演講獲得哈佛師生的熱烈回饋。他們不禁思考，這樣ＮＧＯ組織精神，是否能運用到企業之中？

李奧納教授課後跟我說，哈佛大學商學院的學生從來沒有聽過價值領導、信念核心、愛為管理的核心理念，這些學生都是未來企業的重要棟梁，我就是要他們學習不同於以競爭、利益為體系的價值觀。李奧納教授全程錄下我的演講，作為每一學期慈濟個案研究的教材，讓哈佛大學商學院的學生——未來的企業領袖，學習價值、愛與信念對企業發展的重要性。

善經濟的理論發軔

二〇一三年我正式提出「善經濟」這一概念，並完成一萬多字的論文。[1]這論文並在「第三屆慈濟論壇」中發表。該論文以西方資本主義思想的發軔，從亞當・斯密的《國富論》，到馬克思（Carl Marx）的共產主義之提出，論及韋伯（Max Weber）的新教倫理，熊彼得（Joseph Alois Schumpeter）的科層官僚，海耶克（Friedrich Hayek）的自由經濟，以及凱恩斯（John Maynard Keynes）的計畫經濟，一直到當代丹尼斯・貝爾所倡議並預言社會企業之到來，闡述人類經濟社會如何逐漸地從利己的經濟思想轉化到以利他為主的經濟思想。

二〇一六年慈濟舉辦的「第四屆慈濟論壇」，我邀請哈佛大學李奧納教授來臺灣發表專題演說，題目就是「以信念為導，慈濟作為企業管理的典範」。[2]李奧納教授在演講中說明慈濟慈善賑災工作的成功，就是以信念為核心。慈濟在全球賑災面對諸多的不確定性——災難的地點、模式、規模、損害、災難之後災區的救災體系之效能如何，凡此等等，一切的一切都無法估計，無法預先計畫，慈濟人所秉持的就是「信念」——慈濟人允諾在任何災難發生之際，他們都願意前往救援。這是為什麼慈濟在全球能獲致巨大成功的原因。

李奧納教授指出，當今的企業所面對的經濟、政治，以及社會環境，其實和慈濟賑災所面對的是一樣的情境。全球性各種衝突無可預期，科技的發展無法預期，環境的變遷及其帶來的災害無法預先知道，這些不確定因素越來越多，企業再詳盡的預先計畫、策略，一旦面對極具變動的環境都會失能，唯一能憑恃的是信念與企業體現的核心價值。企業必須確立核心價值，並且接受變動，才能創造永續發展的榮景。

這就是哈佛大學李奧納教授所提出的價值信念為核心的企業，在當代社會的重要性。

善企業，就是以信念為核心，以價值為領導。

善經濟，就是以利他為核心，以善的動機，善的方法，達到善的果實——利益萬民、利益萬物。

善經濟的目標，是以利他達到全體人類物質的均富與繁榮，以利他達到自我與群體社會的和諧與生命的圓滿。使人類社會達到人人「身體健康、物質豐饒、心靈潔淨、祥和圓滿」的理想世界。

善的動機、善的方法、達到善的結果，是善經濟的核心思想。

關於善的理念之探討

那麼何謂善？善的定義為何？善與真理，善與美好的生活，與經濟的幸福之關聯為何？

在探討善經濟之前，本書先就何謂「善」，進行哲學性的思考與闡述。在中西方諸多「善」的思想與實踐中，吾人將先闡述、分析東西方善的哲學，比較其理念與實踐之異同。

西方善的思想

一、知識的善

西方世界的善從蘇格拉底（Socrates）開始，將對於善的追求視為美德。蘇格拉底認為沒有知識就

1 何日生（二〇一六），〈善經濟——論資本市場的善性與道德〉，《山東師範大學學報》，二〇一六年三期，二〇一六年五月二十五日。

2 樓宇烈、赫曼・李奧納等著（二〇一七），《慈濟宗門的普世價值》。臺北：財團法人慈濟傳播人文志業基金會，頁八六—一〇八。

沒有德性，善的行為有賴於正確的知識。蘇氏認為，沒有人故意為惡，是因為將惡視為善，因此正確的認知才有善的美德。

美德就是至善，而美德來自於知識，無知才會產生罪惡。

知識，是通向至善與美德的路徑。

知識，對於蘇格拉底而言是正確的認知一切事物的目標，知道事物的好處，人能夠正確認知什麼對他是真正的益處，他就能夠積極地追求，進而達到他所需要的願望、利益與幸福。

蘇格拉底認為至善是人類追求的最高目標，雖然人有感性，可以追求感官的快樂，但是人作為理性的存在，應該追求存在一切萬物之中的理性，亦即至高的善。

蘇格拉底認為，人無法真正認知這個至善，只有神可以。這個神在蘇格拉底眼中不是宗教的造物主，而是超越世間的理性力量，這個神是能依循理性行事，並以至善為目的。

總結而言，蘇格拉底眼中的善就是理性，蘇格拉底認為人都有理性的能力，這是人與動物之別。理性代表我們幸福與智慧。符合理性的生活，就是真理，就是至高的善。

二、理念的善

蘇格拉底的學生，柏拉圖（Plato）所認知的至善是追求真理。他所提出的Summon Bonum，就是至高的善。而善就是「理型」（Ideal）。

一切萬物都有理型，一切具體存在的可見、可視、可運用的萬物都是生滅不已的，但萬物背後的理型是長存不滅的。換言之，如近代胡賽爾所主張的，世界只有一個完美的三角形的概念。一切有形的三角形物體都不完美，都會損壞，只有三角形的概念是完美的、不朽的。而且宇宙間只有一個完美的、獨一的、存在的三角形概念。這就是呼應了柏拉圖完美理型的概念。

柏拉圖認為，至善是萬物最高的理型，至善也是一切道德的最後依據，人間的一切事物都要由至善來統轄，理想的城邦就是應建構在至善的理念之上，然後全民的幸福才能夠真正實現。

在他的著作《理想國》（*The Republic*）[3]一書中說，事物有個特殊的理型，人也各自有其特質。奴隸生而為奴隸，工匠生而為工匠，統治者生而為統治者。國家應該交給實踐至善、智慧與美德的哲學家來統治。因此在柏拉圖的理想國中，統治者一定是哲學家，城邦必須由認知至善之道的哲學家來統治，這即是柏拉圖所提出，著名的「哲學家皇帝」。

柏拉圖的思想類比中國的內聖外王，有相同的旨趣。

中國先秦思想之「聖」、「王」、「天」三者是分不開的。聖者通於天，王者因為行天道故能為王。而行天道之王當然是聖者。

《詩經．大雅》歌頌周文王即曰：「穆穆文王，於緝熙敬止，假哉天命，有商孫子。」[4]

文王因為精進不懈，廣被恭敬之德，所以天命讓他能夠統理商朝的後裔。而文王的表現上天都在看，因此「明明在下，赫赫在上，天難忱斯，不易維王。」[5]

上天給了他這個使命，不是給了他就算了，而是時時都還在注視著他的表現，所以「不易維王」，王不好當啊！必須時時恭敬奮勉，行天之道。

如《詩經》言：「維此文王，小心翼翼，昭事上帝，聿懷多福，厥德不回，以受方國。」[6]

孔子聖者，繼承文王周公之志，在禮崩樂壞的亂世，欲建立一個遵行「仁」與「禮」的理想世界秩

---

3 柏拉圖著，吳松林譯（二〇一八），《理想國》。臺北：華志文化。
4 滕志賢注譯，葉國良校閱（二〇〇五），〈大雅．文王之什．文王〉，《新譯詩經讀本》。臺北：三民書局，頁七六四。
5 滕志賢注譯，葉國良校閱（二〇〇五），〈大雅．文王之什．大明〉，《新譯詩經讀本》。臺北：三民書局，頁七六八—七六九。
6 滕志賢注譯，葉國良校閱（二〇〇五），〈大雅．文王之什．大明〉，《新譯詩經讀本》。臺北：三民書局，頁七七〇。

序。文王之德，承於天，也成於天，聖人亦然。

《史記》〈孔子世家〉所述：「宋司馬桓魋欲殺孔子」，孔子曰：「天生德於予，桓魋其如予何？」[7]孔子的德是上天給予的，桓魋怎能輕易地傷害他？聖者如孔子，其德是上天給予的，但並不是就不需要自己努力。

聖者不是人的修持所能到達，是天賜予。「知天命」，亦是孔子在成就完整生命德行的過程中必要之覺醒。「天下之無道也久矣，天將以夫子為木鐸。」[8]上天給了孔子重大使命。在儒家眼中，聖人正是奉天命，而合於天之大人者。

如《易經．乾卦》所言：「夫大人者，與天地合其德，與日月合其明，與四時合其序，與鬼神合其吉凶，先天而天弗違，後天而奉天時，天且弗違，而況於人乎？況於鬼神乎？」[9]這是天道與聖者合一。然而聖者並不是天，而是知天道。

理型與天道之表述與信念不盡相同，但都是指向一個最高的善與真理。

三、心物兼備的善

柏拉圖繼承蘇格拉底提出理型至善，是呼應了蘇格拉底的理性之論述。而到了亞里斯多德，則是修正了柏拉圖的概念，認為純粹的理型不可知，蘋果的概念離不開蘋果。很像佛教所說的「色即是空，空即是色」。空是概念，概念無形無色、無相無味，但是我們無法在虛空中求取概念，只有在現實世界才能具體把握概念。

我們在三角形的工具中看到三角形，在圓形的球中把握圓的概念。在蘋果中把握蘋果的概念。

亞里斯多德把純粹唯心至善——理型、概念，拉回到世間，在世間體現，自世間把握。將這種至善，應用於商業，亞里斯多德認為商業的至善是追求幸福。然而幸福不是一味地追逐金錢，相反的，一味的追逐金錢是幸福的背離。幸福的締造是追求哲學與慎思（Theoria and Philosophia）[10]，謹守道德生活、建立愛的關係，並且投身公共事務，才是生命的至高幸福。

其實亞里斯多德的理念接近中國對善的觀念。中國善的觀念著重現實生活的幸福與道德的圓滿生命。如果說西方柏拉圖式的善是最高真理，那中國的善所追求的是最大的造福。柏拉圖至高真理之追求，基督教強調唯一的真神——上帝是至高的真理，有了至高的真理，就形成了一種我對、你錯的思維。最後導致宗教之爭，善與惡之鬥。我是善，你是惡，我是對，你是錯，所以就發生戰爭與衝突。

中國的戰爭多半因為飢餓、利益而起，很少因意識形態不同而發生戰爭。西方自古因意識形態、因宗教信念不同而鬥爭者一直存在。這是強調絕對、強調至高真理的必然產物。

東方善的思想：利益萬民萬物

中國文化中的善，是利益萬民，利益萬物謂之善。如老子所言：「上善若水，水善利萬物而不爭，處眾人之所惡，故幾於道。」[11]

上善如水一樣地利益萬民，利益萬物。對於惡不排除，而是一樣地處尊低就，淨化、教化惡，乃轉化為善。

7 楊家駱主編（一九八二），《新校本史記三家注并附編二種》第三冊。臺北：鼎文書局，頁一九二一。

8 傅佩榮解讀（一九九九），〈八佾第三〉，《論語》。新北市：立緒文化，頁六七。

9 郭建勳譯注（二〇〇二），〈乾卦第一〉，《新譯易經讀本》。臺北：三民書局，頁二〇。

10 Colin D. Pearce (2013), *Aristotle and Business: An Inescapable Tension*, Handbook of the Philosophical Foundations of Business Ethics. Vol.1, Springer Publishing, pp. 34-35.

11 王邦雄（二〇一〇），《老子道德經注的現代解讀》第八章。臺北：遠流，頁四六。

善甚至不是惡的對立，善是如何能夠涵融惡、轉化惡、教化惡。西方的真理常常貶抑非真理，因此就起衝突。善以真理之名，行屠殺滅絕其他族群、宗教，時有所聞。中國文化的善是利益他人，利益萬民。所以老子才說：「天下皆知美之為美，斯惡已；皆知善之為善，斯不善已。」[12]善惡是相對的，中國文化強調不是毀滅誰，而是找到合理、合情、教化、融合之道。

相對於西方追尋至高真理；中國的善不是以真理為基礎，而是以利益萬民、利益萬物為上。西方追求至高真理，從那個真理建立人間的秩序，中國人則認為善高於任何絕對的真理。最高的秩序來自於一切關係的互利、圓滿、和諧。

善高於真理。善比真理重要。真理如果不善，也不被接受。而什麼是善？就是利益眾生。這和西方哲學中追求純概念的真理傳統很不相同，真理能否帶給全民福祉？或是必須以一方之福加諸其他人之上，如此的真理是不務實的，東方哲學不會接受的。務實的東方哲學認定真理必須利益他人，利益眾生。所以真要善才會美。真理必須造福百姓，才稱為善，才能有美好的社會。真理不會產生美好的社會，善才是根本。

《孟子．盡心下》：「可欲之謂善……，充實之謂美。」[13]民之所欲就是善，每個人都得到所想要的，即為充實，就是美。這是現實生活的圓滿幸福之道。中國的善不反對物質，反而覺得物質的充實是善之根本。有了物質當然還不夠，仁德的教化是繼之而興的圓滿生命之路。所以孔子才說「富而教之」。教之以仁德孝悌之道。

荀子也說：「養人之欲，給人之要。」[14]這是禮的根本。養百姓所欲求的，給百姓所需要的就是善。但是荀子強調要有節有度。節度依靠教化的力量。「使欲必不窮乎物，物必不屈於欲。二者相持而長，是禮之所起也。故禮者養也。」[15]慾望不可以耗盡一切物，物不是為滿足無盡的慾望而產生，而是基於生活之所需，所以要能體察節度的重要性。而節度壹是以修身為本。

如《禮記・大學》所述：「大學之道，在明明德，在親民，在止於至善。」[16]大學之道及聖人之道，在於自我修行，明明德，然後透過「親民」，乃「止於至至善」。至善之道為何？是體認實踐正道之外，還要嘉惠萬民，珍惜萬物。

孔子對於善的見解也是著重在利益萬民的理想，在《論語・雍也》中，子貢問孔子：「如有博施於民而能濟眾，何如？可謂仁乎？」孔子回答說：「何事於仁？必也聖乎！堯舜其猶病諸。夫仁者，己欲立而立人，己欲達而達人。能近取譬，可謂仁之方也已。」[17]孔子認為的聖者是博施濟眾於民，而不只是認識真理的人。即便是堯、舜都深怕做不到博施濟眾的聖人境界。

仁者是能就近找到需要幫助的人去幫助他，所以說能近取譬，可謂仁之方矣。仁者、聖者，都是以造福他人為標準。可見中國的善是以現實生活的美滿為前提。

而生活的美滿以經濟層面言之，又以「均富」為前提。「所謂不患寡，而患不均」。貧富差距一直是中國社會動亂的來源，是王朝更迭的重要因素。因此，有別於歐洲中世紀的封建社會，貴族世襲，農民以佃農居多，古代中國的均田制是授予每一個農民平等的土地，這是中國善的標準。平等的財富機會，人人安居樂業是中國的善經濟理想。

但是儒家並不反對某種意義的財富極大化，如《荀子・哀公篇》言：「富有天下而無怨財，布施天

12 王邦雄（二〇一〇），《老子道德經注的現代解讀》第二章。臺北：遠流，頁二〇。
13 孫家琦編（二〇一九），〈盡心下〉，《孟子》。新北市：人人出版，頁三三九。
14 （清）王先謙撰（一九九四），〈禮論十九〉，《荀子集解》。山東：山東友誼書社，頁五九三。
15 （清）王先謙撰（一九九四），〈禮論十九〉，《荀子集解》。山東：山東友誼書社，頁三一八。
16 （漢）鄭玄注，〈大學第四十二〉，《四禮集註・小戴禮記》。臺灣：龍泉，頁二一二。
17 王邦雄（一九九四），〈人生的理想十三・雍也三十〉，《論語義理疏解》。臺北：鵝湖，頁二八。

下而不病貧。」[18]以義、以道取之的財富是儒家思想所允許的。如春秋末期的范蠡，出將入相，輔佐句踐，造福百姓無數，後急流勇退，三次巨富，三次散財而無怨尤。是儒家的善巨富之代表。

道家的善，如老子也說：「上善若水，水善利萬物而不爭，處眾人之所惡，故幾於道。」[19]真正的善像水一樣，不拘於形式，能夠利益萬民，利益萬物。

善對於惡不是打擊，而是教化。「處眾人之惡，故幾於道」，亦即「就惡救惡」，接近惡去教化惡，轉化惡，不是消滅惡，打擊惡。一如吾人嘗言：「消滅惡，不是打擊惡，而是擴大善。消滅貧，不是打擊富，而是擴大愛。」

道家的「就惡救惡」，一如佛教地藏王菩薩的悲願：「我不入地獄，誰入地獄，地獄不空，誓不成佛。」這和西方的善與惡之爭，最終以消滅法極為不同。我是唯一的真神、唯一的真理，當基督教與伊斯蘭教都這樣主張時，就會起衝突、起戰爭。

因此中國的善是共用、是均富，是雨露均霑，是利益萬民、利益萬物，是為至善。

善是動機，善是方法，善是結果。動機的善，方法的善，與結果的善，三者具足才是善的意義。

善的基本追求及動機是能夠利益萬民，而不是追尋純粹的真理。這是中國善的根本。

吾人總結「善」就是利他。而善必須具備動機的善，方法的善，才會有結果的善。

動機的善：致中和

以利他的動機行為處事，就是善的動機。

中國傳統文化思想中，「致中和」是動機、方法與結果的善（中是動機、致是方法、和是結果）。

《中庸》言：「喜怒哀樂之未發謂之中，發而皆中節謂之和。」[20]一切心情之未發，表示清淨心的持守，至誠之心的養成，然後才能在應對進退時，發而皆中節，是為和。

《易經》言：保和太和乃利貞。「保和」是時時都能持守善的方法，一直維持與他人的和諧關係、利他的關係，才能臻於太和，為最高結果的善。

致中和的意涵必須執兩用中。知道兩極所堅持的價值、立場與利益，才能夠執其中。執中亦即和合彼此的價值與利益，能夠如此不只是智慧，其本質及前提必須是大公無私的。一個人有私心，一個帝王有私心，不可能客觀公正地執中。

中勝於正。中者，不偏不倚。能中才有正，能無私，才能各正其命。可見中也是涵融各種價值立場之意。中國的正，是在中之後，因為各人各執其正，無法中和大家的意見與利益，就不是中道。因此中者，融合也，貫通也，利益相交，情義相和也。

心與動機是關鍵。如果動機是一己之私，一己之私包含利益之私、情義之私、價值之私、個人與組織之私，都是不「中」。喜怒哀樂之未發謂之中，將個人情緒與情感放諸一旁，真正同理心去理解他人，理解兩極不同之意見，是中的真意。

如何能無私？同理心為先。當我們能真正感受到對方的顧慮、立場與價值觀，我們才能夠開始同理。同理，是真正感同身受，是佛教講的無緣大慈。以天地之心觀照他人之心是徹底的同理。

繼之，是感恩心，感恩各有執著的各方對於事情的關切與投入。

再者是包容心。共融是中和的前提。

首先是共容或共融。中國龍的圖騰源自古代中國的部落征戰與合併。中國人說自己是炎黃子孫，炎

18 〔清〕王先謙撰（一九九四），〈哀公三十一〉，《荀子集解》。山東：山東友誼書社，頁八五三—八五四。

19 王邦雄（二〇一〇），《老子道德經注的現代解讀》第八章。臺北：遠流，頁四六。

20 〔漢〕鄭玄注，〈中庸第三十一〉，《四禮集註．小戴禮記》。臺灣：龍泉，頁一八三。

帝與黃帝打仗，結果黃帝戰勝，但是黃帝沒有滅掉炎帝的蚩尤部族，而是與炎帝一同並列為中國的開創先祖。

龍的圖騰正是蛇的部落與鹿的部落開戰以後，沒有誰消滅誰，而是彼此融合。然後跟魚的部落打仗、融合，於是龍長出魚鱗。再跟鳥的部落戰爭，於是再融合，龍變成能飛的圖騰。龍的形象就是中國這塊土地上，各部落、各民族共融、共用、共榮的結果。

因此善的結果第一就是共容。這與西方思想中追求絕對的真理，因而互相征戰者大異其趣。共容的意涵就是和。《易經》言：「乾道變化，各正性命，保和太和，乃利貞。」[21]萬物是由乾道變化而來，萬物就是乾道的分化，所以各正其命，才是中。

「一陰一陽之謂道，繼之者善也，成之者性也。」[22]能夠承擔涵融這一陰一陽的才是善。所以堯帝給舜帝的心法是「允執厥中」、「執兩用中」。

保和，就是能讓萬物「各就其位」、「各享其利」、「各正性命」，就是讓萬物各自保有自己不同之處，每一物都各有其成，但不衝突，互相保持合作，是為保和。

能長而保持這樣的各正其命，是為保合，保持常合之狀態，臻於太和。

太和即萬物和合一體的狀態，才能「利貞」，才能真正有長久極大的利益。要萬物和合一體，當然不能自利，唯有利他能實踐萬物合一的太和境界。

在論證萬物為一的最高理想之前，我們先在思想上解決各有其異的萬物如何能和合？

原本天道在生成一切萬物，本來就各有其異，所以才說「乾道變化，各正其命」。不同的事物，不同的價值觀，不同的信仰，不同的利益，如何能達到「保和」？

關鍵就在於各正其命，每個人都做好自己，發揮自己真正的本性，實踐自己真正的信念，在各自的核心信念上，其實萬法都不衝突。

從思想言之，不管是自由主義者相信個體自由的絕對性；或者是社群主義者認為群體福祉的確立才有個人福祉；或者君主主義以一己之念，來統治萬民。只要君王能體恤萬民，君者，以天地為師，一樣能造福萬民。沒有永遠正確的制度或思想體系，但不管是哪一個思想體系，如果都能充分體現其自身所主張及相信的內在價值，能真正「正其命」，其結果都能造福人群，都能對個體創立最佳的福祉。

衝突都是來自於自身的價值觀淡薄、流失，而彰顯其控制的心，要萬民符合自身的理念，而不是思想該如何造福萬民。所以堯是以中和之道治天下，中和之道即正道。每一個思想體系都有完美的願景，真正體現願景都是以造福百姓為念。

因此，我們可以看到優質的民主制，也看到衰敗的民主制，我們見證壓制百姓的君主制，也看過造福百姓的聖君。這是各正其命的意義。每一個制度的核心能夠被實踐，不同的政體都能彼此接納與和合。

以宗教信仰言之，宗教也各有歧異，但是宗教的本質就是愛。以愛鞏固自己的信仰，各正其命，宗教間不會有衝突。基於愛的宗教信仰，不會爭論誰具有唯一的真理，不會爭論誰的信仰優劣，各正其命是保持和合之道。顧好自己信仰中所教導的一切，而不是去批判別人，不是去否定別人，才能達到保和。不只不否定彼此，還能夠學習欣賞彼此的優點，甚至互相合作為社會創造福祉。這是保和之道所能體現的「利貞」。

佛教慈濟基金會在全球一百多個國家從事慈善。成員有佛教徒、基督徒、天主教徒、穆斯林等，在大愛的共同理念下，不分彼此。這是宗教間和諧的範例。甚至南非的慈濟基督徒志工說，在慈濟，我們是做上帝的工。透過慈濟我們更接近上帝。

---

21 郭建勳譯注（二〇〇二），〈乾卦第一〉，《新譯易經讀本》。臺北：三民書局，頁七。

22 郭建勳譯注（二〇〇二），〈繫辭上傳第五章〉，《新譯易經讀本》。臺北：三民書局，頁五〇四。

各正其命，各自回到自己的核心目標及理念，差異的各個宗教都有和合的契機。

以經濟生活言之，每一個行業各有不同，相同行業之產品也各有不同，但是只要大家認真地積極工作，真正考慮消費者之所需，真正地為創造最好的品質努力，這就是各正其命，而不是每天盯著競爭者，每個人盡其所能，誠正信實地做生意，每一個人都能安居樂業。

亞當·斯密並沒有錯，麵包師傅做好麵包，釀酒師釀好酒，自然會有一隻無形的手在做市場均衡分配。只不過這種做好自己的酒或麵包的過程，釀酒師與麵包師內心想的不是自己的利益，而是消費者的利益，那才是各正其命。

利他是正命的核心。每一個生產者都能以利他為念，才是正其命，才有長期的利得，利乃貞。

佛教的八正道思維強調「正命」，「正命」創造「正業」。「正命」包含了「正念、正見、正語、正思維、正定」，以正命創造正業，還要正精進。

放諸經濟活動中，企業必須以正念、正向利他的心從事生產、創造、管理。從而建立正確的見解，是為正見、正思維。以誠正的方式宣傳產品是為正語，以誠以正心才會定，是為正定。以這樣的方式建立企業就是正業。然後不斷地創新是為正精進。

易經的各正其命，佛教的正命創造正業，每一個人都以正、以利他，就不會創造衝突。不衝突，互相和合，就是保和。能保和，才能利貞，才能長期維持彼此的利得。

要有長期的共容與保和，必須能共用。共用的內涵是「中和」。「中和」於中國傳統文化思想是「節度，智慧，行正道，嘉惠萬物」之意。

方法的善：保和

在探討了善的動機之後，善的方法與過程至關重要。善在中國的意涵裡有智慧、善巧之意。「工欲善其事，必先利其器。」[23]善是能力、智慧具足之意。老子也說：「居善地、心善淵、與善仁、言善信、正善治、事善能、動善時。」[24]善，即是智慧的意思。有善的動機，卻無善的智慧，一樣無法達成善的結果。

中國的善十分強調智慧的重要性，以及其呈現的成果。老子的七善法，都是在講智慧。

《易經．繫辭上傳》所說：「一陰一陽之謂道，繼之者善也，成之者性也。」[25]道於天為陰陽，於地為剛柔，於人為仁義。天地間的道是一陰一陽，剛柔相濟。人之道，亦是黑與白、善與惡、醜與美，都是相互相成。沒有絕對的善與惡、黑與白、醜與美。聖者能夠調和陰、陽，剛柔並濟，仁義兼備，能把握這兩者相反但相成的力量，以成就大道，有此能力的人就是善。所以言「繼之者」謂之「善」。

雖然體會大道，但是能繼之者，能以智慧承載道的人，則是善也。

而這善從何處來？從本性來。

「成之者性也」，又回到人生而自備的本性。

善是智慧，這智慧來自本性。本性與道相通。如《中庸》言：「天命之謂性，率性之謂道。」[26]善不只是智慧，亦是人格精神完備的象徵。因此中國先哲是將智慧與人格畫上等號，把聖者與王者也畫上等號。內聖外王，內聖者必外王，外王者必聖者也。

王者，智慧也，有能力治天下的人，而這樣的人也是聖人。智慧與品格兼備，一直是中國善的理想。結果的善，不離方法的善。真正的王者，不離聖格。治理天下的智慧，以德為導，以德完備之。

---

23 傅佩榮解讀（一九九九），〈衛靈公第十五〉，《論語》。新北市：立緒文化，頁三九五。
24 王邦雄（二〇一〇），《老子道德經注的現代解讀》第八章。臺北：遠流，頁四六。
25 郭建勳譯注（二〇〇二），〈繫辭上傳第五章〉，《新譯易經讀本》。臺北：三民書局，頁五〇四。
26〔漢〕鄭玄注，〈中庸第三十一〉，《四禮集註．小戴禮記》。臺灣：龍泉，頁一八三。

一、以善得善

因此，方法的善，才能真正導出結果的善，這是中國傳統思想的精華。這裡不存在必要的惡，如若干西方思想者所主張，透過自利達到利他。這是亞當・斯密等人的名言，透過惡達到善，透過自私達到無私。這是抱薪救火，火益炙燃。

以善得善，是中國古代的重要信念。

如《論語・堯曰二十》中，孔子提及：「周有大賚，善人是富。」[27]「賚」讀音是「賴」，是恩賜之意，亦即周朝時期君王有極大、極美好的恩賜政策，就是讓一切的善人都能致富。

因善致富，是傳統中國的經濟思想。

動機善，方法善，才能獲致善果實，這是中國哲學所堅信的價值觀。

吾人第一次感悟到「以善的過程及方法達到善的結果」是慈濟興建臺北醫院的過程中，創辦人證嚴上人希望一座愛的醫院必須以愛來興建。蓋醫院的目的是愛，蓋的過程就必須是愛。

因此興建慈濟醫院的工人「不抽菸、不喝酒、不吃檳榔」，工地也全面素食，慈濟志工以關懷的心情，以循循善誘的方式，引導工人不抽菸、不喝酒、不吃檳榔，還樂於吃素。志工也投入清理與整潔的工作，讓工地隨時處在乾淨的氛圍。

愛的成果以愛的方式打造。善的結果必須以善的方式與方法獲得。

如今臺北慈濟醫院規模宏大，醫療服務人文備受稱許，營業的狀況亦十分良好。從慈善機構的以善致善，到經濟領域的以善致富，這種思想的連結是可欲的。經濟生活不是以自利為目標，而是以利他的方法，達到利他利己。這是善經濟的思想源頭。

二、善的經濟方法

善就是利他。

善經濟的利他精神，一定必須是自發的，不是外力強迫約制的。利他精神是人們甘願奉行的一種信念，真心信服的一種價值。如果利他成為硬式規範，將失去它原本的生命力與創造力。

利他是基於與萬物同一，與萬法合一，其本質是一種崇高的生命情懷與理想。應由個別性的方式自主地、自由地去體會、去創造與實踐。無論是慈善領域、經濟領域、科技領域，甚或是政治領域都應以利他精神重新闡發與建構。

利他的精神是不必害己的，害己的利他不是究竟的，也不會是長遠的。如果生命同等重要，如何犧牲這個人去救另一個人。

「利他不害己」，這種利他才能行之長久，才不會淪為道德性的、「應該之暴行」。這需要更高的智慧才能圓滿。

利他之於經濟生活不是從自我利益的追逐出發，而是能夠造福消費者、造福事業夥伴、造福員工、造福環境。

當代資本主義的本質是追逐以最低成本，製造最大生產量，以滿足最大的市場需求。當這三者同時發生，就是市場自由競爭最佳的理想模式。但是這種最佳的市場模式不可能從利己獲得。因為當企業主都以最低成本，追逐最大產能，他不會顧及市場的最大需求量，只會顧及自己最大的產值與獲利。因此就會造成熊彼得所說的市場壟斷。

27 傅佩榮解讀（一九九九），〈堯曰第二十〉，《論語》。新北市：立緒文化，頁四九五。

因為每一個生產的廠商都追求最大的市場占有率，所造成的結果就是生產過度，導致價格降低。價格降低，不利於小廠商，而有利於大廠商，因為大廠商的產量大，利潤的絕對值高。大廠商資本雄厚，可以低價競爭，小廠商因敵不過低價的競爭壓力，最後退出市場，因此大廠商有機會進一步地壟斷市場。這就是「自然壟斷法」（Natural Monoploy）。自由競爭市場最終導致的結果，如熊彼得預言是走向寡占或壟斷。

美國的報業過去半個世紀見證了資本主義「自然壟斷法」的走向。自由競爭到頭來都是寡占。因為自由競爭的背後是慾望、是自利。問題不是自由競爭，而是自利的心態。

因為每一個自利的廠商，都是顧著自己的最大產值與最低成本，不顧及市場的最大需求，總以為自己能占據最大的市場，其結果是生產過剩，導致產品價格降低，為了利潤極大化，廠商只好降低品質，結果消費者蒙受其害，最終不是被消費者所唾棄，就是被其他高品質的產品所驅逐與取代。

如果以利他為基礎，每一個廠商先了解市場的最大需求，在其既有的成本基礎下，創造市場所需求的適當產量。廠商間也是利他，大家都同理市場之規模，其結果是，每一個廠商都能夠生存，每一產品都不會因為低價競爭，而降低品質，或採取對環境危害的方式製造產品。

既然利他，就不會製造低劣的產品給消費者，大家都盡最大能力製造優質的產品。

既然利他，就會考慮在市場的最大供需，因此每一廠商適度地製造產品的數量。

既然利他，就不是基於企業或個人慾望的驅使，要無止盡地擴大市場占有率。

既然利他，就會適度地控制產品的數量，不會導致價格的惡性競爭，因而降低品質。

既然利他，就不會營造出「需求大於生產」，因而不斷提高產品價格，而導致富者奢華，窮者匱乏的巨大消費鴻溝。

在利他的前提下，每一個廠商都能存活下來，每一個產品都是有益於消費者的好產品。利他，更有助於完成「最低成本、最大產量與市場最大需求」等三項理想的市場法則。

利他並沒有消除自由市場，而是更適合於自由市場。自由市場的背後精神是自由競爭，產生市場以及消費者最大的利益，但事實證明並非永遠如此。自由競爭如先前所說造成自然壟斷或寡占。其原因是大家都是基於利己，以消滅對手為主。

利他不會取消自由競爭所帶來的創新，而是能夠「為善創新」、「以利他創新」。能創造最大利益給消費者的，是「反求諸己」的創造。

最好的例證如史蒂芬．賈伯斯（Steve Jobs），他所創發的革命性智慧型手機iPhone，他所看到的不是哪一家手機好不好，而是他認為他自己及人類需要一部這樣的智慧型手機，兼具了科技與人性、機械與藝術、電子與智慧於一體。

史蒂芬．賈伯斯的動機是內在的，是利他的。自利的動機，表面看起來是內在的，其實自利的心都是外向型的，因為他以打敗別人、以刺激消費者，獲取利潤為目標。

當然新科技與創新產品，一定會導致許多抱持傳統科技的廠商消失或轉型。在利他的市場結構中，仍然會出現產業的循環與淘汰，因而導致結構性的失業。這一方面有利於消費者，但是不利於部分企業與員工。這是利於公眾，而不利於分眾。

然而在一個利他的市場結構中，利他為動機的勝出者所考慮的可不是消滅對方，而是用何種方式讓其他競爭者有新的出路。如中國龍的圖騰之融合與適應。是彼此融合，彼此互存。

譬如，勝出的新科技廠商，可以開設輔導諮詢公司協助弱勢者轉型，而從此諮詢當中，優勢企業也能獲利。或持有其部分股權，或讓弱勢者作為其下游廠商，雙方互蒙其利，因此這利他的經濟結構不會是零和遊戲，而是互利雙贏。

從這樣的思路出發，利他的經濟結構不會出現自由競爭市場所發生的寡占與壟斷，不會失去企業的創造力與產業的自由。

新模式的合作與互利，是當代新經濟成長必須納入思考的關鍵。互聯網商業一開始會消滅面對面銷售的店家，但是阿里巴巴創造無數的平臺給小商人，給各種大、中、小產業。它讓店面自營商成為可以販賣物品給全國的廠商，互聯網沒有消滅商店，而是給予新的商業契機。幫助小商人成功，就是馬雲一開始的願望。他是以善的動機，善的方法，達到善的經濟果實。善的方法，才能達到善經濟成果。

結果的善：太和

結果的善，是以共容、共用、共榮，達到至善、共善的最高境界。康德在《道德底形上學》中闡述至善，強調動機的善為最高準則，亦即意志的善，是至善。善意志，遵循著至善的意志與理念，即使是善的意志無實現的機會，亦可稱為善。康德善意志觀點的利他是不論結果的。一個人的善，不該在現實中無法得到體現，從而削弱他至善意志的價值。康德說：

> 善意志之為善，並非由於其結果或成效，即非由於它已達成任何一項預定目的，而僅由於意欲；也就是說，其自身就是。
>
> 縱使由於命運特別的不利，使這個善意志完全欠缺實現其意圖的能力，且在其盡了最大的努力之後仍一無所成，而只剩下善的意志，此時它自身仍具備其全部價值，像一顆寶石似的獨自閃耀。有用與否對這項價值不會有增減。[28]

康德的善意志觀點下的利他應視為非功利、非結果論、動機論，或唯心論的道德倫理觀。康德認為善意志不能等同於它的結果。即使善意志造成痛苦的結果，善意志仍為善，因為它的目的就是行善。[29]一九九二年五月五日的臺北，發生了一起健康幼稚園火燒車事件，一位林靖娟老師已經救出六位孩童，但是當她聽到二十位還困在車上孩童的哭聲時，她又衝進燃燒的車上救人，在她從車窗上丟出八個孩童之後，因為來不及逃出，與其他十多個孩子葬身火窟。

林靖娟的義舉如果從康德的觀點就是善意志，其自身不因結果而減損它的價值。而且這種善意志、這種利他的行動是完全基於自由理性的自由意志。[30]

我們所強調的善不只是意志的善，動機的善，而是結果的善。雖然林靖娟老師沒有能救出所有的學生，但是救出所有的學生不全是她的責任，她已經救了十四個孩子，這是結果的善。

我們無法預期所有的善動機與善方法，必然產生我們所期望的百分之一百的效能。但是善動機與善方法所產生的結果一定是善。林靖娟已經做了她能做的一切的善，這事件更該從健康幼稚園的校車是否已善盡了一切的善方法，以避免火燒車事件發生。甚或要檢討製造車輛的廠商有沒有盡一切力量避免類似事故發生。一定是有方法的非善，才會造成非善的結果。

因此結果的善不只是個人的視角，而是群體社會的責任及共同努力的目標。

善的結果是何種願景？善的結果是天地萬物都能「共容、共用、共榮」，最終共同臻於至善。

---

28 康德著，李明輝譯（二〇一五），《道德底形上學》。臺北：聯經，頁一〇。

29 Immanuel Kant (1997), *Groundwork of the Metaphysics of Moral*, Mary Gregor and Jens Timmermann(Edited and Trans), Cambridge: University press, p. 62.

30 林火旺（二〇一三），《基本倫理學》。臺北：三民書局，頁一〇九。

一、共用的善

善的結果是「共用」。

我們今日的「共用經濟」強調讓每一個產品的生產過程都能夠透明。每一個產品都能讓大家共同擁有，如互聯網，如臉書、微信都是共用經濟。共用單車，共乘制度的滴滴或Uber。

中國哲學思想下的「善結果就是共用」。《禮運・大同篇》所載的就是人人都能富足安樂的天下大同。「故人不獨親其親，不獨子其子」[31]，就是利他。就是共用。

儒家的理想是人間與天地合其德。

孔子言：「天何言哉？四時行焉，百物生焉。」[32]天的德孕育萬物，天人合一意味著人與天德一樣，孕育百姓之所需，長養萬物之興盛。

二、義利兼備的善

共利才能長期地共容。因此「義、利」必須兼備。

荀子言義，義才能共利，才能共容。荀子說：

> 人何以能群？曰：分。分何以能行？曰：義。故義以分則和，和則一，一則多力，多力則彊，彊則勝物，故宮室可得而居也。[33]

不同的載體，能分而合的關鍵是義，義是兼備天下的利益。不是為一己之私。所以荀子繼續說：

> 故序四時，裁萬物，兼利天下，無它故焉，得之分義也。[34]

> 故人生不能無群，群而無分則爭，爭則亂，亂則離，離則弱，弱則不能勝物，故宮室不可得而居也，不可少頃捨禮義之謂也。[35]

「分義」就是利益分配很適當、很合理、很均衡。分配不均或不合理就會起爭端，爭端起分裂，團體分裂就會邁向衰亡。分配利益到人人滿意，就是君王之道。是有權者、統治者、管理者的最高指導原則。

> 君者，善群也。群道當，則萬物皆得其宜，六畜皆得其長，群生皆得其命。故養長時則六畜育，殺生時則草木殖，政令時則百姓一。賢良服，聖王之制也。[36]

「萬物皆得其宜，六畜皆得其長，群生皆得其命」是聖君的責任與偉大功業。這是萬物共存、共用的景象。

> 春耕、夏耘、秋收、冬藏，四者不失時，故五穀不絕而百姓有餘食也。污池淵沼川澤，謹其時禁，故魚鱉優多而百姓有餘用也。斬伐養長不失其時，故山林不童，而百姓有餘材也。[37]

---

31 〔漢〕鄭玄注，〈禮運第九〉，《四禮集註．小戴禮記》。臺灣：龍泉，頁七七。
32 傅佩榮解讀（一九九九），〈陽貨第十七〉，《論語》。新北市：立緒文化，頁四五三。
33 〔清〕王先謙撰（一九九四），〈王制九〉，《荀子集解》。山東：山東友誼書社，頁三三五。
34 〔清〕王先謙撰（一九九四），〈王制九〉，《荀子集解》。山東：山東友誼書社，頁三三五—三三六。
35 〔清〕王先謙撰（一九九四），〈王制九〉，《荀子集解》。山東：山東友誼書社，頁三三六。
36 〔清〕王先謙撰（一九九四），〈王制九〉，《荀子集解》。山東：山東友誼書社，頁三三六。

> 聖王之用也，上察於天，下錯於地，塞備天地之間，加施萬物之上，微而明，短而長，狹而廣，神明博大以至約。故曰：一與一是為人者，謂之聖人。[38]

真正的聖君所締造的理想世界，是觀察宇宙萬物的時序與運作，適當而節度地作育天地萬物的成長與興盛。萬物成長，人類自然得以安居樂業。

聖人對於不足的給予補足，對於缺乏的給予富足。所以言：「微而明，短而長，狹而廣。」

這如同當代追求公平正義的思想家哈佛大學的約翰．羅爾斯教授（John Ralws）提出「正義論」的三條件，以解決自由競爭所帶來分配不均的經濟社會問題。這三個要件是「機會均等」、「容許差異」、「給予最弱勢最大利益」。他認為：「既然從道德觀點看，個人天資稟賦的優越及出生環境的有利位置，都是不應得的，那麼具優勢者便沒有權利聲稱他們較弱勢者應得更多。人人均應受到平等的對待，享有同樣的資源。儘管如此，我們卻無法也無須刻意消除這種先天才能的差異，追求絕對的結果平等，因為還有更好的選擇；社會可以用優勢者的才能，更有效地改善所有人的處境。」[39]

約翰．羅爾斯有鑑於資本經濟的自由競爭造成的貧富差距，因此平等成為後資本主義最重要的課題。機會均等的情況下，人與人資質並不相同，創造的財富也一定有差距，社會必須容忍接受差異，才是一個合理的社會。

如荀子所言，「維齊非齊」。[40]硬要大家都一樣並不符合生命的事實。「各正其命」，意味著萬物本不相同，善的目標就是差異的個體都能和諧互利，共容共用。因此，約翰．羅爾斯才說容許差異，並給予弱勢者最大利益。

以中國「中和」哲學言之，「中和」的第一要件即是「節度」。如《禮記．中庸》言中和：

> 喜怒哀樂之未發，謂之中；發而皆中節，謂之和；[41]中也者，天下之大本也；和也者，天下之達道也。致中和，天地位焉，萬物育焉。[42]

「中和」亦即在人格上、處事上都能「有節、有度」。節就是合理的方式，度就是衡量對方之所需給予對方。「中和」之意要本著天地的大道，努力去成就一切天下萬物共用的使命。

孔子在《禮記》中也說：「君子之道，造端乎夫婦，及其至也，察乎天地。」[43]一切夫婦、普通百姓的幸福，到天地的化育都是君子關懷、成就的對象。

孔子稱讚聖君舜是最為中道的典範。孔子說：「舜其大知也與，舜好問而好察邇言，隱惡揚善，執其兩端，用其中於民。其斯以為舜乎。」[44]

舜的偉大是了解每個人，但是不會放棄每一個人，他隱惡揚善，知道兩個極端的事理與狀況，而以「中」行之。這是舜的偉大。

「中」，程頤說，就是「天下的正道」。「中」者不偏不倚，是回到內心的正念、正知、正見。以

---

37 〔清〕王先謙撰（一九九四），〈王制九〉，《荀子集解》。山東：山東友誼書社，頁三三六。
38 〔清〕王先謙撰（一九九四），〈王制九〉，《荀子集解》。山東：山東友誼書社，頁三三六。
39 約翰．羅爾斯著，李少軍、杜麗燕、張虹譯（二〇〇三），《正義論》。臺北：桂冠，頁六三。
40 〔清〕王先謙撰（一九九四），〈王制九〉，《荀子集解》。山東：山東友誼書社，頁三一八。
41 〔漢〕鄭玄注，〈中庸第三十一〉，《四禮集註．小戴禮記》。臺灣：龍泉，頁一八三。
42 〔漢〕鄭玄注，〈中庸第三十一〉，《四禮集註．小戴禮記》。臺灣：龍泉，頁一八三。
43 〔漢〕鄭玄注，〈中庸第三十一〉，《四禮集註．小戴禮記》。臺灣：龍泉，頁一八四。
44 〔漢〕鄭玄注，〈中庸第三十一〉，《四禮集註．小戴禮記》。臺灣：龍泉，頁一八三。

「中和」成就每一個個體一直是中國儒家傳統的理想。聖君就是愛一切天下人，不放棄任何一個人，善或惡，給予萬民利益，成就萬物繁榮並茂。

相較於西方公平正義思維，是以具體的、可實踐的方式表述，而中國的哲學強調動機、強調心態，「中」，就是一種生命的修行。如《尚書》讚嘆堯舜之偉大言：「人心惟危，道心惟微，惟精惟一，允執厥中。」[45]

這十六字是堯帝給舜帝的心法，傳到禹、湯、文、武、周公到孔子。意指人心專一不二，不偏不倚，精進博學好問，謂之中，能守之不動謂之庸，能均潤天下謂之和。致中和，是以正念的心，利益天下，達到萬民皆樂、萬物皆榮的景象。

如果沒有善的利他心理動機，如何給予最弱勢者最大的利益，如何讓差異的萬民、差異的萬物都互蒙其利，達到萬物萬民共用的境地。西方哲學家約翰·羅爾斯的三個要件，其根本要回到人心的善與利他，否則「機會均等、容許差異、給予弱勢者最大利益」等三大要件仍然難以施行。

中國以修身為本，強調內心的善，才有結果的善。如舜帝締造善的成果，是萬民富庶安樂，山川大地草木皆得興榮茂盛。這是均富、和諧、清淨的理想社會。

三、共榮的善

善的結果是共榮。共榮才能臻於善。

人與人、人與萬物共榮，是至善追尋的目標，也是善經濟最高的指導原則。

易經言：「夫大人者，與天地合其德，與日月合其明，與四時合其序，與鬼神合其吉凶……，天且弗違，況於人乎。」[46]

與一切天地萬物和合，是共用、共榮之至善。

萬法是一，生生不息。由佛教的因緣法觀之，一切萬物都是相互生成，一切萬物都互為因緣，無一物能單獨存在，每一眾生都是相依相存，互為因緣，所以「萬物為一」。萬物既為一，因此自他不二，利他就是利己。

萬法緣起，故慈悲度眾生。萬物為一，利他即自利。

因此一切眾生都是關照的對象，一切眾生都是自己的一部分，這是佛陀慈悲的根本精神，亦即「無緣大慈，同體大悲」。

用無私的大愛與一切萬物、一切眾生相結合，就是佛教至高的利他覺悟之境界。佛陀的根本義緣起法是通向利他之實踐。徹底的利他，才能實踐萬物共榮。

四、愛萬物的善

一切萬物皆因緣而起，所以我們珍惜一切因緣，即通向利他，即是大愛。

以大愛之心愛一切人，愛一切萬物，是佛教的最崇高理想。達成這個理想必須從善行開始。行為改變思想，行為改變情感。善的行為激發善的思想，善的行為啟發愛的情感。

慈善的工作有助於企業家激發內心原本具足的愛與慈悲。吾人見證慈濟許多志工企業家，在證嚴上人的啟發下，投入慈善。從自利的人生，轉化為利他的人生。許多企業家一開始不了解這樣的心理機轉，但是一投入善行，生命的價值觀與心理的慈悲立刻被點化。

善行為塑造人的善心，從無私的慈悲救濟工作，到公司以善、以愛治理，構成善經濟的核心歷程。

45　屈萬里撰（一九八三），〈大禹謨〉，《尚書集釋》。臺北：聯經，頁三〇九。
46　郭建勳譯注（二〇〇二），〈乾卦第一〉，《新譯易經讀本》。臺北：三民書局，頁二〇。

在無私的愛中，體現萬法歸一、萬物是一的最高情感與思想體驗。這是至善之道。

至善以中國傳統哲學言之，即是太和。太和，就是一種宇宙最高的和諧境界，不只是人與人的和諧，也是人與自然的和諧、萬物共榮的和諧。

《易經》所說的「太和」即是陰陽會合的沖和之氣。如《漢書》所載：「是以六合之內，莫不同原共流，沐浴玄德，稟卬太和。」[47]一切人與物都和合無礙，互相生成，互相榮耀。太和的根本仍是萬物互利。其本質即為利他。

「乾道變化，各正性命；保合太和，乃利貞。首出庶物，萬國咸寧。」[48]

乾卦的原理就是創生變化。如我們先前所述，萬物各正性命，自安於自己的本性與命運。如此萬物才能聚合，並處於最和諧的狀態，這是保和。

太和，則是指萬物不離「乾卦」原初那股創造世界的力量，那力量為一，在萬物分殊各異之後，又回歸於一，又合於一，這即是太和。能太和，能夠萬物合一，則普世、萬民、萬物都能夠安寧、安樂、幸福。所以說「萬國咸寧」。

這一如老子所言：「道生一，一生二，二生三，三生萬物。萬物負陰而抱陽，沖氣以為和。」[49]陰陽相合，一切萬物創生，充滿天地間，各安其位，即為和。萬物依著道而生，老子的道，最終返回自然，復歸於無。這種創生與終點無異，皆是萬物的和合、萬法的合一。這和合、合一，無不以利他為基礎，以利他為前提。自利就分離，自利各異。離則亂，如荀子所言。

這種利他精神必須是全體行動，不是一人、一物的利他。全體和合、共榮的利他，不是任何單獨的力量所能達成，必須依靠全體的共同付出。如佛學大家呂澂所言：

在趨向涅槃的過程中，不是要一個人單獨行動，而是要全體動起來，單獨趨向是自利，在緣起的條件下單獨自利是不可能的，要自利利他，甚至要以他為自。這要把自己融合在眾生的汪洋大海中，利他就是自利。[50]

涅槃是佛教最高的善，佛陀入涅槃的境界就是深體萬法是一，與萬法合一。而一切眾生都有「涅槃——智慧與清淨具足」的本性。

追求真理的「至善」

相對於東方思想對於至善是萬法合一，西方的至善是與至高的真理或主宰者合一。西方文明對於善的思辨，是先建立在一個堅固真理之可能，再從這可能性的至高真理出發，建構生活的一切倫理學。

中世紀經院哲學（Scholasticism）教父聖多瑪斯．阿奎納（St. Thomas Aquinas）認為，真正的幸福是在上帝手中，人能夠時時在上帝之中才是最高幸福，才是至善。

上帝創造人，並賦予人一種自然的傾向，就是尋求最高的幸福。但是人必須不斷地接近上帝才能達到這種最高的幸福。回到上帝之中，就是人的至善。

希臘哲學家德謨克利圖斯（Democritus），與伊比鳩魯（Epicurus）則主張人的最高的善就是追求幸福。這比較接近東方的務實思想，如孟子所說：「可欲之謂善」，「充實謂之美」。[51]

47 〔東漢〕班固撰，〔唐〕顏師古注（一九六二），《漢書》第十二冊。臺北：中華書局，頁四二二八。
48 郭建勳譯注（二〇〇二），〈乾卦第一〉，《新譯易經讀本》。臺北：三民書局，頁七。
49 王邦雄（二〇一〇），《老子道德經注的現代解讀》第四十二章。臺北：遠流，頁一九二。
50 呂澂（二〇〇〇），《印度佛學源流略論》。臺北：大千，頁一八二。

古希臘的這類學說，又稱為「幸福主義」或「快樂主義」。主張生活的目的是幸福或快樂，幸福即是至善。

但是幸福並不是指官能的慾望與享受，而是指心靈的寧靜、精神的愉悅。斯多噶學派（Stoics）主張至善是德性，不是幸福的追尋。

康德（Emmanuel Kant）嘗試解決古希臘哲學中有關「至善」的爭論。一個面向是斯多噶學派主張德性是至善；而伊比鳩魯學派（Epicureanism）則把幸福定位為至善。

康德認為這兩種學說都是片面的。為了調和唯心的動機論和物質的功利主義，禁慾主義和幸福主義的理論衝突，康德以「至善」概念，來解決這個實踐理性的矛盾。

康德認為至善是「道德和幸福」的精確配合。康德說：「德性，是至善。但是德性還不夠，德性不能涵蓋人類理性追求的所有目標，德性要加上幸福，才是至善。」

康德主張人之所以追求德性與幸福，是具備「善意志」。善意志是一切善的根本，是善存在的基礎。康德在《道德底形上學》一書就說，道德的建立必須是普遍的、自然的、自發的、無現實目的的、無條件的一種律令。他說：「在世界之內，甚至根本在它之外，除了一個善意志之外，我們不可能設想任何事物，能無限地被視為善。」[52]

康德對「道德律令」式的詮釋，是一種形上學的律令，這律令先存在那裡，人的意志依此一律令行事，即使現實的環境沒有讓這律令有實現的基礎，但人的意志仍然能夠跟隨這律令，那才是「形上的道德律令」。所以道德實踐就成了道德形上律令的一項工具。

康德的至善是先建立一善意志，然後讓一切善行必須能夠符合此一善意志。這意志以康德來說是自由的、非強迫的。康德是先建立形而上的律令，再經自由意志運用至形而下的現實世界。

政治倫理哲學家約翰．羅爾斯把康德的這種善稱為「觀念取向的慾望」（Conception-dependence

Desire），亦即只要人們充分意識到道德的最高原則，而且這原則是根植於我們的自由之理性，人們就會產生根據此道德法則實踐的慾望。

宗教學者約翰．希克（John Hick）認為，康德至善的思想與佛陀的思想為相近。[53]因為康德倫理學所陳述的至善是應然、是實然、是必然的真理。與佛陀的覺悟與真理合一之境界相契合。

物我兼備的「和善」

實則，康德是理性地認知至善，從觀念而情感。而佛陀是感性地認知眾生平等，從慈悲契入智慧。情感與智慧的和合是最高的善。德性與幸福快樂的結合是至善。這是亞里斯多德、康德與東方智者共通的思想與信念。只是彼此著重不同。西方重理性，東方重感性，所謂「惻隱之心人皆有之」。西方哲學家則說，人是理性的動物。

中國追求最高的善是理性與感性的和合。理性、感性兼具，就是知情意的和合。這是一個心靈的基礎，有這基礎才是儒家的君子，才能「參天地之化育」，與萬物共存共榮，甚至參與創造天地的一切。如《中庸》言：

> 唯天下至誠，為能盡其性。能盡其性，則能盡人之性。能盡人之性，則能盡物之性。能盡物之性，則可以贊天地之化育。可以贊天地之化育，則可以與天地參矣。[54]

51 孫家琦編（二〇一九），〈盡心下〉，《孟子》。新北市：人人出版，頁三三九。

52 康德著，李明輝譯（二〇一五），《道德底形上學》。臺北：聯經，頁九。

53 約翰．希克著，蔡怡佳譯（二〇一三），《宗教之詮釋：人對超越的回應》。臺北：聯經。

性，對中國哲學而言就是情意合和的境界。「天命之謂性，率性之謂道」[55]，盡人之性，則盡物之性，盡物之性，則可以參天地之化育，可與天地參矣。

人之盡性能夠與天地同樣地創造萬物，這是何等偉大的境界。

盡人之性的終極是一切人與人關係的和諧，這包含仁與義的和合；利與義的圓滿。仁者，推己及人。義者，人倫的次第與秩序。從親人到朋友，從父子到君臣。一切關係的圓滿是善。就現實意義言之，或以經濟生活言之，利益與情義必須兼備。這是盡人之性。

能盡人之性，則能盡物之性，這意味著物是經由人而理解、運用與尊重。如荀子所言：「使欲必不窮乎物，物必不屈於欲。兩者相持而長，是禮之所起也。」尊重人之欲不會因為物質的缺乏而得不到滿足。物也不會因為人的慾望而耗竭。相反的，物因為人而興盛，才是兩者相持而長。這是盡物之性。萬物與萬民共榮。能夠如此，就可以參與天地之創造了。

慾望的節制，慾望的運行不是滿足一己之欲，甚至必須引導人之欲至於萬物的養育、興盛，這才是禮。人們的富足和合，人與萬物的共榮和諧是儒家禮的極致表現。

這境界從佛教言之，是以清淨心，以佛性關照、點化、圓滿一切萬事萬物的緣起。

以清淨的心，對待成就一切緣起，甚至點化一切緣起，讓一切世間的萬物（緣起），都回歸到清淨的本性，回歸到能創造一切，又不執著於一切的最高境界。是「應無所住而生其心」，生歡喜心、生無求的心、生清淨心、生能造萬法的心，這境界稱為佛、稱為涅槃。

萬法合一的「共善」

善，就是萬物共榮、萬法合一。

我們自身的修行能與「萬法合一」，這需要我們以無私的大愛，愛一切萬物、愛一切人。在愛一切人中培養一切的智慧，在利益一切眾生中，啟發一切的慈悲。

善，體現在現實中，就是智慧與慈悲兼備，思想的智慧與情感的清淨具足。利他即利己，甚至以他為己，直到眾生都獲利，都轉化成為善。

善，體現在經濟生活中，是均富。

均富的社會人人安居樂業，這需要彰顯利他的價值，而不是來自自利的環境。自利的環境利益衝突者劇，少數人獲取多數財富，多數人生活在相對弱勢的地位。

善的經濟是互利，不是競爭。競爭帶來寡占與壟斷，不利全體社會共同利益。

善的經濟是創新，創新來自慈悲，來自能給予自己與締造全人類幸福的產品。

善的經濟是永續，不只是企業永續，還要環境永續，致力人與地球共生共息。

善的經濟是共榮，希望所有的生命都能夠在互助互利的全體大我中繁榮興盛。

54 〔漢〕鄭玄注，〈中庸第三十一〉，《四禮集註．小戴禮記》。臺灣：龍泉，頁一八七。

55 〔漢〕鄭玄注，〈中庸第三十一〉，《四禮集註．小戴禮記》。臺灣：龍泉，頁一八三。

第一章

當代資本經濟的哲學反思

資本經濟體系是近代人類最重要的文明建構力量。它締造人類前所未有的物質繁榮與幸福，至少對於一部分人而言是如此。相對的，它也導致了地球上至少一半人口處在貧困及環境污染的惡夢之中。

資本經濟體系勢不可擋，它所帶來的社會創新與科學發展，讓人類彷彿就要成為世界的主宰。然而相對的，資本經濟對於地球資源過度的耗費，使得人類所依存的基礎逐漸崩解，地球環境的永續出現極大的警訊，人類的生存也出現空前的危機。

在反思資本經濟的此刻，不是要消滅資本經濟，而是挽救資本經濟，使它長存，使它能為人類及地球帶來真正長久的福祉。

要達到如此的目標，我們得先針對資本經濟體系所創造的問題之根源，進行分析與探討。

在許多分析資本經濟體系的問題當中，最被經常討論的就是分配正義與環境的衝擊問題。這些問題其實只是分析了資本經濟眾多負面結果的表面現象。

資本經濟真正的問題在個人主義；如同促進它的動力也是個人主義。

本文先從個人主義與資本經濟的關係探討兩者互為生成的機制，以及如何為這兩個互為連體的人類巨嬰，找到較為妥善甚或圓滿的出路。

第一節　個人主義的歷史建構歷程

探討資本主義結構的問題，必須先從資本主義的內在思想基礎反思起。資本主義是從十八世紀以來，工業科技文明逐漸發達所帶來生產的極大化與標準化，同時也引領了消費的極大化與人心的物質化。物質消費成為滿足人類心靈空虛的一個重要甚至唯一之方法。

在前資本主義時期，即十五、十六世紀之交，海洋貿易逐漸興盛，但是西方教會對於人們追逐物質慾望的驅力仍然起了節制的效果。包括在穆斯林國度，伊斯蘭的兄弟愛衍生而出對於資本過度擴張的不予鼓勵，對於慾望的節制，以及平等的經濟收入之強調，使得十五世紀到十八世紀的穆斯林國度，經濟穩定地成長，但是貧富差距小，社會相對安定。

如果我們以十六、十七世紀西方社會與穆斯林國度相比較，其經濟財富與國力相當。但是到了十八世紀末的西方，資本的擴張急遽成長，在資本主義的擴張期，穆斯林與西方的資本差距拉大，西方社會的內部貧富差距也拉大。其原因在於海上貿易。

海洋貿易與資本主義

當時西方社會出現大量海上貿易的金融投資者與投機者，雖然教會反對金融交易與利息，但是不反對海上貿易，認為可以擴大福音的傳播。海上冒險家與資本擁有者協議分紅，一方投資，一方在海上冒險。一旦有收益，常常帶來可觀的財富。當然有去無回者也有之。但是高風險、高獲利，讓西方商人不惜投入鉅資。先是義大利，再來是低地的荷蘭、西班牙，以及後期加入的英國、法國，都紛紛投入海上的巨大冒險之旅。

但是那個時期的穆斯林國度依然反對融資做生意，穆斯林可以私下借貸購買生活所需，但是穆斯林的戒律不准許資本利息的金融交易。這可以理解西方資本主義在十八世紀前後經濟實力急遽擴張的緣由。但是更重要的是，隨著商業的興起，在文化上帶來個人主義的崛起。我們從文化面探討，能更深入的了解究竟資本主義的發源基礎為何？

資本主義的發源基礎就是個人主義的勃興。或者說資本主義的前期促進個人主義的發軔；個人主義的發軔，則帶動全盛的資本主義時期。

十六世紀至十七世紀之間，隨著海上貿易投資增加，沿海港口如威尼斯、阿姆斯特丹等，出現許多新興的富有城市。城市帶動了新的資產階級。中世紀經濟的主要控制者——教會與貴族，逐漸失去其優勢，他們對於土地與佃農的控制也逐漸鬆動，佃農們在新興城市找到自由的天堂。他們靠著手工可以在城市裡取得一席之地。教會貴族不再有能力經營大片的土地，於是賣給了城市的新階級，新興的城市富有階級逐漸取代教會與貴族，成為社會的富裕階層，成為國王財政的來源，也相對地帶來城市的工作機會及自由公民（有別於佃農Peasant）。

商業是最平等的場域

十五、十六世紀教會正處在天主教的衝突之中，穆斯林與基督文明的衝突仍然持續。國家與國家在全力爭奪海上領域時經常發動戰爭。只有商業，成為最中立、最包容、最尊重、最平等的場域。

如同十八世紀法國哲學家伏爾泰所言，在商業場域中，穆斯林、基督教、新教、印度教、猶太人、中國人，大家都平等地坐在一起，為了彼此的利益，彼此尊重，也許只有破產者不被信任。除此，每一個人在商業場域中不分彼此地交談、交易、談笑。離開這裡，不管猶太人回家後為孩子行割禮，基督教回到教堂為孩子受洗，穆斯林繼續一天五次的禮拜，但是只要在商業場合，大家都一視同仁，不在意彼此的宗教與國界的藩籬。沒有邊界的場域更自由與平等。[1]

正是這種時代背景下，商業自然被視為神聖的、可被歌頌的。而商業的興起，也孕育著當代個人主義的勃興。

商業發展與政治平權

海洋貿易促進城市的興起，城市生活需要更多的工匠，以及商業所需的人才。新興城市中的商人、工匠，大量地從農村湧入，他們逐漸擺脫過去佃農的角色，不只獲得人身自由，更獲得財富。相應的，對於教會、對於政府的控制，逐漸出現制衡與抗爭的力量。國王要戰爭就要課稅，課稅就必須與新興的城市商人協議。這是商業影響政治的開始。

在信仰方面，天主教教會的控制動搖，新教逐漸獲得足夠的力量與支持者，一種擺脫教會的新興政治思維也由此產生。洛克從新教所提倡的：人人是上帝子民的宗教平等思想，轉化成「天賦人權」，主張人人都有與生俱來的權利，為個人主義完成了歷史的建構。

洛克宣稱人在上帝面前平等，父親生了兒子，但是兒子與父親都是上帝的子民，都一樣地平等。這個思想造成西方個人主義絕對化的發展，個人與上帝的關係，演化成個人與國家的關係；個人與自然的關係；個人與群體的關係，都取決於個人。

個人凌駕於一切之上，個人優先、個人第一，是西方近當代文明共通的價值觀。沒有任何一種法律制度、政治體系、經濟秩序與社會倫理可以違背個人之意願與權利。

正是個人主義的溫床進一步造就資本主義的極度擴張，包括極大化的生產，以及無止盡的消費。在洛克眼中，個人與生具備的平等權，是對所有人一種基本的生命保障。但是到了經濟的領域，卻成了追逐或完成個人是上天賦予的一項權利。於是每一個人都想追逐財富的極大化、消費的極大化，甚至權力的極大化。[2]

亞當・斯密與其說是主張追逐私利合理性的鼻祖，毋寧說他只是為當時崇尚個人私利追逐的時代做出注腳。他對資本主義最大的貢獻在於，確立追求私利的極大化，也將帶來公共利益的最大體現。

1　傑瑞・穆勒著，佘曉成、蘆畫澤譯（二〇〇六），《市場與大師：西方思想如何看待資本主義》，北京：社會科學文獻出版社，頁五二—五三。

2　十八世紀的拿破崙主張自由、平等、博愛，但自冕為皇帝。個人的權利，一但離開傳統教會的掌握；離開世襲的階級，個人權利的最大伸張就是成為皇帝。拿破崙正是西方近代第一位徹底充分展現個人主義的鼻祖。

西方資本主義經濟機制之完備，就是起源於「個人主義」的至高無上，與「私利合法性」的相互結合、相互強化。

第二節　傳統西方社會中的個人

「個人」，至少在中世紀之前是屬於群體、屬於家族。家族、群體、國家的地位都遠遠超乎個人的重要性。

如前所述，個人與群體的分立一方面來自人與上帝關係的改變；另一方面是天主教教會在歷史的演進中，特別是中世紀之際，教權與政權無止盡的鬥爭，教會販賣贖罪券等等，造成馬丁．路德與喀爾文的宗教改革。馬丁．路德等人主張，個人可以直接與上帝溝通，無須通過教會的檢驗。人是否為上帝的選民，一如韋伯所言，是新教倫理與資本主義的深刻精神關聯。

人與上帝的直接關係，是個人主義的重要起點。

人彰顯自己是否為上帝的選民，是透過現實的事功。事功越大，越是彰顯自我是上帝選民的榮耀。但是新教倫理與韋伯的理論仍然強調堅守上帝律法的重要性。事功與律法是上帝選民的表徵。

雖然如此，在一系列質疑上帝的西方文明歷史進程中，對於許多西方人而言，上帝失去了祂在中世紀之前的地位，「個人」離開這個上帝的律令，只單純留下個人主義的軀殼。個人主義創造的巨大空洞，給予強調物質慾望滿足的資本主義最大的空間。

宗教改革時期的個人是屬於上帝的。十八世紀啟蒙運動以後的個人是屬於自己。

失去上帝的西方人，藉由事功，肯定自我，藉由專業主義，取代上帝的律令。藉由物質生活的滿足，取代宗教對於天堂的允諾。此生的物質文明就是天堂。

資本主義的兩大議題：物質的慾望與個人主義的交互確立與強化，是如此地堅固與不可動搖。思考資本主義的經濟倫理議題，不是從慾望的層面與分配正義的層面思考就已足夠，更應該從個人主義的層面來考察與評論。

個人主義的根本無明

個人主義的興盛在當代是主流價值。個人至上這個觀點其實是謬誤的，但是它是自由主義與資本主義的根本。了解資本主義與自由主義必須先從個人主義的透析著眼。

個人主義如前述是近代的產物，它源於「人與上帝」的關係、「人與群體」的關係發生了歷史性的變化。

個人是相對於上帝的存在，沒有上帝就沒有個人。絕對的個人主義是對上帝的一種反動。個人先是反抗教會，繼而脫離上帝。

十五世紀以後的西方，個人先是與上帝直接發生聯繫，繼而與國家直接發生關係。由於每個人都是上帝的子民，於是在個人至上的理念下，個人之地位優於國家，個人之信仰優於教會，於是國家與個人、個人與教會都相互對立起來。

如果沒有壓迫，沒有個人可言。「個人」是對於教會與國家之壓迫的一種反動。

個人甚至是信仰上帝的一種產物。

《聖經》中所記載的，上帝創造人，但人因為背叛上帝，才創造今天的人類世界。亞當與夏娃對於裸露的羞恥，足以證明個人意識的覺醒，人開始脫離大自然渾然一體的原生狀態，而認識個人，認識自己與萬物、與他人有別，個人與上帝也有別，這是西方個人主義的原始發軔。

個人是對上帝的一種反叛。沒有上帝，就不會有個人。近代西方在否定上帝之際，其實也否定了個人。因為個人正是上帝所創。只是上帝眼中，個人應該屬於全體萬物的一部分，特別是屬於上帝的一部分，不應該分離。近代將個人分離於上帝；分離於萬物；分離於他人，正是個人主義的無明所在。

個人不可能置於萬物之上，或置於上帝之上，或與上帝等同。雖然科學的發展帶給我們如此的想像與盼望，人類也能創造人工智能，創造比人類還具智慧的機器人。但是如同人背叛上帝，人工智能是否也會像史蒂芬．霍金所預言，將超出人類的掌控，甚至背叛人類取代人類？

個人必須放在什麼框架底下，才能夠真正地讓個人成為幸福與完滿的個人？

個人必須遵循何種模式與思想，才能讓自己的生命真正找到根本的源頭？西方的二元思想始終是個人與他者對立，不管是與上帝對立；或與自然對立；或與他者對立。

拋棄對立，個人的價值才能真正地彰顯，個人的生命才有真正的依歸。如同一棵樹必須認識森林，森林必須認識大地，大地必須認識天，天必須符合宇宙的真理。每一個事物都相互關聯，都互相和合而生。個人在此才能夠找到圓滿之道。

我們把眼光往東方看，為什麼東方社會在歷史進程中沒有出現西方的個人主義？並不是因為東方始終是群體的社會，在中世紀之前的西方也是一個群體的社會。

問題根源在於，東方的思維不是建立在造物主的上帝之上。沒有上帝，就不會產生歷史上的個人主義。沒有上帝就沒有整體與個體的張力；沒有全能與渺小的張力；沒有主宰與附屬的張力。

第三節　東方的整體生命觀

「個人」這個思維在東方，無論對儒家或佛教而言都是相對陌生的名詞。孔子的「仁」，是兩人謂之「仁」。儒家的思想中從來沒有強調個人，而是把個人放諸於家族與群體的關係，強調個人對於家族、家國的情感與責任。所以孔子教孝、教忠，以仁發展禮與德，以禮實踐悌與義，從孝悌與義完備德。而仁、禮、義、悌、德都是把自己生命價值與功能，放在一個相對的人倫次序與關係裡，而非強調自我個體的絕對性。人的存在，是在關係裡尋得，人對自我的認知是在關係的處理上和合圓滿，即為君子，即為德。

這種立體圓形式的思維，相對於垂直式的西方思維（人與上帝是垂直關係），是不會發展出極端的個人主義；也不會發展出以滿足一己私慾為上的生命價值觀，如當今資本主義所展現的一般。

道家對個體的看法

道家與佛教對於個人是通向自由與解脫的。自由不受慾望捆綁，解脫不受個體的小小載體所限囿。道家深信人可以羽化成仙，不知所終。

道家對自我的看法是沒有自我才是真自我。自我是危險的，真正的自我必須與大我相應合。老子言：

> 何謂貴大患若身？吾所以有大患者，為吾有身，及吾無身，吾有何患？故貴以身為天下，若可寄天下；愛以身為天下，若可託天下。[3]

無我，才能擁有真正的大我。心有多大，身就有多大，事功就有多大。放棄自我之身故能得其身，得其大身。此身乃以愛天下，是天下可以寄託的大身。

3　王邦雄（二〇一〇），《老子道德經注的現代解讀》第十三章。臺北：遠流，頁七〇。

但是如何成就這樣的大身，就必須「守靜」與「復命」。守靜以老子言，去除自我慾望、去除自我的想見，真正認識生命的復命之常。所以言：

> 致虛極，守靜篤，萬物並作，吾以觀復。夫物芸芸，各復歸其根。歸根曰靜，是謂復命。復命曰常。知常曰明。不知常，妄作凶。知常容，容乃公，公乃全，全乃天，天乃道，道乃久，沒身不殆。[4]

道是常，知此常道才是復命。復命之能容天下，所以能成就天下，所以能成王，王乃順天之道，天道是長久不殆，故此身亦能長久不殆。

道家認為人只是天地間的一個生命體，這生命體必須與更大的宇宙次序——道相合、相應。道家之「無為」，是順應道與回歸自然。在順應道與回歸自然中，找到生命的依歸。所謂「人法地，地法天，天法道，道法自然。」[5]

自然，指的是人人的本性、是萬物各自的本性，順應本性，就是「法自然」，回歸自然。

回歸自然是道家的本源思想。回歸無名，是生命的理想。真正的生命本質，無法完全用世間的名相所界定與框限，老子反對部分儒家學者過度強調名相與禮制。但是老子認為名相與本然並不相違，因為有生於無，有無同出而異名，同謂之玄，玄之又玄，眾妙之門。同出，同出於自然。超越名相進入本然才是道。

自然是渾然一體，老子的「有名」是既分殊又有實體，老子無名的道仍是分殊的，但是無以名之，只有「自然」是一體的、元初的狀態。生命的本源就是要回復到元初的自然一體。所以莊子言，與萬有合一。老子曰：

有物混成，先天地生，寂兮寥兮，獨立而不改，周行而不殆，可以為天下母。吾不知其名，字之曰道，強為之名曰大，大曰逝，逝曰遠，遠曰反。故道大，地大，天大，人亦大。[6]

「遠曰反」，生命的源頭與盡頭是一起的，群體與個體也是一起的。東方的思維沒有第一因與發生論，一切生成都是循環不已。這就是長存的道。

道沖，而用之或不盈。淵兮似萬物之宗，挫其銳，解其紛，和其光，同其塵；湛兮似或存，吾不知誰之子，象帝之先。[7]

這「道」出於自然。不是任何的神或上帝所創造。「自然」是自生非他生，是本然非應然。個人是這「道」與「自然」的一部分，所以必須與其源頭及總體相和合。而一但個人與道、與自然相合，就是一個自由、自在的人。

道家的生命觀是如此的灑脫、不羈。他不否定物質的存在，但是強調不執著。所謂：「生而不有，為而不恃，功成而弗居。夫唯弗居，是以不去。」[8]

4　王邦雄（二〇一〇），《老子道德經注的現代解讀》第十六章。臺北：遠流，頁八二。
5　王邦雄（二〇一〇），《老子道德經注的現代解讀》第二十五章。臺北：遠流，頁一一八。
6　王邦雄（二〇一〇），《老子道德經注的現代解讀》第二十五章。臺北：遠流，頁一一八。
7　王邦雄（二〇一〇），《老子道德經注的現代解讀》第四章。臺北：遠流，頁三〇。
8　王邦雄（二〇一〇），《老子道德經注的現代解讀》第二章。臺北：遠流，頁二〇。

典型道家思想的經濟大師就是范蠡。范蠡為協助句踐復國，相傳將他的愛人西施送給夫差，自己也親自卑微地輔佐夫差，直到句踐復國成功，越國消滅吳國，范蠡選擇功成身退，帶著愛人西施回到今日的浙江無錫，成為富甲一方的商人。

范蠡在朝為宰相，在野為巨賈。他三次散盡家財，絲毫不以為意。傳說隱居在蠡湖，與第一美人西施，散髮弄扁舟，逍遙江渚之上，清幽於山林之間，不知所終。

這是范蠡近乎道家的生命觀及財富觀。

佛教則是主張「無我」，認為「我」其實就是一切苦的根源。認為我、認為個體是局限與無知的，個體的認知與擁抱是一種無明，人的無明就在於忘記與不知道自己是無限整體的一部分，自我與萬有的一切是合一、是等同。擁抱自我與個體是無知的，也是虛妄沒有意義的。因此佛陀的一生教導眾生去認知眾生是一體，認知佛性是一體，因此自他不二、利他即利己。從去除我當中，完成大我。從認知無我當中，讓所謂的自我與宇宙的整體合一。

吾人認為，資本主義極度追逐物質慾望的滿足，其根源其實是「個人主義」的思維體系所導致。消弭個人主義的過度彰顯，才能消弭物質慾望無止盡的滿足。

因此吾人從東方的觀點，特別是佛教的觀點，闡述個人與群體的關係，從而重新探討資本主義的弊病如何得到解決。不是否定資本主義的創新與創業，而是弱化個人私慾滿足的極端發展，從而避免種種資本主義經濟體系的弊端。包括對於環境無止盡的剝削，個人無止盡的物質消費帶來自然生態的壓力，以及自我幸福的喪失與心靈的空洞化。

由於個人主義的興盛，形成資本主義經濟體系中的自由競爭，因而導致貧富的日益差距，造成世界的暴力衝突與人類社會的動盪。

第四節　佛教的「我生命觀」與資本經濟

對治個人主義正是佛教根本教義。佛教的無我、大我，是對個人主義一種徹底的顛覆、反思與重建。《阿含經》記載，佛陀出生時，腳踩七步，步步生蓮，一手指著天上，一手指著地上，說出：「天上，天下，唯我獨尊。」

這我，就是大我，「佛與真理合一，惟我獨尊，即惟真理是尊。」[9]「佛陀體會萬有真理，其體悟遍及虛空，虛空有盡，我願無窮。」[10]遵守真理，與真理合一，是聖者佛陀出生之際，對世界的宣告。這是大我的展現，這大我與一切真理合一、與萬有合一。這是佛教的「我生命觀」。

在這樣的我生命觀中，「自我」與「他我」沒有分別；個人與群體沒有分別；個人與自然沒有分別，創造我生命之際，亦是成就他我的生命。這種宇宙觀與人生觀是佛教的根本思想。在這種思想底下，不會出現個體至上，滿足個體慾望為主的經濟資本社會，不會出現只重視人類的生存，不管其他物種生存的價值觀。

因此，消弭資本經濟的負面根源就是如何處理個體的生命。如何將個人主義的思維作轉化，尤其是在不消滅個人的同時，不讓個人過度地擴大，以致影響群體及個人之生存。

佛教認知，一切萬事萬物都是「因緣所生」，沒有一物能單獨存在，一切生命都是互相依存、互相生成，所以「此生則彼生，此滅則彼滅」。

9　釋證嚴，《靜思精舍：結集中心開示》，二〇一四年四月四日。凡此「開示」之引述皆為演講之內容。
10　釋證嚴，《靜思精舍早課開示》，二〇一四年八月三十一日。

在因緣法的思想下，萬有是一，既然是一，自他不二，利他就是利己。

因此，從佛教出發的資本經濟思想是利他，而不廢利己。是在創造一切事物中，與一切共生與共榮。成於物，不執於物，成於世，又出於世。

在傳統的佛教思想中，偏向空的修度。其實空並非空無一物，空是無限的涵融，如慧能大師所言，「世界虛空，能含萬物色像……，世人性空，亦復如是。」[11]真正佛教的空義，是包含一切萬色萬物的空，是能造一切，又不局限於一物，不執著於一切的空。這是大空。

大我的空。是利益一切眾生的空。是利他而成就大我生命的空。爰此，佛教從來不是反對物質生活，佛陀只是教導眾生不執於物，物與欲不是「我生命」最大的幸福與圓滿。心能造一切，為何心要捆綁在一小小的物念上呢？

所以佛陀直言，心不入五蘊即解脫。[12]五蘊是存在的，佛陀並沒有否定世間一切的物質與存在之價值，只是要眾生不要被五蘊捆綁，不要被慾念捆綁，不要被環境之一切色蒙蔽，不要被一切妄想執著桎梏。五蘊是存在的，心不入五蘊即得解脫。如《雜阿含經》所言：

> 爾時，世尊告諸比丘：「若比丘不樂於色，不讚歎色，不取於色，不著於色，則於色不樂，心得解脫。如是受、想、行、識，不樂於識，不讚歎識，不取於識，不著於識，則於識不樂，心得解脫。「若比丘不樂於色，心得解脫。如是受、想、行、識不樂，心得解脫。不滅不生，平等捨住，正念正智。」[13]

不樂於色、受、想、行、識五陰，則心得解脫。

五陰（即五蘊）不受，意謂世間的五陰是存在的，只要心不受，就不會落入苦。

佛陀所說不滅不生，平等捨住，正念正智，不但不否定現實世界的五陰，而是於五陰中起正智正念，即是歸向「道」。

物質世界是存在的，在所創造的物質世界之中，心不為創造物所擄掠，因為心一旦被某一創造物所擄掠，心就不再能創造，心就失去其本自具足、能生萬法的本自功能。

所以慧能大師言：「何期自性本自清淨，何期自性本不生滅，何期自性本自具足，何期自性本無動搖，何期自性能生萬法。」[14]

放在資本經濟社會的角度言之，心能造一切世間的物質與財富，但是「我生命」，這個無限的心，不要被有限的物質與財富捆綁。不被捆綁的心，才是清淨心。

本自具足，為何沉溺於物質與財富，心本不生滅，何必跟著物質的生滅而生滅，跟著財富的起落而起落，最重要的是，心能生萬法，被物質與財富捆綁擄獲的心，如何能生萬法？

能生萬法的心，能創造物質與一切精神文明，達到佛陀所示現的理想國，國土中黃金為繩，琉璃為

11〔唐〕慧能著（曹溪原本、改正版、敦煌本）（一九九八），《六祖大師法寶壇經》。臺南：和裕，頁二九。

12 蘊是積集的意思，五蘊就是色蘊、受蘊、想蘊、行蘊、識蘊。色就是一般所說的物質，變礙為義，是地、水、火、風四大種所造；受就是感受，領納為義，其中包括苦、樂、捨三受；想就是想像，於善惡憎愛等境界中，取種種相，作種種想；行就是行為或造作，由意念而行動去造作種種的善惡業；識就是了別的意思，由識去辨別所緣所對的境界。在此五蘊中，前一種屬於物質，後四種屬於精神，乃是構成人身的五種要素。參考自「佛學常見辭匯」，佛學辭典在線版V1-EBS（http://www.baus-ebs.org/fodict_online/），紐約：美國佛教會電腦資訊庫功德會。

13〔宋〕天竺三藏求那跋陀羅譯，《雜阿含經》卷第三，《大正新脩大藏經》第二冊，No. 0099，頁六〇。

14〔元〕古筠比丘德異撰，《六祖大師法寶壇經》卷第一，《大正新脩大藏經》第四十八冊，No. 2008，般若第一。

地，人民物質豐富，但是無欲無求、無飲食男女之妄想，這是能生萬法的物質豐富燦爛的世界，也是心靈清淨無欲無求的高度精神世界。

「物質的豐饒」與「精神的超越」，是佛陀所示現的世界，是阿彌陀佛的世界，是華光如還的國土，是《法華經》中的理想世界。

於此觀之，佛教不是反對物質文明的興盛，而是強調不執著。心不執著，慾望不執著。能生萬法的心能創造極度的物質文明，又能保持心靈的清淨與萬物的和諧，這是佛教基本的經濟思想。

佛教對於心與境的關係強調菩薩能以心轉境，成就無分別智，為自在力菩薩。印順導師所言：「菩薩因內心定慧的實踐，一切境界都可以隨因轉變，或者不起一切。」[15]

佛教慈濟功德會創辦人證嚴上人也強調「三界唯心」：「心中無欲就超越欲界，心中不染著色，就超越色界。心無妄想執著就是在無色界。」[16]

證嚴上人所述「三界唯心所轉」是體現佛教非純為唯心主義，非空幻地追逐身外未知界，而是倫理層次的向內修行的實踐義。

就證嚴上人看來，修行不只於心中超越三界，還要在現實中轉「五蘊苦」為「利他的慈悲行」。證嚴上人云：

> 凡夫因迷五蘊，緣於塵境之法。五蘊——色、受、想、行、識，這個「識」於眼、耳、鼻、舌、身、意，我們看到外面的境界，或者聽到外面的聲音，我們的心不要被聲與色誘引，而是要聞苦聲，聞聲救苦，我們對苦難人要心懷悲念，啟發慈心，親身去救拔苦難人，這就是道。
>
> 聲色誘引我們的貪念要即時斷除；眾生的苦難，我們要即時啟動我們的心念，付出慈悲的愛，這就是「色」。我們的身體能夠做的事情，能夠走的路，就是這一條慈愍的心念與慈悲的道路，這就

是道。

佛陀解釋色、受、想、行、識，所有感受若能夠轉十惡，就能行十善，這即是善的道。[17]

從證嚴上人的觀點言之，心入五陰，心不只不受五陰捆縛，而更能轉化成利益於五陰受苦、受縛的眾生。

佛教的經濟思想是以利益眾生為宗，行菩薩道為門。藥師佛也是以菩薩道利益眾生為本。慈濟作為佛教思想的實踐者，是以入世行，以慈善的力量改善生命的苦境，再從改善生命的苦境中，淨化自我與他人之心靈。從這種逐步改善身心的努力中，進而使得社會富足、人心調和。

佛教的經濟理想是使一切有情眾生，脫離苦惡，達到「身體康安，心靈潔淨，物質豐足」的境地。如同藥師佛的願力，要引領眾生達到物質、心靈與環境的和合圓滿，以實踐菩薩與諸佛入世度眾的理想與願景。

第五節　以利他為上、和合為本

東方整體的思維不強調個人主義至上，但也不壓抑個人，而是引導個人透過與他人的付出，與整體的和合，達到真正的個人自由。

15 釋印順（一九九二），《唯識學探源》。臺北：正聞，頁三一。
16 證嚴上人，《靜思精舍早課開示》，二〇一三年十二月二十日。
17 證嚴上人（二〇一三），《靜思晨語》，靜思精舍，二〇一三年七月三日。

在思想上，西方的個人自由思想是斷裂的、離開群體的，割裂與上帝關係者，是漂浮在宇宙天地間無根的一片絨絮。他所剩下的是慾望，追逐慾望的滿足，成為個人實現自我的根本。

希臘時期的亞里斯多德引導個人走向「對城邦的付出，與他人建立愛的關係，以及道德心靈生活」，才是個人的真正幸福。亞里斯多德的商業倫理是建立在城邦整體的幸福之上，而非為個人財富的追逐。[18]

中世紀的聖湯瑪斯告誡基督的信徒，與上帝合一才是生命的依歸。這些都在近當代被一一地摧毀。個人就是上帝，所以可以無止盡地支配大自然，可以不顧其他人的利益，而以自身利益為上。這是資本主義前期的個人主義締造的社會現實。

馬克思更像是基督的使徒，要求世人實現公平與正義。他以暴力革命的手段，如同《舊約聖經》的上帝，以十災降臨埃及，以暴力介入讓以色列人脫離長達四百年的奴隸生涯。

馬克思在思想深處更像是一位理想激情的基督徒。他只是沒有了或去除了上帝與基督的名號。因為馬克思的眼中，上帝被當時的教會挾持，成為奴化人民的工具。馬克思所做的經濟變革，極力解放工人的桎梏，跟當年摩西出埃及，耶穌解放猶太人思想，不受猶太殿堂控制的歷史革命，相去幾希。

馬克思所言的共產主義之到來，最終造就蘇聯官僚主義的主政。一個更龐大的載體實現共產主義，其本身並不是馬克思所倡議平等的理想。馬克思仍然無法擺脫西方文明中至高無上支配者的角色，只要還有至高無上的支配者，就很難有真正個人自由的存在。正是如此，馬克思所堅持的共產主義必然成為特殊階級之主政。

東方儒釋道的思想，其根本之處在於沒有至高無上的支配者。儒家的天非支配者，而是給予者。是利他的天。如孔子所言：「天何言哉？四時行焉，百物生焉。」[19]

道家更沒有至高支配者的想法，道法自然，不是支配，而是一種本然的順應。最終目標是復歸於無。

最終的自然之道是無，不是支配關係，不是占有關係，個人的生命依託於道與無，才是真正的解脫。老子並非否定一切是世間的物質與存在，而是既已追逐它就應放下它，已擁有它就超越它，既已成就它就無須執著它，如此更能長保不去。

佛教因緣生法的觀點是反對支配者、反對創生者，一切都是因緣和合而生。沒有本質，一切都是在生成變化之中，故言無常。

佛教主張更徹底的個人主義，就是每一個生命都能完成圓滿的境地。眾生皆有佛性，人人與佛平等，真如本性本自具足，無須他求，應反觀自性，即得解脫。

在因緣法的前提下，宇宙中每一物的存在都相互關聯，都互為緣起，因此世界是一，既然是一，自他就不二，所以佛教是不二法門。因此利他就是利己。利他才能利己。

體認因緣法，就是覺悟。覺悟的涅槃寂靜是清淨的智慧。清淨不受慾望煩惱所捆，智慧能度眾生不為眾生的無明所惱。

佛教要每一個人完成自我的最高佛性，他的目標是徹底的個人圓滿，這圓滿與一切萬物、萬法不是分離，而是合一。

真如本性與萬法合一，這是佛陀領悟的境界。一法能攝一切法，一切法攝一切法，一切法攝於一法之中。一與多、一與一、一與一切都是相容相合。這與西方的割裂的、分離的個人主義完全不同。

在東方的思維中，個人與群體息息相關，他人好，自己就好。利他才能更好的利己。

---

18 Colin D. Pearce (2013), *Aristotle and Business: An Inescapable Tension*, Handbook of the Philosophical Foundations of Business Ethics. Vol. 1, Springer Publishing, 2013, P. 35.

19 傅佩榮解讀（一九九九），〈陽貨第十七〉，《論語》。新北市：立緒文化，頁四五三。

在這樣的思想背景下，不會主張去造就無限制追逐慾望與財富的個人。也不會認同個人至上的生命觀。而是強調我與他的和合圓滿，共容、共享、共榮。

東方儒、釋、道的思維揭示著，在一個更大整體的前提下，認知個人、發展個人，最終實現與整體和合為一的大我之生命成就。

這解決了當代西方有關個人主義之問題，也對過去在整體統一之上一定要有一個至高支配者的論點有所彌補，這正是當代自由主義者對於西方傳統宗教思想的畏懼。

東方的儒釋道更好地提出一套思想，讓「個人與整體、自由與支配、他人與自我、衝突與和合」都能圓融與兼備。

吾人因而深信，東方思想中的「利他與和合」的價值觀，在經濟生活上更能實現一個「富足、平等與圓滿」的幸福社會。

第六節　基於萬物一體的善經濟

從世界是整體視野出發的經濟思想絕無可能是利己的，既然世界是一體相關，每一個生命的存在都依賴於其他生命，每一個經濟活動都影響著他人的經濟生活，自己與他人息息相關，利他就是利己，利己更要利他，利他才是利己，爰此，經濟生活必定是利他的。

善經濟，就是利他的經濟活動，透過利他而更能利己。善於創造價值給他人的人，自己就更能得利。透過利他利己，達到世界群體生活的幸福與和諧。

何謂善？善就是利他。從利他的動機出發，創造善的方法與模式，利益他人的經濟模式及方法，達到社會整體的幸福與繁榮。這是善的結果。

從善出發，必定是清淨的、無染的心靈狀態。善的模式，即智慧。善不能只有動機，而缺乏智慧為依止。

道家利他之善

老子言，事善能、與善仁、正善治、動善時、居善地、心善淵、言善信，[20]這些都是智慧的具足。從事經濟活動，治理企業必須有專業是「事善能」，認知時機投資及生產是「動善時」。真正給予消費者之所需即「與善仁」，知道選擇地點經營事業是「居善地」。與人商業往來言而有信是「言善信」。心能包容夥伴及員工即「心善淵」。管理眾人之事能長於治理為「正善治」。

老子善的本懷是利他。「上善若水，水善利萬物而不爭。」[21]「夫唯不爭，故天下莫能與之爭。」[22]善，在中國文化裡面有美好心態之意，更是完善的智慧與工具之意。經由善的動機，完備的智慧方法，最後達到至善之境，亦即人人富足、人人安康、心靈清淨、社會祥和圓滿、地球與人類共榮共生。利他是大智慧。利他才能締造經濟生活的均富與幸福。

本書吾人的核心觀點在於反對利己式的經濟觀點，不是僅僅從倫理道德層面言之，更是從事實的層面分析，利他的經濟活動，才能夠達到社會公共利益的極大化，以及個人利益的極大化。是個人與社會的雙贏。

20 因應詮釋之故，此處調整了原文順序。王邦雄（二〇一〇），《老子道德經注的現代解讀》第八章。臺北：遠流，頁四六。
21 王邦雄（二〇一〇），《老子道德經注的現代解讀》第八章。臺北：遠流，頁四六。
22 王邦雄（二〇一〇），《老子道德經注的現代解讀》第二十二章。臺北：遠流，頁一〇六。

儒家共容共榮的善經濟

儒家對於善乃調和對立面，以成就共榮之象。如《易經．繫辭傳》所述：「一陰一陽之謂道，繼之者善也。成之者性也。仁者見之謂之仁，智者見之謂之智。百姓日用而不知，故君子之道鮮矣。」[23]陰陽是相反相生，利他利己也是相反相生。《易經》認為大人者能將自我放到大與道同，至微至惟，微者，極微細不可見不可知；惟者，極細膩、極專一、極至誠。能結合兩個表面的對立面，一陰一陽，能兩相結合創造者，謂之善。這需要至誠之性。

即吾人所言以純淨的無私利他動機，創造性地結合我與他者的利益，即善的模式及方法，達到善的結果。《易經．繫辭傳》接著說：

> 顯諸仁，藏諸用，鼓萬物而不與聖人同憂，盛德大業至矣哉。富有之謂大業，日新之謂盛德。[24]

與人以仁德，去除巧思功利之用，生成萬物而無憂，這是盛德大業。亦即極為富有之大業，又能獨斷地創造生成，故為盛德。以仁愛的智慧給予萬物，竟能成就富有之大業，且能不斷地創新生成，這是大富且盛德。

這是中國經濟的理想，其理想來自於結合兩個對立面，共容、共享、共榮，方得成就盛德大業。

佛教善經濟之四具足

佛教的思維在原始《阿含經》中，強調「四具足」：

四具足包括商業專業能力，是為「方便具足」；

維護經濟財產安全的智慧，是為「守護具足」；

能在生活與心靈上常保歡喜的「善知識具足」；

量入為出，收支平衡，有節有度則是「正命具足」。

這四種具足，其實涵蓋了所有善經濟、善企業的致富與幸福之道。

方便，在佛教就是指一切世間法，世間法能通透，是為方便具足。從事經濟活動必須善於運用各種專業技能及專業知識。一切利益眾生之道，皆能具足，就是「方便具足」。

「守護具足」是說從商要保護好自己的經濟果實，就必須從道德生活著手。如亞里斯多德所言，道德生活是經濟生活的基礎。所以佛陀以「六非道」來警惕從商者「不可投機、不賺取不義之財，不可欺騙、不可與盜賊、小人交往，不可沉溺於逸樂、不可懶惰」等。這是守護財產、守護經濟生活成果的關鍵。

「六非道」之於個人，財產可以長保，享有富足。之於社會，人人皆能勤奮，親近善知識，財產取之有義，不耽溺於慾望，這是善經濟之道。人人富足，守信守義，勤勉簡樸，就是良善富足的經濟社會。

佛陀所言「善知識具足」，不只是親近善知識，更應該成為別人的善知識。我們從事的行業能夠成就他人的生命與事業，才是他的善知識。不只是給予他人利得，更是要能夠啟發別人的向善心，對於員工、對於夥伴、對於消費者而言皆能因為創造產品而得智慧，生命得以成就，這是「善知識具足」，這才是善經濟。

自己從事的經濟活動能夠給與他人利得，也能給人智慧，啟發他人的生命價值，自己生命也受啟發，這是「正命具足」。

---

23 郭建勳譯注（二〇〇二），〈繫辭上傳第五章〉，《新譯易經讀本》。臺北：三民書局，頁五〇四。

24 郭建勳譯注（二〇〇二），〈繫辭上傳第五章〉，《新譯易經讀本》。臺北：三民書局，頁五〇五。

身心富足利他利己的善經濟

佛陀歸結「善經濟」的四個原則，作為開創一切世間技術與管理的能力，不以不義之法，不在不義之時賺取財富，自己不沉溺於慾望，經濟活動也不刺激他人沉溺於慾望。經濟活動不只給予他人利得，也給予他人生命啟發，也啟發自我生命的價值，這是經濟生活的正命具足。是善經濟的理想。

希臘的亞里斯多德抱持類似的看法。如先前所述，亞里斯多德反對經濟活動是盲目地以追逐金錢為目標。亞氏認為，追逐金錢不會給人真正的幸福。真正的幸福是「建立在哲學與審思的人生」（Theoria and Pholosophia）、「參與公共事務，與他人建立愛的關係，謹守道德生活」，這才是幸福。

經濟活動如果不是以幸福為目標，這幸福包括個人及整體社會的幸福，就會流於慾望的滿足與金錢的追逐。這使得社會的道德敗壞、自我淪喪，而與幸福悖反。

所以亞里斯多德的善經濟思想是要經濟活動成果具備之後，能參與城邦的公共事務，去幫助城市的公民，建立愛的家庭，並謹守道德真理。這是完美的善企業，是邁向善經濟的良方。

一個社會善經濟的基礎必須有良好的善企業。善企業以利他之心，以善的模式方法從事經濟活動，不只生產利得給他人及自己，更要著重心靈智慧的價值啟發，啟發他人、啟發自己，這才是善企業的目標。有良好的善企業，才能建構善經濟。

「善經濟」是人人在利他中利己；人人建立物質豐饒之際，不沉溺、不放逸；進而去幫助更多的人，啟發更多人生命的價值，也因此豐富了自己生命的價值及智慧。而只有在利他利己的精神下，才能實踐這生命無上的價值；才能體現萬物皆能共容、共享、共榮的價值；這正是善經濟的理想與目標。

物質豐饒，身體健康，心靈潔淨，度人度己，成就社會中每一個人生命的價值，並與萬物共榮，這是幸福，這是善！

本書將逐次地論述善經濟的歷史發展，探討它如何在當代體現，進而創造人類非凡的歷史命運。

善經濟的前提就是「利他經濟」。

然而人類為何要利他？人類是否始終在利他？

從人類進化的歷史來看，人類所處的社會都是相互依賴。人類與自然也是相互依賴。沒有一個人的經濟生活不依賴他人而能從事經濟活動。雖然人有自利之心，但也同時有利他之心。

下一章節吾人將深入地論述人類演化歷史洪流中，利他思想與利他情感的發軔與發展。

第二章

利他的心理起源

群體生存的關鍵

第一節　人類為何會利他

十九世紀達爾文的進化論觀點指出，人類的本性是利他的意向。利他讓人類免於滅絕的危機。達爾文認為利他精神是從進化的過程所衍生出來的。達爾文觀察物種之間的競爭，得出具備利他的物種較容易在競爭中生存下來。

達爾文進化論學派的學者，如近代心理學家蘇伯（Sober）和威爾遜（Wilson）則從實驗中總結，道德的利他是從進化的原理所衍生出來，以利物種的延續及社會規範的建立。社會規範將高度利他的特質轉入個體自私的特質中。個人具備利他的心理是在進化的過程中逐漸產生的心理行為模式。即所謂「親近互動機制」（Proximate Mechanism）[1]。「親近互動機制」具備社會文化的意義與生物繁衍的基因之價值。「親近互動機制」指出，人類之所以發展出巨大社群，而猩猩等其他物種沒有這麼成熟複雜的社會體系，是因為人類社會具備利他、互助的文化機制。

為何人類文化發展出互助與利他？而猩猩物群則無？

因為人類的生活形態與猩猩差異頗巨。在原始社會生活中，人與人之間彼此十分緊密。這種緊密的生活互動，讓人類逐漸意識到幫助別人對自己與族群都有好處。親密的群體生活之所以可能成立，就必須衍生出彼此可被預期的行為模式。人類在這種親近的互動模式中逐漸發現，互惠、利他比較能讓自己與群體在高度物種競爭的環境中生存下來。因此，利他，從歷史演化的觀點是人性本然、實然。

進化論學者從社會文化及生物基因遺傳兩種角度，解釋人類利他作為實然本性形塑的過程。

根據「親近互動機制」的觀點，人的行為與態度是透過學習其他人的行為而建立的。

如同俄羅斯心理學家維果斯基（Vygosky）的「最近發展區域理論」（Zone of Proximal Distance）所指出，孩童的行為模式是透過學習親近的人之行為模式而建立。人是透過人的行為而學習，透過行為而建立觀念。[2]研究進化論的心理學者們認為，社會文化的力量，讓社群透過語言和行為的媒介，由一個傳遞到另一個，由一代傳遞到另一代。慢慢地人類社群裡會拋棄自私的負面評價或行為，而行使互惠、利他的行為。[3]

利他群體與物競天擇

進化論學者進一步從基因的遺傳解釋，某種生命的特質從上一代如何傳遞到下一代。生物有一種機制叫「超基因突起」（Epigenetic Process），這超基因突起「具備控制基因（DNA）開合的樞紐」，超基因突起「並不能改變基因本身，但是它可以讓某些基因作用（Express）或不作用（non-Express）」。舉例來說，當一隻幼鼠與母鼠的互動疏遠，這些幼鼠成長以後，會和牠們的母親一樣，與自己所生的幼鼠互動較不頻繁。生物的行為是由臨近其他生命的行為所決定。這時候社會文化的環境會影響生物特質的改變。

「超基因突起」會抑制某些基因的表達。[4]利他的心理機轉，是透過基因的傳遞成為後代生命的本能。利他經由進化成為人性的實然，但如何成為道德的應然？

---

1 Thomas C. Scott-Phillips, Thomas E. Dickins, Sturart A. West (2011), *Evolutionary Theory and the Ultimate-Proximate Distinction in the Human Behavioral Sciences*, Perspectives on Psychological Science, January 2011 vol. 6 No.1 38-47, SAGE Journal.

2 Vygosky (1992), *The Zone of proximal Distance*, 1926. Educational Psychology, Robert Silverman(Trans), Florida: St. Lucie Press.

3 Thomas C. Scott-Phillips, Thomas E. Dickins, Sturart A. West (2011), *Evolutionary Theory and the Ultimate-Proximate Distinction in the Human Behavioral Sciences*, Perspectives on Psychological Science January 2011 Vol. 6 No.1 38-47, SAGE Journal.

4 Thomas C. Scott-Phillips, Thomas E. Dickins, Sturart A. West (2011), *Evolutionary Theory and the Ultimate-Proximate Distinction in the Human Behavioral Sciences*, Perspectives on Psychological Science January 2011 Vol. 6 No.1 38-47, SAGE Journal.

研究進化論的心理學者也說明宗教的起源是道德應然的肇始。遠古人類對於超自然的畏懼（The Fear of Supernatural）對族群生存扮演著重要的角色。進化論學者觀察到，那些對超自然力量畏懼的族類比起不畏懼超自然的族類更容易在物競天擇的原理中生存下來。

對超自然力量的畏懼，逐漸轉化成宗教儀式。宗教儀式傾向譴責自私，讚許利他，特別是對於族群的利他行為。這就不難想像為何原始宗教的活人祭拜儀式得以存在，似乎某個人的犧牲可以安撫憤怒的天神，獲取族群的生存。

從達爾文與當代心理學家及生物學家的研究歸結，利他的心理與文化源自於利他對族群的長期發展有利。漸漸地發展成社會文化中的倫理思想或宗教儀式，前者讓人不敢自利以害他，後者讓人從心理上就不敢有自私的念頭。

這利他的「本然」與「實然」從進化論的角度當然是屬於歷史的。馬克思的歷史唯物觀點強調，在歷史的演進中，生產方式與生產關係決定了人性。湯恩比《歷史研究》的「挑戰與響應」模式指出，人類的文明多半產生於外在環境艱鉅的挑戰。[5] 我們不難想像原始人類的生活，在所有物種中應屬較脆弱的物種。他們必須群聚以保護彼此，必須藉由群體的力量，才能面對各種大自然與物種的外部威脅。因此「親近互動機制」（Proximate Mechanism）的生存模式出現了。

但在地球發展的歷史上，許多其他同樣脆弱或更為脆弱的物種，甚至早已滅絕的眾多物種，為何發展不出群聚或群體力量以讓族群生存下來？吾人認為，人類獨特天性本具的某種特質與智慧是發展「親近互動機制」的關鍵。所以利他性情很可能是個人內在的本然。

地球上許多具備群聚特質的物種，也並未發展出利他的道德倫理體系。地球上存在過或至今仍然存在的許多物種，甚至發展出比人類更為親近互動的生存機制。如蜜蜂、螞蟻的龐大無個體意識的分工互動組織，這些物種本能性的利他（利益自我族群），但它們並未產生道德上應然的倫理觀。利他成為道德上的應然，是人類獨特的生命模式，並非全然產生於「親近互動模式」。「親近互動機制」並非是解釋道德利他觀點產生的最佳論點。

某種存在於人類本然的特質，如抽象思考能力、道德傾向、親情互愛的特質，才是人類發展出利他思想與性格的關鍵因素。群聚生活與利他觀念是不可分割的。

第二節 利他是人性的實然與必然

一個純然利己的生命體是不可能發展出群體組織的。只有群體生活但不具備利他本然性情的生命體，也發展不出利他的道德倫理觀。因此利他是人性中的「實然」，隨著歷史的演進，演化為道德上的「應然」。

從佛法的角度，利他是「實然」，是「實然」自然也為「應然」。如《雜阿含經》所陳，比丘「於他得利，他作功德，欣若在己。」[6] 佛法是強調他人之功德，欣若自己。他人之利益，於己無異。《大智度論》也主張：

> 菩薩心自利利他故，度一切眾生故，知一切法實性故，行阿耨多羅三藐三菩提道故，為一切賢聖之所稱讚故，是名「菩提薩埵」。[7]

---

5 湯恩比著，陳曉林譯（一九八〇），《歷史研究》。臺北：桂冠。

6 〔宋〕天竺三藏求那跋陀羅譯，《雜阿含經》卷四十一，《大正新脩大藏經》第二冊，No. 0099。

菩薩的自利利他是「知一切法實性故」。菩薩知道利他是真理之故，「法之實性」是實然面的思維，人在實踐利他之中，才能充分體現本性之實然。佛教的利他既為實然，亦屬應然。因為利他，本性才得以彰顯，利他才是真利己。

利他精神是自發非強制，所以證嚴上人說，幫助人是「本分事」，菩薩要當「不請之師」。從慈濟宗門的觀點，利他應作為一種文化價值，而非法律規範。利他如果不是自願的，如果成為強制性，它就是法律意義下的義務，而非利他之願力。佛陀所教化的因緣果報是自然法，是必然法，非他力所強制。提婆達多為惡自有因果，對犯錯的比丘頂多「默擯之」。一切的修行與道德踐履都是自願。菩薩度化眾生的利他更是自發心，不捨眾生的悲願。

第三節　利他的思想論證

自願式的利他

利他精神不必以立法或政治的方式進行。它應該是人們甘願奉行的一種信念，真心信服的一種價值。

如果利他成為硬式規範，將失去它原本的生命力與創造力。與萬物同、與萬法合一，本質是一種崇高的生命情懷與理想。應由個別性的方式自主地、自由地去體會、去創造與實踐。無論是慈善領域、經濟領域、科技領域，甚或是政治領域都應以利他精神重新闡發與建構。

利他在經濟領域裡就是「善經濟」，[8]經濟應以利益他人為主，而非為自己謀私利。近幾年被強調與快速發展的非營利組織，就是一群有信念與理想的人，以非營利組織的方式為社會做事。

西方政治學假定「人性為惡」的思維，創造了制衡與監督原則，結果製造更多的不信任與政治對立。利他精神的重新闡發，有助於拋棄政治學裡的道德與價值中立，而將利益人群的理想重新建立起來，把政治家的道德感與利他為民的信念重新拾回，才能挽救當今民主政治體制及非民主體制崩潰的危機。

科學的精神亦是如此。科技的價值中立使得科技可以造福，亦可以造禍。科技發展必須符合利他的精神，慈悲對待一切有情。只有基於利他的科學發展，才得以用科學真正建立良善的社會道德，人類才能免於毀滅的命運，或免於最終被機器奴役的危機。

但這些利他的建構，必須以「理念的方式」讓人們得到體解與實踐，而非以權力的手段立法，強迫大家必須如此遵守。或許道德理念的推動極為緩慢，但是如同先前所述，利他精神一旦成為社會強制力，就失去並違背利他的核心精神。

利他從自己開始

哈佛大學教授邁可．桑德爾（Michael Sandel）提出著名的利益極大化的個案。他比喻說，一臺工作車失控從斜坡快速滑下，眾人發現已經來不及躲避，眼見這臺車會撞上路旁的一家五個人，在那一瞬間，你剛好站在中間的馬路上，如果你順勢推一下這部失控的工作車，它不會撞上這一家人，而是會撞上對面一位中年人。這瞬間，你是推還是不推？你要犧牲五個人，還是犧牲一個人？

這是功利主義的命題，救五個犧牲一個？還是犧牲五個救一個？

7　龍樹菩薩造，後秦鳩摩羅什譯，《大智度論》，《大正新脩大藏經》第二十五冊，No. 1509。

8　何日生（二〇一六），〈善經濟——論資本市場的善性與道德〉，《山東師範大學學報》，二〇一六年三期。

我們無法決定究竟誰該犧牲？不只沒有權利，也沒有能力決定，到底誰的生命重要？一個或五個？生命的價值如果可以用數量來衡量，那麼二次大戰期間美國參謀長馬歇爾將軍就不會以一個班的士兵去救雷恩大兵。雷恩一家人已經有三個兄弟都戰死沙場，馬歇爾無法讓他母親的第四個兒子也因戰而亡，所以派出一整個班的士兵，去把雷恩安全地帶出戰場。但是為了這個目的，得犧牲其他母親的兒子。這值得嗎？

顯然人命不是以數字衡量，但是經濟學卻是以數字衡量生與死，決定貧與富。

一條斜坡過陡的公路，一年因車禍死亡的人數平均為十五人。改善斜坡就能減少死亡人數，但是改善計畫要十億元，地方政府沒有能力與預算，無法改建公路，因此每年都有十多人死在這條路上。歸結來說，人命不值十億。

這是臺灣一位著名的經濟學家林全教授（前行政院長）告訴吾人的比喻。

這說法跟邁可．桑德爾的案例一樣，一個政策嘉惠一群人，但也必須同時犧牲一群人。取消孩童的營養午餐，去增加警察支出，以維持更好的治安？還是減少補貼重症患者的健保，將經費轉到長期照護所需？

營養午餐取消，偏遠孩子無法有足夠的營養，結果出現各種疾病。是偏遠孩子的健康重要？還是加強警方設備保護城市居民的安全重要？

功利主義專門解決這類問題，它的模式很簡單有效，就是計算利益極大化，依最大利益，來訂定各種政策。

現實社會中，我們總是要犧牲一群人，來成就更大的群體，然而這是利他嗎？

邁可．桑德爾的寓言，從吾人的角度言之，如果你真要介入，那就是你自己頂過去撞那部車，救五個人，也不犧牲另外那一個人。這才是真正的利他。

利他必須是自發的，不是由他人來決定我該不該犧牲，該不該犧牲我一個，去救其他五個人。要麼，自己犧牲，而不是決定讓誰去犧牲！

現實生活中，其實我們無時無刻不在決定著該犧牲誰？去拯救誰？我要買這家產品，還是哪一家？種種決定，影響了製造這家產品的員工能拿到薪水，另一家製造產品的員工明天將會失業。這是無法避免的日常決定。

那麼，善經濟是什麼？

顯然我們不可能買下所有的產品，好讓每一家公司的員工都得到厚利。我們能做的是減少浪費，我們購買減少對環境消費的產品。我們不支持剝削勞工的公司產品，不支持破壞環境的產品。

把邁可・桑德爾的寓言，轉化到經濟學的領域，其結論是，自己犧牲一部分的利得，自發地去救人、去幫助人，而不是計算要犧牲誰去救更多的人。

自發地去救人，這是回答桑德爾寓言的結論。每一個人都想著去幫助其他人，政府官員如此，企業如此，專業人士如此，一般百姓如此，社會不會有貧困。

但是我們總是等著，等著看那輛車撞到誰，不要撞上我就行，或是我推一把，讓他撞少數人，救多數人。但是都沒有想到自己應該自發地去犧牲自我的一部分利益，去成就更多的人。

換言之，企業家自己自發地照顧員工的福利，不用等勞動基準法規定來實施。

企業家節省各種不必要的開銷，因為「朱門酒肉臭，路有凍死骨」。省下的，去幫助他人。自發地去照顧周圍的窮苦人，不用等政府的福利救濟來完成。

消費者選擇對環境、對勞工照顧的善企業產品，哪怕致力於環境保護的產品價格更高，消費者仍然願意犧牲自我的荷包，去支持善的企業，這就是善經濟。

社會中人人都能自發地去利益他人，社會的貧富差距自然縮小，消費自然均衡，地球的永續就能達成。

自發地去成就善的經濟活動，這是回答何謂善經濟的提問。

精算自我利益的缺陷

西方的經濟學就是利己的經濟學。從亞當．斯密以降，就是強調每個人都以私利出發，自然會有看不見的一雙手，做出最好的利益分配，到公共利益的極大化。從亞當．斯密的角度言之，利己就是利他。

東方的經濟思想，都是以利他為本。孔子的己欲立而立人，老子的善利萬物而不爭，佛陀的四無量心——慈悲喜捨，都是以利他為本。

當代經濟學者逐漸提出修正亞當．斯密的自利即利他的理論，為了解決人性自利所產生的衝突，逐漸發展出互惠、利他模式。其中最為著名的即是博奕理論。

從博奕理論的觀點，合作才是雙贏。

學者龐士東（William Poundston）所著《囚犯的兩難》（*Prisoner's Dilemma*）[9]，以及大衛．麥克亞當斯（David McAdams）的《賽局意識》（*Game Changer*）[10]，都是從博奕模式出發，分析兩個囚犯彼此如能有良好合作的默契，對彼此都最為有利。兩個囚犯分隔審問，都不願供出夥伴罪行，不是基於愛與利他，而是精心計算自我利益下的利他模式。博奕理論發展出的囚犯困境大量運用在商業談判、危機處理、糾紛仲裁之中，以此模式讓對立或夥伴關係的雙方互利，這思維屬「自利式的利他」。

美國的羅伯特．愛克斯德（Robert Axelord）與漢彌爾頓（Hamilton）合作的《合作的進化論》（*The Evolution of Cooperation*）一樣採用博奕理論，探討互惠模式，不背叛彼此，對雙方的好處最大。

換言之，如果結果不利於任何一方，這「博奕理論」或其衍生的「賽局理論」及「囚犯困局理論」

都會失效。

互惠是基於「自利」而行使之。結果好，這理論才有效。因此，賽局理論的失靈會發生在無法預估對方會怎麼做？軍備的雙方不知道對方的軍事預算；或在一場美元拍賣中，價格上限無法確知，買方就很難開價，賽局理論就失靈。[11]所以當一個個體無法預估對方是否做出對自己有利的行為，或者訊息不清楚之際，賽局理論就會失靈，互惠原則就會破壞。這都是基於「自利」的計算所行使的「互惠」。從其結果之利，論其利他之行。這種模式保證利他不能害己。或者說，博奕理論的利他是以不害己為前提。因此，所浮現出來的問題是，利他如果預期會害己，還利他嗎？答案應該是否定的。

博奕理論解決不了人性弱點，當面對利益衝突之際，當不利於自己的時候，人們就不會利他。這種人性的基本反應不會產生利他的心情。利他必須基於愛、基於勇氣，願意必要時出讓自己的一部分利益，以成就更大的群體利益。但是這出讓必須是自願的，不是強制的。人人都有這種主動的利他精神，最終人人都得利益。

下一篇幅，吾人將以「飢餓困局」來說明，愛與利他，為何能真正成就他人與自己。

9 龐士東著，葉家興譯（二〇一四），《囚犯的兩難：賽局理論與數學天才馮紐曼的故事》。臺北：左岸文化。

10 大衛．麥克亞當斯著，朱道凱譯（二〇一五），《賽局意識：看清情勢，先一步發掘機會點的終極思考》。臺北：天下雜誌。

11 龐士東著，葉家興譯（二〇一四），《囚犯的兩難：賽局理論與數學天才馮紐曼的故事》。臺北：左岸文化，頁三五七。

第四節　飢餓困局理論（Starving Paradox）

自我與他者的互愛

自我與他者，可以包括「愛的關係」、「競爭關係」、「敵對關係」、「依賴關係」、「剝削關係」、「疏離關係」。

這些關係無論在商場上、在政壇上、在宗教上，或在任何的人類活動領域裡面似乎都離不開這幾類關係。

本文要說明從「利他」所創造之愛的關係，比起任何其他關係更具備力量。特別是在經濟活動當中更是如此。

在兩個個體的世界中，互助或競爭？敵對或和平？施予或剝削？分工或依賴？我們假設一個「飢餓困局」（Starving Dilemma）的弔詭情境，來探討自我與他者的困局。這「飢餓困局」的情境是這樣的：

假設村子裡鬧饑荒，有兩個人已經飢餓兩週，快要死了，急需食物活命。他們一路蹣跚，走到了河邊。突然，看到有一張餅，這塊張餅足夠一個人吃，但這張餅吊在伸展至河中央的一棵樹上，而河裡面有無數的鱷魚。這兩位飢餓者都想要拿到這張餅，填飽肚子。

在這情況下，他們是合作好？還是對對抗好？是分工好？還是依賴好？是施予好？還是剝削好？如果他們是採取對抗，兩人可能都得不到這張餅。如果他們其中一人依賴另一人去取，自己無所作為，也無法拿到這張餅。因為要拿到這張餅的前提是，必須有一個人將鱷魚引開，另一個人去取，才有可能。

但是誰要當這個引開鱷魚的人呢？

因為引開鱷魚不但可能喪命，而且等他回頭，那張餅大概已經被另一位飢餓者吃掉了。所以兩人都不願意引開鱷魚，結果可能是兩個人都餓死。因此，如果有一個人願意引開鱷魚，至少有一人能活下來，或者兩人平分，至少不會很快餓死。所以這兩人要怎麼選擇？

合作分工？或是一人單獨行動？

如果兩人為了餅而對抗打了起來，其中一人受傷或死亡，那另一個人也拿不到餅。

如果是競爭，可能兩人都掉到水裡，剛好讓鱷魚群果腹。

如果是依賴，只讓一個人去取，鱷魚在下方覬覦，自然也取不到餅。

唯一的方法就是互助，而互助不是互利，因為有一個人可能被犧牲。誰願意被犧牲？那就是有愛的人，他願意冒險犧牲。

想想如果這兩個人是一對父子，或者感情至深的夫妻，他們會怎麼做？一定是一個人引開鱷魚，讓另一個人去取那一張餅。這就是愛的關係，一個人涉險甚或犧牲，讓一個人去得利，實際上，最後可能是一個人，甚或兩個人都得利，都能免於飢餓而死。

在此情況下，任何一種非互助、非愛關係的自我與他者，都無法在這樣的情境中生存下來。

如果兩個人都是愛的關係，他們就可以理性討論，跑得快的人去引開鱷魚，比較會爬樹的人去取餅。最終兩人會合，分食這張餅，或者，至少能讓其中一個人活下來。

這種互利模式不一定雙贏，他們還做不做？

這個情境並非虛擬。在現實環境中，不管是經濟活動、政治活動，在在都充滿了外在環境的風險。風險中有機會。要把握機會，就必須承擔風險，但誰去承擔風險？只有勇者、有愛者去承擔風險。

但是這有愛的勇者或理性的智者，他能得什麼利益呢？就是能夠救一個人，或連同也救了自己。

這個問題的答案即是，愛是理性的，愛是勇敢的。

利他是既理性又勇敢的行為。他使自己或他人都能得利。但是利他也意味著自己願意承擔風險。這和「博奕理論」非常不同。博奕理論追求雙贏，但是雙贏常常是想到自己會贏，才願意採取行動。在真實世界之中，以經濟金融言之，銀行貸款給有抵押的人，是因為不願意承擔風險。要有把錢收回來的確切把握，才願意貸款。這是博奕理論，知道自己獲益，才願意採取有益他人之舉。

但是慈善家尤努斯的微型貸款卻不同。貸款給窮人極可能收不回來，但是居於愛，尤努斯堅持窮人貸款，以愛心和信任推動微型貸款，結果非常成功。尤努斯承擔回收不了錢的風險，但是因為利他之心推動這項慈善企業，結果非常成功。百分之九十五的窮困婦女都準時還款。

微型貸款現在在全世界開展，不是在慈善界，而是在商業金融界亦是如此。小型貸款得到的利益不亞於抵押貸款。想想引開鱷魚的人，因為要讓他人得到餅吃，自己最終也獲益。

「飢餓困局」模式，讓我們把人性都推到極端。當自我不願意涉入風險，自他都活不下來。是什麼力量或思維，能一起救起他們兩人？或至少救起其中一人？答案不是自利，而是利他。利他，是人類免於相互毀滅，或一起毀滅的最終力量。

「飢餓困局」不見得只是情感面向的利他精神之挑戰，它也是理智與智慧的考驗。當兩人都願意並明白只有分工互助，才能夠讓自己或兩人都活下來，他們接下來就必須分工。

假設一人擅長快跑，一人擅長爬樹，快跑的人就不應該為了避開鱷魚追趕的風險而去爬樹，而讓跑不快的、會爬樹的人去引開鱷魚。這樣可能沒有人能活命，鱷魚可能在回頭的瞬間，將兩個人都吞噬。所以「飢餓困思」格局涉及利他之外，還考慮角色的分工。利他是態度，而專業角色分工是求生致勝的關鍵。

「飢餓困思」格局中，慈悲的愛是前提，理性智慧必須同行。如同佛法所強調「悲智雙運」，慈悲與智慧並行。

第五節 經濟體系中利他與利己的融合

我們理解囚徒困境與飢餓困局的理論，來理解利他與利己的關係，我們得出在利益相關的時候，利己不能夠得到真正保證自我的利益。囚徒困境中，兩個犯罪的雙方只有互相保護，才能獲得最大的利益。雙方都保護自我，出賣他人，兩者皆輸。一方利他，攬下所有的罪名；一方利己，把責任都推給另一方，是否利他者會輸，利己者會贏？未必。因為檢察官會交叉審問，其結果可能一樣是兩造皆輸。

如果採取利他的途徑，雙方不提供訊息，雙方都不透露對方的弱點，可能兩造都獲益，原因是訊息越少，越難定罪。但是這必須基於彼此的信任，即便在訊息不對稱的時候都願意利他。囚徒困境是只有在雙方都知道彼此不願意出賣對方的情況下，才願意不出賣對方。如訊息不對稱、不透明，囚徒就是以自我利益為主。這種是確認利己之後的利他。

在資訊不清楚、不對稱的情況下，利他在經濟學上能不能成立？

這種絕對的利他精神，即便不知道「對造」會不會利他，仍願意利他，在經濟學上能不能成立？「對造」可以是商業夥伴、商業對手、同仁、股東等。以飢餓困境的理論言之，不管資訊透不透明，不管對方的原始態度為何，以理性分析利他才能利己。面對威脅、面對利益，只有合作才是上策。

囚徒困境永遠無法達到帕雷托最優（Pareto optimality）的狀態。囚徒困境最終造成「一方得利，一方失利」，甚至「雙方皆輸」的局面。

「帕雷托最優」是指經濟資源分配達到最理想的狀態。帕雷托最優的狀態就是不可能再有更多的帕雷托改善的狀態；換句話說，不可能在不使任何其他人受損的情況下再改善某些人的境況。

帕雷托最優是經濟學中的重要概念，它指的是給固定一群人一項可分配的資源，從A的分配狀態，到B狀態之變化當中，在沒有讓任何人的境況變壞之前提下，使得至少一個人變得更好，這就是帕雷托改善。

需要指出的是，帕雷托最優只是各種理想狀態標準中的「最低標準」。也就是說，一種狀態如果尚未達到帕雷托最優，那麼它一定是不理想的，因為還存在改進的餘地，可以在不損害任何人的前提下使某一些人的福利得到提高。但是這種達到了帕雷托最優的狀態並不一定真的很「理想」。

比如說，假設一個社會裡只有一個百萬富翁和一個快餓死的乞丐，如果這個百萬富翁拿出自己財富的萬分之一，就可以使後者免於死亡。但是因為這樣無償的財富轉移損害了富翁的福利（假設這個乞丐沒有什麼可以用於回報富翁的資源或服務），所以進行這種財富轉移並不是帕雷托改進，而這個只有一個百萬富翁和一個餓死乞丐的社會可以被認為是帕雷托最優的。

如果與古典功利主義的標準做比較。按功利主義的標準，理想的狀態是使人們福利的總和最大化。如果一個富翁損失很少的福利，卻能夠極大地增加乞丐的福利，使其免於死亡，那麼社會的福利總和就增加了，所以從功利主義的角度看，這樣的財富轉移是一種改善，而最初的極端不平等狀態則是不理想的，因為它的福利總和較低。

由此可見，帕雷托改進的要求是，提高部分人群福利時，不能減少其他任何一人的福利。但功利主義則相反，它允許為提高整體福利而減少部分人的福利。經濟學理論認為，如果市場完備、競爭充分，市場交換結果一定是帕雷托最優，並且，會同時達到：

首先，「交換最適」：即使再交易，個人也不能得到更大的利益。在這種情況下，對任意兩個消費、任意兩種商品的邊際替代率相同，而且他們的效用　能同時實現最大化。

其次是「生產最適」：這個經濟體必須處在自己生產的可能性邊界上。此時，對任意兩個生產不同產品的生產者，需要投入的兩種生產要素的邊際技術替代率（MRTS）相同，且兩者產量同時最大化。最後是「產品混合最適」：經濟體產出的產品組合必須反映出消費者偏好。此時，任意兩種商品之間的邊際替代率，與任何生產者在這兩種商品之間的邊際產品轉換率（MRT）必須相同。

如果一個經濟體不是帕雷托最優，則有一些人能在不使他人境況變壞的情況下，使自己的境況變好。人們普遍認為，這樣的低效產出需要避免，因此帕雷托最優是評價一個經濟體和政治方針的重要指標。

如前所述，一個帕雷托最優的經濟系統只是在「最低」的意義上是「理想」的，但是，無法保證不會發生貧困或嚴重的貧富差距。

帕雷托最優是以提出這個概念的義大利經濟學家——帕雷托的名字命名，帕雷托在他關於經濟效率和收入分配的研究中使用了這個概念。

另外，著名的帕雷托法則，則是由約瑟夫・朱蘭根據維弗雷多・帕雷托本人當年對義大利百分之二十的人口擁有百分之八十的財產的觀察中而得出來的推論。

以利他達到帕雷托最優

我們來探討利他的結果是否能達到帕雷托最優。

假設每一個不相識的個人都以利他為經濟行為基礎，其結果對於每一個行為的個人是利？還是不利？

帕雷托的生產最適的理想，我們從生產的過程中進行探討，如果每一個企業都是利他為信念，它就會細心地關注市場所需，關注消費者所需，也關注同行所已經上市的產品。以利他為念，企業自然不會製造對消費者不利的產品，再來，它不會進行惡性競爭，它會創造目前市場上還沒有或不足夠的產品提供給消費者。以這種信念的經濟市場不容易產生競爭帶來的倒閉，也不會有消費者買到不實不佳的產品。因為每一位製造者都是以利他為念。這是達到「生產最適」。

「交換最適」一樣透過利他才能達到目標。假設金融市場的貨幣流通，人人都以利他為念，借貸與利息一定是以貸款者與借貸者兩方都能獲益的方式為之。因為雙方都是以利他為念。只要誰利益損失，雙方或各方都會想盡辦法彌補其損失，以到達交換最適的情況。這時候的協商機制與資訊的彼此公開透明是關鍵。只要資訊充分揭露，就能達到交換最適。而資訊的交換與揭露也是以利他為前提才能達成。假設雙方隱密資訊，雙方不願意以利他方式協商，其結果就是囚犯理論的結果，一方損失，或兩方皆損失。

「產品混合最適」的目標，以利他的信念為出發才能達到。每一種產品的轉化都是因為科技發展與創新所導致。創新帶來商機，也帶來產業轉型，造成企業結構性的倒閉或個人的失業。如果產品混合能達到最佳狀態，而不是蘋果手機出來，Nokia就倒閉，就必須以利他的前提下，將技術提供出來給大家分享。不是免費，而是付費的分享。因為創造者是必須兼顧成本及創造盈餘，「沒有白吃的午餐」。但問題在於即便新的科技與創新提供給同行，同行未必採信與採用。這時候的競爭就會出現。當市場到達一方優勢得利，另一方明顯失利之際，通常失利的一方會宣布倒閉。這種競爭與淘汰符不符合善經濟的利他精神？

我們觀察日本近二十年經濟的持續發展，跟日本的民族性團結、結盟有關。企業間、產業間結盟，而不是美國式的競爭與倒閉的雙重奏。產業間結盟、企業間結盟，分享新技術與新觀念，包括管理模式，甚至交換產業轉型下的不適任員工，各取所需，因而締造穩定的就業率，與產業榮景。

中國經濟持續強大的火車頭也是依靠政府的規劃。當互聯網發達，輔導郵局轉型成儲蓄銀行及大宗包裹遞送，就是在資訊透明、互換，政府及協會以促進整體產業發展的利他理念下所締造。換成在一個自由市場的機制，優勝劣敗，任由大吃小，產業自然淘汰，很難締造穩定的經濟生活與產業持續的榮景。中國與日本的經濟榮景所強調的都不是自利的個人主義，而是以利他為念的集體精神。一體共享、共榮是集體經濟實體的優勢。唯有如此才能達到「產品混合最優」。

第六節 利他即利己的哲學思維

西方哲學對於利他與利己的辯論已經數千年。利他，在邏輯上似乎與利己相違背。從亞里斯多德到聖湯馬斯、尼采、佛洛伊德等都認為利己才是人的本性。希臘思想認為只有理性能引導人走向道德。聖湯馬斯則主張是上帝引導人走向善與道德。佛洛伊德從心理學立場主張人是被個己慾望所驅使，利他的前提也是為了自利。

西方思想界在十九世紀法國哲學家孔德（Auguste Comte）提出「利他」（Altruism）一詞之前，對於「我們為何要幫助他人」是以慈悲（Compassion）、慈善（Charity）、友誼（Friendship）、仁慈（Benevolence）等名詞來表述。[12]孔德是西方第一個創造「利他」（Altruism）一詞的哲學家。「利他」（Altruism）拉丁文字根是「autrui」，是「他人」（other）之意。

孔德針對利他主義（Altruism）與利己主義（Egoism）的不同提出討論。從孔德的角度，利他是指「一個人的行事動機，是為著他人最高福祉而設想」。動機是「為他人」，結果是給他人帶來「最高福祉」。[13]

利他在心理學的定義是指「個體抱持著利益他人的心態」（Psychological Altruism: The existence of ultimate desire concerning the well-being of others），心理學家把「動機」視為界定利他精神的重要關鍵。利他，其動機必須不為自己，而是為他人。

但當代心理科學家卻指出，有利族群演化的「利他」之於個人，可能一開始就純只是「自利」的動

12 C. Daniel Baston (2014) ,*The Altruism Question--Toward A Social Psychological Answer,* London: Psychology Press, p. 5.

13 C. Daniel Baston (2014), *The Altruism Question--Toward A Social Psychological Answer*, London: Psychology Press, p. 6.

機。如史考特．菲利浦（Scott Philip）和迪克金（Dickins）就舉例：當一個女人在尋求一個地位比她高的男人當配偶時，她的心理是自利的，但這選擇對她的族群而言，卻是更有利於演化與適應（Evolution Fitness）。利他與利己在此巧妙地透過心理機制與演化機制默默地契合著。

吾人將西方這種心理學與演化論的實證利他詮釋，稱為「利己式的利他」（Altruism for Self-Interests），正是這種「利己式的利他」，使得利他倫理觀點放諸一族群或一國族可以成立，而無法解釋從原始社會至近代人類社會，部落與部落、國族與國族、宗教與宗教不停地因自我群類之利益而爭鬥不已。科學主義（包含進化論與心理學主張）之利他詮釋仍不是普遍性的，仍是局限於族群、國族、部落宗教的範疇。在更大的範圍中，人類仍抱持著某種程度「自利」的社會心理機制。

利他的圓滿不能求自利

利他不能有對價關係，不能有所求。如慈濟創辦人證嚴上人所說，「付出無所求，付出還要感恩」。付出有所求，就回到貪、嗔、痴。利益他人是無私的行動，不求回報，不求功德。利他精神要能擴大利他的廣度，利他必須給予他人「法」，給予愛，啟發更多的人去利他，讓受者也能成為施者。要做到三輪體空，無施者、無受者，也無施予。

再者，利他的精神是強調群體，非個人的理想。如果利他只是個人的行為，就不是真利他。因為萬物無分別，萬物本一體。所以利益他人，就是利益自己。我與他無別，一與全體無別。

所以如果利他不是群體為之，就不是佛教的利他，而比較像是基督教的救贖。基督教的救贖可以是很個人的，是屬於上帝的恩典，不是全體人類都該得到救贖。佛陀要度化一切眾生，也要讓一切眾生度化一切眾生，一即一切，一切即一。從一善種子，到十，到百千，如是輾轉乃至無量。這一點呂澂先生所言甚切：

在緣起的條件下單獨自利是不可能的，要自利利他，甚至要以他為自。這要把自己融合在眾生的汪洋大海中，利他就是自利。[14]

然而，利他也不必害己。慈濟的骨髓庫成立，證嚴上人關心捐髓者的身體健康。他說：「絕不會傷害一個健康的人去救一個生病的人。」這即是中道。如果生命同等重要，如何犧牲這個人去救另一個人。「利他不害己」，這種利他才能行之長久，才不會淪為道德性的、應該之暴行。

或問佛教不也是說「頭目髓腦悉施人」嗎？大捨，連身體都捨。如慈濟人成為大體老師，大捨身體給醫學院醫師學習。「此身非我有，用情在人間。」或者器官捐贈，造福更多病人；或者捐骨髓搶救白血病患。但這些大捨菩薩都是成就更永恆的慧命。這本身非害己，而且是化無用為大用的大智慧。

佛教義理與慈濟的精神不會要一個活生生的人去犧牲自己搶救他人。害己利人之思維在現世的倫理不只窒礙難行，而且容易成為一種道德壓力，就跟殺一人救天下人一樣，不知道在哪裡終止這種犧牲。

利他不能只是動機

另一個問題是，利他的動機在現實中無法實踐出具體利他的結果時，還能算是利他嗎？利他的動機可能因為時空條件不到位而無法實現，那這還屬於利他嗎？利他究竟只是動機？還是要論結果？

康德善意志觀點的利他是不論結果的。一個人的善不應該在現實中無法得到體現而削弱他至善意志

14 呂澂（二〇〇〇），《印度佛學源流略論》。臺北：大千，頁一八二。

之價值。康德說：

善意志之為善，並非由於其結果或成效，即非由於它已達成任何一項預定目的，而僅由於意欲；也就是說，其自身就是。

縱使由於命運特別的不利，使這個善意志完全欠缺實現其意圖的能力，且在其盡了最大的努力之後仍一無所成，而只剩下善的意志，此時它自身仍具備其全部價值，像一顆寶石似地獨自閃耀。有用與否對這項價值不會有增減。

康德的善意志觀點下的利他應視為非功利、非結果論、動機論，或唯心論的道德倫理觀。康德認為善意志不能等同於它的結果。即使善意志造成痛苦的結果，善意志仍為善，因為它的目的就是行善。[15]

一九九二年五月五日發生在臺北的健康幼稚園火燒車事件，一位林靖娟老師已經救出六位孩童，但是當她聽到二十位還困在車上的孩童哭聲時，她又衝進燃燒的車上救人，她從車窗上丟出八個孩童之後，終於逃脫不及，與其他十多個孩子都葬身火窟。林靖娟的義舉如果從康德的觀點就是善意志，其自身不因結果而減損她的價值。而且這種善意志，這種利他行動是完全基於自由理性的自由意志。[16]

動機與結果兼具的利他

佛法的利他則是根植於動機與結果兼備的道德觀點之上。佛陀強調布施是無相布施，即不著相，一如慈濟證嚴上人所言：「付出無所求。」但是無所求付出的利他，仍是著重結果的。但這結果的衡量不見得是屬於世俗意義底下的結果。

《愚賢經》的一段記載，說明佛陀在累世修行中，都曾經身處地獄道。但是一念為善，所以上升天人，終至成佛。《愚賢經》說，佛陀有一世在地獄中受苦，但是看到一位罪人扛著火焰鐵車，一時慈心起，幫他拖拉火焰鐵車，結果被獄卒一棒打死。

一棒被獄卒打死的佛陀，直接升忉利天，於無數量劫之修持後成佛。慈心悲憫眾生，是成就佛道的關鍵。試想佛陀於這一世為地獄罪人，其甘心為另一罪人背負火紅的鐵車，其出發心並不是為了升忉利天，其出發心是不忍人的惻隱之心，是慈悲心讓這地獄的罪人去背負其他罪人的苦煉。這與康德自由理性之善意志其區別在於，利他的道德出發點不是意志理性，而是意志的慈悲。罪人並不具備善意志的律令，而是在慈悲中體現了它。

獄卒打死這位為他人背負火車的罪人，結果這罪人的利他行動為自身帶來了善果。雖然他死了，但是升至忉利天。最重要的是那一世就是佛陀成道的起點，從此再經過累世修行之後，佛陀終成正果。這故事的隱喻為利他是動機的善與結果的善，但是這個善不是世俗的功利，而是通向至善修行的善果。這與功利主義的利他仍有極大區別。

慈濟強調志工在救災過程中要注意自身安全。不能保障志工人身安全的災區，慈濟本會是不希望志工前往的。如戰火連天，缺乏適當保護的交戰區，慈濟人不會前往賑災。以佛教慈濟的觀點而言，利他之結果不能害己。利他可能害己，但是能預期的害己，卻仍然願意利他，從慈濟觀點而言，這是非常個人化的意志之表現，不應成為團體之規範。

因利他而犧牲自己，在佛經裡也有許多的故事。佛有一世作為一比丘，看見飢餓的母虎與小虎，比

---

15 Immanuel Kant (1997), *Groundwork of the Metaphysics of Moral*, Mary Gregor and Jens Timmermann(Edited and Trans), Cambridge: Cambridge University press, p. 62.

16 林火旺（二〇一三），《基本倫理學》。臺北：三民書局，頁一〇九。

丘唯恐母虎因為飢餓吃掉小虎，因此以血餵母虎，母虎力氣恢復後，把比丘吃掉了，但這比丘心理完全無憾。[17]這是比丘預防他人為惡所行之利他。其結果是自身受害，但其慧命卻常保。佛教利他之善果非現實之成果，而是允諾一修行的清淨與覺悟增進之善果。利他是通向究竟成佛之路。

第七節 利他作為人類自我之超越

利他是超越自我的趨力。人對於超越的追尋如同卡爾・雅斯培在《哲學信仰》中所說：「人體認到自己雖然是有限，但他的可能性似乎伸延到無限。這一點使他自己成為一切奧祕中最偉大的存在。」[18]人類亟求無限，希望通向無限，契入無限，或與無限合一，這是宗教得以存在與延續的重要因素。因為對於無限的渴望，宗教總是把「有限」、「分別」、「部分」當作是業、是苦、是無明、是惡，或是原罪。

以基督教為例，基督教的原罪來自亞當、夏娃違背上帝的旨意，偷食禁果，因此有了男女之識別，有了裸露的羞恥感，這是原罪。人類祖先的罪，是每一個人的原罪。亞當、夏娃的偷食禁果，讓他們覺知自我，分別男女，這是人類從與萬物全體合一的無分別中分離出來，開始有分別心，開始有自我意識，羞恥的意識即是自我已顯現，這是原罪。因為人類已經開始與從萬物一體的無限中脫離出來，變成執著有限，貪著自我意識，因此被認為是原罪。

當人類的文明發展開始意識到自身與萬物不同，就開始了生滅法。我生，我滅。如果視萬物為一體，此生，此滅；彼生，彼滅，都是萬物循環、宇宙法則的一部分，無個體之生滅可言。所以回歸萬有的上帝，成為「有限」的人類（基督徒）最高的渴望。東方儒家的「天人合一」、印度的梵我思想、道家的「人法地、地法天、天法道、道法自然」，無不是將人的存在擴展到無限。人與萬物原本皆相連不悖。所以利己是局限的，與無限結合是利他的趨向與動力。

卡爾・雅斯培以個體生命的「存在」必須認識超越的「存有」，才是自身回歸的目標。他以「統攝者」來描述這超越的存有是不落入主客觀的對立，不落入個別、分別的對立。「統攝者」之存有超越這些存在之局限。卡爾・雅斯培不以上帝作為統攝者，而是以老子的「道」描述統攝者的意涵。他說：「道是統攝者。」[19]

從宗教超越角度論述道德實踐的學者包括英國的約翰・希克。約翰・希克在他的著作《宗教之詮釋：人類對超越的回應》以及《第五向度》中闡述他的理念。他主張人類都具備「第五向度——靈性的向度」，這個向度通向梵、上帝、佛性、道。只是各宗教的歷史條件與詮釋不同，但是都指向人類共同的生命體，這生命體是趨向合作、互愛、互助，共生共融。

近代的海德格之存有觀也是從超越的觀點談「存有」（Being or Dasien）。[20]人類的存在、萬物的「此在」（existence）是涵蓋在「存有」之中。海德格深受老子「道」的影響，其「存有」帶有「道」之意涵。海德格甚至提出「無」與「存有」並立為一，是宇宙萬有的根本。只不過海德格的「無」不是老子的「無」。老子的「無」是天地萬有的源頭。海德格的「無」是一種「存在」。就像空白的紙，空白

---

17 聖勇菩薩等造，宋朝散大夫試鴻臚少卿同譯經梵才大師紹德慧詢等奉詔譯，《菩薩本生鬘論》，《大正新脩大藏經》第三冊，No. 0160。

18 Karl Jaspers (1950), *The Perennial Scope of Philosophy*, Ralph Manbeim(Trans), London: Routledge & Kegan Paul, Philosophical Library, p. 51. "He becomes for himself the greatest of all mysteries when he senses that despite his finite nature, his possibilities seem to extend into infinite."

19 Karl Jaspers (1996), *The Great Philosophers*, New York: Harcourt, Brace & World, p. 391. "Tao...remains the Encompassing."

20 Martin Heidegger (1962), *Being and Time*, Stambaugh, Joan(Trans), New York: Harper & Row, Publisher Incorporated, pp. 37-39.

之境是一種存在，就像沒有光的空間，「黑暗」是一種「存在」。

從海德格、卡爾．雅斯培到約翰．希克，西方宗教學者與哲學家在去除上帝的框架之後，從東方的「道」、「無」、「法身」、「空」、「梵」等思想，去尋找對存在的理解方式。他們都指出有一大我的存在，個體的目標就是認識與回歸此一大我整體存有之路徑。

當西方哲學家努力從個體與整體的對立找出路的時候，東方哲學家似乎早就悟透這二元對立背後的和合與一體。老子將一切萬物歸於「道」。「道生一，一生二，二生三，三生萬物。」萬物從一而生，也回歸一。這一，如《華嚴經》所陳，一即無限，無限即一。佛性是一，以佛性點化一切有情眾生。如唐朝杜順大師所陳，「佛性緣起，法性緣起，法界緣起」。佛性遍及一切諸有情眾生，最後達圓融無礙、周遍無礙的境界。這是菩薩救護眾生的無量功德。

東方哲學思想有其強大的恆久性與圓融性。但其對時代的適應性與詮釋的創造性卻是吾輩努力的目標。在佛教體系中，本文認為佛教利他的思想有其客觀性與可實踐性，對當今的西方哲學理解東方哲學涵融之智慧，有一定的價值及影響。如約翰．希克在談到佛教的慈悲時說：「否棄自我中心而來的慈悲，涉及慧見的客觀性及清澈性。」[21]

當西哲們逐漸認知到，慈悲就是「自我融入大我」的和合智慧，立足於東方哲學的我輩，對於佛教利他思想的研究，益發顯明其重要性及急迫性。

第八節　萬物是一的利他哲學

佛陀最初的覺悟——萬法唯一心，萬法為一。菩薩利益眾生的願力，源自於宇宙萬物本身是一體，相生相成，互為依存。我與他、我與萬物、我與萬法本為一。這種宇宙萬物和合為一的意涵是佛教利他思想的本質。

萬物為一，利他即為利己。利己更要利他。因此，只要還有眾生未成佛，諸佛的佛性仍然未完成。諸佛的覺行仍然未圓滿。呂澂先生從緣起的認識出發把這道理說得很透澈：

> 世界一切都是互相依持、互相聯繫的，人與人、人與生物也是互相聯繫的，人不能看成是個體，而應看成是整體。所以在趨向涅槃實踐中，不是要一個人的單獨行動，而是要全體都行動起來。單獨趨向是自利，在緣起的條件下，單獨自利是不可能的，要自利利他，甚至要以他為自。這樣，把自己融合在眾生的汪洋大海中，利他就是自利。[22]

佛陀的慈悲與度盡一切眾生的願力，其根本就是緣起法。萬物相依相生，沒有人能單獨存在，沒有人能自覺於其他生命之外。所以「無緣大慈，同體大悲」，不管個別因緣不同、果報不同，但其根本生命的最深處，一切都相關聯。愛自己如愛他人，愛他人如同愛自己。這是利他即利己。

利他精神提供個人尋回歸屬的根

沒有人能孤獨地存在於這世界。沒有任何一個人的生長是不需仰賴他人，以及所有一切生成他的自然環境與社會環境。佛法所說因緣生法，一切有情都是因緣生滅。單一與整體不離，單一與單一不離，個人與群體不離，個人與環境不離，個人與個人不離。

---

21 約翰・希克著，蔡怡佳譯（二〇一三），《宗教之詮釋：人對超越的回應》。臺北：聯經，頁三三九。
22 呂澂（二〇〇〇），《印度佛學源流略論》。臺北：大千，頁一八二。

但是現代人卻尋求個人化，尋求與團體分離，與社會環境疏離，與自然環境對立。個人成為無根的一滴水，等待在烈日與塵灰中灰飛煙滅。「而一滴水能夠不乾涸，是因為它融入閃亮的大海。」[23]利他精神讓人回到團體的互助、互愛與互利之中。那是一切生命生成必然的狀態。沒有互助、互愛，沒有任何生物能夠存在。

哪怕是深信物競天擇的人，試問天擇不是客觀因緣嗎？哪怕是認為生命的成長是以鬥爭為本體思想的人，試問沒有資源的相助，哪來鬥爭的能量？一切都是因緣聚合。能量有大、有小，有褊狹、有廣闊，有私心、有無私，有剝奪、有成全。一切都在因緣中得果報。如是因，如是果。但是可以確立人不會單獨生存與成長。所以感恩一切助緣，感恩一切孕育我們的力量。利他就是一種感恩。利他一如大地孕育萬物一樣的胸懷，讓個體本身成為更巨大存在的能量。

當個體開始利他，他就與更大的能量結合在一起。這更大的能量給予一個個體生命找到根基與泉源。一如心理學家榮格（C.G. Jung）所說，通向集體潛意識就是與更大的力量相結合。任何偉大的人都能懂得運用這股集體潛意識的力量。[24]即便是看得見、摸得著的具體集體意識，也對個人有很大的幫助。利他是通向集體的正向能量，所以利他使個人找回歸屬的根源，找回與自然、社會斷裂的繩索，人在其中更完整、更有力。

利他是個人回歸整體的救贖，是成就更寬闊自我的不二之道。而當自我因著利他不斷地擴大到萬物與我合一，那就契入佛性了。

---

23 釋證嚴（二〇〇三），《慈濟月刊》五五八期，二〇一三年五月二十五日。臺北：財團法人慈濟傳播人文志業基金會，頁一二五。

24 C.G. Jung, R.F.C. Hull (1969), *The Archetypes and Collective Unconscious*, Collected Works of C.G. Jung Vol.9 Part 1.

第三章
封建社會中的善經濟思想

第一節　蘇美經濟文明：機械城市經濟與自然共生抉擇

蘇美文化是一個大帝國的經濟共同體。蘇美的子民有秩序地歸屬在一個集體的經濟生活當中，產出的糧食與供應需求之間，都是由帝國管理者來統一分配。

從歷史的考據中看出，蘇美帝國的住宅環繞著以君王為中心，臣民的生活一樣以帝王的意志為中心，帝王則以他相信的大臣為依託，治理這一大片的子民生活。

在這裡，沒有個人無止盡的經濟開展與利得，只有在大一統的歸化底下的經濟活動，人屬於集體的，這倒並不是說人完全失去自我，但是自我是在集體的共同生活中被界定。換言之，在這種大一統的經濟生活中，過度的個人或群體的經濟發展是被自動抑制的。在保留原初的生活中，個人被集體的力量決定，個人經濟被集體的共同體所約制，沒有過度的奢華浪費，除了君王之外，個人的經濟生活在滿足需要之後，就被集體的體制所制止。

值得注意的是，這裡的集體是意指維護家庭生活、維護個人生活基本需求的體制，不是現代化、機械式的集體方式，將個人置身於龐大的機器體制當中，失去家庭與鄰里的裙帶關係。

然而蘇美文明崩潰的後期，也出現這樣的文明過度機械體制化的危機，這危機使得臣民不再隸屬傳統的家庭生活結構，不再有鄰里之間的鄉村樂趣，而是被龐大的官僚體制拆解的危機。

《吉爾加美什》史詩中就表現出蘇美人對於城市化、機械化生活的恐懼。如同捷克經濟學家托馬斯．賽得拉契克所言，《吉爾加美什》史詩所呈現的是一種維持傳統經濟共同體與城市化的矛盾張力。君王要建立一個偉大的城市，不准丈夫與妻子、父親與兒子見面，傳統家庭生活受到機械式的制度化所宰制，人民開始分崩離析，只為了滿足君王偉大城市化的夢想。

在吉爾加美什追求偉大的城市建造計畫中，把家庭拆散，把父親與兒子分開居住，為的是建造一個偉大的城市。百姓因此而哭號，人民生活在痛苦之中。這《吉爾加美什》史詩其實不只是一個古老的寓言，也是現代社會的預言。

現代的工商社會不就是父親與兒子分離，父母與孩子見不到一次面，即便見了面，話語也已經改變。城市生活改變了每一個人，人變成個體，不再屬於家庭、屬於社群。傳統家庭崩解，沒有了自然與鄉野，人民在城市生活中，變成機械制度化底下每日工作的奴隸一般。

吉爾加美什的城市化，意味著個人的成就慾望凌駕在其他人的幸福之上，這不就是現代大資本家出現的問題？企業發展凌駕在員工甚至個人的幸福之上。

吉爾加美什直到認識了野蠻人安度基之後，才開始體會建造城市所必須付出的代價，才認知失去自然與家庭的代價，因為失去這些就失去了真正的歡笑。

蘇美人的史詩中，安度基是天神派下來懲罰吉爾加美什的野獸。他全身上下長滿毛髮，頭髮像大麥一樣的濃密。吉爾加美什與野蠻人安度基成為朋友。

安度基原本是野獸，是吉爾加美什設局誘惑安度基，讓一名妓女與安度基七天七夜的縱慾，安度基在滿足了屬於人的慾望之後，蛻變成為人，他再也回不去自然野蠻的生活。

這故事告訴世人，縱容慾望之後，動物會失去牠的天性。動物都如此，何況是人。這寓言也是對於慾望與人心的異化做出警語。

吉爾加美什的史詩預言到了最後，描述在安度基的影響下，吉爾加美什放棄了偉大城市的建造，放棄將子民如機器人一般地工作，只為了他個人對榮耀之慾望。在野蠻不羈的安度基之影響下，吉爾加美什找回對自然與人性的渴望，他與安度基一起進到森林裡去對抗渾霸巴。

渾霸巴是大自然最可怕的力量，意味著人類要對抗的其實是大自然的威脅，而不是建造一個偉大的、機械化的、崩解家庭的、遠離自然的城市。

人類要克服的是自然天性中的不控制性，但不要因此就走向機械式的生活。因為要控制自然天性，過度的戒律與教條不正是走向機械化的生活嗎？

為了遠離大自然的破壞，而建造一個遠離大自然控制的城市，結果造成人們走向機械化的生活，這都是人類文明不自覺的極端發展。

因此，《吉爾加美什》史詩安排了安度基與吉爾加美什這兩個極端化的典型，野蠻與機械成為朋友之後，真正認識到，大自然的挑戰是人類文明發展的基本恐懼。人類恐懼大自然，但又需要大自然。外在的自然與天性中的自然，都是如此。因此，最好的出路就是面對它、結合它，而不是控制它或背離它。

吉爾加美什與安度基戰勝渾巴霸意味著戰勝對大自然的恐懼，而不是一路被恐懼驅使的去建造一個機械化的城市。吉爾加美什建造城市，意味著人們想要離開大自然，但心沒有遠離大自然，亦即那天性中的自然野性，那不可控制的慾望，仍然存在、仍在擴張，這讓吉爾加美什走向滿足個人無限慾望之際，造成多數人失去享受家庭與大自然的幸福。

人因為怕被自然天性中的野性控制，因此創造戒律與教條。人因為怕被大自然的迫害力所威脅，因此打造聚落與城市。最後把自己關在道德教條與機械式經濟生活的牢籠裡。

蘇美文明的神話史詩說明三個中道。

第一個中道是，人類在建構文明的經濟生活中，不離群體生活與規範，不離對大自然的嚮往與歸向。任何一個個人慾望的擴張，特別是有權力的人，無論是經濟的或政治的，以追求偉大為名而擴張慾望，都會造成群體生活和諧的破壞。

群體經濟生活的共容與共榮，不要被個人無止盡的慾望所摧毀。這應該是古老蘇美文明對於經濟生活中的善所做的警語與寓言。

古老蘇美文明所建立的經濟體系是共同體的經濟體制。人們在共同體的保護下安居樂業，自給自足，還能貢獻群體。直到某一個有權力的個人，為了滿足他一己慾望的所謂偉大夢想，才開始讓經濟共同體瓦解。

第二個中道是，人類要克服對大自然的恐懼，但不是離開它。

在史詩中，我們看見人們對自然永恆的依戀與對抗，我們不能懼怕自然，但是也不能因為為了對抗大自然，而認為自己走出一條完全與自然背離的道路，那就是機械式的城市體制，讓人們全然脫離大自然，也脫離了人性中的自然。

第三個中道是，我們的天性來自自然，但是我們仍然必須堅守我們作為人的信心。

如同安度基轉化為人，象徵著人對於自然野蠻的轉化能力。這自然野蠻不是外在的自然，而是人類天性中的自然。這自然中有慾望、衝動、對抗，不可測度，但也具備情感的溫柔、體諒、創造、愛等能力。

我們不能不控制我們自然本性中的狂放不羈，也不能因而走向機械式的生活。無論是道德的，或經濟等方面皆是如此。

善經濟，就是追求自然賦予我們的「天性」與群體生活中「人性」的平衡和合。

如同吉爾加美什與安度基的轉化一般。安度基不再蠻橫暴烈，茹毛飲血，而是馴服為人性情意中的熱切與怡然、忠誠與信賴。吉爾加美什則是放棄追求背離自然的機械化式的偉大，而朝向面對克服人類對大自然的恐懼，克服自然天性中不可控制的恐懼。以此，他成為自己的主宰。不恐懼大自然，不恐懼自我天生的情意與慾望，而是克服它、超越它。

人類真正的幸福，不是建造一個與自然背離的、機械化的、工業化的城市生活，而是掌握這個自然的天性，轉化恐懼為信賴，互相成就，如同野蠻人安度基與吉爾加美什的和合一樣。馴服野蠻天性，但是也不走向機械式的生活。

在經濟生活中，善，意味著讓天性與人性和合，讓個人的目標與自然、與群體和合。這是蘇美文明的偉大史詩給予世人的重要智慧遺產。

第二節　希臘經濟文明：唯心與唯物的辯證

希臘的財富觀與金錢觀從著名的神話詩篇《工作與時日》（*Works and Days*）[1]中可以把握其精髓。《工作與時日》作者赫希俄德（Hesiod）藉由他與弟弟皮爾斯（Perses）分財產的故事，告訴世人勤勉工作的重要性。

兄弟兩人平分父親的家產，但是皮爾斯竟然去賄賂法官，以便能取得更多的遺產。赫希俄德於是告誡他弟弟，財富必須以勤奮工作才能得到，一如他們的父親從事農業耕種之所得，才脫離貧困，而達到家族繁榮。

赫希俄德告訴皮爾斯，你所分得的那一半財產難道還不夠稱為富有嗎？不要以為那些貪官們能為你爭得財產，人類的財富都是天神宙斯所給予的，而宙斯已將人類的財產都先隱匿起來，人必須透過工作才能找到它。因為宙斯擔心如果工作一天就能過一整年，那人類就不想工作，稻田都將要荒蕪。

赫希俄德在《工作與時日》中以寓言式的表述，探討人類的工作與價值。他說人必須在休閒與工作中做抉擇。繁榮的目標必須透過勤奮工作，誠實與和平才能達成。

唯恐人類取巧勞動，宙斯於是藏起人類生財的工具，要人類依靠雙手工作，但是普羅米修斯（Prometheus）和弟弟卻違背天神宙斯的律令，偷了火給人間，宙斯處罰他，將普羅米修斯困在山頂，每天會有一隻老鷹啄走他的心臟，但是第二天他的心臟又長出來。這意味著人類每日的工作作息就像普羅米修斯一樣，日復一日的受苦。除非有價值，這價值對普羅米修斯就是愛，愛人類，所以心甘情願。

但是對於天神言之，這是象徵著人類的惰性，使得人類的日子如普羅米修斯一樣日復一日，周而復始地受苦。

赫希俄德的神話寓言中揭示希臘經濟思想的兩個面向，一是「勤奮」，勤奮工作的美德；二是「價值」，工作中的價值取向。這價值即是勤奮、誠實與和平。

《工作與時日》的神話寓言提到第三個經濟生活中的面向，也是最危險的元素，就是「慾望」。《工作與時日》詩篇中以潘朵拉的盒子，描述慾望帶給人類的各種不幸。

潘朵拉是宙斯為了懲罰普羅米修斯兄弟偷了火給人類，而人類也接受了，於是宙斯要給人類一項懲罰性的惡禮，就是創造一個美麗的女人潘朵拉（Pandora）。這是宙斯造的第一個女人。他要維納斯（Venus）給予潘朵拉最極致的美麗，阿波羅（Apollo）給予她音樂的天賦，墨秋利（Mercury）給予她靈活的舌頭。潘朵拉的意思是各種禮物之意（Gifts of All）。

宙斯將潘朵拉送給普羅米修斯的弟弟埃比米修斯（Epimetheus），普羅米修斯原先警告弟弟不要接受宙斯的禮物，但是埃比米修斯受不了潘朵拉的美麗誘惑就接受了。在埃比米修斯與潘朵拉的婚禮上，宙斯要每一位天神送給他們一盒寶物。宙斯自己也送了一個，裡面裝滿了各種人類的命運。宙斯要透過這個寶盒懲罰人類，所以裡面裝滿了各種不幸的事件，除了一樣好東西。

潘朵拉看到眾多寶盒很高興地都收下了。但是，埃比米修斯再三叮囑潘朵拉不要輕易打開宙斯的寶盒，因為不知道裡面裝的是幸還是不幸。但由於潘朵拉的渴望與好奇，還是忍不住打開了，結果，各種不幸的命運紛紛跑出來，災禍、謊言、貧困、疾病、死亡等都散布到人間。

潘朵拉看著情況不對，趕緊關上寶盒，只剩下「希望」留在寶盒裡。

這是希臘神話裡最早的經濟思想，勤奮與價值的美德是經濟的重心，預防慾望的擴大，才能避免禍害。

1　赫西俄德著，艾佛林．懷特英譯，張竹明、蔣平轉譯（一九九九），《工作與時日．神譜》。臺北：臺灣商務印書館。

以農業為主的古希臘時代，強調人與自然規律的和合，人以自身的勞動作為生活及繁榮的工具。對於過度發達的工匠與技術仍然被認為有害於自身的勤勞。

普羅米修斯就是天上的工匠，他拿到人間的火，就是技術的隱喻。他被懲罰，意味著農業社會對於技術工匠過度發達的恐懼。工匠的發達無法飽足城市人民，這是一種經濟社會生活中強調平衡的寓言。而對於過度擴大資產與金錢的貪慾，也都主張應予以節制。

當有人問到亞里斯多德，人的財產應如何定義？他回答說，要在眼睛能看得到的範圍之內；亦即過度擴張的房產或資產都應予避免。

使用價值與交易價值

對於純粹追逐金錢，以及憂慮過度技術化的社會，是希臘哲學家們討論經濟生活中最重要的一項議題。

貨品生產的「使用價值」，與金錢「交易價值」之爭辯，在古希臘時代激烈地開展著。辯論的核心議題環繞著，究竟商業經濟活動，僅僅是人們使用物品的供需法則？抑或可以是一門純粹追求金錢的學問？

人類歷史上第一位提出「經濟學」一詞的人是希臘哲學家賽諾贊芬（Xenophon, C.430-c.355 BC），他以Okionomikos來描述人類的經濟生活。經濟一詞的兩個字根，oikos是房舍（House）之意，nomos是法則、法律（Norm or Law）之意。

管理房舍、管理資產的法則或原則，是賽諾贊芬對於經濟的原初定義。這裡涵蓋「資產」，還涵蓋「法則與原則」。

經濟學就是管理財產的原則與法則。

賽諾贊芬在所撰寫的《經濟論》一書，對於經濟生活中的「使用價值」與「交易價值」率先做出討論。

賽諾贊芬以蘇格拉底的話語說出，使用價值因人而異，一雙鞋如果不賣出，它就不具財產的價值。因此商品價值來自交易價值。沒有交易，商品就不是財富。蘇格拉底進一步說明，價值因人而異，一雙鞋賣給了人，結果換來的是他不需要的東西，那這不是好交易。因此賽諾贊芬用蘇格拉底的話說，交易就是要帶來益處，才是真正的財產價值。這應該是當代主觀價值論的起源。

賽諾贊芬的這種比喻背後真正的議題是，人類慾望的滿足要如何界定？

賽諾贊芬說：「白銀和家具不同，一個家庭擁有夠多的家具後，絕對不會再繼續購買，但沒有人不希望擁有更多的白銀。人如果擁有巨量的白銀，他儲藏這白銀得到喜悅，和他把白銀花掉的喜悅一樣多。」[2]

純粹追逐金錢的累積是否為正當的快樂？具體的慾望可以滿足，但是抽象的慾望無法滿足。貨幣，從賽諾贊芬的眼中就是抽象之物，追逐抽象的貨幣之慾望，永遠無法使人滿足。

心靈富足與金錢交易

亞里斯多德對於經濟活動目的則主張，它必須是帶給人們幸福與心靈的富足。經濟或活動中任何純粹追求金錢與財富的行為都是不道德的，這種追逐金錢的商業活動不會帶給人們幸福（Eudaimonia）。

Eudaimonia是亞里斯多德眼中完美的生活方式。人們有幸福的生活，良善的行為與繁榮的社會（Living well, doing well and human flourishing）。亞里斯多德認為，商業活動的真義是讓人們擁有他們真正需要的東西，並且帶給人們真正的道德生活與心靈滿足。他將此「善經濟」稱之為Oikonomike，

2 張伯健、陸大年譯（一九八一），《經濟論・雅典的收入》。北京：商務印書館（原書：Xenophen (Acient Greek), *Oeconomicus*）。

這是一種善的經濟活動。

因此他贊成商品的買賣，但是對於純粹的貿易，亞里斯多德卻抱持反對的意見。他認為純粹家用的商業活動是有限制性的，不是無限的。而純粹的追逐金錢是無止盡、無限制性的，必定帶給人們心靈的敗壞。

亞氏主張，任何一種行業都有它正當的目的（End），若醫生的目的是救人，結果醫生的目的變成賺錢而不是救人，醫生就會失去他的正當性；如果戰爭是為了賺錢，那麼戰爭也會失去它的正當性；如果一個商業貿易是為了賺錢，商業也會失去其正當性。

亞里斯多德是否反對交易，在他的《政治學》（*Politics*）[3]一書中指出，兩種商業的活動，一種是家用所需的商品買賣；一種是純粹的金錢交易。後者是惡的，因為他的目的不是自然的產物。高利貸更值得厭惡，因為他不是從商品中獲利，而是從金錢中獲利。

亞里斯多德反對無止盡的追求金錢，以及反對金錢換取金錢的方式，除了因為它會敗壞人心之外，也認為商業活動不應該凌駕於人類應該從事的其他活動。幸福不是純粹為金錢的累積，幸福還包括公民參與，道德的持守，與心靈的愉悅。

亞里斯多德反對一味追逐金錢的另一個理由是，純粹的追逐金錢將帶給社會貧富差距的擴大，因而導致社會的騷動，甚至帶來政治的動亂。亞里斯多德認為一個自由人（Liberal Man）是喜歡給予，而非獲得。在給予其他人當中獲致自我的幸福，是亞里斯多德極力倡議的品格。

施比受有福，如之後基督教的教導。亞氏似乎認為，與其一味地追逐金錢，不如多參與公民活動，多幫助一些苦難人，才是幸福的象徵，即他所謂的「Eudaimonia: Living well, doing well」。

貧富差距的擴大導致政治的動盪，在古代中國同樣出現如此的憂慮。在帝國中後期，當中國王朝無法阻擋土地的兼併，無法抑制富商的高利貸對農民的剝削，一旦天災來臨，即給予王朝的穩定致命一擊，農民揭竿而起，王朝隨之傾覆。

亞里斯多德的憂慮除了政權的穩定，更希望公民（Liberal Man）參與公共事務，這是城邦國家良莠的關鍵。

幸福來自對公眾的付出

亞氏認為公民之美德，決定於他如何使用金錢。榮譽公民對於給予付出在所不惜，這些付出（Giving）包括服侍神，參與城邦事務，提供禮物給弱勢者，為戰爭提供物資，甚至成為城邦的議員，讓城邦整體富足。這樣的榮譽公民知道怎麼使用金錢，而不是計較成本，捨不得花錢。亞氏稱之為Magnificent，意指那些知道大格局的公民，如何將其資源放在更大的城邦框架，而不是一己之私。相對的Liberality，指的是小格局的花費，比如對於自身的幸福。

亞里斯多德的觀點有助於城邦生活中貧富差距之縮小，促進市民的團結，穩定城邦國家的發展。

亞里斯多德的老師柏拉圖卻與他有很不相同的看法。柏拉圖基本上看一切物質性的存在都是不完美，其自身都是不實在的。只有「理型」（Ideal）才是完美的。

換言之，沒有完美的圓形物品，但是有完美的圓形理念。

對柏拉圖而言，物質的追求、慾望的滿足都是不正確的，不是最終的善。「肉體的快樂」，柏拉圖說「只會使我們成為奴隸」。心靈脫離肉體，我們才能體會最高的善。

最高的善，依柏拉圖言之，是符合理型的一種生命。在具體的城邦生活中，柏拉圖倡導菁英統治，主張廢除統治者的個人財產，這個階層的統治者，沒有個人財富，不娶妻，也不嫁，只奉獻給哲學的追

3 吳壽彭譯（一九六五），《政治學》。北京：商務印書館（原書：Aristotle (Ancient Greek), *Politics*）。

求與城邦的統治。

統治者思考的是如何整體地給予城邦人民最好的生活，建造最強大的城邦是其使命。柏拉圖理想中的統治菁英是禁慾的、無財產的，連性慾一併拋棄。對他而言，性慾的滿足會造成對城邦的忠誠危機。對於戀人的忠誠往往會動搖對於神祇與城邦之忠誠。因此，禁慾主義的柏拉圖之理想，是由哲學家擔任君王。

統治階層所代表的是理性，其次是軍人，代表勇氣，工匠代表感官享受。柏拉圖認為第三者屬於低劣的人類天性。無產者，才是最高的統治者，才是具備最高的哲學者。

柏拉圖是最早的唯心論者，重心靈、輕物質，重理性、輕慾望。他的學生亞里斯多德似乎修正了老師柏拉圖的唯心思想，而走出中道。

亞里斯多德認為，蘋果的理念離不開蘋果自身。心與物必須融合，物質慾望的基本滿足是人的天性，也能激發人的積極動機。

這表現在他的經濟思想中，亞里斯多德重視「使用商品」的滿足，但是也抑制商品交易，特別是純粹金錢交易；因為後者是無止盡的慾望，是墮落人心的，是有害社會秩序的。他希望自由公民能從事更多的公共服務，以此獲致生命真正的幸福。

這種見解在古代中國社會也提出類似的看法。小農富足的重要性攸關國家政體的穩定。過度的讓金錢交易擴大，將造成貧富差距，以及社會的動盪。與亞里斯多德的希臘社會不同之處在於，中國社會的政治參與是不事生產的儒者。這與亞里斯多德主張自由公民在商業成就之後，參與公民活動，襄助政府，幫助弱勢，有其社會文化之區別。

但是希臘的善經濟是一個重要的典型。他指出人類的幸福不是金錢的追逐；個人的幸福與社會的幸福息息相關；滿足個人生活所需是前提，但不是過度的放縱慾望。慾望是無止盡的，尤其是追逐金錢的慾望。它會墮落個人心靈，也造成社會的不公義，以及國家整體的危機。

快樂是善或善才是快樂

希臘的善經濟思想，我們以亞里斯多德的觀點為總結，說明經濟生活中自利與利他、物質與慾望兩者間維持中道的重要性。

商品的交易是以滿足個人生活之所需為宜。不宜純粹地追逐金錢、累積金錢。真正的幸福不只是物質的滿足，還要心靈的快樂。這些心靈快樂來自善的行為。善的行為即是對公眾的付出與給予。亞里斯多德平衡了唯心與唯物的爭辯，平衡了個己慾望與利他行為的對立，走向中道融合。

在說明快樂追求的過程中，亞里斯多德認為快樂不是生命的目的，生命的目的是善與美。快樂是盡善盡美活動的產物，但不是活動的目的。

經濟活動的目的是善，快樂是其結果。善有快樂，但是快樂不見得是善；快樂也產自於慾望，慾望會帶來痛苦；但是依善而得的快樂，是盡善盡美的樂。

這種見解與同時期伊比鳩魯學派的享樂主義不同。伊比鳩魯學派著重「慾望的樂」，而亞里斯多德著重「善與美的樂」。

西方後期的功利主義主張利益最大化，等同於快樂最大化，與亞氏仍有不同。不同在於亞里斯多德是著重物質與心靈的和合、整體社群與個人的融合，亦即個人透過道德與承擔社會責任而得到幸福與快樂。這不是計算整個社會體快樂之總和的功利主義。

第三節　中國文明：個體與群體生命和合的經濟生活

中國的經濟思想一直以來是以農、以天為依歸。農業作為中國數千年立國的根本，成為中國統治階級形成與合理性的基礎。為了農業必須灌溉，因此治理黃河成為中原古國必要的集體努力，因而建立大一統的中國。

蚩尤炎帝與皇帝的戰爭，只是農業與原始手工技術的戰爭，最後炎帝失敗，但是並未被消滅，而是與皇帝一起成為中國的祖先。而龍的圖騰，更是部落主義團結的象徵。

龍的圖騰就是各部落融合與團結的象徵。以李澤厚所言，是蛇的部族融合魚的部族，因此蛇身有鱗片，又融合鳥的部族，所以龍身能飛翔，又融合鹿的部族，因此龍長了鹿角。中國，就是一個部落融合的象徵與生命共同體。[4]

在經濟上更是如此，一條黃河，維繫著千萬人世世代代的命脈。大禹治水，正是治這一條猛龍。治水是中國文明歷史中的一項偉大工程。正是這一條會氾濫的河，形成了歷史中國大一統的局面。

在以農為生，重土安遷的生命狀態下，經濟生活是靠天吃飯，這也形成哲學思想的以天為道。孔子所言：「天何言哉？四時行焉，百物生焉。」[5]這是農業生活對於天的讚嘆。

皇帝英明，則天時俱誦，風調雨順，國泰民安。皇帝逆天行道，則災難頻起，老天降災於君王。其實反過來看，皇帝治不了天氣災變，造成饑荒、民怨，因此政權的正當性受到波及，百姓揭竿而起，成立新的政權。但是新的政權仍必須面對農民生存的問題，因此戰亂之後，重新劃分土地，讓人人得以安居樂業。

中國古代政權對於農業一直採取一種個人與群體均富的政策。從周朝井田制度開始，每人四分田，一分歸公。到了漢代則是以賦稅、勞役為主，讓百姓共同承擔大帝國之所需。包括軍隊，包括維持大一統所需要的行政官員。

中國古代社會的皇帝與平民是一種鬆散的關係。只要百姓安居樂業，天高皇帝遠，百姓不會過問朝廷，朝廷以不滋擾百姓為上。所以老子才說：「天地不仁，以萬物為芻狗，聖人不仁，以百姓為芻狗。」[6]天地、聖人、君主，不以一己之見為見，而是以百姓為念，以百姓之自主為自主，這是聖君。

在古代中國的經濟生活中，老百姓在承平時期安居樂業，如陶淵明所述：「採菊東籬下，悠然見南山，山氣日夕佳，飛鳥相與還，此中有真義，欲辯已忘言。」這其實是農家生活的愜意，是中國社會理想經濟生活中幸福的藍圖。

人民沒有過多的慾望，沒有過多的消費，沒有太多的經濟需求。有志者，求考進士，為政府服務。進仕之道非常清楚，就是閱讀、考試。私塾就是家，家是一切的根本與源頭。工作在此，讀書在此，日常生活在此，安身立命在此。

修身、齊家、治國、平天下，都是以家為核心。整個朝廷亦是家，君臣如父子，臣臣如弟兄，忠與孝是其中的價值系統與人倫互動的要義。

近代學者探討為何中國在歷史進程中沒有發展出資本主義，因為中國始終不是一個鼓勵自私自利，鼓勵個體慾望擴張的文明體系。任何有意從事公眾事務的人，都被期許必須「以天下為己任」，而不是以自利為己任。雖然朝廷鬥爭頻傳，每個朝代因為朝廷鬥爭，死亡人數不勝枚舉。但是為官之道仍是以民為主，以君為導。利他的性格與符合道德規範，是古代中國文化的特色。

4 李澤厚（一九九六），《美的歷程》。臺北：三民書局，頁一一一二。
5 傅佩榮解讀（一九九九），〈陽貨第十七〉，《論語》。新北市：立緒文化，頁四五三。
6 王邦雄（二〇一〇），《老子道德經注的現代解讀》第五章。臺北：遠流，頁三四。

金觀濤所描述中國的歷代王朝在建國初期，平均土地，讓人人享有地權，享有生計。只是農業經濟生產以天為食，在收成不好之際，農民向富有者借貸，逐漸失去自我的田地，成為佃農。土地兼併在每一個王朝的後期更為嚴重。另外一方面，農人一旦農收出現問題，如家中有病人，孩子上京趕考，種種需求，打破了農家自給自足的生活型態，借貸、利息等等的因素，使得土地兼併成為常態。

佃農制度永久化了部分農民的貧窮，加深了貧富差距。一旦天氣驟變，農收欠佳，佃農還不起債務，失業農民聚集，就會造成政權的劇變。秦朝末年陳勝、吳廣的起義是窮苦農民的結集，對既有體制的對抗。

即便近代的解放戰爭也是激發貧困的農民起義，推翻擁有大量土地、富可敵國的富人為號召。整個中國的歷史，就是農人翻身的歷史。

農業是幸福的象徵。在承平時期，農人自力更生，自由自在。但這種光景無法常在。如先前所言，天災人禍都會影響著農人的生計。農人的生計被破壞，就容易造成政權的更迭。

因此探討古代中國經濟的善，必須從小農的幸福生活著眼。小農安居樂業，沒有過多物質的追求，這是道家小國寡民，儒家知足常樂的典型經濟幸福。

中國政權之所以重農抑商，正是懼怕土地兼併所帶來的財富不平等，破壞這種小農體制的幸福。小農經濟的穩定，是政權維繫的關鍵。政權如果不能對於商人的慾望做出節制，防止土地的兼併，政權就會受到農民的唾棄與推翻。重農抑商是在這樣的背景下建立的。

我們並不能說古代商人是不善的，而是商業力量過度強大之後，破壞了古代中國小農階級穩定的經濟體系，這才是問題所在。

小農穩定的經濟生活維繫著家族的系統，家族系統維繫著中國文化的世代傳承。農業生活與家族生活的穩定結構，造就古代中國經濟生活的榮景。這種家族為主的農業經濟生活樣態，使得人們的工作是為家族而非個人。侍奉父母的儒家孝道傳統，使得子女必須竭盡心力地工作，家族的裙帶人際關係，讓不事生產者有巨大的社會壓力，也讓辛勤工作的富有者必須要回饋家族鄉里。

中國在一九七八年的經濟改革，就是讓農人開始能耕種自己的土地，能有自己的收成，小農經濟的恢復是現代中國第一個經濟的復甦，也是中國政府穩定政局的關鍵一步。

小農經濟的發展，意味著家族的穩定性與社會秩序重新的建立。近代中國在經歷大動盪之後，經濟的改革政策讓動盪中被拆散的家庭重新團圓，而家族成員的互助，逐漸讓小農經濟恢復生機。小農經濟的復甦不只創造新的經濟榮景，也造就穩定的社會秩序，這是政權獲得民心的重要基石。

中國的宗族傳承與經濟發展

此外，小農經濟代表一種更長遠的經濟發展的眼光。如美國華盛頓大學研究儒家經濟學的Kazimierz Poznanski所主張，中國社會的「家族的延續性」使得中國的商業會考量經濟活動的長遠影響，而不是在經濟發達之後，追逐個人即時的享樂（Instant Gratification）。[7]

中國龍的圖騰就是一種直線的傳承，傳宗接代，延續生命，世代無止盡，直至於永恆。北京大學哲學系樓宇烈先生就說：「宗族延續，是中國最重要的宗教信仰。」由此出發的經濟生活，是以家為單位，以家為依歸。經濟活動不是像西方近當代純為個人享樂的極致化，也不是韋伯眼中的新教企業倫理，以事功榮耀上帝，作為上帝選民的憑證，榮耀上帝是無止盡的，因此也無止盡地追求事業的擴張。這是西方近當代資本主義的信仰基石。

7 Kazimierz Z. Poznanski (2015), *Confucian Economics: The World At Work*, World Review of Political Economy, Vol. 6 No.2, Summer 2015.

古代中國的經濟不是個人的，不是利己的，是為著家族傳承的責任。

古代中國的經濟思想不是享樂的，經濟活動雖不是以天下為志，但是仍以造福家族、造福鄉里為志，其本質備有利益他者的精神。如同十五世紀的中國山西商人席銘給自己的遠大志向言：「丈夫苟不能立功名於世，抑豈不能樹基業於家哉！」儒家的士是聞達於諸侯，求名於萬世。而商者是樹立家族的基業。兩者都是在厚生利世。

古代中國經濟模式不是以物質稀有為念，而是認為大地萬物的資源是豐沛的，人民可以自由地享用它。雖然如此，人民只有順天，才能真正擁有物質的資源。逆天者，天必遣之。

因此，人的經濟豐沛與天地的豐沛息息相關。這裡不存在著人與自然對立，人無止盡地剝削地球資源的現象，人與天地的共容共榮是古代中國經濟的信念。

個人與國家的同等富足

如本章所述，古代中國經濟生活以小農的富足為基礎。國家政權的合理性就是在提供小農生活的富足安樂。傳統中國的儒家、道家與佛教都不反對經濟的富足與快樂。孔子在《論語・泰伯篇》裡說：「邦有道，貧且賤焉，恥也。邦無道，富且貴焉，恥也。」[8]個人的富足與國家的富足是等同的，亦是古代中國經濟生活的理想。

在西方近代經濟生活中，國家的富足與個人富足常處在一種張力之中，向富人課重稅，會阻礙整體經濟的發展，或低稅賦將使得貧富差距擴大等議題，一直是西方經濟學家辯論的重點。而在這一議題上，孔子的思想顯然更為中道。邦有道，民且窮，是因為勤奮不足。邦無道，而富有，一定是不以仁而取之。

所以孔子亦言：「富與貴，是人之所欲也，不以其道得之，不處也。貧與賤，是人之所惡也，不以其道得之，不去也。」[9]富貴貧賤都是依於義與道。依於義與道的貧窮與富貴，都是幸福的人生。因此，古代中國經濟生活所嚮往的，不是一味地追求富有，而是以道取之。不是一味地去除貧賤，而是依於道。「君子無終食之間違仁，造次必於是，顛沛必於是。」[10]

孔子回答冉有關於庶與富的意義時，亦闡明孔子作為儒者的先驅，他是支持富足。冉有曰：「既庶矣，又何加焉？」曰：「富之。」曰：「既富矣，又何加焉？」曰：「教之。」[11]庶，在甲骨文的意思是煮，亦即人民吃得飽了，接下來呢？孔子說，要富有。富有之後呢？孔子說「教之」。人民不但要吃得飽，還要富足。富足之後就是教導。導之以德，教之以禮。所謂富而好禮。因此，古代中國的經濟思想是追求富，但不是無止盡追逐富足，而是能夠富而好禮，富能知義。

古代經濟的不平等與政治的動亂

既然古代中國的經濟思想是富而好禮，富而有仁義，為何王朝中後期經常出現大規模土地兼併，民不聊生的景象。在那些經濟的匱乏時期，經常不是天災所造成，因為在經濟富庶、豐饒的承平時期，小農經濟平穩，均富的經濟穩定造成政權穩定，即便有天災，民間以及政府的應變措施一樣可以支應急難。而之所以發生經濟的貧困以及政治大動盪，通常起於人為的因素。

比如官員的貪瀆。儒者進仕之後，光耀家族，家族勢力龐大，隨著橫徵暴斂者有之，兼併土地，放高利息者有之。這種官僚體制的腐敗，經常是經濟不平等與小農經濟瓦解的關鍵。

8　傅佩榮解讀（一九九九），〈泰伯第八〉，《論語》。新北市：立緒文化，頁二〇一。
9　傅佩榮解讀（一九九九），〈里仁第四〉，《論語》。新北市：立緒文化，頁七四。
10　傅佩榮解讀（一九九九），〈里仁第四〉，《論語》。新北市：立緒文化，頁七四。
11　傅佩榮解讀（一九九九），〈子路第十三〉，《論語》。新北市：立緒文化，頁三二二。

無怪乎孔子言：「邦無道，富且貴，恥也。」[12]政權腐敗，富有者一定牽涉其中。因此無論在何時，政權的廉能是經濟維持穩定的關鍵。治亂循環的歷史殷鑑不遠，隨著政權治貪的成績，經濟的榮景就能延續。

在古代中國，士的墮落是商業墮落的開始。而不是反過來，商業的發達而使得士大夫階層墮落。士大夫墮落都是跟權力的爭奪有關。儒家要經世治國的心過度強烈，造成黨爭，門閥之辯，朝廷不得安寧。這就是為何道家與佛教在中國社會裡扮演了柔和的角色。每每罷官之才，傾向道家與佛教思想。如蘇軾的佛教因緣，陶淵明的道家胸懷，都是軟化儒家過度執著於功名的生命態度。

然而救濟經濟的活動言之，儒者不能聞達於天下，從而轉向商者有之。這是積極入世間的一種生命轉向。商人是否能如同儒者一樣「內聖外王」，吾人在下一章節中再進行分析。不過，由於中國古代的君主政治體制，商業經濟活動自然會受到強大的限制，這是近代資本主義未曾在古代或近代中國出現的原因之一。

君主制與經濟發展

如同韋伯研究西方古代經濟發展中，得出一個結論，他認為自由商業在共和的政治體制中比較容易發展開來，而在君主政治體制中，則常遭到政權的壓制。因為君主制會以社會安定為理由，壓制商業的發展。這也許是古代中國經濟商業不管如何鼎盛，始終沒有出現當代西方模式大資本家的原因。

這當然算不上是缺點，因為西方式的資本主義造成無止盡的消費與無止盡的財富追求，對於全球經濟的失衡，貧富差距擴大，與地球資源的極大耗損，都是不正義的經濟現象。

避免經濟活動過度地放在財富累積，著重在關注家族與個人的富足，關注人民財富與國家的政治穩定平衡，是古代中國很重要的經濟指標。在這樣的信念下，富足才能帶來幸福；經濟發展才不會剝削地球；個人的財富，才不會造成社會的經濟不平等，因而導致政治的騷動。

這是個體與群體生命和合的經濟思想。這個思想對於當代中國而言，應該重新提出與省思。

個人財富不是為著一己慾望之滿足與擴張，而是以家族的富足為責任，以國族整體的富庶為理想。個人經濟生活攸關著整體社會的和諧與發展。以古代中國的小農經濟言之，幸福不是個人擁有多少財富，而是能擁有多少愛的關係，家庭的、宗族的、社會的，以及更大群體的愛的關聯。

遵循古代中國的善經濟之概念，運用到今日的經濟體制，商人不是追逐企業無止盡的擴張，如西方新教倫理一般；而是考慮我們所愛的人之福祉，顧及全體社會的福祉，創造群體社會的福祉，以國家的整體發展為前提，以地球的永續為目標，順應天地，不違天地之道法。

如《易經》乾卦所陳述的理想世界：「夫大人者，與天地合其德，與日月合其明，與四時合其序，與鬼神合其吉凶，先天而天弗違，後天而奉天時，天且弗違也，而況於人乎？」

不只不違天道，還要效法天地之道，孕育萬物之德。如《大戴禮記》言：「大道者，所以變化而凝成萬物者也。」[13]

魯哀公問孔子：「敢問君子，何貴乎天道也？」孔子對曰：「貴其不已，如日月東西相從而不已也，是天道也。不閉其久，是天道也；無為而物成，是天道也；已成而明，是天道也。」[14]

如天地成萬物而無為，此乃君子之道，乃古代中國經濟生活的最高理想。

---

12 傅佩榮解讀（一九九九），〈衛靈公第十五〉，《論語》。新北市：立緒文化，頁三九二。
13 〔漢〕鄭玄注，〈哀公問五義第四十〉，《四禮集註．大戴禮記》。臺灣：龍泉，頁七。
14 王雲五主編，王夢鷗注釋（二〇〇六），〈哀公問第二十七〉，《禮記今註今譯》。臺北：臺灣商務印書館，頁八〇四。

第四節　羅馬帝國的跨國經濟

羅馬帝國經濟是人類歷史上最富饒的國家，它的國民生產超過前資本時期的任何一個國家，只有中世紀的中國能夠與它媲美。

羅馬帝國經濟的富裕，源自於它更早地實現了產業的跨國分工，以及生產與製造的專業分工。

羅馬帝國主要經濟是農業。農業支持城市的生活及消費。在奧古斯丁時期的羅馬城估計在七十萬到一百萬人之間，相當於中世紀中國大城市的規模。羅馬的富裕在於它的供需調解系統非常暢通。城市是貴族與軍人的聚集地。貴族擁有大批郊區的農業土地，這是他們生財之道。

跨國產業分工的發軔

在羅馬帝國控制的大範圍面積包括埃及、北非、西班牙、法國（即高盧），都是農業的生產區。橄欖油大部分是從北非運入羅馬，酒從西班牙進口至羅馬。而埃及是羅馬的大糧倉。沒有這些帝國侵占地區的農業支援，羅馬的經濟生活立現困境。

消費的城市，生產的農村是羅馬帝國經濟的寫照。商業的城市，農業的鄉村；城市的工廠與鄉村的手工，是整個羅馬經濟的基石。羅馬帝國在前三世紀的生產總額為一百二十億羅馬古幣（Sesterces）。

羅馬貴族透過擁有農村的土地致富，他們視土地為重要資產，不會輕易轉手。貴族雇用的奴隸或佃農是主要的生產者。羅馬的紡織、陶瓷器都非常發達。貴族所擁有的農場提供生產原料，而由在地的自由農民負責實際的生產。棉花及羊毛的原始材料由大型地主的貴族提供，由當地的農民在農暇之餘，生產衣服在當地賣或運輸到大城市。部分農民發展成陶瓷工匠或藝術工作者，透過生產的陶瓷，販賣到城市，是他們農產之外的重要收入。

在農業技術方面，對於橄欖油壓縮提煉技術，在羅馬帝國的中期也有重大的突破。這突破給予西班牙、北非以及法國等地帶來更優渥的收入。技術的革新不只在農業，礦場業的技術革新在羅馬帝國時期同樣有顯著的成就。

礦產的挖掘在羅馬帝國時期已經十分地發達。不管是銀礦或金礦，足以提供帝國鑄造錢幣之所需。在西班牙的金礦，或非洲的銀礦，透過分離水與石頭的技術，羅馬時期的礦業工匠能生產足夠帝國所需的鐵、銅、銀以及黃金。用水沖灌提煉礦產，是羅馬帝國時期的主要技術。首先將水引進大型溝槽，然後再瞬間釋放大量的沖積水，沖刷土地，最終土地露出礦產，這技術稱之為*Hushing*。[15]

值得注意的是，這些技術是透過民間的大型機構完成的。在羅馬帝國奧古斯丁時期已經出現公、民營的企業型態經營。民家的經營者透過合約，在政府的允許下開採礦產。

羅馬帝國政府並不壟斷礦場，而是間接地控制礦區的開採。任何新的開採必須經過政府的同意，而採礦與交易是自由貿易的形式。這是兼具了政府低管理與貿易市場自由的早期經濟成功模式。

羅馬帝國政府的財政不是靠政府機構的生產所得，財政的主要來源還是稅收。稅收主要來自貴族與自由農民。羅馬政府對於佃農的賦稅極低，主要顧及他們的收入來源有限。貴族承擔最大的賦稅壓力，這是他們保住社會地位的重要關鍵。

政府擴大內需的始祖

羅馬帝國的凱撒大帝是歷史上最具戲劇性的政治軍事領袖。士兵出身的他，一路因為高超的戰略智

15 Kehoe, D. P. (1992), *Management and Investment on Estates in Roman Egypt during the Early Empire* (Papyrologische Texte und Abhandlungen 40), Bonn: Habelt.

慧而登上與龐培一樣的軍事領袖頂峰的地位。他征服高盧及今天的法國，將羅馬版圖從地中海擴張到大西洋及英吉利海峽。由於他強烈的政治企圖心與謀略，凱撒登上羅馬帝國的皇帝地位。凱撒雖然不顧元老院的反對，而將權力集於一身，但是他對於羅馬百姓的生活卻非常照顧。他以擴大內需的經濟模式，在羅馬城建築大型圖書館、港口、公共建築，使得羅馬人民的生活大為改善。原本控制經濟實權的元老院貴族們對於凱撒因此更為不滿，終於導致凱撒被元老院集體刺殺的悲劇。

但是凱撒擴大內需所創造的經濟果實，始終被老百姓所懷念。這是造福百姓的集權君主，對照於強調共和，實則維持少數貴族壟斷利益的一項歷史反諷。

凱撒之後的幾個世紀，羅馬帝國的稅收主要仍用在大型建築的興建，特別是競技場的建造，花費帝國大量的金錢。大型建築需要大量營建材料的來源。窯與磚的製造都是來自鄉村，來自埃及、北非等地。民間的營造商如同今日一樣，向政府承包，簽訂合約，提供窯燒的磚頭以及運送開採的大理石塊。羅馬帝國的城市建築以大理石為主，馬路都是以石塊組成。羅馬的道路四通八達，連貫帝國統治的各個地區。其政府建築美輪美奐，宏偉、堅固與細膩。比起今日的建築絲毫不遜色。這修構建築的材料及工藝提供者，都是民間的大型承包商。今日政府所採取的BOT，在羅馬帝國時期已經實現。比起秦皇帝築長城，大量徵收人民為工，羅馬帝國更早地實現了政府擴大內需，以及民間與政府合作的經濟模式。

除了建築花費政府的龐大預算之外，最大的花費還是羅馬軍隊。羅馬帝國每年稅收的百分之四十左右都用在軍隊。羅馬帝國鼎盛時期，軍隊人數超過四十萬。他們駐守在各地邊疆，但是仍然享受著非常富饒的生活品質。各種穀類、橄欖油、肉品，透過羅馬的運輸系統，從陸路到海運，運送到偏遠的戰區。

掠奪的經濟終結於掠奪

羅馬帝國的經濟主要的一部分是靠著戰爭的掠奪與奴隸制度，來擴大經濟的來源。軍人在戰爭當中能得到政府授與的土地與房產，有房產、土地才能夠參與公共事務，因此，軍人的工作雖然極為危險，但也是致富之道。

一般的公民沒有這項權利，奴隸更是主人生產的工具，本身的地位是社會的底層。奴隸來自羅馬帝國向外戰爭獲勝所掠奪回來的俘虜，或是破產的農民，變成城主的奴僕。在羅馬帝國鼎盛時期，奴隸是主要的生產者，軍人或貴族享有世襲的財富及地位，負責政府及保護國家的安全。

羅馬帝國到了西元四世紀，君士坦丁大帝信仰了基督教，基督教的經濟思想左右了羅馬帝國的經濟型態。到了西元四世紀之後，西羅馬帝國因為蠻族的入侵而滅亡。東羅馬帝國靠著埃及糧倉仍然持續到十四世紀。

第五節　西方封建時期的經濟思想

基督教教父時期的經濟觀點

在羅馬帝國承認基督教之前，基督的經濟思想對於西方社會並沒有發生什麼作用。到了西元三世紀，當君士坦丁大帝奉基督教為國教，基督的經濟思想自然影響著當時及後來的經濟結構。

本文接著從教父時期的經濟觀點，闡述基督教會經濟思想在實踐過程中所呈現的經濟影響與結果。

教父時期（Church Fathers）指的是西元一世紀到五世紀左右，即以羅馬主教為首的天主教教會系統建立之後，在這之前，歐洲各個主教都是平等的；教父時期或也被認為延續到西元八世紀，即第二次尼西亞大公會議之前，這時期是神學鼎盛的時期，此時的神學稱為Patristic Theology。

教父們對於生活中的每一個領域都有所論述及看法。教父時期的經濟觀基本上延續耶穌的精神，認為不必要積蓄財富，這是不信上帝的表現。追逐財富是貪婪的開始。溫飽（Sufficiency）是可以被允許的，但奢華（Superfluity）則是導致罪惡。教父們認為工匠是允許的，所有權也是合法的，但不事生產，純為追逐金錢是不被允許的，是導致罪惡的根源。

教父們同意信徒需求食物與衣服，但不主張信徒追逐利潤（Profit），因此他們嚴厲譴責那些以農業、貿易或利息來追逐利潤的商人。當時的經濟是以農業經濟為基礎，John Chrysostom神父[16]認為，女人的職責是管理家，做好紡織、家事等，而男人的職責是農業。

經濟一詞Economy就是來自希臘文Oikonomia，亦即管理好家事。西方古代的經濟基本是以土地及農業為主，人民居住在鄉村，以農業為生。在教父們眼中，除了農業之外，為了家計而產生的工藝也是必須的，紡織、刺繡、製作銅器、製作皮革、糖果製造等生活必需品的豐足，是受上帝悅納的，但是牟利則必須禁止。[17]

Jerome神父則進一步將工藝範圍擴展，舉凡哲學、物理學、修辭學、地質學、音樂等有利於人類生活的，都是符合《聖經》的教導。[18]

這個時期的基督教神父主張的社會生活是共同擁有制（Communal Ownership），他們認為因為人類擁有共同的天性，而且應該共同地享受、擁有（Ownership）自然界的一切。況且上帝賜予人類陽光、空氣、水、大自然的動物、植物，富有的人不應該比貧窮的人擁有更多陽光、空氣與水。得到上帝的祝福遠遠勝過擁有物質。如果上帝是如此地平等給予人類，人類自然要共同擁有這些物質。

反對私人擁有權似乎是教父時期的共識，被尊為基督教三聖之一的Basil the Great神父從不同的角度詮釋了人類不具備對於物質所有權的論述，他說，人赤裸裸地來到世上，也將赤裸裸地離開人世，因此人類應該不擁有地球上的任何物品。[19]維持一個共產或共有的生活方式，似乎是教父時期基督教的理想。比起Basil神父晚一個世紀的Tertullian神父則認為，我們所有人類的心靈與身體都是一，我們應該不吝於恩賜我們的所有物給予他人。

早在卡爾・馬克思提倡共產主義之前，社會共同所有權（Social Ownership）的主張在教父時期已經開始。很有趣的是，雖然教父們這樣主張，但是很多人民擁有物產及地產，教父們則告誡他們，這是上帝給予的禮物，你們更要敬愛上帝。

雖然教父們不主張信徒擁有私人財產所有權，但是教會擁有大量地產，特別是西元三世紀之後，羅馬以基督教為國教，大量的土地由國家或私人捐贈給教會。但是奧古斯丁認為，教會擁有土地所有權，是因為教會屬於上帝，不屬於私人。教會是信仰的履行者，所以這些土地與物品的所有權是可以的。尤其教會把捐贈得到的物品與金錢布施給窮困的人，這是彰顯上帝的慈愛。

奧古斯丁進一步表明，將擁有物品及財產的私人只要用在正確的途徑，或正當的理由，都是可以被教會接受的。

---

16 John Crysostom是西元四世紀君士坦丁主教，出生於希臘，他對後世基督教神學思想有著巨大影響。John Crysostom被羅馬教廷，東正教，以及大公教會同時封他為聖人。John Crysostom與Basil the Great以及Greogry of Nazianzus被基督教尊稱為三聖（Three Great Hierarches）。

17 Hennie Stander (2014), *The Oxford handbook of Christianity and Economics:Economics in the Church fathers*, Oxford: Oxford University Press, p. 29.

18 Hennie Stander (2014), *The Oxford handbook of Christianity and Economics:Economics in the Church fathers*, Oxford: Oxford University Press, pp. 29-30.

19 Hennie Stander (2014), *The Oxford handbook of Christianity and Economics:Economics in the Church fathers*, Oxford: Oxford University Press, p. 26.

但是教會對於利息則是堅決反對。一方面《舊約聖經》教導不可以向自己的兄弟收取利息。應該在他需要的時候給他生活所需。因此生息的財富是惡的，是違背上帝的律法。

這時期的基督教已經是世界性的宗教，包含各種族群，因此《舊約聖經》裡的兄弟族人，此時已擴大為信仰基督的人都是兄弟、都是族人。因此對他人收取利息是不義之舉。

雖然中世紀之前以農業為主的歐洲，貿易還沒有那麼普遍。不過透過陸路與海上，貿易已經在進行。而教父們對於貿易仍然抱持著反對的態度。教父們認為貿易是惡的，首先它是追逐利益，其次是貿易來自欺騙。特別是貿易常常在窮困的人缺乏物資之際，以高價索取利益。

雖然反對貿易，但是某些教父如知名的Gregory of Nazianzus則讚頌海洋的偉大。[20]他說大海在上帝眼中是善，把物資從海的這一端運到另一端，有助於人類的溝通，有助於物資的獲取有無。海洋讓富有者得到豐盛的利潤，讓窮困者得到基本物質所需，這是善。

從教父們對經濟的觀點歸結出，耶穌早期的教導對待窮人如待自己親人一般，確立了早期基督教的經濟思想。不要為物質擔憂，也是耶穌的教誨。人應該以更多的時間去認識上帝，去體現上帝的律法。因此純粹追逐金錢的商業活動是被禁止的。

這時候經濟的善是以家庭為主的小康富足為基礎，進一步追求整體社會和合一體的經濟之善。任何過度的商業活動或追逐利益都是被禁止的。儘管如此，私人財產被教父們默認，只要他使用得當，得之有道是被默許的。

值得注意的是，教父們對於海洋貿易的看法持著正面的態度，這與十世紀到十三世紀之交，西方國家如義大利、西班牙、低地國的荷蘭、島國英格蘭等，大規模從事海洋貿易的冒險行動，似乎有著內在的信仰關聯。「海洋是受到上帝垂念的，海洋溝通世界，連通世界，供給有無，讓富者得利益，讓窮者得飽足。」這是Gregory神父的讚許與預言。[21]

海洋文明似乎根深柢固地扎在基督教的經濟思想中，這思想造就了之後幾個世紀的海上征服，而到十七、十八世紀到達鼎盛，橫跨全世界的海權文化的經濟、政治與宗教之霸權，由此可窺其端倪。

中世紀教會與近代資本企業家的發軔

教父時期的經濟思想延續了幾個世紀之後，到了中世紀，開始有質變。教父們堅持的刻苦、簡樸，逐漸在教會中式微，也在社會中式微。這一方面固然可以視之為道德的淪喪，但另一方面卻是造就了近代資本主義的發軔。

基督教在成為羅馬帝國的國教之後，在政治、經濟、社會、文化上扮演著舉足輕重的角色。尤其經濟上，教會同貴族一樣，擁有大量的土地。這些土地遠遠不是奧古斯丁所論述的是屬於上帝的土地。因為教會的土地不再只是為建構教堂之所需，十三世紀的歐洲教會，擁有農村廣大的土地，放租給佃農來經營。教會主管了佃農的信仰、經濟、婚姻，以及政治處境。

在英國、法國以及西歐各地，中世紀的教會掌握的土地超過四分之一。歐洲高地國家如瑞典，教會占全國土地面積的百分之四十，遠高於任何貴族及國王。

教會反對資本交易中利息的收取，但是教會本身卻經常收取利息。教會向商人借貸不付利息，但是教會貸款給教友，教友卻經常要繳交利息。例如十三世紀的英國西多會（Cistercian），擁有大量的牧場，聘請大量的工人生產羊毛，賺進大筆的經費。企業家們也推動朝聖旅遊，教堂之間甚至為朝聖旅遊

---

20 Gregory of Nazianzus是西元五世紀基督教最重要的哲學家，也是教父學派集其大成的神學家。他建立了初期教會的思想基礎，包括含攝了拜占庭帝國承繼的部分希臘思想。是基督教歷史中影響深遠的神學家。

21 Hennie Stander (2014), *The Oxford handbook of Christianity and Economics:Economics in the Church fathers*, Oxford: Oxford University Press, pp. 31-32.

相互競爭。

中世紀的天主教教廷被稱為是歷史上第一個跨國際企業。因為一方面教廷向有錢的信徒收取大量的金錢，然後以心靈信仰作為對信徒的回報。他們甚至做起生意，與城市商人以及貴族的商場作競爭。[22]羅馬教廷在十三世紀的英國擁有極大的權力。在許多地區，教會甚至擁有國王特許的貿易權。

十四世紀到十六世紀歐洲開始進行的航海冒險，教會支持這種海洋的冒險及貿易，認為可以促進世界的相互了解，以及傳播基督福音。

儘管這些環繞在信仰的純粹與商業之間的論爭，構成中世紀教會的腐敗與十五世紀後的宗教改革。但是從經濟發展來看，十三世紀到十五世紀之間，教會的主教以及教皇們，在經濟學家熊彼得眼中，卻是早期資本企業家的始祖與發軔。[23]

22 Casson, M., & Casson, C. (2014), *The history of entrepreneurship: Medieval origins of a modern phenomenon*, Cambridge: Business History, 56(8), pp. 1223-1242.

23 Casson, M., & Casson, C. (2014), *The history of entrepreneurship: Medieval origins of a modern phenomenon*, Cambridge: Business History, 56(8), p. 1237.

第四章

哲學文化信念與善經濟

第一節 希伯來文明的經濟思想：禁慾與享樂的和合

猶太人的經濟思想奠基於現世的富足與榮耀。希伯來的教義裡，上帝給予的賞賜都在此生此世。猶太人在全世界不過一千四百萬人口，但是卻具備全世界單一民族最強大的經濟實力。舉凡全世界的鑽石業、銀行業、電影業、鐘錶業等，都少不了猶太人龐大的身影。

猶太人為何經濟實力如此強大？猶太人是不是唯利是圖？這些疑問在近當代的幾個世紀以來，不斷地被討論著、爭議著。

猶太人的信仰關係著他們的經濟生活。對於猶太人而言，上帝給予人類都在榮耀此生此世。希伯來人沒有印度佛教的轉世輪迴，沒有因緣果報，一切都是在上帝的律法中，在今生今世中實踐上帝的安排與旨意。

希伯來人的信仰深深地根植於家庭。母親信仰猶太教，子女才能夠信仰猶太教，因此母親在信仰中扮演著非常關鍵的角色。母親的關愛與單純地持守律法，是猶太人從小信仰的模範。

猶太人過去十多個世紀以來，在全世界各地定居，是浪跡四海造就他們的人格？抑或正是他們的人格，所以能夠浪跡四海？

在二次大戰以前，猶太人沒有屬於自己的國土，他們所秉持的就是金錢及信仰。信仰與金錢是支撐猶太人生存與發展的一體兩面。

不立形象的上帝與務實的猶太人

從來猶太人一直都是務實主義者，猶太信仰裡始終不讓信徒繪畫上帝的圖像。

吾人造訪耶路撒冷的哭牆，許多正統教派的信仰者，面對一堵牆禱告、沉思、讀經、唱誦，還不時地搖晃著身體。

不立形象，讓猶太人不著重純抽象理想的追求。正如耶和華面對摩西的疑問，「主啊，我要怎麼告訴我的子民，您是誰？」耶和華回答他：「我是自有永有的。」（I am who I am.）[1]

世間沒有任何具體的事務、語言或形象能指稱耶和華——這萬能的主。《舊約聖經》中耶和華又對猶太子民說：「（我）從火中對你們說話的那日，你們沒有看見什麼形象。唯恐你們敗壞自己、雕刻偶像。」[2]

舉凡一切像，無論是地上走的獸、空中飛的鳥、水中游的魚，或日月星辰，都不能指稱耶和華。

對現實的關注，是猶太人經濟成功的關鍵之一。離此現實沒有天堂。沒有天堂伊甸園，沒有聖地迦南。

天堂伊甸園不是在此生此世之外，伊甸園是在歷史上美索不達米亞的某一處。迦南聖地也是在心中。

追溯到西元三世紀，當猶太古城迦南被外族攻占，猶太人開始了千年的流亡。到了西元七世紀，當巴比倫占領迦南，巴比倫王同意讓猶太人回到故居，但是只有一半的猶太人選擇回到迦南。另一半的猶太人認為，心中有迦南，就是聖地。

這種理念之後發展成為——只要心中的信仰在，無處不是聖地。很像佛教所闡述的「即心是道場」。

隨著猶太思想不追逐聖地、不追逐來日的天堂，天堂就在眼前、聖地就在當下，當下的關注、當下的成就，就是上帝的恩寵。猶太人的經濟思想根植於此。

---

1 《聖經（和合本）》（二〇一七），〈出埃及記3:13-14〉，《舊約聖經》。新北市：財團法人臺灣聖經公會，頁七一。以下均引用自此。

2 《聖經（和合本）》（二〇一七），〈申命記4:15-16〉，《舊約聖經》，頁二二一。

先知皆為富貴人

另外，猶太人對於物質的追求是符合道德的準則。猶太的先知都是富裕的人。聖者亞伯拉罕牛羊成千上萬；先祖雅各豐衣足食；苦難聖者約伯是位大富翁；大衛是一國之王；所羅門則是著名賢君。

猶太人的聖者都是富有者。富足，是猶太人的道德與生命標竿。

但是猶太聖經裡並也沒有完美的聖人。諾亞晚年酗酒赤身裸體。大衛王侵占部下的妻子。亞伯拉罕也曾經不守信實。摩西殺過一個希伯來人。每一個先知都有其缺點。這告訴猶太人：完美不是他們生命的目的，活在上帝之中才是他們的榮耀。

有限的資源創造無限的財富

活在上帝之中包括對於戒律的持守。猶太人對於安息日的信守，給予猶太人很強的紀律與信念。週五太陽下山後，就不准烹飪、開燈、作息。一直到週六天暗為止，才開始活動。

安息日給予猶太人一個經濟信念，那就是每一個人都必須在有限制的條件底下工作。

上帝造天地都休息，何況是人。

工作時間是有限的，經濟資源是有限的，但是人必須在此有條件的限制底下去追求最大的福利。

安息日也是謹守紀律的一種習慣。商業活動著重避免貪婪、慾望的放縱，猶太人從小對紀律的信守，讓他們在商業上更能理性地處理複雜的事務。

人是地上萬物的主人

《舊約聖經》中上帝創造天地之後，就交給人類幫物種命名。命名意味著賦予意義與價值。萬物是上帝所創，但是他們的價值是交給人類賦予。如〈創世紀〉中耶和華說：

神用土所造成的野地各樣走獸和空中各樣飛鳥都帶到那人面前，看他叫什麼。那人怎樣叫各樣的活物，那就是牠的名字。[3]

那人便給一切牲畜和空中飛鳥，野地走獸都起了名，只是那人沒有遇見配偶幫助他。[4]

那人就是亞當。上帝創造了他，再從他胸口取出一根肋骨創造了他的配偶夏娃。上帝賦予亞當對萬物的命名，人成了萬物的使用者，也是主宰者。這給予猶太人一個重要的使命，上帝賦予我們的一切，這一切都在此世間、此空間、此時間。人必須掌握萬物，創造自己的幸福。因為上帝給予我們這個權利，上帝給予我們的無一缺乏。

希伯來的思想此生此世就是救贖。無怪乎猶太人不管身在何處都能拚命地從事事業及專業的開拓。歷史學家湯恩比把猶太人稱之為寄居型人類的典範。他們居住在世界各地，依靠的是他們的信仰與戒律，而非土地與國籍。

猶太人的利息與善行觀

猶太人究竟有沒有忠誠於居住的所在國？他們在世界各地是為當地造福了？抑或僅僅只是汲取當地的經濟資源，因而造成對於猶太人的排斥，這在歷史上有許多的討論與爭議。

猶太人從十八世紀末的德國開始，就被污名為放高利貸的投機者，因此有大規模批判猶太人與驅趕

---

3 《聖經（和合本）》（二〇一七），〈創世記2:19〉，《舊約聖經》，頁二一。

4 《聖經（和合本）》（二〇一七），〈創世記2:19〉，《舊約聖經》，頁二

猶太人的狂潮。這多少是猶太人過度世俗化所產生的異化。上帝雖然要祂的子民享受大地的一切、主宰大地的一切，但是必須依祂的律法而行。

〈尼希米記〉中記載老百姓賦稅過重，借了利息還不起，哭號著無以為繼。先知尼希米就說：

> 我和我的弟兄與僕人也將銀錢、糧食借給百姓，我們大家都當免去利息。[5]
> 如今，我勸你們將他們的田地、葡萄園、橄欖園、房屋，並向他們所取的銀錢、糧食、新酒和油，百分之一的利息都歸還給他們。[6]

不准向弟兄取利息，在〈申命紀〉中有詳細記載。「你借給你弟兄的，或是錢財或是糧食，無論什麼可生利的物，都不可以取利。」[7]

所以猶太人至今一直保留每四十九年為期，必須有一次寬恕年，要免除弟兄債務的習俗。五十周年之際，要還給負債的弟兄自由，為奴的要釋放，欠債的要免還。

〈利未記〉中，耶和華在西奈山對摩西說：

> 你曉諭以色列人說，你們到了我所賜你們那地的時候，地就要向耶和華守安息。
> 六年要耕種田地，也要修理葡萄園，收藏地的出產。
> 第七年，地要守聖安息，就是向耶和華守的安息，不可耕種田地，也不可修理葡萄園。
> 遺落自長的莊稼不可收割，沒有修理的葡萄樹也不可摘取葡萄。這年，地要守聖安息。
> 地在安息年所出的，要給你和你的僕人、婢女、雇工人，並寄居的外人當食物。
> 這年的土產也要給你的牲畜和你地上的走獸當食物。

你要計算七個安息年，就是七七年。這便為你成了七個安息年，共是四十九年。[8]

這是經濟學家提到猶太人很早就有景氣循環的觀念。每隔四十九年，要將貧富差做一次調整，或許不是歸零，但是要讓普羅百姓得以喘息，才不至於造成財富過度集中少數人之後，大眾消費力減低的瓶頸發生，連帶造成生產的遲滯，景氣就邁向衰退。

對於弟兄免除債務，對兄弟不可以取利息或利益。但對於非兄弟的外邦人呢？〈申命記〉又說：「借給外邦人可以取利，只是借給你弟兄不可取利。這樣，耶和華你神必在你所去得為業的地上和你手裡所辦的一切事上賜福與你。」[9]

這可以說明猶太人在歐洲從事商業收利息，甚至高利貸未必違反自己的信仰。因為他們是外邦人。猶太教中的耶和華是部落神，是屬於希伯來人的神。一直到耶穌，才把猶太人的部落神帶到全世界。特別是使徒保羅，他在異邦傳耶穌的福音。

保羅與彼得不同，彼得在猶太人之間傳耶穌的福音，保羅卻發願把耶穌的福音傳到世界的盡頭。因此，保羅提出，異邦人守義，異邦人接受福音，就是義人。義人不再是信奉耶和華的猶太人之專屬稱謂，只要遵守律法，信仰耶穌，都是義人。

這是基督教與猶太教最大的不同。基督教擺脫了希伯來人部落神的框架，將耶和華帶到全世界。這

5 《聖經（和合本）》（二〇一七），〈尼希米記5:10〉，《舊約聖經》，頁六〇一。
6 《聖經（和合本）》（二〇一七），〈尼希米記5:10〉，《舊約聖經》，頁六〇一。
7 《聖經（和合本）》（二〇一七），〈申命紀23:19〉，《舊約聖經》，頁二四五。
8 《聖經（和合本）》（二〇一七），〈利未紀25:2-8〉，《舊約聖經》，頁一五四。
9 《聖經（和合本）》（二〇一七），〈申命紀23:20〉，《舊約聖經》，頁二四五。

是《新約聖經》與《舊約聖經》最大的精神不同之處。

由於這種弟兄與異邦人的區別，讓猶太人在世界各地，二次大戰之前一直有著貪婪、唯利是圖的商業污名。猶太人多大程度地融入所居住國，一直是歷來學界關注的焦點。早在一次大戰以前，許多德國猶太人試著宣稱自己忠於德國，淡化猶太的角色。忠於國家，而非忠於部落，是當時猶太社會普遍討論的議題。

本文要說明的是猶太人的經濟成就並非建立在唯利是圖之上，而是他們對於上帝戒律的信守。猶太人不只是要遵守律法，還要熱愛律法。

奉行律法　善行有善果

熱愛律法，行上帝的善，有沒有善報呢？

我們先前所述，以色列的先知都是富有者。但是每一個人都必須在遵守律法，在上帝所行的善道上接受考驗。

亞伯拉罕是《舊約聖經》中的第一位先知，他牛羊無數，妻子女兒們都和睦。但是亞伯拉罕到了一百歲才生了第一個兒子以撒，已經停經數十年的妻子，怎麼能夠生育呢？那是耶和華賞賜給亞伯拉罕。但是數年過後，當以撒長大成人，亞伯拉罕這唯一的兒子，上帝卻要他奉獻出來，讓亞伯拉罕親手祭祀兒子給耶和華。[10]

亞伯拉罕懷著無比的痛苦，將兒子帶到山頂上，正準備拿刀祭祀親生兒以撒獻給上帝之際，耶和華在空中對他說：「亞伯拉罕！亞伯拉罕！」耶和華說：「停！停！我在這裡。」

上帝讓他停手，一頭羊經過了，替代以撒作為燔祭，獻給了耶和華。神對亞伯拉罕說，祂知道他愛祂勝過一切。

這是《聖經》的教導：愛上帝的律法，勝過愛一切。

遵守上帝得到大賞賜，亞伯拉罕之後得到上帝更大的恩寵，他牛羊比起之前更為豐足盛滿，他埃及的妾「夏甲」，又給他添了第二個兒子「以實瑪利」。以實瑪利就是阿拉伯人的祖先。

從生活幸福與經濟獲益的角度言之，《舊約聖經》的亞伯拉罕所揭示的是善有善報。行上帝的意旨與律法，終得善終。亞伯拉罕是《舊約聖經》中的聖人，物質豐饒，活到一百七十五歲。兒女成群，財富無數。

奉行上帝的善行終於讓亞伯拉罕享受人間一切的榮華富貴，道德持守也是希伯來人的歷史典範。亞伯拉罕是猶太人善經濟、善企業家的典範。

希伯來思想中純粹的善

但是希伯來的思想中，善報是來自善行，但行善只是為了求善報嗎？這種功利主義的觀點行善，是否為希伯來文化的根本？

《聖經》的〈約伯記〉敘述一位具有德行、虔誠信仰上帝，並樂於行善的僕人約伯，上帝因為他的仁愛虔信而給予他無限的賞賜，但是隨後上帝卻加諸他無比的苦難藉以考驗他信仰的堅定。

約伯在上帝給他的一連串不幸的事件之中，表現了悲痛、憤怒、不解、疑惑，直到最終上帝給予他全然的解答。

〈約伯記〉描述上帝與魔鬼立約，讓魔鬼考驗上帝最忠實的僕人約伯是否虔誠信仰祂。於是一連串的不幸降諸約伯身上。一日有人奔跑到他家中告訴約伯說他的羊群在山坡上吃草，結果突然被雷電都打

10《聖經（和合本）》（二〇一七），〈創世紀22:13〉，《舊約聖經》，頁二三。

死了。這人話還未說完，又有一人進到家中告訴約伯說，他的女兒在兒子家中吃飯卻全被人殺死了。這人的話還未說完，又有一人急忙進門告訴約伯他的房子遭大火吞噬了。不到三分鐘，一連串的不幸接踵而至。

約伯跪在地上，痛苦地撕開衣服，大聲喊叫：「全能的上帝啊，為何如此地對待我？我行義事，卻得此惡報？」

上帝並未急著給他答案，在無數痛苦的夜晚，約伯始終尋求著答案，他深深地疑惑著，義人為何會遭逢不幸？

最後上帝終於告訴他，耶和華上帝乃是萬有的主宰者、創造者。上帝對約伯說：「我創造天地、日月星辰、山川河流時你在哪裡？……」給你賞賜，給你災難，都在祂。[11]

這答案對於信仰還不深的人其實很不容易理解其中的意義。但是信仰至深的人卻明瞭，得上帝恩賜是一種榮耀和尊貴；而平靜、堅定地承受苦難更是信仰者至高的尊貴與榮耀。

行善的報酬就是善

行善與修行不是一種交易，不是為了得到福氣或賞賜而信仰。不是為了富貴、名利、順遂而修行。行善與修行是遵循回歸人性的一種本然狀態。

行善的報酬就是善。善是一種最崇高的喜悅。這崇高的喜悅就是你的報酬。

善的報酬不是來自物質性的經濟獲益，不是來自他人的讚許與敬重，而是善本身給人的喜悅與心靈的滿足。活在上帝的善中，就是一種報酬。

這是希伯來人對於善的至高看法。這看法與康德的善意志相較，同樣回到內心的純粹之善。對康德而言，至善的意志應該超越世間一切的用途，而仍然獨立存在，才是形而上學中「道德之至善」。

康德「善意志」觀點下的利他是不論結果的。一個人的善，不應該因為在現實中無法得到體現，而削弱他至善的意志之價值。康德說：

> 善意志之為善，並非由於其結果或成效，即非由於它已達成任何一項預定目的，而僅由於意欲；也就是說，其自身就是。
>
> 縱使由於命運特別的不利，使這個善意志完全欠缺實現其意圖的能力，且在其盡了最大的努力之後仍一無所成，而只剩下善的意志，此時它自身仍具備其全部價值，像一顆寶石似的獨自閃耀。有用與否對這項價值不會有增減。

康德的善意志觀點下的利他應視為非功利、非結果論；而是動機論，或唯心論的道德倫理觀。康德認為善意志不能等同於他的結果。即使善意志造成痛苦的結果，善意志仍是善，因為他的目的就是行善。

〈約伯記〉中所描述的就是這種純粹善的最高意義。行善者即便遭逢不幸，都信守善道。通過上帝的考驗，約伯後來的生活更加豐厚，更為富貴。但這不是他求得的，而是上帝給予他的賞賜。

這也告訴猶太人，善行或許一時遭逢不幸，但終究有善果。不過，最高的信仰是行善不是為求善果，而是生命應該有的一種基本理念。

希伯來的享樂似乎是透過禁慾得到的，這是很弔詭的思想與歷史經驗。亞伯拉罕透過犧牲自己最喜

11　《聖經（和合本）》（二〇一七），〈約伯記〉，《舊約聖經》，頁六二七—六五八。

悅的兒子，得到最後的大賞賜——物質的、道德的與歷史的；他是猶太人及阿拉伯人的祖先。所以穆斯林的先知穆罕默德，一樣稱亞伯拉罕為先知。亞伯拉罕的兩個兒子，以撒是猶太祖先，以實瑪利是阿拉伯人的祖先。人類歷史少有人像亞伯拉罕一樣獲致如此的崇高地位與影響力。

約伯在忍受痛苦與不幸之後，但他忠於上帝的信念與善道，最終一樣得到大賞賜。但這些犧牲，這些禁慾，一開始都不是為求結果，所以不是功利主義。而是真正相信善的價值高過一切，高過個人的物質和生活的幸福。純粹的善是報酬。這善，對希伯來人是行上帝的律法與意旨。

對於善行與善報，猶太教與佛教的基礎雖然不同，但理念相當。佛教是從因緣生法的角度，詮釋萬物一體，自他不二，強調無相布施，布施、行善不求回報才能得到真喜悅。我們行善之際，內心裡卻暗暗地企求福報，這不是真正的無相布施。

因此行善不是為了求福報，雖然行善的確有福報。即便福未至，但禍已遠離。

佛教的智慧裡含有業報的觀念。雖然今生行善，但過去生中造作的業因仍然存在，所以今生許多的不幸，不是因為今生的造福不夠，而可能是過去生中的業力太多。

佛教唯識學強調人生生世世的造作都含藏在阿賴耶識裡，阿賴耶識為一切種識，裡面含有我們過去生中所作的各種善惡的種子。而在今生，當我們阿賴耶識中的惡因，遇上外境的惡緣，逆境就現起。因此，我們必須在生生世世的修行中不斷地將阿賴耶識中惡的種子清除、轉化成善的種子。

因此每一個境的現前都是我們轉化惡的種子成善的種子的機會。善的種子就是正念。面對一切的人與事都起正念。順境起正念，逆境也起正念。順境不貪戀、不驕慢。逆境不抱怨、不頹喪。都當作修行與覺悟的契機；都視為是清除藏識中惡的種子之機會，所以虔誠的佛教徒遇到逆境才會說是消業。

心念的善，必造成結果的善，這是佛教的因果。

遵守上帝的善，本身就是善。這是猶太教的信念。

善，是行善的目的，也是行善的動機。而其結果，以《聖經》的記載終必得到善果。

第二節 基督文明的經濟正義：物質與心靈的兼顧

人類是上帝在地球的代理人與管理者

基督教的經濟學要從上帝對於人的看待談起。

上帝以祂的形象造人，並讓人類對萬物命名，給予人類使用、主導萬物的權利。因此人類在地球上的物質是豐沛無虞。當然，從近當代的角度看來，地球資源是會耗盡的。

但是對於基督信仰而言，上帝給予萬民豐沛的經濟物質資源，人類違背上帝，才使得資源逐漸耗竭。對於地球其他的萬事萬物，人類代表著上帝，但人類必須忠實地執行上帝的意旨。作為人類，我們的經濟任務就是讓萬物都能茂盛繁榮。

M. Douglas Meeks 就說，人類理解的上帝，混合著三種要素，首先是「慈愛」，因為我們是萬物的看守者；「服從」，因為我們接受上帝的律令；「感恩」，因為上帝賦予我們能力去掌管萬物。

反對奴隸經濟與人類商品化

根據《聖經》的教義，上帝的經濟學是讓受壓迫的人類得到救贖。

從古遠的〈出埃及記〉談起，當猶太人在埃及為奴，是上帝派遣摩西解放猶太人，讓猶太人從四百多年的禁錮中脫離出來，從此免於奴隸的生活。

上帝的經濟觀是不准將人的勞動商品化（Commodity），將人視為商品的奴隸制度是一種結構性的惡。上帝在〈出埃及記〉中說：

> 我的百姓在埃及所受的困苦，我實在看見了。他們因受督工轄制所發的哀聲，我也聽見了。我原知道他們的痛苦。（And The Lord said, I have surely seen the affliction on my people which are in Egypt, and have heard their cry by reason of their taskmasters, for I know their sorrows.）[12]

解放奴隸經濟體系，是上帝經濟學的發軔。

它意味著受壓迫者翻身，經濟最底層的奴隸成為自由人。

整個基督教的經濟思想就給予最弱勢者生活所必需的福祉。這是經濟的公平正義。

因此上帝經濟學強調的平等正義的經濟不只是針對個人，也針對結構性的經濟剝削。祂不只允諾個人的福祉，也允諾全體子民都得福祉。

上帝的經濟觀是世界全新的翻轉，奴隸必自由，窮人在天堂，富人在地獄，一切都在上帝的觀看下，有一個全新的世界。

在《新約聖經》裡，耶穌對門徒說：

> 我實在告訴你們，凡要承受神國的，若不像小孩子，斷不能進去。（Verily I Say unto you, Whosoever shall not receive the kingdom of God as a little child, he shall not enter therein.）[13]

這亦即說明每一個人在上帝面前都是純然的孩子，都是煥然一新，世間一切的經濟不公義都要翻轉。當上帝的國降臨，上帝的經濟正義也將降臨。如同猶太人走出埃及一般。當末世到來，神的正義會來降臨世間。

到那時，神的正義將彰顯在每一個受苦的人身上，那是最終的救贖。

到那時，世間沒有窮苦，沒有經濟剝削，沒有壓迫，沒有高利貸，沒有貪婪的富有人，只有遵守上帝正義法則的義人。

至於末世是否已經到來，或即將到來？基督教不同的教派都反覆地宣說，也各自有不同的認定。但是一致性的目標是，上帝的國度裡經濟平等正義即將實現。

基督關注窮人經濟的福祉

從舊約與新約《聖經》的經文裡，我們理解上帝與耶穌並不否定人間物質的重要性，相反地，上帝與耶穌都允諾給予飢寒的、貧困的人得以飽食。〈以賽亞書〉中說：

> 他們必不徒然勞碌，所生產的也不遭災害，因為都是蒙耶和華賜福的後裔，他們的子孫也是如此。（They shall not labour in vain nor bring forth for trouble; for they are the seed of the blessed of the Lord, and their offspring with them.）[14]

上帝反對貧窮，上帝的子民不可以貧窮，這是來自《聖經》的直接允諾。

12《聖經（和合本）》（二〇一七），〈出埃及記3:7〉，《舊約聖經》，頁七一。
13《聖經（和合本）》（二〇一七），〈馬可福音10:15〉，《新約聖經》，頁六二。
14《聖經（和合本）》（二〇一七），〈以賽亞書65:23〉，《舊約聖經》，頁六二一。

正如耶穌所說：

> 主的靈在我身上，因為他用膏膏我，叫我傳福音給貧窮的人，差遣我報告被擄的得釋放，瞎眼的得看見，叫那受壓制的得自由。（The Spirit of the Lord is upon me, because he hath anointed me to preach the gospel to the poor; he hath sent me to heal the brokenhearted, to preach deliverance to the captives, and recovering of sight to blind, to set at liberty them that are bruised.）[15]

在耶穌的時代裡，猶太階級意識仍存，殿堂是救贖之道。但耶穌在澡堂、在曠野中為窮人祈福，赦免他們罪。這對於當時的猶太階級是一種強烈的反動。但是舊約的教導就是給予每一個子民富足的生活。基督並沒有違反《聖經》教義，只是他的行為挑戰了猶太教士階級的權力。

耶穌的福音一方面強調靈性與上帝對接，一方面強調經濟的正義，讓窮人、讓受壓迫者能夠平等地富足，得到尊重。這是摩西解放猶太人以來，另一次對於階級壓迫的顛覆，做了最鮮明的宣告。

基督福音裡最重要的經濟思想是對於窮人的關注。他說：

> 你們貧窮的人有福了，因為神的國是你們的。[16]
>
> 你們飢餓的人有福了，因為你們將要飽足。[17]

對於貧窮者，基督是福音。

耶穌曾經在五千人的聚會場裡，要餵飽每個人。但是門徒們說食物不夠，只有五張餅兩條魚，怎麼夠五千人食用呢？耶穌回答門徒說，讓眾人排好隊，我會餵飽他們。耶穌繼而祈禱，結果籃子裡出現好多魚，好多的餅，五千人都吃飽了。門徒拿來了十二個籃子，整整裝滿十二個籃子的餅，並將碎片也帶走了。

從此觀之，耶穌的福音不只是屬靈的，也要帶來物質性的豐足。這則《聖經》的記載可以理解為耶穌顯神蹟。在現實世界中也可理解為分享的智慧。這種分食，其實就是分享的果實。五千人吃五張餅、兩條魚，其實意指只要願意分享，物資的匱乏永遠不是問題。大家分享一點，哪怕是五張餅、兩條魚，大家都還是分享得到，這是平等的經濟正義之啟示。

對於窮困的布施意識，是基督教經濟思想的關鍵。布施，對於基督徒而言就是要針對貧窮者救贖。在〈路加福音〉裡耶穌又說：

> 你擺設午飯或晚飯，不要請你的朋友、弟兄、親屬和富足的鄰舍，恐怕他們也請你，你就得了報答。[18]
>
> 你擺設筵席，倒要請那貧窮的、殘廢的、瘸腿的、瞎眼的，你就有福了。[19]

這兩句話說明耶穌對於窮人的關注，也對於人際間利益的對價關係提出反對。給予他人是不求回報的。給予窮人，他歸還不起，不求回報的給予才是有福之人。

15《聖經（和合本）》（二〇一七），〈路加福音4:18〉，《新約聖經》，頁八二。
16《聖經（和合本）》（二〇一七），〈路加福音6:20〉，《新約聖經》，頁八六。
17《聖經（和合本）》（二〇一七），〈路加福音6:21〉，《新約聖經》，頁八六。
18《聖經（和合本）》（二〇一七），〈路加福音14:12〉，《新約聖經》，頁八六。
19《聖經（和合本）》（二〇一七），〈路加福音14:12〉，《新約聖經》，頁八六。

〈約翰福音〉裡拉撒路這個窮人，受苦難而死亡，但耶穌讓他死而復活了。拉撒路不只復活，耶穌在筵席上還讓拉撒路坐在他的身旁。讓拉撒路這窮人得到眾人的尊崇。耶穌以身作則，邀窮人、邀卑微者到筵席，給予他生命同等的尊嚴。

基督對物質與心靈的並重

耶穌的救贖一直是兩個方面，物質經濟的，與心靈信仰的。他的福音就是要門徒及世人為上帝的信仰奮鬥。

但基督教不反對物質的豐饒，只是必須致力於上帝的信仰。基督對於門徒們物質層面的照顧，如同耶穌所說：

> 我告訴你們，不要為生命憂慮吃什麼，喝什麼？為身體憂慮穿什麼？生命不勝於飲食嗎？身體不勝於衣裳嗎？[20]
>
> 你看那天上的飛鳥，也不種，也不收，也不積蓄在倉裡，你們的天父尚且養活牠。你們不比飛鳥貴重的多嗎？[21]

基督的思想從耶穌的教導其核心理念是不要為物質煩惱，要為著生命而活。

耶穌認為心靈比物質重要，這是《新約聖經》耶穌重要的教導。

但是耶穌沒有否定物質，相反的，他要門徒相信，只要信仰上帝，上帝必定會眷顧他們，尤其在物質上，不虞匱乏是前提。

耶穌真正要門徒實踐的是用心在自我的生命上，如何信靠主，如何啟發靈性與上帝的呼喚，成為一個義人。

基督不希望世人活在財富中，而忘記信仰。而是在信仰中得到財富；得到來自上帝手上的財富。如耶穌所稱：「有錢財的人進神的國，是何等地難哪！」[22]這是指有了錢，而忘記上帝教導的人。上帝的什麼教導？有錢但不愛鄰人的人，亦即不愛人類的人。不愛人類，就是不愛上帝。

經濟富足者擴及對人類的愛

「愛鄰人如愛己」，是基督經濟思想重要的一環。基督的經濟思想是利他的，如同耶穌所說：

> 各人不要單顧自己的事，也要顧別人的事。（Not looking each of you to his own things, but each of you also to the things of others. Let each of you look not to your own interests, but to the interests of others.）[23]

在耶穌的眼中，愛鄰人與愛上帝一樣重要。愛上帝就是要愛鄰人。不只愛鄰人，而是愛一切的人類，那才是愛上帝。

可見基督的經濟觀點是先給別人利益，給鄰人、給人類利益的大愛。這跟佛教利益一切眾生，眾生不度盡誓不成佛的精神相通。如同佛教慈濟創辦人證嚴上人所言：「菩薩先救他人，再救自己。」

20 《聖經（和合本）》（二〇一七），〈馬太福音6:25〉，《新約聖經》，頁八。
21 《聖經（和合本）》（二〇一七），〈馬太福音6:25〉，《新約聖經》，頁八。
22 《聖經（和合本）》（二〇一七），〈馬可福音10:23〉，《新約聖經》，頁六二。
23 《聖經（和合本）》（二〇一七），〈腓立比書2:4〉，《新約聖經》，頁二七八。

從這裡我們可以看到新教倫理的企業家，在成功之後從事慈善公益，造福他人。這是基督精神的顯現。基督教倫理的實業家精神，一如韋伯所闡述，他們是以自我事業的擴展及成就，來彰顯上帝的榮耀，其自身是謙卑的，也同時謹守上帝的律法。

許多西方企業家成功之後，自奉甚儉，如IKEA的總裁，總是穿二手衣，搭飛機坐經濟艙，毫不為意；他對於公益慈善事業的投入不遺餘力，這是典型的基督企業精神，謹守紀律，榮耀事功，愛鄰人如己。

美國的股票大王華倫．巴菲特，身為世界首富，但是生活食用極為儉樸。他戲稱自己的日常花費是：「股票漲的時候每天花六塊錢，股票不好的時候每天花三塊錢。」他吃漢堡、喝可樂，已經八十多歲了，身擁數兆美金，但儉樸如昔。

比爾．蓋茲（Bill Gates）則是從事公益慈善，他的公益是以直接救助人為重點。他與國際扶輪社合作，幾乎已經消滅了全世界小兒痲痺症的病毒。

事業成功富有之後，去愛更多的人，這是彰顯基督慈愛的精神。這是西方基督精神企業的典範。「活在基督之中」的企業家，是基督教對企業家的理想。

利息與經濟平等

《舊約聖經》裡上帝明白反對祂的子民向弟兄收取利息，我們在希伯來的經濟思想中已經論及。〈出埃及記〉裡明白記載：

> 我民中有貧窮人與你同住，你若借錢給他，不可如放債的向他取利。（If you lend money of any of my people that us poor by thee, thou shalt not be to him as an usurer, neither shalt thou lay upon him usury.）[24]

> 你即或拿鄰舍的衣服做當頭，必在日落以前先歸還他。（If thou at all take thy neighbor's raiment to pledge, thou shall deliver it unto him by that the sun goes down.）[25]

利息會導致貧窮，貧窮會導致奴隸，奴隸是人類商品化的極致之一，這是基督教眼中最大的經濟罪惡。所以耶和華摧毀埃及的王，讓祂的子民脫離奴隸的救贖。利息是一種純粹金錢的累積與交易，對於慾望的助長有很大的鼓舞力。這慾望的助長所導致的不只是個人德行的墮落，也會造成貧富不均的嚴重社會問題。

《舊約聖經》所提到的是免弟兄的利息，但是未觸及免去所有債務人的利息。對於異邦人收取利息，在猶太世界裡是普遍的。而對於耶穌基督的思想，異邦人一樣是鄰人，特別是保羅所稱，凡是遵守上帝律法的人，都可以稱義，都是基督徒。這是世界性宗教的理念，不再停留於部落神的信仰之中。耶穌說：

> 要愛你們的仇敵，為那逼迫你們的禱告。
>
> 這樣就可以做你們天父的兒子：因為他叫日頭照好人，也照歹人；降雨給義人，也給不義的人。
>
> 你若單愛那愛你們的人，有什麼賞賜呢？就是稅吏不也是這樣行嗎？
>
> 你們若單請你弟兄的安，比人有什麼長處呢？就是外邦人不也是這樣行嗎？[26]

---

24 《聖經（和合本）》（二〇一七），〈出埃及記22:25〉，《新約聖經》，頁九六。

25 《聖經（和合本）》（二〇一七），〈出埃及記22:25〉，《新約聖經》，頁九六。

26 《聖經（和合本）》（二〇一七），〈馬太福音5:44-47〉，《新約聖經》，頁六。

耶穌擴大了愛弟兄的意義，及於所有的人類，包括敵人，包括外邦人。到了使徒保羅更是主張能夠信仰上帝，信奉主耶穌，就是義人。這是世界性宗教的情懷。

早期的耶穌基督使徒如彼得、保羅等人都是奉行儉樸的生活，麵包、水，一件衣服。不只不拿走信徒的財物，還把自己有的都布施出去，這是奉行愛鄰人，活在上帝基督之中的修行。

到了西元第四世紀，羅馬政權停止迫害基督徒，繼之君士坦丁大帝宣布基督教為國教，教堂開始設立，神父們才開始擁有地產、財產。

在中世紀之前的教父時代，生活仍然極為儉樸，對於社會的參與並不多。神父的關注點多半在信徒之間；在信仰與上帝之間。對於經濟事務不是很關注。雖然當時商業社會普遍流行著利息的獲取，甚至高利貸。神父們內心覺得不妥，覺得違背上帝與耶穌的旨意，但是他們並沒有太多的發聲進行反對。

那個時期的基督教會所關注的仍是人們與上帝的關係，而不是關注整體社會的結構問題。對於商業普遍的利息與經濟的不平等，他們透過慈善布施來救濟、來補足社會的差距，但是對於商業社會不平等的結構問題，當時教會並未介入。至少在第四世紀到第十三世紀之間，文藝復興以前是如此。

基督經濟的善

基督經濟的善可以歸結為幾個重點：第一是「不要為物質憂慮」。

如同耶穌所言，不要為明天憂慮，明天有明天的憂慮。如前所引述，飛鳥不工作，也不積蓄，天主尚且養活牠們，難道人還沒有飛鳥尊貴嗎？

這是耶穌要門徒專注在對上帝的信仰，靈性的提升，而非物質的獲取。在基督的眼中，活在上帝的信仰中，物質無虞匱乏。

信仰為先，物質會跟上。這是基督經濟的核心思想。

信奉上帝的戒律與潛心信靠祂，物質的豐饒必定到來。如〈箴言〉所說：

你要專心仰賴耶和華，不可依倚靠自己的聰明。在你一切所行的事上都要認定他，他必指引你的路。[27]

不要憂慮，是現代人最難做到的。不是困窘的人才憂慮，反而成功的人士更憂慮。他們計畫各種生意擴展之道，每天盯著競爭者在做什麼？活在極度的緊張與焦慮中，是當代經濟生活的真實寫照。不要去憂慮物質生活，這種思想與現代社會經濟生活相比，我們處處都是計畫、規劃、執行、策略、爭取利益等。成功人士天天活在焦慮之中，各種文明病、心理症、各種外物的成癮層出不窮，都是為物質焦慮的結果。耶穌的教導，不要憂慮物質，似乎已成為遙遠的、依稀的福音。

哈佛大學李奧納教授（Heman Dutch Lenoard）在研究「佛教慈濟慈善基金會」於全球成功的運作模式時，歸結出慈濟是「以價值」、「以理念」作為管理運作的核心，而不是依計畫。

這種回到內心的信仰、信念、以價值為出發的經濟活動，是完全不同面向的經濟思想，這是本書要探討的重點。我們將於稍後的章節深入探討這兩種經濟觀的差異與其產出的成果。

基督經濟學的第二個理念是「給予」（Hospitality），對於鄰人、對於人類普遍地關愛、給予，這是一種利他的經濟思想。

這種思想在基督的福音裡是最主要的精神與教導。無私的給予，對於當代經濟思想其實十分陌生。我們當代經濟思想是競爭、是拿取、是以自利為中心，甚至將這種自利擴大到極限，無限制地追逐慾望

27《聖經（和合本）》（二〇一七），〈箴言 3:5-6〉，《舊約聖經》，頁七七〇。

的滿足，把靈性、把愛拋在一旁。而且普遍認為這就是善，這就是公眾價值。誰拿取得多，誰就是成功者，而不強調誰給予得多，誰才是成功者。這是對於基督經濟思想的背離。

基督經濟思想的啟示是接納、給予、無私地幫助每一個需要幫助的人。從《聖經》教導邀請窮人、殘缺、孤寡到家裡作客，到對一切鄰人，對一切的布施，這是意欲讓整體社會達到人人都富足的理想。沒有窮人，沒有剝削，沒有將人商品化，不管是古老的奴隸制，或是當今商品購買的奴化制，都是違背基督的經濟精神。這種均富、平等的經濟正義，是基督經濟裡的至善。

基督的最後經濟教導歸結到第三點，亦即「慈愛」（Mercy）。對於一切人的慈愛。不只是親人、弟兄、鄰人、外邦人，甚至是對於敵人的慈愛。

我們對於生意競爭者能慈愛嗎？

我們想盡辦法打敗競爭者，合法的或不合法的，這是今日經濟活動的常態。

我們若能對於消費者慈悲，就不會讓傷害性的產品出現。

我們若能對於員工慈悲，員工就是家人，就能和樂地工作，而不是讓人性成為物化的製造工具。

我們若能對股東慈愛，就能認真負責地使用股東的資本，不負股東之所託。

我們能若對競爭者慈悲，就不會刻意壟斷、削價競爭，或詆毀對手以達商業目的。

我們若能對於上帝賜予的萬物慈悲，就不會污染環境、耗竭地球的資源，而會盡一切心力讓地球永續地發展。

在利益他人的慈悲中，獲取自我物質的生存與福祉，這才是物質與心靈並重的基督經濟理想。

在慈愛他人的行動中讓社會均富，人人不憂慮物質，人人給予他人，人人互愛，這是基督至高的善經濟理想。

第三節　伊斯蘭文明的經濟思想

穆斯林創教先知穆罕默德原先就是一位商人。他四處貿易做買賣，遊歷中東一帶的地區。他每一年都帶著妻兒去度假四、五十天，並在那裡祈禱、靜默。

有一年他照例到這裡度假，在多天的祈禱靜默中，他得到阿拉真主的啟示，真主對他說話，要他寫下祂的話語。穆罕默德一開始拒絕這個使命，他掙扎著、困惑著，心靈受痛處，多天之後，他開始接受阿拉的神啟，開始邁向布道之路。

穆罕默德開始傳教極為艱苦，阿拉伯諸部落不相信他，甚至追殺過他。只有他的妻子與姪子阿里始終相信他。他從神諭所書寫的《可蘭經》是阿拉伯第一部形成文字的優美經典。終其一身，穆罕默德集宗教、政治與軍事於一身。而對於商業的見解，穆罕默德仍然是以神的慈愛為中心的商業經濟思維。

愛弟兄，幫助弱勢者。在阿拉的神佑下，沒有人有飢餓，沒有人被迫害。

而穆斯林的商業活動機制依著遊牧民族的特質，以畜牧、以貿易為主體。尤其是貿易，穆斯林的貿易經濟強調誠信。在進入貿易之前，不能心存投機，心存欺騙，不可左手買進低價，右手賣出高價。

穆斯林把交易場所看成是如聖所般的虔敬，人人進入交易之前，當眼睛對著眼睛，必須誠實無欺。穆斯林看重那個無形的氛圍，誠實與否在當下能直接感受到。在神的見證下，穆斯林的商業貿易必須誠實無欺。

穆斯林的貿易是基於同袍愛的信任，保證商業的「互惠原則」，最初只及於穆斯林，到了十六世紀鄂圖曼帝國蘇丹把這種同袍信約擴及到基督徒、猶太人，以及所有的外族。西方維也納、威尼斯、法國等，都同等得到鄂圖曼帝國貿易同袍信約的保證，互惠原則已經擴及到所有與穆斯林貿易的對象。

同袍信約的互惠原則不是以固定文字契約行使，而是一種默契，這是更有約束力的信約；在神的見證下的誠實無欺與互惠互利；這是比起人類的合約更具保障的信約。

穆斯林的經濟思想除了貿易的誠實無欺、互惠互信之外，更要體現《可蘭經》的教導，穆斯林不追逐個人利益的極大化，相反的，他們必須照顧弱勢者、窮困者。

根據《可蘭經》的教導，穆斯林必須在自己的所得中布施，給予窮困的人溫飽。鄂圖曼土耳其帝國在最強大的時期，也正是在西方資本主義即將發軔的十六世紀，仍然堅持穆斯林的經濟體系不可以無限制地追逐利益，而是以農業為主，以人民的安定生活為要。一切的經濟活動必須回到以伊斯蘭教教義為中心的價值體系之中。

穆斯林當時的智者M. al Mabarak堅稱，是「目的非手段」（End but means）。強調穆斯林的經濟學是救濟窮困人，給予需要的人幫助，並為下一代的幸福設想，這才是穆斯林的經濟學。

十六世紀的鄂圖曼土耳其帝國，當時的經濟實力其實超越西方社會。西方社會累積各種社會力量，去冒險遠征，透過航海，從世界各地獲取經濟利益。這固然承擔極大財務與生命損失的風險，但是經濟報酬也極為豐厚。資本借貸給予海洋遠征極大的後援及獲利。這是前資本主義發軔的前期。

但此時鄂圖曼帝國的經濟卻轉向農業為主，不以資本擴張為主，仍然堅持不能資本借貸從事商業。這種經濟政策原則的堅持與歷史的轉向，決定了往後數個世紀，世界經濟與政治的主宰在西方，而不在穆斯林國度。

雖然如此，當時鄂圖曼土耳其帝國的國土之中，經濟仍維持成長，社會貧富差距極小。穆斯林社會從事慈善工作的機構非常之多，許多的窮苦人都是在慈善救濟中得到生活的保障。包括穆巴拉克在內的穆斯林都認為，慈善與救濟能得到神的樂悅，也是真主阿拉對子民的盼望。

鄂圖曼帝國的經濟權利來自蘇丹及其政權，王權負責農業的收成與經濟的再分配。

當西方資本主義萌芽，自主性的商業力量正逐漸控制整個社會，甚至可以組織商會，跟國王談判稅收，如英國國王約翰的《大憲章》就是為了戰爭課稅，與商業團體談判後的立法。西方商業如脫韁野馬地自全世界橫徵暴斂，極力擴張之際，穆斯林鄂圖曼帝國謹守《可蘭經》的教義，不是奮力地追逐個己利益，而是維持一個人得以安康過好生活的社會願景。而王權主掌的商業體系，肩負著這個神聖的使命。

在當時，市場經濟、薪資、利潤難免都帶著宗教性的意涵，因為宗教與政治的領袖蘇丹是這其中經濟分配的決定者。這些決定不是從自由經濟的角度，而是從宗教及政權的正義來行使。市場經濟、利潤等名詞並不像在西方，是以自由商業為其運作基礎。

穆斯林善經濟的最終理想，就是人人都回到阿拉真主的信仰中，在那個信仰中，世界是一，世界沒有分別，貧富貴賤沒有分別。這是穆斯林世界大同的理想。

穆斯林的經濟，即便在商業鼎盛時期的伊斯坦堡，商業力量仍限制在君權與政府的手上。因為信仰國家化，商業也國家化了。

《可蘭經》的教導禁止穆斯林貸款收利息，因此即便在商業鼎盛的中世紀，卻沒有在穆斯林地區設立任何銀行或貸款的機構。但是，民間的、私下的借貸卻很普遍。這些借貸與利息都僅止於認識的親人或朋友之間，並且是金額小的短期貸款。貸款的用途多半在消費性的使用，而非商業投資。

十四世紀到十六世紀的法庭紀錄指出，穆斯林的法庭的確受理過這種貸款引起的糾紛。

雖然民間的私人貸款，存在穆斯林社會，但由於這種貸款沒有運用在商業投資上，也大大地限制了穆斯林商業在全球的擴張。當十五世紀威尼斯及荷蘭低地國家開始航海貿易，歐洲國家的貿易信貸逐漸普遍之際，穆斯林地區的貿易投資相對少於歐洲。

從十五、六世紀開始，鄂圖曼帝國政府為了籌措軍事經費，開始向民間的巨賈借貸。政府不是用借貸的名義為之，而是以預先減稅的理由，向民間籌措經費。雖然政府需要民間的資金，但是穆斯林的商業人士並未像西歐的商業力量一樣，大到可以影響甚至節制政府的政策，以及與政府談判稅收的比例。

商會力量的崛起是西方前資本主義發軔的基礎。但是穆斯林的鄂圖曼帝國所屬的各地區商業並未出現這種力量。

穆斯林的商業夥伴擴及到鄂圖曼帝國所屬的國度，包括埃及、敘利亞、伊朗、土耳其等。比起西歐低地國家的公司制度，允許私人之間自由結合組成合夥公司（Corporation），在全球各地進行貿易。這種合夥公司跨越國界，是資本主義崛起的重要推動力。

值得注意的是，在中世紀之前，穆斯林國家的商業力量相對大於歐洲。商人介入公共與政府事務非常普遍。直到九世紀之初，政府的菁英轉向對軍事人才的培育與重視，軍事所培育的人才逐漸在城市中取得地位，因而主導國家的力量都集中在軍事及城市的菁英。商業力量仍然可以自由發展，但是已經沒有中世紀之前那種介入影響政局的實力。

失去商業力量的參與，鄂圖曼帝國無視於西歐國家資本主義的蓬勃發展，帶動了軍事力量在全球的擴張。因而也導致鄂圖曼帝國的衰亡。

十六世紀到十九世紀之初，資本主義正在蓬勃發展之際，鄂圖曼帝國所屬地區的商業力量並沒有衰退，但與西方資本主義擴張的程度相比，相對地失去了優勢。

吾人並不主張資本主義的發展就是必然的善；也不認為在十八世紀之交，未發展出當代資本主義形式的穆斯林國度，或中國地區的傳統農業經濟，是為非善。

相反的，經濟工業革命之前，穆斯林地區都處在一個社會相對穩定富庶的局面。人民的生活水準很高，而且社會和諧快樂。這與他們的信仰有關，在一個不贊同高利貸，甚至是禁止貸款的社會，金錢的剝削情況被抑制，人民不會投機，而是專事於生產與貿易。

這是回歸商業的本質，製造與消費相對平衡，不會有純粹追逐金錢慾望的氾濫，就不會產生商業不當的併吞，讓借貸者淪為赤貧的不平等社會。

穆斯林重視的慈善救濟，幫助苦難貧窮兄弟的經濟美德，加上貸款利息的禁止，所有造成經濟不平等的條件都受到抑制，穆斯林地區的經濟兼顧了富裕與正義。

相對於當代，中世紀到十九世紀末的穆斯林社會相對穩定，沒有大規模的政治與社會衝突，商業的榮景仍存。

要不是西方資本主義橫掃全世界，導致穆斯林社會遭到極大的挑戰，穆斯林地區原本應該還是生活在安樂、和諧與正義的經濟秩序之中。這是穆斯林文化曾經發展出的善經濟果實。

第四節　中國儒家的經濟思想與實踐

符合天道的善經濟

探究儒家的經濟思想，必須從儒家至高的思想——「天道觀」開始進行闡述。儒家的「天道」是宇宙至高的真理，落實於世間即為「仁」；而仁則以「禮」為其實踐之道。天道之意，《禮記》中哀公問孔子：「敢問君子何貴乎天道也？」孔子言：「貴其『不已』。如日月東西相從而不已也，是天道也；不閉其久，是天道也。無為而物成，是天道也。已成而明，是天道也。」[28]

在孔子眼中，天道是宇宙萬物永恆運行的真理，天道運行，孕育萬物的生成永不停歇。所以孔子言：「天何言哉？四時行焉，百物生焉。」[29]天道無言，無形無相，但是孕育萬物，生成萬物，君子亦

28 王雲五主編，王夢鷗注釋（二〇〇六），〈哀公問第二十七〉，《禮記今註今譯》。臺北：臺灣商務印書館，頁八〇四。

29 傅佩榮解讀（一九九九），〈陽貨第十七〉，《論語》。新北市：立緒文化，頁四五三。

當如是。「君子無終食之間違仁，造次必於是，顛沛必於是。」[30]

君子無時無刻不在真理之中，與天道合一，即是與萬有真理合一。

天道「日月相從不已」，落實到現實，就是每個人各司其職，互相尊重禮敬。君臣、父子相從、相敬、相互扶持天下大業，至死不已。

天道「不閉其久」，意味著天道不拒絕任何生命的生長，相反的，孜孜不倦地給予萬物生長的機會；落實到現實中，就是君子誨人不倦之意。

天子以天道，教育萬民而不倦。一國為之君，一個機構的領袖是君，君者帥也，機構領袖，不管是企業的、非營利的，都能夠教育同仁、愛同仁，誨之不倦，同仁沒有不為機構效力之理。所以學習天道，「不閉其久」。

天道「無為而成」，是為照顧百姓，不滋擾百姓。

落實到善經濟，讓萬物（無論是物質的、心靈的），都能開創自我生命的潛能。經濟生活的各種創造是不能停止之意。最後要讓百姓都能安居樂業，為政者、居要職者，在不滋擾百姓平靜的生活前提下，積極地提供百姓幸福生活的條件，所以說「無為而成」。

孔子的天道觀落實到經濟思想，塑造出中國傳統農業社會中，小農田園生活幸福、和樂的景象。孔子生活於六國動盪時期，老百姓求得的就是天下太平，天高皇帝遠，享受田園富足的生活。

沿用到今日社會，一個機構領袖懂得啟發同仁的創造力及責任心，自我學習、自我成長，在不感受到壓迫的氛圍下，努力為機構的理想、為社會的理想奮鬥，這是無為而成的善企業、善經濟。

天道「已成而明」，天道生成萬物，其功已成，至明矣。

君子治理國家或機構，大功已成，功德圓滿，百姓皆已富足、安康。而其治理模式足為後世典範，故曰明，已成而明，不只成就大業，也建立典範模式。

私慾的合理性基礎

管子是孔子眼中治國之大才。他曾說，「微管仲，吾其披髮左衽矣。」[31]沒有管仲，恐怕蠻族就統治中原，就沒有中原文明的延續。管仲長年經商，後來從政為相，文治武功皆備。政務與商務皆圓滿成就。

管仲對於經濟思想是老子的「無為而民自化」[32]，是孔子的「無為而成」。而其前提就是導民以利，不擾不煩，讓百姓自給自足地創造美好的生活方式。管仲言：

> 夫凡人之情，見利莫能勿就，見害莫能勿避。其商人通賈，倍道兼行，夜以續日，千里而不遠者，利在前也。
>
> 漁人之入海，海深萬仞，就波逆流，乘危百里，宿夜不出者，利在水也。故利之所在，雖千仞之山，無所不上；深淵之下，無所不入焉。
>
> 故善者勢利之在，而民自美安，不推而往，不引而來，不煩不擾，而民自富。如鳥之覆卵，無形無聲，而唯見其成。[33]

管子主張為政者提供一個有利的大環境，引導人民自主性，基於自我的利益去追求、去創造自主性的幸福生活。為政者以不擾民、不煩民為上策。

30 傅佩榮解讀（一九九九），〈里仁第四〉，《論語》。新北市：立緒文化，頁七四。
31 傅佩榮解讀（一九九九），〈憲問第十四〉，《論語》。新北市：立緒文化，頁三六〇。
32 王邦雄（二〇一〇），《老子道德經注的現代解讀》第五十七章。臺北：遠流，頁二六〇。
33 湯孝純注譯、李振興校閱（一九九五），〈禁藏五十三〉，《新譯管子讀本（下）》卷十七。臺北：三民書局，頁八九四。

這種善經濟的思想體現在政府，就是給予民間經濟、商業基礎的條件，低度規範（Deregulation），讓民間的經濟力量自己生長。在企業，就是企業主提供優質的工作條件，給予同仁更多自主的創作，在自我實現的驅動下，創造個人與群體幸福的榮景。

這榮景是「富足的、安定的、自由的、美好的」；是管子在兩千多年前所提出的善經濟與善企業的理想模式。

管子不否定私慾與私利，而是強調如何善用這股動力，為個體自我及社會群體創造幸福美好的生活。孔子也是肯定人可以有合理的私慾，只是主張慾必須與道合，強調富而好禮；所以言：「富與貴，是人之所欲也，不以其道得之，不處也。」[34]

從事商業的實業家一開始是從君子培養起，讓私慾合於道，然後能「發乎情、止乎禮」。先為君子，後為富賈。

荀子則主張，富貴是可欲的，但是必須以正道得之。荀子對於財富的最高理想為：「富有天下而無怨財，布施天下而不病貧。」[35]

富有天下，而天下人皆歡喜之，這是仁者之表徵。布施天下，但是一己無所失。這是義的表徵。越是利他，越能利己。所以布施天下，無須患貧。

君子為本的善企業

孔子對於富貴者的期望不僅僅於行君子之節，合乎禮儀之要，他更要把富貴放在整個家國的良莠中來評價。

孔子說：「邦有道，貧且賤，恥也。邦無道，富且貴焉，恥也。」[36]

富貴者必須以邦國為己任，邦國無道，坐擁富貴非正道也。

儒家似乎認為，以君子為前提的富貴者、成功的實業家，應該要以天下之繁榮為念，不是以一己之欲為宗。自身的命運應該與邦國命運相通連，邦國有道而處貧，非君子之道。邦國無道，民不聊生，而自己富足也是恥辱，是為不義。

可見儒家對富貴的實業家之期望，一開始是為君子之念而起，而在具備君子之胸懷而止。「君子之於天下也，無適也，無莫也，義之於比。」[37]

君子以義而不以利行於世，是儒家的理想。

富貴中人的實業家以義不以利，無不能適，無不能莫，亦即可以接受任何外在情境，也可以不拒絕任何一種外在的情境，只以「義」為依歸是也。孔子對於個人及邦國的富庶是持積極肯定的態度，冉有問孔子：「既庶已，何加之？」孔子曰：「富之。」又問曰：「既富矣，又何加之？」曰：「教之。」[38]

孔子不只是期待社會人人溫飽之庶，還要能富足。富足之後就是「教富」。教之以禮，導之以義。「合於禮與義」的商者，是儒家對經濟商業運行的理想。

王道的經濟思想

在漢朝董仲舒之後，將王朝思想定於一尊，儒家成為王朝最重要的思想價值與官員晉升體系。儒生進仕，必須以儒家經典為考核之標準。官員治理國政，必須以儒家思想為基準。皇帝總理朝政，統理天

---

34 傅佩榮解讀（一九九九），〈里仁第四〉，《論語》。新北市：立緒文化，頁七四。
35（清）王先謙撰（一九九四），〈哀公三十一〉，《荀子集解》。山東：山東友誼書社，頁八五三—八五四。
36 傅佩榮解讀（一九九九），〈泰伯第八〉，《論語》。新北市：立緒文化，頁二〇一。
37 傅佩榮解讀（一九九九），〈里仁第四〉，《論語》。新北市：立緒文化，頁七九。
38 傅佩榮解讀（一九九九），〈子路第十三〉，《論語》。新北市：立緒文化，頁三三二。

下，亦必須以儒家理法為基礎。

政權化後的儒家思想是以儒生為先，以農立國，商者雖然在整個社會結構中有很大的影響力，但卻沒有實質的地位。士、農、工、商，商者排在最後一位。

儒家政權的最大特色是如何維持一個王朝的穩定與繁榮。儒家認為，「天視自我民視，天聽自我民聽。」[39]君王朝政的延續，以百姓的生活富庶為基礎。百姓以農業為生，農業的命脈是土地與天氣。土地是根本，它是可以掌握的經濟資源，但是天不可預測，所以天子必須行王道，王道不離天道。所以君王與朝臣都必須敬天、懼天、祭天。

善經濟與中國的治亂循環

在中國傳統社會中，商業的興盛必定對穩定的農業社會造成衝擊。特別是土地的兼併、利息的收取。農民荒年時，向商人、官員或富農借貸、付利息，利息正是導致貧窮的關鍵。所以重農抑商，特別是純貨幣交易的利益，是王朝懼怕的。

王朝並不反對貿易，但是對於土地的持有擴大，與貨幣利息的氾濫，經常造成百姓流離失所，王朝的穩定秩序因而遭到破壞。

儒家的經濟理想在儒生從政後的現實情況是，一旦儒生成為官員，受封土地，他本身就成為地主，地主收租金，讓農人為他生產。一旦生成不好，農民不能按時繳交租金或收成，就必須向他人借貸，借貸後的利息償還，通常是農人變為貧窮的關鍵。

傳統社會中，農民擁有的土地是固定的，豐收季節的收成也是固定的。到了第二代，父親分田給數個兒子，每個人分得的比例一定比父親的土地小很多。況且每一畝土地的生產是固定的，在農業技術未革命性地進步之前提下，世世代代下來，農民的年收只會越來越少。[40]這是中國傳統社會中以農業為主的生存環境必然之產物。

哈佛大學Roman H. Myers的研究指出，農民、商賈、政府這三角關係，促成傳統社會的中國農民長期處在一個容易被剝削的邊緣處境。

Myers指出，中國傳統社會的農民在春天沒有收成，只好向城裡的富商借貸，以支應家裡所需，到了秋收則償還利息與本金。但如果收成不好，農民只好再向地主借貸來償還利息，利息加本金，債務逐漸累積。

然而，農業技術千年來並沒有太大的改變，增加農業生產量十分困難。[41]利息滾利息，還要繳納政府對土地的課稅，這雙重壓力足以壓垮農民。農民只得出讓土地給借貸的地主或富商，自己成為佃農。土地兼併開始展開，破壞了王朝初年的安定與自足。而淪為佃農的農民收入更少，收成先繳給地主，一旦家裡有人生病，或孩子婚喪喜慶，再次借貸，又是利息生利息。許多傳統中國的農民就在這種情況下逐漸變為赤貧。

在惡性循環的情況下，官員徵稅的效能不彰，加上課稅機制不夠健全，造成官員人數增加；官員增加，又須增加稅收。課稅增加，農民的壓力再雪上加霜，形成了一種結構性地剝削。

這種結構性的經濟循環，一方面，政府官員的儒生並不會介入農家莊稼之事，更無從論及對於農業生產技術有更進步的發展與創新。在農地有限，孩子分地，靠天吃飯，以及稅收、利息等因素下，中國農民很難翻身。

---

39 屈萬里撰（一九八三），〈泰誓中〉，《尚書集釋》。臺北：聯經，頁三一〇。

40 Chao Kang (1986), *Man and Land in Chinese History*, Stanford: Stanford University Press, p. 268.

41 Myers, R. H. (1970), *The Chinese peasant economy*, Boston: Harvard University Press, pp. 288-289.

當王朝的皇帝賜封土地給官員，官員與富商逐漸擁有大片的土地，租給佃農耕種，並收取租金，或固定的穀物，農民世代成為富商與官員的農工。

在漢朝時期，徭役與賦稅就足以讓農民破產，有錢的地主或富商藉機收購土地，佃農成為地主的家奴或世代為地主工作。[42]這種局面持續幾個世代下來，赤貧人數逐漸增加，這就是王朝面臨崩解、潰散的時候。

東漢末年，曹操控制了殘餘的西漢政權，實行屯田制，控制富商的土地兼併與地主的權力，當時許昌一片榮景。足見土地與農業政策是中國傳統農業經濟的關鍵。[43]

至少在唐代之前，中國傳統社會在商業發達之後，並未帶來農業技術的更新，並以此增加農產量，相反的，造成貧富階級差距擴大，特別是賦稅、利息的氾濫，使得農民淪為奴工或赤貧。

諸多學者的研究認為，十世紀之後，中國農村旱田的開發，梯田的灌溉系統為中國農業技術帶來巨大的革新，也帶來農業產量的提升。這個時期約在八世紀到十二世紀之間，約莫南北宋時期，中國農業的確有長足的進步。[44]

但是南宋時期王安石新政改革的重點，就是國家缺少稅收，農民賦稅又過重。那麼究竟是誰得利了呢？[45]

馬克斯．韋伯對中國社會為何沒有發生資本主義的原因指出，中國的行政官僚體系不是近代西方的法治理性，而是教區制（Prebendal Bureaucracy）的官僚系統。官員在自己的屬地可以向百姓課稅，包括鹽產的壟斷，包括土地稅及商業稅。由於課稅並沒有真正具體的標準，或沒有具體的落實，因此中央政府並不知道，究竟地方上繳的稅是否符合真正的稅收。如先前所述，每當地方官員增加，地方政府就加重課稅，使得老百姓更為窮困。

宋神宗時期，王安石的變法，在財政上就是專注於如何增加政府收入，又能不增加百姓的稅率，亦即成立專業的課稅人員。但是這個政策直接挑戰地方政府的權益，在中國儒家人際關係的紐帶中，這種專業主義的課稅制很難施行。

這就是韋伯所提出的，中國社會的文化限制了傳統中國在商業鼎盛之後，沒有產生西方式資本商業文明的原因。西方資本商業社會奠基於個人與法治，中國的文化結構是家長制，地方官員如家長，所以稱為父母官，百姓繳稅給父母官，如同兒女對父母的孝敬。儒家官員必須照顧百姓免於受飢、受苦，另一方面也必須是百姓道德的典範。

但是在現實中，治理朝政或治理鄉鄰需要更細緻的治理智慧。往往當官員增加，財政不佳，只增加稅收，稅收未必上繳朝廷，而是自顧自己的家族收入與地方政府所需。久而久之，地方與朝廷關係脫離、疏遠，商賈與地方官員各自收取利息與稅賦，百姓的苦日子可能增加不說，更無法累積成一個更大的資本結構市場經濟。

十七、八世紀，中國的物質生產與貿易幾乎等於整個歐洲。但是為何不能創造持續性的市場經濟？儒家的體系重視人際，重視師生、門生、宗親、家族等裙帶關係，重視社會結構的穩定，是否也是

---

42 Wang Zhongshu (1982), *Han civilization*, K. C. Chang and collaborators(Trans), New Heaven and London: Yale University Press, pp. 59- 60.

43 Wang Zhongshu (1982), *Han civilization*, K. C. Chang and collaborators (Trans), New Heaven and London: Yale University Press, p. 61.

44 Paul Jakov Smith (1999), *Shen-Tsung's Reign and the New Policies of Wang An-Shih(1106-1085)*, The Cambridge History of China, Cambridge University Press, p. 390.

45 Paul Jakov Smith (1999), *Shen-Tsung's Reign and the New Policies of Wang An-Shih(1106-1085)*, The Cambridge History of China, Cambridge University Press, p. 384.

限制市場經濟出現的因素？

關於這點，學者們的論述不一，家庭與宗族作為中國商者奮鬥的動力，其優點是不會太過著重個人慾望的極度擴張，但其弱點是不容易建立起一種規模化的、彈性高、合作性強的市場經濟。

從韋伯看來，市場經濟的特質是個人可以自由貿易，自由組成公司，進行全球性商業的運作，而政府以法治為基礎，規範私人商業活動。

雖然在宋、明時期，商會力量強大，但是遵從儒家思想與政權體系的商人，沒有與王權抗衡的力量。謀取家族福利者有之，爭取土地擴充者有之，收取租金、利息者有之，但是比起透過科舉以獲取文官功名的儒家政權體系，中國商人始終無法達到西方在十五、六世紀的時期一般，能夠累積足夠的資本，能夠影響政權，並將資本實力擴及海外。

相對的，西方的資本市場創造個人主義，創造了制衡王權的法治精神，造就了全球龐大的資本市場；但同時，也助長個人慾望無限制地擴張，造成世界貧富不均與社會整體的動盪。

本書不認為，傳統中國社會沒有出現當今的資本主義市場經濟是一種缺點，或是一種遺憾。也不主張，現代中國必然要走向資本市場經濟才是正道。

本書所探討的是，在中國特殊歷史地理與文化的條件下，以儒家為政權主體的經濟思想為何？其經濟思想中「至善」的內涵與實踐為何？

富足和睦與官民共責的善經濟

以家族幸福為中心的經濟體制，應該是儒家政權底下最理想的善經濟模式。

符合仁的富有，是儒家所尊崇的。孟子對於仁與富有如此的論述：

陽虎曰：「為富不仁矣，為仁不富矣。」陽虎，陽貨，魯季氏家臣也。天理人欲，不容並立。虎之言此，恐為仁之害於富也；孟子引之，恐為富之害於仁也。君子小人，每相反而已矣。

夏后氏五十而貢，殷人七十而助，周人百畝而徹，其實皆什一也。徹者，徹也；助者，藉也。[46]

孟子眼中的黃金農業經濟歲月是，夏商周時期，每一個成年男子受五十畝地是實行貢法；殷商時期，每個男子授田七十畝，是實行助法；周朝時期，每個男子授田百畝是為徹法。三朝都是收取十分之一的稅。政府官員不能在豐收時節少收稅，或歉收的時候要課足稅，這會引起民怨。

所以孟子才感嘆說，政府徵收重稅之苛政，老百姓無以奉養父母：

樂歲，粒米狼戾，多取之而不為虐，則寡取之；凶年，糞其田而不足，則必取盈焉。為民父母，使民盻盻然，將終歲勤動，不得以養其父母，又稱貸而益之。使老稚轉乎溝壑，惡在其為民父母也？[47]

孟子贊成夏商周的井田制度，井田制度裡，八百畝劃給私人，當中一百畝為公田，大家一起努力付出。這是結合個人與群體的善經濟模式。

井田制度所代表的是，中國傳統社會重視個人與群體平衡與和合的善經濟。

46 孫家琦編（二〇一九），〈滕文公上〉，《孟子》。新北市：人人出版，頁一〇四。
47 孫家琦編（二〇一九），〈滕文公上〉，《孟子》。新北市：人人出版，頁一〇五。

方里而井，井九百畝，其中為公田。八家皆私百畝，同養公田。公事畢，然後敢治私事，所以別野人也。此其大略也。若夫潤澤之，則在君與子矣。[48]

因此孟子認為，君王的責任就是詳細地劃分土地財產的分界，分界不清，官員混水摸魚，造成貪瀆民怨。孟子曰：

子之君將行仁政，選擇而使子，子必勉之！夫仁政，必自經界始。經界不正，井地不鈞，穀祿不平。[49]是故暴君污吏必慢其經界。經界既正，分田制祿可坐而定。夫滕壤地褊小，將為君子焉，將為野人焉。無君子莫治野人，無野人莫養君子。請野九一而助，國中什一使自賦。[50]

孟子對於官員待遇亦有獨特的看法，卿以下除了俸祿，可以配給「圭田」五十畝，這並沒有比百姓多。

卿以下必有圭田，圭田五十畝。餘夫二十五畝。死徙無出鄉，鄉田同井。出入相友，守望相助，疾病相扶持，則百姓親睦。[51]

百姓在井田制度底下，大家安居樂業，還互相照顧。這是理想的農業生活寫照。在這種體制下，保障了個人的經濟幸福，照顧了政權的需求，也照顧了官員該有的福利。這是中國儒家經濟思想的核心表述。家庭和合圓滿，公與私皆自足，官民互為責任，鄰里相互扶持，這是善經濟理想的大同世界。

以德治理的善經濟

知識分子對於商業或技術的看法，用今天的標準來看，孟子是反對當代專業主義的立場。在回答陳相對於許行的看法時，孟子認為許行自行耕種、編織衣服，信徒者眾，都跟隨他這樣做，並非士大夫之所為。

儒者陳相讚揚許行對君王的看法，好的賢君應該自己耕種、自己燒飯，還要治理國政，以為這才是賢君之道：

> 陳相見孟子，道許行之言曰：「滕君，則誠賢君也；雖然，未聞道也。賢者與民並耕而食，饔飧而治。今也滕有倉廩府庫，則是厲民而以自養也，惡得賢？」
>
> 孟子曰：「許子必種粟而後食乎？」
>
> 許曰：「然。」
>
> 孟子：「許子必織布而後衣乎？」
>
> 許曰：「否。許子衣褐。」
>
> 孟子：「許子冠乎？」

48 孫家琦編（二〇一九），〈滕文公上〉，《孟子》。新北市：人人出版，頁一〇七。
49 孫家琦編（二〇一九），〈滕文公上〉，《孟子》。新北市：人人出版，頁一〇六－一〇七。
50 孫家琦編（二〇一九），〈滕文公上〉，《孟子》。新北市：人人出版，頁一〇六。
51 孫家琦編（二〇一九），〈滕文公上〉，《孟子》。新北市：人人出版，頁一〇六－一〇七。

許曰：「冠。」
孟子：「奚冠？」
許曰：「冠素。」
孟子：「自織之與？」
許曰：「否。以粟易之。」
孟子：「許子奚為不自織？」
許曰：「害於耕。」
孟子：「許子以釜甑爨，以鐵耕乎？」
許曰：「然。」
孟子：「自為之與？」
許曰：「否。以粟易之。」[52]

孟子以許行不可能自己織衣，自己製作器皿，來駁斥許行堅持自我農耕、人人自力更生的生命哲學。孟子繼續說：

以粟易械器者，不為厲陶冶；陶冶亦以其械器易粟者，豈為厲農夫哉？且許子何不為陶冶。舍皆取諸其宮中而用之？何為紛紛然與百工交易？何許子之不憚煩？

曰：百工之事，固不可耕且為也。

然則治天下獨可耕且為與？有大人之事，有小人之事。且一人之身，而百工之所為備。如必自為而後用之，是率天下而路也。

> 故曰：或勞心，或勞力；勞心治人，勞力者治於人；治於人者食人，治人者食於人：天下之通義也。[53]

孟子這裡道出儒者是治理別人的人，自己不必事事親力親為，培養專業、治理的智慧與養德，才是君王或儒者治理百姓的關鍵。

勞心、勞力區別了社會的階層，決定治理與被治理的關係。

這使得儒者在中國社會裡始終沒有高度重視對技術的開創性。比起今天社會的專業主義，技術第一，孟子重視德行與治理智慧，專業能力反而放在其次。孟子又說：

> 當堯之時，天下猶未平，洪水橫流，氾濫於天下。草木暢茂，禽獸繁殖，五穀不登，禽獸偪人。獸蹄鳥跡之道，交於中國。堯獨憂之。
>
> 舉舜而敷治焉。舜使益掌火，益烈山澤而焚之，禽獸逃匿。
>
> 禹疏九河，瀹濟漯，而注諸海；決汝漢，排淮泗，而注之江，然後中國可得而食也。
>
> 當是時也，禹八年於外，三過其門而不入，雖欲耕，得乎？
>
> 后稷教民稼穡。樹藝五穀，五穀熟而民人育。人之有道也，飽食、煖衣、逸居而無，則近於禽獸。
>
> 聖人有憂之，使契為司徒，教以人倫：父子有親，君臣有義，夫婦有別，長幼有序，朋友有信。
>
> 放勳曰：「勞之來之，匡之直之，輔之翼之，使自得之，又從而振德之。」聖人之憂民如此，而

52 孫家琦編（二〇一九），〈滕文公上〉，《孟子》。新北市：人人出版，頁一〇九。
53 孫家琦編（二〇一九），〈滕文公上〉，《孟子》。新北市：人人出版，頁一〇九—一一〇。

暇耕乎？

堯以不得舜為己憂，舜以不得禹、皋陶為己憂。夫以百畝之不易為己憂者也。

分人以財謂之惠，教人以善謂之忠，為天下得人者謂之仁。是故以天下與人易，為天下得人難。[54]

治理者知道怎麼用人，如堯傳舜，舜禪讓禹而治天下。禹為了治水，八年不進家門，根本無暇其他。要君王去耕種、勞作都是小事，君王大事是教導子民仁德、禮義。使國民都能「教以人倫：父子有親，君臣有義，夫婦有別，長幼有序，朋友有信」。

聖人將專注力放在人民的知禮、達禮，哪有時間去耕種？

先秦的儒家思想一直是把聖者、君王的治理擺在第一，把技術、農業、商業都擺在其次。重德不重術，重儒教不重農商，是當時的想法。

以今日言之，治理之人，或一國之君，或為企業主，皆應以德為治理，技術層面與管理層面仰仗專才為之。自己則修持己身，講信義、重倫理，則能知人善任，成就天下大業，如此方能達到善經濟的理想。

孟子所重視的是君王之道，是領導人的治理之德與智慧。他顯然不是對一般人說的。是對君王、對領導人的期許。

根本言之，孟子的經濟思想並不偏廢「財」；他說「分人以財謂之惠」。但還要教人以善，才是忠。領導者能教導同仁為善，才是忠，忠就是愛。一個長久真誠的愛即是忠。

所以說「教人以善謂之忠」。孟子更進一步期許領導人能為天下得英才，不是為自己私利得英才，這才是仁。所以言：「為天下得人者謂之仁」。

以現代的經濟觀點，企業領導人必須從企業文化著手，如堯舜一般，教化同仁以善、以孝、以義、以忠。

給予同仁錢財是惠，但是教之以善才是忠。

雇主忠於同仁、愛同仁；同仁也忠於雇主、愛雇主。領導者必須深切地關心同仁心靈與道德成長狀態，如堯舜般憂民仍不暇，何能為耕？除了給予飲食之所安外，還須教化百姓，教化同仁員工才是明君、才是明主。孟子所提倡的，正是善企業領導人治理企業、領導員工的根本之道。

內聖外王的企業家

儒家對於物與技術的重視，一直到明代的王陽明，才把「格物致知」擺進儒者的修行體系裡面。王陽明一方面受到佛教之影響，一方面是西洋的技術在十七世紀末已不斷地透過神父傳入中國。王陽明的致良知，格物、致知、誠意、正心、修身、齊家、治國、平天下，把儒者對聖格之追求，加入了對事物的普遍認知與理解。這算是某種專業主義思想的萌芽。

王陽明將中國傳統重仕抑商的思維做了突破，他肯定士農工商都是奉行正道的儒商。王陽明說：「四民異業而同道」；「終日做買賣不害其為聖為賢」；「善商者處財貨之場而修高明之行」。[55]王陽明將內聖外王應用到商人的品格上，強調商人也是可以「內聖外王」。

中國傳統經濟思想中的善，到了王陽明應該是到達圓滿的境地。

王陽明一方面主張對器物的認知要徹底，一方面專注於自我心性的陶冶，同時對世界、對社會的貢

54 孫家琦編（二〇一九），〈滕文公上〉，《孟子》。新北市：人人出版，頁一一〇—一一二。

55 王守仁撰，吳光、錢明、董平、姚延福編校（二〇一一），〈節庵方公墓表（乙酉）〉，《外集七》，《王陽明全集》。上海：上海世紀出版股份有限公司、上海古籍出版社，頁九八六。

獻，從家族的福祉，到社會的和合，以及家國的治理，都必須盡力盡心，直到天下太平為止。

將王陽明的思想放進經濟活動中，可以歸結：

重視技術的專業，視為「格物致知」；

專注心靈的陶冶與提升，是「誠意正心」；

照顧家庭的幸福美滿之際，也要創造社會的均富，是「齊家」也；然後讓國家富強、安樂、和平，是謂「治國」也；

最終讓天下人都享有平安、富足、和諧的生活，是為「平天下」。

這是傳統中國善經濟的終極理想。

第五節　初期佛教文明的經濟思想

佛陀時期的經濟生活

佛陀所處的古印度是一個物質鼎盛的時代。那個時期印度正經歷從銅器時代進入鐵器的時代，人們可以用鐵鑄犁耕田。在古印度婆羅門掌握社會的時期，牛隻多用來祭祀，殺了一隻母牛祭祀，就無法生產小牛。因此牛隻在當時會非常昂貴，一般人即便有了犁，但牛隻難覓。

佛陀在當時倡議不殺生，他與弟子遍訪北方印度，宣講慈悲的教義，他的思想促成牛隻不再用在祭壇，而是釋放出來從事農業生產，促進了當時社會農業經濟的蓬勃發展。

當時婆羅門禁止其他種姓階級進行貿易。在佛陀眾生平等的理念倡導下，人人都能貿易的權利得到國王的許可，於是古印度的貿易繼而盛行。佛陀的思想對君王產生了巨大的影響力，這影響力也促進了古印度的經濟榮景。

雖然如此，佛陀與他的弟子堅守清淨的修行。在托鉢雲遊的歲月中，所到之處都有發心的巨賈、貴族，供養佛陀及他的弟子們。我們從文獻中可以看出，供養佛陀及其一千兩百多位的弟子，其實需要很大的經濟花費。但是當時仕紳商賈爭相希望供養佛陀，以接受佛陀的教誨。

印度的學者研究指出，當時供養佛陀的心情，與其說是為了求功德，不如說供養佛陀成為當時社會一種榮耀與地位的象徵。從經典文獻中看到當時的供養情況，可以想見那是一個富庶的社會。給孤獨長者為佛陀所興建的住所，其規模之宏偉，內飾之講究，還有豐碩的供養，可以想像當時物質豐饒的盛景。

但是佛陀即便接受供養，其自身不收受金錢，不久居高房，其居住處所始終屬於居士所有，不屬於僧團之財產。不管是居臥高臺、豪樓，或是樹下、山坳，佛陀都一樣安然自在，不為外境所影響。不摒「境的豐饒」，不避「境的簡陋」，一切如如，這是佛陀的修養。佛陀對於比丘接受高床、華麗的建築，以及美食供養，直接提出反對。[56]《十誦律》就記載佛陀對比丘們的告示：

> 有三法，名大賊，久壽作大罪，人不能疾捉：野住、險處住，多有財物。
>
> 云何名野住。如先說。云何名險處住。如先說。云何名多有財物？大有田宅人民財寶，是人作是念：「若有道我者，我當與財物。」是名多有財物。名三法，大賊久壽作大罪，人不能疾捉。如是三法，有惡比丘，久壽作大罪，僧不能疾擯。
>
> 野住、險住、依物住。云何野住。如先說。云何險住。如先說。云何依物住？若多得施物：衣被、飲食、臥具、醫藥種種諸物，作是念：「若有道我者，我與是物。」是名依物住。

56 Greg Bailey & Ian Mabbett (2003), *The Sociology of Early Buddhism*, Cambridge: Cambridge University press, p. 65.

是名三法，有惡比丘久壽作大罪，僧不能疾擯。[57]

Greg Bailey 和 Ian Mabbett 等學者試圖說明當時佛陀僧團所到之處，間接促進當地的經濟活動與貿易的發展。因為佛陀僧團動輒上千人，所到之處，供養者購買食物、物品的運送往來，都直接或間接促進當地貿易的發展。

房舍興建如給孤獨長者問佛陀建祇園，其宏偉、廣大與高規格，所需花費的建造物品，直接對當地經濟起了很大的效益。

這在在證明佛陀所處的時代是一個經濟鼎盛的時代。僧團所到之處，促進了當地的商業；佛陀的到來，使得仕紳認真地求法，社會富而有慈，當然是一個富饒安樂的景象了。

供養佛陀及其弟子當中不乏巨賈，也不乏基層的勞動人員。

一位剪髮的師傅，在佛陀即將到達村子之際，告訴他的兩個兒子去村子裡募款，好準備供養佛陀及他的一千兩百多位弟子。兩個兒子聽了父親指示，背著剪髮的工具，到村子宣揚佛陀即將到來的消息。不到幾個時辰，村民的大量奉獻，已經足夠供養僧團的造訪。這是佛陀與弟子的修行，佛陀讓富賈供養，也讓一般村民供養，一樣平等法施，這是佛陀的平等慈悲。[58]

佛陀對世間財物的思維

如先前所述，佛陀並不反對世間的種種物質及存在，不否定世間之五蘊。雖言五蘊皆空，但空指的是無常，不是沒有。

佛陀認為世間空無常，但不否定客觀世間的存在。五陰苦，正因為五陰是存在的，原始佛教主張心不受五陰，心即清淨。原始《阿含經》的精神，對世間的認識是「世間為有」，但此「有」是「無常」；無常故苦，苦集則滅，由滅而證道。

佛弟子透過「三十七助道品」逐一地去除煩惱業障，而得清淨涅槃。五陰包含了生理世界、心理世界，以及物理世界。即所謂的「三理四相」：物理世界為「成、住、壞、空」；生理世界為「生、老、病、死」；心理世界為「生、住、異、滅」。

佛陀的教法並不否定這三個存有世界的實在性。佛陀只是說明五陰和合的世間一切都是無常、苦、空，一切皆因緣生、因緣滅。因此心與五陰也是因緣生滅關係。心受五陰，故生滅不已。心不受五陰，起正智，即不滅不生。如《雜阿含經》所言：

> 爾時，世尊告諸比丘：「有五受陰。何等為五？所謂色受陰，受、想、行、識受陰。善哉，比丘不樂於色，不讚歎色，不取於色，不著於色。善哉，比丘不樂於受、想、行、識，不讚歎識，不取於識，不著於識。所以者何？若比丘不樂於色，不讚歎色，不取於色，不著於色，則於色不樂，心得解脫。
>
> 「如是受、想、行、識，不樂於識，不讚歎識，不取於識，不著於識，則於識不樂，心得解脫，若比丘不樂於色，心得解脫。
>
> 「如是受、想、行、識不樂，心得解脫，不滅不生，平等捨住，正念正智。」[59]

57〔後秦〕北印度三藏弗若多羅共羅什譯，《十誦律》卷四十九，《大正新脩大藏經》，第二冊，No. 1435。

58 Greg Bailey & Ian Mabbett (2003), *The Sociology of Early Buddhism*, Cambridge: Cambridge University press, p. 65.

59〔宋〕天竺三藏求那跋陀羅譯，《雜阿含經》卷三，《大正新脩大藏經》第二冊，No. 0099。

不樂於色、受、想、行識五陰，則心得解脫。五陰不受，意謂世間的五陰是存在的，只要心不受，就不會落入苦。佛陀所說不滅不生，平等捨住，正念正智，不但不否定現實世界的五陰，而是於五陰中起正智正念，這即是歸向「道」。

同樣的，對於世間財，根據《阿含經》所示，佛陀主張財富要取之有道，而非否定一切世間的財物。心不為財富捆綁才是正道。

佛陀對於世間營生、理財等經濟生活，有非常清楚的表述。可以分為兩個方面，一個是「智慧資生」，一個是「原則的遵守」或「戒律的自我把握」。

佛陀認為，只有以智慧營生，才是福報。

換言之，經濟生活不只是賺錢，而是智慧的培養，以智慧得到的財富，才是幸福。現代經濟生活中，很多人賺到錢，但是並未獲得幸福。反而賺到錢之後，生活與家庭更紊亂、更顛倒；這種謀生方式不是佛陀理想中的經濟活動模式。

富貴清淨兼備的菩薩

佛陀主張經濟的財富從修行開始，也終於修行的圓滿。他在《大方便佛報恩經》中說明大菩薩如何長期修持清淨行，得到一切的智慧與技能，得到一切的財富與享樂。雖然如此，他不只心不染、不著，還布施眾生、利益眾生。佛陀於《大方便佛報恩經》中云：

> 菩薩久修清淨梵行，亦具足種種技能，藝術、數學、科學、武功，無不具足，生財有道，屋宅華麗，具足無數奇珠珍寶，但是菩薩心不為所染。一切欲樂，皆不貪著。[60]

這一段經文說明，菩薩因為久修清淨的梵行，所以具備一切世間的技藝、藝術、科學、武功等等。且生財有道，具足世間一切的珍寶財富，但是菩薩的心始終清淨，始終不為世間種種技藝、財富所染。

是故菩薩常當勤修技藝，多諸工能：音樂倡伎，曆數算計，呪術仙藥，服乘象馬，兜矛矟箭，出陣入陣，有大武功。我有如是眾妙技藝，一切眾人，若王大臣，不敢違逆我意。[61]

菩薩具足這一切能力，從藝術、科學到神祕之仙術，文治武功兼備，乃至一切大王、大臣都不敢違逆菩薩的心意。意味著菩薩在世間種種成就得到王權的高度敬重。

兼我復有衣財飲食、珠環釵釧、金銀琉璃、珊瑚虎珀、硨磲馬瑙、真珠玫瑰、摩尼寶珠、象馬輦輿、僮僕作使、宮人美女、流泉浴池、七寶臺觀，如是種種微妙無量百千。菩薩雖有如是威武隨意，技藝百千，寶藏象馬，車乘無量，美女勝妙，臺觀、流泉、浴池，一切五欲樂具，心不貪著，而常少欲知足，好樂閑靜；山林樹下安禪靜默。[62]

這段經文更是描述菩薩所處的世界，乃世間一切的享樂、美女、寶物都具足。但是菩薩仍然時時在禪定之中，安居山林之靜默，心不貪著，少欲常樂。入世間即出世間。是菩薩的大修行。

60《大方便佛報恩經》卷二，《大正新脩大藏經》第三冊，No. 0156。
61《大方便佛報恩經》卷二，《大正新脩大藏經》第三冊，No. 0156。
62《大方便佛報恩經》卷二，《大正新脩大藏經》第三冊，No. 0156。

雖處大眾言談語論，而心常入對治門中；雖與眾生和光塵俗，出內財產，生業息利，終不為惡，利益眾生。

若有貧窮及諸苦惱，來從菩薩求索所須，菩薩隨意稱心給與。[63]

菩薩不只智慧、技術、享樂、財富皆具足，源源不絕，而心不只不染、不貪。更是積極地布施眾生、利益眾生。菩薩出內財產，生業息利，不只不為惡，而且利益眾生。貧窮苦惱者，都一一救助施予，有求必應，示現人間大菩薩的典範。

佛陀對商業發展的思維

《雜阿含經》中，佛陀在給孤獨園中回答少年的提問中，將他對於居士經商應具備的智慧，以及必須達到的經濟活動的理想，表達得十分透澈。

佛陀以四具足闡述他對於經商者應具備哪些智慧。這四具足包括：

商業技能的專業能力，是為「方便具足」；

經濟財產維護的安全智慧，是為「守護具足」；

能在生活與心靈上常保歡喜，是為「善知識具足」；

量入為出，收支平衡，身心皆有節、有度，是為「正命具足」。

這四種具足，其實涵蓋了所有善經濟、善企業的致富與幸福之道。《雜阿含經》云：

一時，佛住舍衛國祇樹給孤獨園。

時，有年少婆羅門名欝闍迦，來詣佛所，稽首佛足，退坐一面，白佛言：「世尊！俗人在家當行幾法，得現法安及現法樂？」

佛告婆羅門：「有四法，俗人在家得現法安、現法樂。何等為四？謂方便具足、守護具足、善知識具足、正命具足。

「何等為方便具足？謂善男子種種工巧業處以自營生，謂種田、商賈，或以王事，或以書疏算畫。於彼彼工巧業處精勤修行，是名方便具足。」[64]

佛陀回答少年的四具足涵蓋了所有善經濟的根本概念。商業活動必須講求專業，專業的能力決定商業的獲利能力。佛陀所言方便具足，是一切企業或經濟活動成功的關鍵。

對於專業，佛陀希望少年要勤修精進，這裡佛陀所說的不是平常告誡弟子的修行精進，而是在事業上、在專業上要勤修精進，這才是生財之道，才是方便具足。

之於一國家的經濟，國民勤奮精進，官員勤於用心治理，發展經濟，國家財富才能聚增。佛陀指的不只是企業，甚至一國之王仍必須精勤修行，才是「方便具足」。

一般企業在成功之後，就逐漸地懈怠，不思精勤修行。思考的焦點從顧客需要什麼，轉變成對手在做什麼。而失去了真正努力的理想與動力，若真如此，是為懈怠，不是正精進。

佛陀所說的精勤修行，是指專業的正精進，也指內在的修行；內外必須並重，才是「方便具足」。換言之，佛陀希望從商者、為王者必須內修外行。外行者，必須不斷創新，才是精勤。必須從內在

63《大方便佛報恩經》卷二，《大正新脩大藏經》第三冊，No. 0156。

64〔宋〕天竺三藏求那跋陀羅譯，《雜阿含經》卷四，《大正新脩大藏經》第二冊，頁二三。

價值的體現出發，才是真修行。企業或國家的治理與開展，必須依於正確的價值觀，才是世間方便法的圓滿具足。佛陀對於專業主義與治理智慧始終強調內修的重要性。只有外在專業精進創新，內在體現核心價值，才是企業發展與國家治理永續榮景的基礎。

接下來，佛陀說第二具足為「守護具足」：

何等為守護具足？謂善男子所有錢穀，方便所得，自手執作，如法而得，能極守護，不令王、賊、水、火劫奪漂沒令失。不善守護者亡失，不愛念者輒取，及諸災患所壞，是名善男子善守護。[65]

企業生財，國家創造經濟繁榮之後，如何守護財產是企業延續的關鍵，是國家經濟維持長期成長的要義。因此「守護具足」格外重要。

守護具足以現代經濟學的話語來說，就是開源與節流並重。賺錢之後，還要好好守護財產。經濟發展好了，還要好好守護經濟的成果。「守護具足」以企業言之，一如臺灣企業經營之神王永慶所言，賺一塊錢難，省一塊錢容易。保護財產比起賺錢更為要緊，所以才要修持「守護具足」。

以國家經濟發展言之，如何將經濟發展成果以制度性的方式善守之。佛陀關切的角度仍是以法得之，如法得之的財富才能善守。易言之，不如法之財富不可長保。所以言：「如法而得，能極守護。」雖然財富或經濟的果實如法得之，仍必須善守。在這裡佛陀以「愛念」一詞，描述富有之後，對於財產需有愛惜之心。「不善守護者亡失，不愛念者輒取，及諸災患所壞」。不愛惜經濟與財富果實的人，終究會因為人禍或天災所壞。以國家言之，無憂患意識，無防災之機制，天災一來，國家財富盡失。官員不愛惜得之不易的經濟果實，內耗、貪瀆、懈怠、無戒慎之心，人禍一起，國庫盡失。這是不愛惜、不善守護的領導者必須受到的後果。

佛陀當年已經有很深刻預防貪瀆、預防天災的思維。清淨行的佛陀對於世間居士的財富，不只不反對富足的經濟果實，還教導眾生如何保護財產、如何永續經濟之果實。其關鍵就在於財富是否如法得之，而後能否愛念之。

如法得財富，爾後真心地珍惜之，「是名善男子善守護」，這即是「守護具足」。

> 何等為善知識具足？若有善男子不落度、不放逸、不虛妄、不凶險，如是知識能善安慰，未生憂苦能令不生，已生憂苦能令開覺，未生喜樂能令速生，已生喜樂護令不失，是名善男子善知識具足。[66]

佛陀對於經濟活動的第三個主張是「善知識具足」。這是財富觀的第三個境界。第一境界是精進專業，第二是善守護財產，第三是得到真正的幸福快樂。

物質富裕，但心靈極苦、極為空虛、極大壓力，都是現代企業家面臨的共同問題。企業主與國家領導人在經濟成就後，必須能「不落度、不放逸、不虛妄、不凶險」，成為別人的善知識，對於他人的苦能安慰之，不管自己或他人，都能「未生憂苦能令不生，已生憂苦能令開覺，未生喜樂能令速生，已生喜樂護令不失，是名善男子善知識具足」。這境界不只是一個成功的企業家或是國家領導人，更是他人的精神導師。能給別人真正的幸福與快樂，才是「善知識具足」。

65〔宋〕天竺三藏求那跋陀羅譯，《雜阿含經》卷四，《大正新脩大藏經》第二冊，頁二三。

66〔宋〕天竺三藏求那跋陀羅譯，《雜阿含經》卷四，《大正新脩大藏經》第二冊，頁二三。

慈濟慈善基金會的資深志工黃榮年是印尼第二大的企業家。黃居士投入慈善二十多年，二〇〇四年亞齊地震時，他不只親身投入，還鼓勵員工一起投入，並在之後引發的南亞大海嘯中，發放五百萬戶大米，為印尼社會貢獻良多。旗下所屬的四十多萬員工，在他的啟發與帶動下，偕同家屬們共一百二十萬人全部成為慈濟慈善志工。即便是穆斯林信仰的印尼員工，也積極投入慈善，照顧每個農場周圍五公里內的窮困人家。黃居士所成就的就是「善知識具足」。愛員工，就是鼓勵員工一起去愛人。當別人的善知識，也成就自己的善知識。能夠如此，就邁進佛陀所說的第四個具足：「正命具足」。《雜阿含經》中佛陀說：

> 云何為正命具足？謂善男子所有錢財出內稱量，周圓掌護，不令多入少出也、多出少入也。如執秤者，少則增之，多則減之，知平而捨。如是，善男子稱量財物，等入等出，莫令入多出少、出多入少，若善男子無有錢財而廣散用，以此生活，人皆名為優曇鉢果，無有種子，愚痴貪慾，不顧其後。或有善男子財物豐多，不能食用，傍人皆言是愚痴人如餓死狗。是故，善男子所有錢財能自稱量，等入等出，是名正命具足。如是，婆羅門！四法成就，現法安、現法樂。[67]

物質成就必須伴隨內在的心靈與文化的力量，才是真正的企業家。不只是生意人，不只是企業家，而是能在心靈、幸福及生命價值各方面，都能引導他人的精神導師，這是成就「正命具足」。

佛陀的思想很接近儒家的內聖外王。中國的道統是，王者必聖者，聖者必為王者，兩者內外兼具。王者、聖者未必局限於君王，明朝王陽明將內聖外王應用到商人的品格上，強調商人也是可以「內聖外王」。

如前所述，王陽明將重仕抑商的傳統思維做了突破。他肯定士農工商都是奉行正道的儒商。王陽明說：「四民異業而同道」；「終日做買賣不害其為聖為賢」；「善商者處財貨之場而修高明之行」。王陽明這種思想的提出有其時代背景。

余英時先生分析，明朝皇帝朱元璋對士大夫儒生的尊重不夠，導致十五、十六世紀中國社會大量的儒生投入商業，形成「棄儒入賈」、「士魂商材」的社會現象。[68]

這種現象說明傳統「內聖外王」的思想體系到明代已經產生重要的轉化。內聖仍是先決條件，但是外王可以指任何與社會福祉、與百姓生活增益有關的活動與職業。這擴大了外王的意涵。

外王，不是局限於稱謂君主；成為君王也不是外王理想下的唯一目標。外王不是士大夫進仕的理想。外王必須內聖，不管何種職業身分，都必須以體天道，行仁義，在修練自心的同時，造福社會與百姓。這種發展使得儒家以及先秦的聖王觀念得到極大的擴大及發揮。

佛陀在早於王陽明的兩千年前，似乎已經如此的主張。

但佛陀並未將外王與內聖作次第的說明。內聖而後外王是儒家思維，佛陀認為商賈與君王是工巧方便具足，同時體現價值為其修行，再進而成為能夠帶給眾生喜樂的善知識為目標。

佛陀的商業與國家經濟的治理，可以理解為專業精進、原則堅守、品性修習、度眾為宗，然後又回到商業機制的平衡與永續發展。如佛陀所言的第四具足為等量等出之「正命具足」。

佛陀的經濟理論不是一直累積財富，也不是過度地耗費財富，而是懂得賺錢，也懂得花錢，所以佛言：

67〔宋〕天竺三藏求那跋陀羅譯，《雜阿含經》卷四，《大正新脩大藏經》第二冊，頁二三。

68 余英時（二〇一〇），〈近世中國儒家倫理與商人精神〉，《中國文化史通釋》。倫敦：牛津大學出版社，頁四三—五八。

善男子稱量財物，等入等出，莫令入多出少、出多入少。或有善男子財物豐多，不能食用，傍人皆言是愚痴人如餓死狗。是故，善男子所有錢財能自稱量，等入等出，是名正命具足。[69]

財產取之社會，也要用之社會。有錢亂花是罪惡，有錢不花也是罪惡。不當拜金奢侈者，也不當守財奴。企業財富觀是如此，國家的經濟發展也是如此。這是佛陀對企業商者與經濟發展的理想。

唯有收支平衡，才是佛陀眼中的正命具足。所以佛陀對於財富與經濟的理想，仍然回到對於社會、對於眾生的回饋與貢獻。不只是財富的貢獻，更是幸福的締造者與建構者。

商者是專業的領導者，財富的受護者，是眾生的善知識，是社會福祉的創建者，這是「方便具足」、「守護具足」、「善知識具足」，一直到「正命具足」。

與西方韋伯的新教倫理相比，西方基督的企業家精神強調企業家具備神聖使命，即內在守住上帝的律法，對外無限地擴展事業成就，以彰顯上帝，以證明自己是上帝的選民。

佛陀在這一方面並不主張無窮盡地擴張財富，他主張專業、事業精進修行。他主張財富收支的平衡，財富不在於累積，而在於財富所創造出來對社會的積極意義。佛陀重視企業主、國家的經濟領航者能成為人民幸福的締造者，是自己與眾生的大善知識。

佛陀的經濟思想，兼備「財富的創造」、「財富的保護」、「財富的積極使用」，與「為眾生創造幸福生活」為其究竟的理想。這是佛陀心中的善經濟。物質豐饒、智慧慈悲並行、度化眾生身心均富，國富民強的安康、清淨與祥和的社會。

佛陀對財富分配的思維

佛陀對於居士創造財富，如何保有財富，如何分配財富，也提出精確的意見。《雜阿含經》記載，佛陀在給孤獨園的一天夜裡，一位天人突然造訪。在對答的過程中，佛陀提出財富的四分法。

一分留著自家使用，兩分投入事業發展，一分祕藏以備不時之需。在歷史文獻中我們無法判斷佛陀這種財富分配的依據為何？不過佛陀確切地主張財富所得在於「護持家庭、發展事業、積極儲蓄」。

如是我聞：一時，佛住舍衛國祇樹給孤獨園。時，有天子容色絕妙，於後夜時來詣佛所，稽首佛足，其身光明遍照祇樹給孤獨園。

時，彼天子說偈問佛：「云何人所作，智慧以求財，等攝受於財，若勝若復劣？」

爾時，世尊說偈答言：「始學功巧業，方便集財物，得彼財物已，當應作四分，一分自食用，二分營生業，餘一分藏密，以擬於貧乏。」[70]

這種儲蓄與投資並重，自用與事業開創並立的思想，在兩千六百年前的印度是十分前瞻與深刻的經濟思想。

一分自己食用，貴在儉樸。兩分放在營生，貴在以足夠的資金投入企業的持續發展。一分密藏是企業度過危機的關鍵。

69〔宋〕天竺三藏求那跋陀羅譯，《雜阿含經》卷四，《大正新脩大藏經》第二冊，No. 0099，頁二三。
70〔宋〕天竺三藏求那跋陀羅譯，《雜阿含經》卷四十八，《大正新脩大藏經》第二冊，No. 0099，頁三五三。

當代許多大型企業突然倒閉，多半是過度擴張信用貸款。微軟的比爾．蓋茲在許多失敗的企業中得出，大型企業突然倒閉，多半跟現金流不足有關，因此比爾．蓋茲的經營哲學是讓公司儲備大量的現金，以備經濟不景氣之時，能讓自己的企業安然度過。

佛陀對財務的四分法，是當代企業應以借鏡之方。深夜來給孤獨園造訪佛陀的天人，就是世間的大富貴人。在深夜造訪，佛陀也接見，可見其身分之特殊。

天人蒞臨佛陀處所，身放光芒，可見其身之尊貴。在今天看，就是大富大貴，如置身天堂的人。這樣的大富大貴之人竟然來跟佛陀請示的不是節慾、修梵行，而是請教財富的使用智慧。可以想見，佛陀在當時的社會中，是無所不談、無所不知的大聖者。

佛陀不只告訴這位大富大貴的天人如何分配自己的財富，還開示生財之道。

> 營生之業者，田種行商賈，牧牛羊興息，邸舍以求利，造屋舍床臥，六種資生具，方便修眾具，安樂以存世，如是善修業。
>
> 黠慧以求財，財寶隨順生，如眾流歸海。如是財饒益，如蜂集眾味，晝夜財增長，猶如蟻積堆。[71]

營生者，不管是「田種行商賈，牧牛羊興息，邸舍以求利，造屋舍床臥，六種資生具」，亦即「種植農業」、「貨幣商行」、「貿易往來」、「畜牧事業」、「不動產保值」、「建築家具業」等，六種行業都是生財之行業。

從佛陀對這位大富貴的天人之話語可以看出，那個時期的印度，是一個城市經濟高度發達、農業鼎盛的國度。如印度學者Greg Bailey和Ian Mabbett所考據，佛陀在當時的北印度與東印度的王舍城等，都是商業鼎盛、物資豐盛的時代。[72]

佛陀的智慧觸及商業與理財之正道，因此大富貴如此之天人者亦來向佛陀請益。深夜前來，必然困惑甚深，或是急迫纏身。而佛陀一一應答，從財務分配，到行業選擇，甚至商業機制與合夥人的選擇，佛陀都一一開解。

佛陀所言：「黠慧以求財，財寶隨順生，如眾流歸海。如是財饒益，如蜂集眾味，晝夜財增長，猶如蟻積堆。」以現代企業經營的理解，企業者必須以智慧生財，讓財富自己進來，不是去追逐財富。只要以智慧之法創立事業，財富如流歸海，如蜂及眾味、如蟻堆積。這是佛陀提出的經濟商業發展的智慧之方，以現代語彙理解就是做對行業，建立對的商業營運機制，財富自然會源源而來。

俗話云：「不要人追錢，要讓錢追人。」佛陀所示就是做對行業，還要設立對的商業模式，自然生財有道。

佛陀還進一步向天人說明應與何者做生意，應避免與何者生意往來。選對生意夥伴，如火熾燃，與善友、與貴人、與修行者、與同志願者、能互相提攜、提醒者，都是企業主選擇事業夥伴的關鍵。如《雜阿含經》所載：

> 不付老子財，不寄邊境民，不信姦狡人，及諸慳悋者，親附成事者，遠離不成事，能成事士夫，猶如火熾然。
>
> 善友貴重人，敏密修良者，同氣親兄弟，善能相攝受。居親眷屬中，摽顯若牛王，各隨其所應，

71〔宋〕天竺三藏求那跋陀羅譯，《雜阿含經》卷四十八，《大正新脩大藏經》第二冊，No. 0099，頁三五三。

72 Greg Bailey & Ian Mabbett (2003), *The Sociology of Early Buddhism*, Cambridge: Cambridge University press, pp. 66-67.

分財施飲食。壽盡而命終，當生天受樂。

時，彼天子復說偈言：「久見婆羅門，逮得般涅槃，一切怖已過，永超世恩愛。」時，彼天子聞佛所說，歡喜隨喜，稽首佛足，即沒不現。[73]

不要託付財產給予老者，不寄望與社會弱勢邊緣的人從事企業，吝嗇之人、奸巧之人都不宜合作事業。遠離不成事者，親近能成事者。找到志同道合、能共善道的人，能以善互相勉勵的人，才能一起開拓事業。

佛陀的話語溫暖了這位大富貴的天人，他的煩憂、恐怖不見了，而且超越了世間的恩恩愛愛，亦即他的心得解脫，這解脫在於佛陀給予他理財、生財之大智慧。

《雜阿含經》的記載，給予後代一窺佛陀的經濟商業智慧。當代經濟商業的重要觀點，佛陀在那個時代都觸及了、說明了。包括「行業選擇」、「商業模式」、「財富分配」、「財產管理」、「合作夥伴」的建立等等，以及經濟商業世界最重要的「原則」，佛陀也同樣予以闡明。

在《中阿含經》中，佛陀則以六非道闡述他對世俗經濟商業原則的看法。

佛陀對商業原則的思維

前文說明了佛陀對於財富的積極性、使用性後，接著我們探討佛陀對於商業和經濟活動中的原則與戒律之觀點為何。

任何商業與經濟活動的持續與成就，都離不開原則與戒律。猶太人經商世界聞名。全世界的鑽石業、鐘錶業、銀行業、成衣業，都離不開猶太人的掌握。猶太教的思想中強調上帝對子民的恩寵都在此生此世，這引導猶太人在現世中追求完成事功。經濟學家認為這是猶太人在現世經濟成就的一大推手。

然而猶太律法有著嚴格的生活紀律，如安息日嚴格禁止任何的經濟活動；在週五的日落之後，猶太家庭不點燈，不接電話，不作商業活動，此一戒律告訴猶太人必須在有限制的條件底下從事商業活動。經濟條件是有限制的，資源是有限制的，工作是必須有限制的，這不只培養猶太人從小遵守戒律的習慣，也培養猶太人能夠在有限的環境資源下，創造最大的商業成就。

吾人於二〇一八年一月造訪以色列。以色列與緊鄰的約旦，原始地理環境完全相同，約旦荒漠一片，但是以色列國土全是綠洲。因為以色列以海水淨化，把境內百分之七十的水都循環使用。首都特拉維夫的經濟鼎盛，是世界級的現代大都會。

造訪耶路撒冷時，所見的猶太人，多為猶太教正統教派的信奉者，他們生活一律穿著黑袍，戴黑帽，留長辮，男女老少皆同。百分之三十以上在耶路撒冷的猶太人都是正統教派信徒。這麼保守傳統的信仰者，卻打造一個令世界驚豔的經濟榮景。

距離耶路撒冷數十公里的首都特拉維夫，就是高度發達的現代經濟城市。他們在台拉維夫的山嶺建立一座拱門，拱門上有希伯來諸先聖、先賢，從這拱門看下去，可以一窺繁榮的台拉維夫，從原來的荒漠之地轉化成璀璨的現代化城市。這拱門意欲告訴全世界，上帝允諾猶太人將居住在充滿奶與蜜之地，他們實現了。

以色列的經濟發展與傳統信仰兼容並蓄，這與他們一方面遵守教會戒律，從而發展現世之事功，以彰顯上帝榮耀之信念，有深遠關聯。

73〔宋〕天竺三藏求那跋陀羅譯，《雜阿含經》卷四十八，《大正新脩大藏經》第二冊，No. 0099。

反觀佛教發源地的印度，吾人於二〇一八年一月造訪佛陀聖地靈鷲山、給孤獨園、那爛陀大學等，聖地之宏偉，在斑駁的古老建築中，仍可以瞥見、遙想當年璀璨之風華，古老的佛教學院，矗立在邈遠的歲月光輝中，雖千年以降，仍然震懾人心。但聖地一旁乞丐遍地，可見佛陀的經濟思想並不為後世所重視。

佛陀不但不反對財富，反而要眾生如何利用財富之創造，創造眾生的福祉。如同猶太教思想，佛陀在經濟生活中仍強調律法與原則的重要性。《中阿含經》中，佛陀回答居士提問，以「六非道」言取財物之道：

> 居士子！求財物者當知有六非道，云何為六？一曰、種種戲求財物者為非道，二曰、非時行求財物者為非道，三曰、飲酒放逸求財物者為非道，四曰、親近惡知識求財物者為非道，五曰、常喜妓樂求財物者為非道，六曰、懶墮求財物者為非道。[74]

六非道是商者取財物必須遵守的六大原則。

第一、不戲求，即是不欺騙，不以不正當的手段獲取財富；

第二、非時行求財物為非道，亦即在不適宜的時節累積財富為非道。例如物資缺乏時囤積物品而致富是非道也。

第三、飲酒放逸求財物者為非道，以應酬、送禮、慾望滿足為手段，來拉攏生意，因而致富者為非道也。

第四、親近惡知識求財物者為非道。與惡人相交，獲取財物者，非道也。

第五、常喜妓樂求財物者為非道。賺錢即縱慾，耽溺酒色，以求取財富者，非道也。

第六、懶惰求財物者為非道。不思專業精進、創新求變，怠惰而希欲財富者，亦是非道。《中阿含經》中，載明佛陀非常詳細地說明「六非道」所引起的種種禍災：

居士子！若人種種戲者，當知有六災患。云何為六？一者負則生怨，二者失則生恥，三者負則眠不安，四者令怨家懷喜，五者使宗親懷憂，六者在眾所說人不信用。

居士子！人博戲者，不經營作事，作事不營，則功業不成，未得財物，則不能得，本有財物，便轉消耗。[75]

博戲的商業活動，指的是投機、欺騙，這會導致怨恨，招致恥辱；或者自己心裡不安，無法入眠；或者使怨家悅，親家憂，個人信譽及商譽掃地，以致財產無所得，或所得盡失。這都是在商業上投機、博戲的後果。

佛陀以菩薩稱呼從事商業的實業家，不讓人以非法手段奪去自己的財物，也不以非法手段獲取他人之財物。

如我有錢穀、帛衣被、飲食、象馬、車乘、國城、妻子、身體、手足，供養擁護，不喜他人橫來侵害者，一切眾生亦復如是。是故菩薩，乃至自喪身命，終不於諸眾生衣財飲食，生於劫奪之心。[76]

74（東晉）瞿曇僧伽提婆譯，《中阿含經》，《大正新脩大藏經》第一冊，No. 0026。
75（東晉）瞿曇僧伽提婆譯，《中阿含經》卷三十三，《大正新脩大藏經》第一冊，No. 0026，頁六三九。
76《大方便佛報恩經》卷二，《大正新脩大藏經》第三冊，No. 0156，頁一三一。

這種侵略性的經濟行為非菩薩實業家所應為，菩薩實業家更不會趁著社會或個人之危，炒作、哄抬物價。

因此佛陀在六非道中詳細闡明商業活動的時機，決定了商業的道德性與正當性。在不對的時機作商業活動會引發譏評與惡果。佛云：

居士子，人非時行者，當知有六災患。云何為六？一者不自護。二者不護財物。三者不護妻子。四者為人所疑。五者多生苦患。六者為人所謗。居士子！人非時行者，不經營作事，作事不營，則功業不成，未得財物，則不能得，本有財物，便轉消耗。[77]

「人非時行者」，如物資缺乏時囤積食物，或哄抬物價，或趁人危難起高利貸，都是「非時行者」。這都是現代的公平交易法所設立的商業準則。佛陀在當時就已經具備這樣的思想。

不只不從事投機事業，避免傷害他人、傷害社會，佛陀更強調從事企業者，要照顧自己的生活。如果生活放逸，耽溺娛樂，將導致健康受損，生活失序，以及負面的商業後果。這些話，於今都值得企業者警惕。

佛陀對居士子言：

居士子！若人飲酒放逸者，當知有六災患。一者現財物失。二者多有疾患。三者增諸鬪諍。四者隱藏發露。五者不稱不護。六者滅慧生痴。

居士子！人飲酒放逸者，不經營作事，作事不營，則功業不成，未得財物，則不能得，本有財物，便轉消耗。[78]

從事商業活動，親近善友也是關鍵，應遠離近賊，防範親近自己身旁不正之人。欺誑者、狂醉者、放恣者、追逐玩樂的嬉戲者，都應遠離，都不宜親近。

親近惡人者，財物無所得，所得也盡失。如佛所云：

居士子！若人親近惡知識者，當知有六災患。云何為六？一者親近賊。二者親近欺誑。三者親近狂醉。四者親近放恣。五者逐會嬉戲。六者以此為親友，以此為伴侶。

居士子！若人親近惡知識者，不經營作事，作事不營，則功業不成，未得財物，則不能得，本有財物，便轉消耗。[79]

經營作事，成就功業需「親君子，遠小人」，如孔子所言，是處事與經商成功之道。為商之道也在於儉樸，佛陀繼續對居士子開示，不喜伎樂，喜伎樂者一事無成。

居士子！若人憙伎樂者，當知有六災患。云何為六？一者憙聞歌。二者憙見舞。三者憙往作樂。四者憙見弄鈴。五者憙拍兩手。六者憙大聚會。

77〔東晉〕瞿曇僧伽提婆譯，《中阿含經》卷三十三，《大正新脩大藏經》第一冊，No. 0026。
78〔東晉〕瞿曇僧伽提婆譯，《中阿含經》卷三十三，《大正新脩大藏經》第一冊，No. 0026，頁六三九。
79〔東晉〕瞿曇僧伽提婆譯，《中阿含經》卷三十三，《大正新脩大藏經》第一冊，No. 0026，頁六三九。

居士子！若人憙伎樂者，不經營作事，作事不營，則功業不成，未得財物，則不能得，本有財物，便轉消耗。[80]

不耽溺伎樂、逸樂，還要精勤努力，不能絲毫懈怠。佛陀認為做事業不可因為環境之優劣，來決定自己的奮鬥與努力的程度。不論早或晚、寒或暑、飢或飽，都要保持精進努力，才能成就大事業。佛陀言居士子：

居士子！若有懶惰者，當知有六災患。云何為六？一者大早不作業。二者大晚不作業。三者大寒不作業。四者大熱不作業。五者大飽不作業。六者大飢不作業。

居士子！若人懶惰者不經營作事，作事不營則功業不成，未得財物則不能得，本有財物便轉消耗。[81]

佛陀對於從事商業需要勤勞精進的思想，可謂非常前瞻，具備事業之大格局者能為之。現代人的工作，一定要講求舒適，講求福利，講求定期休息。而從佛陀的眼光言之，創業精神就不分早晚、冷熱、飢飽，都要持續地開展與努力。等到一切環境順利舒適，早已失去商機。艱難的環境，才能造就一個成功的企業與個人。

今天所有的企業管理學已經知道，危機就是考驗企業體質的時刻，能生存下來的企業，都是最健全的企業。

如儒家孟子所言：「故天將降大任於斯人也，必先苦其心志，勞其筋骨，餓其體膚，空乏其身，行拂亂其所為，所以動心忍性，增益其所不能。」成就一個偉大的事業都是在最艱難的環境造就。

美國的羅斯福總統出身貴族，瀟灑英俊，才華橫溢，哈佛畢業的高材生，三十多歲當上紐約參議員。但是到了四十歲，突然罹患小兒麻痺症，他卸下參議員身分，歷經四年的病痛煎熬，憑著毅力，從病痛中找回生命的自信心。但從此他雙腿無法正常行走。

克服病痛的過程，反而強大了羅斯福的心靈。康復後，他選上紐約州長，然後當上美國總統。接下來的十多年歲月中，羅斯福總統帶領美國走出最艱難的經濟大恐慌，並引領打敗德國與日本的帝國侵略，贏得第二次世界大戰，讓世界恢復和平。這是天將降大任於斯人也，給予斯人最大的挑戰。

慈濟創辦人證嚴上人要慈濟志工不要週休二日，要週「修」二日，星期六、星期日一樣要精進。以慈濟志工親身的實踐言之，週末兩天一樣的精進從事各種公益活動，到了週一上班，絕不會出現西方所說的Monday Blue，在週末休息後，週一上班反而無精打采，這都是現代人的通病。

佛陀要企業創業者克服各種環境客觀條件，能隨時精進，這與僧侶的修行一樣，做事業也是一種修行，都要精進而行。

猶太教思想從小對猶太人的教導，就是克服環境的困難。猶太人從西元六世紀就離開家園，在世界各地流離失所。他們在這樣的艱苦環境下，沒有自己的土地，沒有祖國的保護，卻發展了符號經濟學，掌握經濟符號，而非實體經濟。實體經濟包括土地、農作、生產等等。符號經濟包括銀行、鐘錶技術、貿易等，不依著土地，隨時可以隨身帶走的技術或能力者稱之。

這使得猶太人在絕對嚴苛的條件底下，發展出全球最強大的經濟力量之一，刻苦以超越環境的艱難，而持續精勤，亦是佛陀告誡居士子的經商之道。

80〔東晉〕瞿曇僧伽提婆譯，《中阿含經》卷三十三，《大正新脩大藏經》第一冊，No. 0026，頁六三九。

81〔東晉〕瞿曇僧伽提婆譯，《中阿含經》卷三十三，《大正新脩大藏經》第一冊，No. 0026，頁六三九。

佛陀的「六非道」不是道德訴求，而是真正經濟商場的成敗之鑰，是經濟繁榮昌盛之道。佛陀對居士子開示完，又重宣一偈云：

初當學技術，於後求財物，後求財物已，分別作四分。一分作飲食，一分作田業，一分舉藏置，急時赴所須，耕作商人給，一分出息利。第五為取婦，第六作屋宅，家若具六事，不增快得樂。彼必饒錢財，如海中水流。彼如是求財，猶如蜂採花，長夜求錢財，當自受快樂。出財莫令遠，亦勿令普漫，不可以財與，凶暴及豪強。東方為父母，南方為師尊，西方為妻子，北方為奴婢，下方親友臣，上沙門梵志。願禮此諸方，二俱得大稱，禮此諸方已，施主得生天。[82]

佛陀最後向居士子總結了他的商業觀點，首先必須有良好的專業能力，才能獲致財產。有了財產，必須四分法，一分家用，一分產業發展，一分利息，一分儲蓄。佛陀似乎不反對利息的支付，相較西方中世紀以降的基督教會，對於利息的支付譴責為罪惡。教會反對利息，特別是高利貸。佛陀對於高利貸是反對的，這與他所說的「六非道」之「非戲求財物」，不投機，與「非時行」，不趁火打劫似的收取高利，剝削窮苦人之原則相符。但是佛陀在這裡似乎主張利息的繳付有一定的合理性。足見在佛制時期，貨幣的交換價值之商業機制已經非常成熟與普遍。

佛陀對經濟責任的思維

佛陀進一步告訴居士子及天人，獲致財富之後，如何做好財富的分配與財富的支出，需要慎思與智慧。佛陀主張，「出財莫令遠，亦勿令普漫，不可以財與，凶暴及豪強。」財產的支出借貸不宜過度長期，恐收不回來，也不可以過度普遍，會失之氾濫，亦不可交與豪強盜賊之徒。[82]

必也「東方為父母，南方為師尊，西方為妻子，北方為奴婢，下方親友臣，上沙門梵志。願禮此諸方，二俱得大稱，禮此諸方已，施主得生天。」這就是說，必須將財富供養父母、師長、妻子、親友、為你工作的同仁（古為奴婢），以及供養修行人，以養自身之德。能如此禮遇諸方，就是上升到天堂般的富貴之境了。這就是善經濟的商業責任觀。

財產要用在好好照顧家人、師長、妻子、親友及修行人。十方親友，皆是我們照顧的對象。一個企業主就是一個大家長，生財不是用來逸樂，而是照顧身邊所有的人。不僅照顧親人，也惠及一切苦難眾生。如《大乘本生心地觀經》，佛陀對善男子所云：

> 善男子！出家菩薩常觀在家，猶如大國有一長者，其家豪富財寶無量，於多劫中父子因緣相襲不斷，修諸善行名稱遠聞。是大長者所有財寶皆分為四：一分財寶，常求息利以贍家業；一分財寶，以充隨日供給所須；一分財寶，惠施孤獨以修當福；一分財寶，拯濟宗親往來賓旅。如是四分曾無斷絕，父子相承為世家業。[83]

這是佛陀很完整的「生財、理財、用財」之道。經濟生活最高的追求不是致富，而是締造幸福。幸

82〔東晉〕瞿曇僧伽提婆譯，《中阿含經》卷三十三，《大正新脩大藏經》第一冊，No. 0026，頁六四一。

83〔唐〕般若譯，《大乘本生心地觀經》卷四，《大正新脩大藏經》第三冊，No. 0159，頁三一〇。

福如佛陀允諾居士子上天堂的路徑，是能夠以智慧生財，以原則守財，以恩惠親人，恩惠眾生用財。

真正的幸福不是享樂主義（Hedonic Pleasure）一如希臘的亞里斯多德所言，幸福的生活在於自我認知以及符合道德的生活。亞里斯多德認為一個能夠與道德和合的人，能物質無缺的人，就是幸福的人。這個思想與佛陀對居士子所述相應合。

佛陀先是要居士子能精勤於專業，才能生財。還要守住原則，做生意不投機欺騙，日常生活不放逸，不落入六非道。生財之後要能平衡收支，不是盲目地累積財富，而是要懂得如何分配財富，這是符合道德原則的商業之道，也是經濟生活的幸福之道。

更重要的，佛陀在對居士子及善男子的開示中提出，照顧父母、師長、妻子、親友、工作同仁、修行人，乃至一切苦難人，才是真正的大幸福，才是天堂中人。

佛陀強調的是智慧與道德原則並重的商業治理，才能達到經濟幸福。更要以獲致的財富，放諸於每一個關係中，照顧好每一個關係。

一如孔子提倡禮，強調「富而好禮」，就是要君子成就事業之後，要照顧好各方的關係。禮者，理也，即為人倫次序的圓滿和諧，所以言「禮之用，和為貴」。

照顧好自己的家庭、師長、親友、同事，親近供養有德的修行者，都是禮的完備。因為真正的幸福是來自人與人的和諧與愛的關係之建立。

儒家甚至把這份基於禮的愛，擴及到家族、鄰里、家國及全天下。所以才說明「君臣有義、父子有孝、兄弟有悌、朋友有信」。孔子甚至推及至四海之內皆兄弟的胸懷。這是大慈悲，這是大愛的情懷。

佛陀一樣是以強調慈悲心出發的生命觀，心與慈俱，而慈悲心是生命幸福的前提。經濟生活的大幸福正是來自慈悲、愛與道德。[84]

富貴之人尋求幸福不是享樂主義的幸福，那種幸福如過往雲煙，終究帶來空虛。富貴中人能獲致財富之後的幸福，從佛陀的觀點必須具備慈悲心，必須照顧好所有身邊的人，必須親近有德者，必須廣施濟眾，才能真正得到幸福。

佛陀心中的菩薩實業家

當代佛教慈善組織慈濟功德會的創辦人證嚴上人，以佛陀的慈悲心著手，啟發富有的人去濟助貧困的人。在慈濟，富貴中人「以苦為師」，在救濟貧困中領略到自己是如此的幸福，所以應該「知福、惜福、再造福」。許多富有者在加入慈濟之後，開始改變自我生活放逸的氣息，戒菸、戒酒、戒賭。從而也改變家庭的關係，改變自己從事商業活動的風格。

慈濟志工企業家在投入慈善工作的體驗之後，更知道應該感恩員工，感恩家人，感恩這個社會給予他的種種。證嚴上人稱這樣的富有者是「富中之富」。

相反的，也有「富中之貧者」，這些人士事業成功之後坐擁金錢，享受逸樂，家庭失和、破碎，企業主與員工衝突對立，引發社會惡名、批評之聲迭起。這即是「富中之貧」。其關鍵在慈悲心的養成不足。「慈悲心」要從「慈悲行」開始，從做中學，做中覺，在實踐慈悲中，啟發本自的慈悲心，確立慈悲濟世的生命價值觀。

慈悲修福，才是永保企業的榮景與個人長久的幸福關鍵。

所以佛陀告誡善男子，企業的永續財富在於「一分財寶，常求息利以贍家業；一分財寶，以充隨日供給所須；一分財寶，惠施孤獨以修當福；一分財寶，拯濟宗親往來賓旅。如是四分曾無斷絕，父子相承為世家業」。

---

84 Clair Brown (2003), *Buddhist Economics: An Enlightenment Approach to the Dismal Science*, London: Bloomsbury Press, p. 45.

佛陀的立意不只是要企業家精進專業生財之後，不只不為今所染，還要以智慧分配財物，以責任心照顧好家人、親友、同袍及眾生。

這一如慈濟證嚴上人所言，心不為染污所染，還要以慈悲心去利益眾生。利益眾生不只是金錢物質的關照，更是心的清淨圓滿，具足大愛。所以企業家從佛陀的角度言之，還必須是菩薩，必須是轉輪聖王。《大乘本生心地觀經》云：

> 是七十大菩薩摩訶薩，久於過去無量百千萬億微塵數阿僧祇劫中，已曾供養無量百千萬億恆河沙世界微塵數諸佛，於諸佛所常修梵行，供養諸佛，心不疲惓；以慈修身，善護佛法；不捨大悲，常於十方利益一切。
>
> 菩薩久於無量阿僧祇劫中，為求佛法故；我為一切眾生心無增減故；以慈悲心故；住平等心故，時作轉輪聖王，常以十善，導化一切眾生。
>
> 為我意故，歡喜奉行，命終之後，得生人天，受微妙五欲快樂，尊嚴豪貴，隨心適意；臥起入宮，服乘鞍馬，遊戲園苑，伎樂自娛，歡喜飲食。[85]

證嚴上人亦以佛陀於《法華經．藥草品》所示，說明佛陀期望人人都能成為富而慈悲利眾的轉輪聖王。證嚴上人云：

> 轉輪聖王有四種福報。有四種福報：一、大富，珍寶、財物、田宅等眾多，為天下第一。二、形貌莊嚴端正，具三十二相。三、身體健康無病，安穩快樂。四、壽命長遠，為天下第一。
>
> 轉輪聖王出現時，是天下太平，人都是很善良，大家都很安樂，沒有天災，沒有人禍。這些諸

王，他們全都以造福人間為修行的地方，就是他們在走的這條路。[86]

從佛教觀點言之，實業家應以轉輪聖王為目標。在財物富足之際，能以照顧親近之人，利益一切眾生為念。

這必須從事業一開始就養成正面的價值與觀念，一切事業視為利益眾生，而非以一己之私慾，以一己之成就為動機而從事商業。

當代資本主義的個人就是以私利出發，從學校培養開始，爭取成績，爭取傑出，爭取名校，爭取薪資，爭取成就大事業。以致功名成就之後，容易耽於逸樂或逞一己之私，禍害社會。

柏克萊大學研究佛教經濟的Clair教授即言：美國一份針對一百五十家大公司的CEO與公司業績關聯性的調查顯示，每當CEO的薪水增高，該公司的營運就下滑。CEO的薪資低，該公司的表現反而較佳。[87]這是自利心的企業者，對於他人缺乏責任與慈悲所導致的結果。

「具利他之心」的菩薩實業家，是佛教對經濟商業活動的最高理想。

菩薩乘的實業家們，從事各種生計事業，要勤行精進，以專業入手，依正道生財，繼而以智慧用財。心不只不染於物質的豐饒，還要以慈悲心利益親人、利益一切眾生。不只讓眾生豐饒，還要眾生得清淨的智慧。這是佛教利他行的菩薩實業家。

85《大方便佛報恩經》卷二，《大正新脩大藏經》第三冊，No. 0156，頁一三一—一三二。

86〈隨其根力所證各異〉，《靜思晨語：靜思妙蓮華》九一三集，播出日期，二〇一六年九月十三日。

87 Clair Brown (2003), *Buddhist Economics: An Enlightenment Approach to the Dismal Science*, London: Bloomsbury Press, p. 40-42.

給孤獨長者的善企業典範

作為一個佛教信仰的實業家，如何實現佛陀以大菩薩為典範的實業家。佛陀時代最著名、最虔誠、最富有的居士弟子就屬「給孤獨長者」。其本名須達多，因為常常布施給孤寡老人，所以稱為給孤獨長者。給孤獨長者第一次見佛陀，聽聞法就已經證悟修得四阿羅漢中阿那含果。

> 須達多對佛陀說：「弟子住在拘薩羅國的首都舍衛城。願世尊能到舍衛國弘法，我願終生盡心供養一切衣被、飲食、房舍、臥具和湯藥。」
>
> 佛問長者：「舍衛城有精舍嗎？」長者回答佛：「沒有，世尊！」佛對長者說：「你可以在那裡建立精舍，方便諸比丘們往來住宿。」長者表示：「只要世尊願意來舍衛國，我一定建造精舍、僧房，讓比丘們往來方便住宿。」[88]

給孤獨長者既發願要為佛陀及弟子在舍衛國建立一個精舍，讓佛陀前來弘法，他四處尋找土地，結果看上一個屬於波斯匿王的太子祇陀所有的地方。但太子怎麼說都不肯賣，幾經協調，最後太子開出條件，如果給孤獨長者能夠以黃金鋪地，鋪滿祈園，就把地賣給他。

給孤獨長者聽了很歡喜，因為就是再高的價格，他也都要買下這塊地。於是給孤獨長者果然將祈園的每一片土地都鋪上黃金。太子無可奈何，只能賣給了給孤獨長者。但是祇園土地上有好多樹沒有鋪上黃金，那怎麼辦呢？太子說把樹搬走？那怎麼行，把樹搬走祈園就不美了！於是給孤獨長者對太子說，我捐土地興建精舍，樹算你捐。太子同意了，一起供養佛陀，於是舍衛國的精舍就命名為「祇樹給孤獨園」。

給孤獨長者是佛陀時代修行及財富皆完備的一位大菩薩。但是，是什麼讓他成就如此富有之人呢？

《雜譬喻經》中記載：須達多因為前生的惡業，在今生有七次貧困的境地。甚至窮到無以為繼，日不進一食的困窘之境。

有一天，須達多撿到檀木做的木斗，他拿到市場變賣，所得金錢終於換了四斗的米。他很高興地拿回家，準備煮熟了，與太太一起進食米飯。好些時日都沒有吃到白米飯了。太太與須達多高興地煮好第一斗米飯，香噴噴的味道，讓夫妻倆高興得掉下淚來。正要吃呢，結果舍利弗來到門口托缽。須達多與太太看到舍利弗出現，很是歡喜，放下手中的白米飯，恭敬頂禮，把這斗剛煮好的白米飯奉獻給舍利弗。

第二天須達多與太太又煮好第二斗米，結果目犍連來托缽了，夫婦又把這第二斗米一樣恭敬頂禮，供養了目犍連。

第三天，夫婦倆又高興地煮第三斗白米，飯剛盛到碗裡，大迦葉尊者來到門口，夫妻倆仍然歡喜恭敬地將第三斗米供養大迦葉尊者。

第四天，他們心想終於可以進食白米飯啦。心裡才這樣想著，佛陀就出現在他們的眼前。佛陀來了，他們心生無限恭敬與歡喜，把第四斗白米恭敬頂禮，供養佛陀了。

佛陀接過白米，一轉身；須達多突然置身無比富貴與榮華的處所，他穿錦繡綢緞，歌舞伎樂無數，他與太太轉身成為大富翁了，財寶、國城，無盡、無量數。

為何呢？他的大布施，在一世之間即成就此無上功德。

這故事說明佛陀的教誨：布施、付出，是邁向財富之道。

布施窮困，布施供養有德的修行者，都是無上大功德。如《四十二章經》言：

88〈給孤獨長者聞佛得度之因緣〉。（參閱中台世界佛典故事http://www.ctworld.org.tw/sutra_stories/story601-800/story730.htm）典故摘自《雜阿含經》卷二十二，《大正新脩大藏經》第二冊，頁一五七—一五八。

飯惡人百，不如飯一善人。飯善人千，不如飯一持五戒者。飯持五戒者萬，不如飯一須陀洹。飯百萬須陀洹，不如飯一斯陀含。飯千萬斯陀含，不如飯一阿那含。飯一億阿那含，不如飯一阿羅漢。飯十億阿羅漢，不如飯一辟支佛。飯百億辟支佛，不如飯一三世諸佛。飯千億三世諸佛，不如飯一無念無住無修無證之者。[89]

布施的最大功德，不只是布施窮困者，不只是布施有德者，不只是布施予佛陀，而是布施無所求的心。布施無修、無證之者為上功德，布施，其本質不是給予物質的慈悲心，而是啟發自我內在恭敬、無所求的佛心。布施其實就是禮敬、啟發自我內在那份「無所求付出」的心。

這種「無所求的付出」功德最大。這功德造就須達多一世就轉貧為富。成就大事業，成就大修行。佛陀的經濟思想歸根究柢，就是布施天下，而無所求，亦無所失。這是內修外行，物質富有與心靈富有的善經濟、善企業的理想。

第六節　中國傳統佛教的經濟思想與實踐

佛教在中國的進入時期

儒家與佛教在中國文化的發展中，有深刻的交集、衝擊、融合與再造。

佛教從東漢末年傳入中國之後，在魏晉南北朝得以得到發展。期間，儒家在亂世中的地位式微，是佛教在中國各階層得以發展的關鍵。亞瑟．懷特（Arthur Right）在《中國歷史中的佛教》即主張，正是中國魏晉南北朝混亂的政治局面，佛教在各階層逐漸地得到支持，成為各階層立身處世之信仰。

首先，懷特主張五胡時代，入侵中原的君王不願意以漢人的儒家為立國思想根基，佛教就成為重要的統治基礎之思想依靠。懷特說：

> 首先，佛教對中國來說，是一種外來的宗教。當胡人首領足夠明白他們的部落方式不能支撐他們對北方中國的控制時，他們也不願意採用老謀深算的漢人顧問們，竭力推薦的儒家原則，因為這種做法或許意味著文化身分的喪失，以及把致命的權力拱手相讓給臣服的漢人。
>
> 佛教提供了一種頗有吸引力的選擇，而且佛教僧侶們很多是外國人，要完全依賴統治者的喜好，並且缺乏家族網絡，看起來是很有用又值得信賴的僕人。
>
> 他們支持佛教更深的原因是它的倫理是普世性的，可以為所有種族、時代和文化的人們所接受。因此它看來正好可以彌補傷害這些正起的社會裂縫，並有助於建立一個統一而圓通的社會體。[90]

懷特的研究指出在魏晉時期的混亂，正好給予佛教在諸國伸展的機會。佛教給予各階層安身立命的基準。流落到南方或留在北方的仕紳，大戰亂時期，讓傳統的仕紳階級潰散，名教式微，佛教的天人乘以及布施功德的概念給予富豪階級處事之方。來自北方的胡人首領，佛教的轉輪聖王給予他們統治合理化的神聖基礎。一般百姓，深受連年戰亂之苦，佛教的西方淨土給予他們的苦難得以超越之夢想。

每一個階級都在佛教義理看到自己的角色與位置，佛教在當時成了中國社會主要的信仰。這也是懷

89 釋證嚴講述（二〇〇〇），〈第十一章施飯轉勝〉，《四十二章經》。臺北：慈濟文化出版社，頁七五。

90 芮沃壽著，常蕾譯（二〇〇九），《中國歷史中的佛教》。北京：北京大學出版社，頁四二。（原書：Arthur F. Wright, *Buddhism in Chinese History*）

特所說的佛教中國的馴化期。

佛教在中國進一步的適應，是在中國本土的扎根。從早期譯經是外國僧侶，在唐朝以後，中國僧侶如玄奘取經，開啟了另一波佛教的興盛期。唐朝以降，佛教徹底的中國化已然建立。隨著佛教徹底中國化，僧侶修行與寺廟制度已逐漸中國化。

佛教有信徒們慷慨的捐贈所支持，有信仰純正而卓越的引領者所指引，有那個時代最有天賦的藝術家和建築師所增設，它植入了中國人的生活和思想的激勵，這幾百年是中國佛教獨立創造的黃金時期。

佛教儀式如今成為國家及皇家禮儀的主幹，新皇帝的登基，皇子的出生，皇家祖先的祭典，如今所有這些和其他許許多多場合都包含了佛教的儀式，唱誦經典和咒語，素齋宴請參團，禮儀性地供養寺廟和廟宇。

隋唐的皇帝們已經重新確立了天子是統一的帝國之中心和中樞，但是這些君王與他們的漢代前任不同；本土傳統的觀念象徵，合理化了漢代君王的地位，而如今他們非常依賴外來的宗教增加他們權力的可信度和威嚴。[91]

隋唐時期，隨著漢人重掌政權，儒家也逐漸恢復其歷史的地位。這時期的佛儒並立，給予佛教的義理與儒家的人倫次第，提供了融合的歷史條件。

當初佛陀創立僧團是以平等的方式、簡單而鬆散的方式，帶領僧團。僧團並沒有嚴謹的組織，一切以修行為目的。居無定處，食以一簞一瓢為足，不積蓄財物，不建置廟宇房產。

佛陀入滅，囑咐弟子以戒為師，沒有立接班人，沒有建立僧團的嚴謹制度，個人守好應該遵循的戒律，犯錯自懺，有過應改，沒有組織嚴密的階級制度，沒有他律的懲罰制度，一切回到以「因果觀」為基礎的修行根本。犯錯造業自有因果，何須外在懲罰。修行功夫到極致，證成菩提正果，何須他律來要求。佛教初期流行的印度修行組織是以律藏為中心的僧團時代。

佛教到了中國，建立了寺院制度。一方面中國人對於僧侶離家修行，雲遊乞食，對一向重視家庭的中國社會固難以接受。加上天寒地凍的中國北方，雲遊乞食是不容易實踐的。寺廟的興建，寺廟擁有田地、地產成為普遍的現象。即便在五代十國時期，地方仕紳的供養，寺廟經濟已經相當充裕。加上君王皈依佛教，興建寺廟成為功德之一。寺廟的僧侶眾多，寺廟經濟必須管理，組織型態逐漸建立，某種管理階層制度也已然形成。

敦煌石窟的佛教經濟

中國第一個佛教經濟的鼎盛應該屬於敦煌的石窟。在南北朝時代王城更迭，敦煌作為絲路的必經之地，並沒有因此衰退。西亞、中亞、印度、阿拉伯一帶的商旅仍然絡繹不絕。在當時中亞、西亞一帶的國家，都屬於佛教傳播的範圍。著名的鳩摩羅什就是出生於西亞，最終來到中國譯經。

當時商旅貿易發達，但是風險仍然很高。橫跨沙漠九死一生，戰亂連連，商旅受到波及，盜賊搶奪等，生命旦夕之間會消亡。基於這種生命的危脆與恐懼，商旅富賈在敦煌捐助興建寺廟，建構佛像，以祈求平安，事業順遂；成為理所當然的宗教活動。敦煌在城外三十里處經過幾個朝代不間斷地打造，成為人類文明歷史最重要、最繁華的藝術與信仰之瑰寶。只有強大的經濟實體能支撐這麼偉大的藝術信仰之建造。綿延數公里的佛窟，訴說著幾個世代的、歷時千年的諸王公、貴族、商旅巨賈虔心的信仰與消災祈福的嚮往。

除了因為商旅的不確定性因素所帶來的恐懼而建造佛像祈福，商賈對佛像的建造亦有為家人祈福、為父母祈福的心情。而對於君王而言，支持佛窟的繼續打造，是君王為百姓、為國政祈福。那是基於一

91 芮沃壽著，常蕾譯（二〇〇九），《中國歷史中的佛教》。北京：北京大學出版社，頁七〇。

種為政者的責任，祈求諸佛、菩薩的保佑國泰民安。

這時期的佛教經濟是基於貿易為支撐的經濟型態，當時藝術工匠的引入，商旅與僧侶對於佛像的設計與考究，必須有一個龐大的經濟實體作為支撐。敦煌的地理造就它的商旅貿易，但是佛教的信仰造就了敦煌的經濟盛景。因為造佛像，商旅巨賈必須停留在此，甚至必須一段時間居住在此，往來人口的增加，構成地區經濟繁榮必要的條件。

三階教的無盡藏與利他經濟

佛教傳到中國之後，在隋唐時期興起的三階教對佛教的經濟思想與實踐的示範作用。三階教的創始人信行法師以《法華經》教導弟子，將眾生都當作未來佛，要對眾生恭敬。三階教的信徒逢人就跪拜，把眾生都當作未來佛。他們從事慈善救濟，施醫施藥，救濟無數的苦難人及貧困者。信行法師也提出「無盡藏」，寺廟裡接受捐款，也接受貸款。窮困人，或是農民歉收都可以來寺廟借貸。不須要借據，也沒有規定一定要償還，或償還多少。一切但憑自己的良心。

其結果是大部分的借貸者都歸還，還繳付一定的利息。這種以慈悲為導向、以愛為前提的經濟活動，與當今的資本經濟，銀行與當鋪必須有抵押、必須有契約等等保障截然不同。

這種以善意、以信任為本位的無盡藏結果非常成功，不但為三階教帶來的巨大的財產，也讓佛法更為興盛。

「無盡藏」的概念從印度開始，在佛陀時代，是用來作為佛團擴大所需的儲備物資。僧侶們為修補伽藍，為了避免居士供養的「無盡施」物品存留在房庫，遭人譏謗，佛陀於是開了一個方便法門，允許將這些無盡施物品輾轉到需要的人，再行利益眾生。

中國最早施行「無盡藏」可以追溯到南北朝的梁武帝，當時就有「十無盡藏」的施設。無盡藏是把來自信眾的布施物品，再轉給貧困的人。這是一種慈善救濟的功德，很類似當代的捐二手衣。

當代佛教慈濟慈善基金會在全世界設立環保資源回收站，在臺灣有八千個環保志工每天在社區做資源回收。許多大型的資源回收站一樣設有二手衣物的專區，會眾可以過來請領，沒有買賣，但是可以隨意捐助，一切所得再回到慈善基金會作為慈善之用。這不但可以珍惜物命，也可以啟發會眾的慈悲心，以及對物品、對生命的慈悲。

布施始終是佛陀教法的一大功德，隋朝時期的三階教，已經將無盡藏的功能發揮得淋漓盡致。三階教擁有的土地與資產，逐漸擴大，直到威脅到國家的政權，引起君王的嫉妒，而開始打壓三階教，北周武帝開啟了滅佛之舉，大舉抑制三階教的活動，沒收廟產。但是三階教仍延續了三百多年，一直到宋朝還有三階教的活動。

信行和尚不只要會眾布施無盡藏，還要信徒實踐無盡藏行。在其《信行遺文》中闡述他所主張的十六種常樂我淨的「無盡藏行」亦即：

> 施禮佛無盡、施轉經無盡、施眾僧無盡、施眾生無盡、施離惡無盡、施十二頭陀（行）無盡、施飲食無盡、施食器無盡、施衣服無盡、施房舍無盡、施床坐無盡、燃燈燭無盡、施鐘鈴無盡、施香、施柴炭、施洗浴無盡。[92]

信行要他的信徒「日日不斷乃至成佛」的誓願，希望眾生在實踐「無盡藏行」，讓施者與受者都能開啟善念，萌發菩提心，漸次修行，達到覺悟的目標。

92　方廣錩整理，《大乘無盡藏法》卷二，《CBETA電子佛典集成》藏外（W）第四冊，No. 0042，頁三六六—三六七。

從經濟的角度言之，三階教的經濟思想體現佛陀「無緣大慈、同體大悲」的精神，將每一個人都視為善人，人人就以善回報給寺院與眾生。

信行圓寂之後，無盡藏進一步的體系化，擴大這種捐助、貸款的功能及範圍。據說當時社會風氣普遍響應這種行善捐助的方式，要來向三階教捐助的人絡繹不絕，所得資金貸給窮人，也資助寺院之所需。唐太宗還將三階教的僧侶慧了尊封為國之高僧。

三階教透過社會救濟，無條件的貸款幫助社會危困及貧窮之人，結果得到經濟上更大的回報，而且還以啟發大眾的慈悲心，提振社會互助的風氣。這是善經濟的典型。從無私的付出與利他，反而得到更多利己的經濟回報。

百丈禪師的寺廟經濟改革

唐朝經濟是中國鼎盛時期，佛教在唐朝也是鼎盛之期。由於皇帝對佛教的鍾愛，特別是武后時期，佛教的文化與經濟都到達空前繁榮的地步。但是唐朝儒者的抑佛、排佛，使得佛教自身的生活方式必須面臨改變。佛教僧侶不能只是靠眾生的供養為生，佛教必須走出自己獨立的生活樣態，一方面是修行所需，一方面改變社會對佛教的依賴形象。

百丈禪師創立叢林清規是中國佛教農業經濟的開始。「一日不作、一日不食」是他終身堅守的信念。百丈與弟子一起耕種，一起下田，然後在田間與弟子們說法。太虛大師讚嘆百丈的農禪制度說：

唐代百丈禪師易之以禪而農，農而禪，內外無乞於人之新僧化。百丈既捨離律寺，創設叢林，自行其一日不作、一日不食之勞動生活；復率其仰德影從之徒眾，服開荒力農之務。其說法亦毫無死法繫綴人心，唯以身作證，使人人自開發無師之智。

常曰：老僧在钁頭邊為大眾說法，大眾亦當共同於钁頭邊自尋生活。逮今叢林猶有出普之遺制，然浸微矣！

或擁田財，坐享現成；或販佛法，用餬身口；又不能明理行道，資慧命，揚佛化，遂致進退交病，為世詬之所叢集！[93]

百丈禪師的農禪匡正了寺廟僧侶過度腐敗的情況。唐朝佛教鼎盛，寺廟擁有諸多地產，信徒供養無盡，難免操守敗壞，佛法之內在心靈逐漸衰頹。百丈禪師的率先提倡自力更生，有助於提升佛教的內在修行，清淨無染於金錢，脫離世俗的羈絆與塵染，亦能提振佛教在中國儒生中的印象。

百丈禪師的清規事實上結合了儒與佛的精神。他是儒家化的佛教組織體制。包括住持的設立，僧侶的行止，都具有儒家的色彩。從經濟的實踐面觀之，百丈禪師僧侶工作的層面相當廣闊，一切經濟活動分為可為與不可為。太虛大師列舉百丈禪師的工作歸納如下：

人工需要者，衣食住醫之所出：一、開鑿山井。二、陶匠土石。三、採冶銅鐵。四、種植竹木、棉麻、五穀、諸蔬、眾藥。五、造作道路、橋梁、屋宇、器皿、工具、農具、文具。六、製布作衣。七、造食製藥。

廢除者：一、金錢。二、珍寶。三、絲革。四、菸酒。五、魚肉。六、舟車。七、偶像。八、其餘種種無用之器物。[94]

93 釋太虛（一九九八），〈人工與佛學之新僧化〉，《太虛大師全書》。臺北：善導寺佛經流通處印行，頁一六三。
94 釋太虛（一九九八），〈人工與佛學之新僧化〉，《太虛大師全書》。臺北：善導寺佛經流通處印行，頁一六四。

百丈禪師以身作則，直到年老還堅持要與弟子一起耕作。弟子捨不得老和尚，把他的鋤頭藏起來，老和尚就以拒絕進食表達他的信念。弟子只好還他鋤頭，讓他繼續耕作。太虛大師認為僧侶就應該以百丈為典範，治身儉樸，勤於勞作，依此修行。

> 第今不曰農禪、而曰人工與佛學者，以農者人工之一，禪者佛學之一，就百丈之農禪而廣之，而實託百丈之農禪為本質。務人工以安色身，則貴簡樸；修佛學以嚴法身，則貴真至，故其精神即不求乞之沙門行杜多行也。[95]

百丈禪師的農禪確立了中國佛教之後延續千年的寺廟經濟的模式，至少是一個重要模式。佛教回到農業為主題。寺廟擁有農地是常態。明清時期的寺廟農地甚多，但是僧侶未必耕種，通常都是指派某一僧侶代為管理，請信徒或工人代為耕種。

佛教的農業經濟支撐著僧侶獨立的修行空間，也讓僧侶可以離開世俗社會獨立修行。缺少與布施者的高度互動，佛法的傳遞慢慢導向寺廟本身著重僧侶自身的修行。對於廣大居士以方便法，念佛、誦經，在缺乏經濟互賴的情況下，佛法與居士的信仰互動的深度與廣度也相對地減少。

中國佛教的善經濟理想

英屬哥倫比亞大學的陳金華教授認為，佛教經濟初期是以貿易為主，特別是在武則天皇帝時期，貿易鼎盛，中亞、西亞一帶商旅都到中國貿易，大唐盛世是開闊的經濟體系，連帶佛教也是在這種貿易經濟體系中茁壯。我們先前談到的敦煌經濟就是貿易經濟為主題的佛教經濟體系。陳金華認為，由於中唐之後的滅佛，使得佛教走向與農民為伍的局面，佛教經濟走向依賴社會的中下階層，這大大限制了佛教的教義發展，及對社會的影響力。

陳金華這個見解有其歷史的依據。在佛陀時代，大規模或長時期供養佛陀及其弟子的都是大商賈，而非工匠或農民。雖然佛陀鼓勵社會弱勢者一樣可以布施供養，但是主要的僧侶經濟還是來自商業階層。對經濟生活的依靠，也決定了佛教發展的力度與方向。在與商業巨賈的經濟互動中，也促成了佛法在商業巨賈間的傳播。

敦煌時期的佛教經濟亦是商業貿易經濟，商業經濟促成佛教的興盛，佛教也相對地提供商業背後的心靈支撐，這是美好的佛教與經濟的結合。

商業必須有心靈信仰支撐，心靈力量越大，越能開創事業的弘景，超越商業中的變數與不確定性。這是敦煌佛教經濟的啟示。

心靈信仰與經濟榮景的互為因果和兩相結合，正是佛教善經濟的理想。

第七節　近當代儒佛融合的善經濟觀

儒家的「禮」如荀子所強調為「養人之欲，給人之求」；如孟子所言「可欲之謂善」[96]；著重現實生活的滿足與富足是儒家的經濟觀。

當代入世佛教或人間佛教透過從對儒家的吸納，轉而著重對眾生生活之所需提供幫助，這是佛教歷史上的一項躍進。相較於傳統佛教，著重給予佛法，讓眾生自度、自救。

95 釋太虛（一九九八），〈人工與佛學之新僧化〉，《太虛大師全書》。臺北：善導寺佛經流通處印行，頁一六四。

96 孫家琦編（二〇一九），〈盡心下〉，《孟子》。新北市：人人出版，頁三三九。

儒家與佛教融合的思想體系，追尋給予眾生身、心、境的圓滿。儒、佛的復甦與融合，提供當代的經濟生活思想與實踐的基礎。

太虛大師對寺廟教產的改革

在教產方面太虛大師反對將十方大眾的資產成為寺廟的資產，最終成為住持的財產。[97]太虛大師說：

即今日佛教內所引起之是非，亦百分之九十九為寺產問題。出家住持佛教，原為繼承佛陀教法的慧命，今則變形變質為繼承寺產營生，流窳日甚，即求之於如何維持瀕於崩潰之寺產經濟，亦將束手無策。其顯著的結果：即僧為產累流於愚俗，產為僧累成為荒廢；論人論財，俱不能為佛教所用，且都成佛教之懸疣。根本原因，於戒不能守其不捉持金銀以示無產之淨相，於寺產經濟之所有權，不肯公獻於整個教會，而成為宗族式的少數人視為私有而把持。

這樣下去，僧眾因寺產與生活之累而益愚，愚到全無力量以維持瀕於崩潰寺產經濟生活時，必將完全脫離僧的生活。[98]

印度佛教沒有寺廟經濟的問題，因為佛制時代僧侶托缽不積蓄財產。但是中國佛教的寺廟經濟的確存在著十方共有的廟產成為住持個人財產的疑慮。[99]樓宇烈先生闡述太虛大師的教產改革時說：

要使佛教的財產變成十方僧眾共有的財產。把這些財產供養有德長老，培育青年僧伽，以及興辦各式各樣的佛教事業上。這是太虛大師對於佛教教產改革的意見。[100]

太虛大師對於廟產改革的方向為中國近代佛教改革指出重要的方向。

慈濟靜思道風　自力更生不受供養

臺灣慈濟功德會的發源地靜思精舍不受供養，自力更生。十方功德財盡歸十方大眾。慈濟在各地的會所亦是十方會眾共同使用。慈濟會所無出家住持，以社區的慈善活動為主，是慈濟志工所共同管理，亦是教產改革的另一個進展。這進展由太虛大師一九四〇年代提倡。太虛大師所倡議之教產改革與慈濟宗門之運作方式或有不同，但其精神立意依然是回到佛陀本懷，僧侶守金錢清淨戒，不受金銀布施的美德。

太虛大師曾言，他的三項改革失敗了，但誠如樓宇烈先生所述，人生佛教成為日後的人間佛教。太虛大師的理想並未失敗，而是為時代指出一條佛教的新方向。

修持金錢清淨戒

慈濟靜思精舍師父持金錢清淨戒，自己沒有財產，一切都歸回靜思精舍全體。這是佛陀古訓，比丘、比丘尼持金錢清淨戒，不受金銀的供養。

古代佛陀及僧團可以接受食物布施及提供住所，金錢布施則不取、不受。到了佛滅度後一百年，第二次經藏結集，東方比丘認為可以受金銀布施，於是僧團分裂。東方比丘自己結集，成為大眾部，受金銀供養布施。證嚴上人的靜思精舍所遵循的是佛陀的遺訓，不受金錢供養。而上人與精舍師父們自力更

97 樓宇烈（二〇一三），《宗教研究方法講記：繼承與批判》。北京：北京大學出版社，頁一八三。
98 釋太虛（一九九八），〈制議〉，《太虛大師全書》。臺北：善導寺佛經流通處印行，頁三〇五。
99 樓宇烈（二〇一三），《宗教研究方法講記：繼承與批判》。北京：北京大學出版社，頁一八二。
100 樓宇烈（二〇一三），《宗教研究方法講記：繼承與批判》。北京：北京大學出版社，頁一八二。

生，一日不作，一日不食，是相應了唐朝百丈禪師的禪風，堅持自力更生的修行方式。

靜思精舍師父們有著一雙樸質粗糙的手，與他們談話充滿了法的平靜喜悅；和他們處事，處處看到愛和包容的生命智慧。

這種品格一如孔子所言：「質勝文則野，文勝質則史，文質彬彬，然後君子。」早期師父們跟著上人除了耕地種稻植果樹，還必須讀誦佛教經典以及儒家的四書五經。這是一個完整人格雛形的建立。透過耕作，與大自然相融相合，樸質的環境造就修行者的品格及志節。這種簡樸克己的志節及品格是入世工作的泉源。

靜思精舍是一座再樸質不過的修行道場。唐式的主建築不到二十坪的空間，早年拜經、慈善會務、會員聯繫、吃飯睡覺都在這裡。即使經過十多次的增建，精舍建築仍維持著不超過三層樓的高度。這是全球慈濟人心心念念嚮往的心靈故鄉。

資深的靜思師父們說，以前四個人住小木屋，每一個人都得排排擠在一起。證嚴上人要求弟子：「行如風、立如松，坐如鐘，臥如弓。」行、住、坐容易培養，但是睡覺也要遵行儀軌就非常不容易。這種嚴格，成為靜思精舍幾十年不變的克己奉道之精神。這精神是支撐全世界六十多個國家的慈濟人在各地無所求奉獻付出的能量源頭。組織越大，需要的價值信念要越堅實。團體成員越多，儀軌的要求就更迫切、更需要。

在靜思精舍後門有一個蠟燭間，裡面擠滿了師父及平日來幫忙製蠟燭的志工。師父們燒蠟，放進燭模裡，等蠟乾了，再放置燭心，最後取出成品。這蠟燭，稱為「不流淚的蠟燭」，也是上人珍惜物命的特殊設計。

證嚴上人早年喜歡看著燭光在黑暗中閃爍融合的光芒。這激發人心沉思默想的深度。證嚴上人發覺蠟燭燃燒後，會落下蠟滴，不只浪費燭蠟，而且也不美觀。證嚴上人於是將使用過的養樂多瓶做外殼，將蠟倒在裡面，蠟燭燃燒時，蠟會留在外殼裡，這樣既能善用珍惜物的價值，燭光又不流淚，象徵照亮別人是快樂而不哀傷的，也意味著助人無損於己，它是快樂的。

在靜思精舍，吃飯用圓桌，讓餐廳有家人般進食的溫暖。餐桌一定公筷母匙，這種方式不只衛生，吃不完的還可以集中在一起，讓下一輪的人繼續食用。夾出來的菜要放在自己的小盤子裡，盤中的食物一定要吃完。桌上放置一小壺開水，吃完飯後，自己盤子裡留有剩餘的一點菜渣，用開水清一清，倒在碗裡喝下去。留下的碗及盤子，都是乾乾淨淨。

這種簡約的生活方式四十多年如一日。不只師父們，在精舍工作的兩百多位基金會的同仁也都遵循這種進食的禮儀，所有數十萬慈濟委員，慈誠的家庭都以這種食儀持家。靜思帶給慈濟人的是一種新的生活方式。

勤以克己　濟助群生

克己、節約，作為精舍的核心價值，在許多工作環境中被體現著。精舍每天有四百多人在這裡工作及修行，辦公室一律用掛扇，不吹冷氣。唯一有冷氣的一個房間，是為了大愛電視製作晨間時段的上人開示節目，所使用的電視收錄器材所裝設的。

靜思精舍的知客室及辦公室都使用簡單的木造家具，木製的門房、窗櫺，像極了古樸的書院。遠地人初來這裡，很難想像這是全世界最大的慈善機構之一的核心辦公處所。

來自全世界的志工和訪客，絡繹不絕。師父們必須招呼這些回到心靈家園的旅人。準備一天四百人用餐的廚房更是整天忙碌著。這些經費都是來自靜思的師父們自力更生辛苦所攢來的。這是他們對於慈濟基金會同仁的愛和支持。這是他們在不受供養之際，仍捐助慈濟基金會的具體行動。

靜思師父們不只捐助，他們也投入慈善訪視，參與緊急救難，五十多年如一日。他們都是慈濟志工。而證嚴上人是慈濟第一個志工。他自力更生，不受供養，投入救濟人群。慈濟所有的志工就是學習他的精神，到世界各地賑災都是自挑腰包，自付旅費。「自力更生，克己清淨，濟度群生，無私付出」是靜思法脈帶給慈濟宗門的精神之一。靜思精舍的精神，是慈濟志工在全世界救助貧困，深入各種災難現場所懷抱的精神模式；這模式教導人節約才能遠離災難，克己才能救人類維護地球的永續生命。

吾人把慈濟這種克己復禮的志業開展模式，稱之為善經濟模式。慈濟的慈善、醫療、教育、人文、環保、骨髓捐贈、國際賑災、社區志工等，四大志業八大法印的全球化開展，展現以善為本的志業。這志業，帶來龐大的社會資源投入社會的正義與公平分配。

慈濟四大志業除了每年幫助數千萬苦難人，他也同時對各種專業領域提出新的價值觀：於慈善「付出要感恩」；於醫療「以病為師」；於教育「以利他為核心」；於人文以「報真導正、強化正面」為依止。

這些價值的提出，對於建構一個時代善的價值都具備深遠的影響。慈濟在引領志工為社會付出同時，造就無數的志工企業家，因為投入慈善，而省思、改善自身的企業體質，讓企業轉向利他，轉向善企業的經營模式。

慈善自身作為經濟的貢獻我們在第五章中會詳加說明，重要的是，以善、以愛出發的慈善機構，所成就的不只是救濟，而是一種新價值。這種新價值見證以利他為本，以善為念的機構，能為社會創造更多的經濟資源之際，也締造經濟正義與公平的秩序。

從慈善出發，培養企業家在行善中，見苦知福，從利己的生命轉向利他的生命觀，繼而在所從事的企業中力行善法，以愛為管理，以利他為本，打造善企業，實現社會的善經濟。

第五章
西方工業革命之前經濟體系中的善

第一節　中世紀商業社會的經濟互信結構

中世紀城鎮的興起

西元九世紀，當羅馬帝國逐漸崩解之際，市鎮逐漸興起，這市鎮的興起代表的不是農業，而是商業社會的逐漸繁盛。西方國家包括英國、低地國家荷蘭，以及德國與法國。

中世紀的德國，特別是西部地區，整個農村的分布皆為小單位，每個單位的距離只要五、六小時，換言之，農人可以步行將農產品送到城鎮去販售，傍晚可以回到家（Karl Bucher）。[1]

中世紀的這種城鎮一般都是羅馬時期的軍事武裝基地，高高的石牆為的是抵禦外敵蠻族或強盜的入侵。這種城鎮一開始非為純商業的市集，而是一種農業與商業的混合體。

在法國，十世紀到十二世紀之間，城鎮是作為商業、農業與大學的基地。雖然如此，羅馬帝國崩解之後的西歐，一些新興起的城鎮並沒有真正的防禦工事，所以Burgus這個字眼在德國出現，指的是未經防衛的居民。後來演變為Cititas，中世紀之德國將之指涉為「城市居民」，這是最早期市民的稱謂。

商業真正的興起，應該歸結於中世紀的猶太人形成的商業團體。他們專職於商業的交易與協商（Negotiators），尤其在東歐國家，中世紀後期，這群職業商人不是致力於貨幣交易，就是進行商品的販售。特別是與阿拉伯世界的通商與西歐、亞洲的商業往來。

在中世紀的歐洲，致力於商業職業的基督徒被稱之為Frisians；他們跟猶太人一樣，從事東西方之間的貿易。一開始基督徒的商人獲利有限，但是到了中世紀後期，在每一個城市都能找到他們的商業蹤跡，由於信仰的緣故，他們得到無限的資源，而猶太人相對的活動處在邊緣地位。

到了西元九世紀，Dorstad成為歐洲大陸的第一個商業城鎮，它是Frisians的主要商業城市，這群商業人是在德國的萊因（Rhine）及美因茲（Mainz）找到他們新的商業拓荒地，成為九世紀歐洲大陸的主要商業城市。而在低地及英格蘭地區，藉著羅馬帝國留下的城堡，他們也發展出商業的專業城市。

Pirenne的研究指出，英國與荷蘭的城堡與德國的Burgus不同，他們是Faubiurg。Faubiurg指的是羅馬帝國防禦工事的城堡所轉化成的商業城市。十二世紀至十三世紀的德國，城市逐漸擴大，他們修築城牆以保障商業的安全，這時期的歐洲已經預示著，或標舉著商業時代的發軔與到來。

資本的發軔

自西元六世紀到七世紀之交，猶太人擁有大量西班牙境內的土地，也包括義大利、德國及高盧（Gaul）。而當羅馬透過法律，強迫猶太人賣出土地，猶太人只好將心力轉向貿易。

六世紀到八世紀之間，商業貿易為猶太人帶來可觀的資本。資本、貿易，這些新興的商業力量，構成中世紀不可或缺的社會動力。

許多的文獻證明，在十二世紀之交，以土地作為資本交易獲利，或是累積土地以獲取資本，在當時已經相當普遍。

當時資本運用的普遍性，甚至在基督教神職人員身上可以找到案例。Gordic這位被後世稱為聖人的神父，在得到其他同儕的同意之後，盜用聖杯，然後獲利數倍，再返還教會。

十三世紀的天主教教會擁有大量的土地及資本。神父們以商議的模式經營管理這些資產。Cistercian Order主要針對畜牧業的經營，特別羊毛成為當時最重要的資產與收入。神父們經營牧場，所產生的羊

1 H. van Werveke, *The Cambridge Economics History of Europe from the Decline of the Roamn Empire*, Cambridge: Cambridge University Press, p. 5.

毛賣到歐洲各地。[2]

當僧侶們專心於羊毛的商業銷售，主教則是以朝聖作為商業運營的手段累積教會資本。[3]當許多信徒沒有足夠的經費到聖地朝聖，地區性的教堂成為朝聖的目的地。朝聖者中有富有的地主尋求心靈的救贖；有躲避瘟疫的一般民眾，也有人提供治病的療方。

主教企業家（Entrepreneur Bishop）募集資金重修教堂的方法就是鼓勵信徒朝聖。朝聖也經常伴隨著神蹟，而帶來更多的朝聖者，當然累積教會更多的財富。一二三〇年左右，英國伍斯特座堂（Worcester Cathedral Priory）的僧侶曾記載，一位住在英國Elderfield的湯馬斯，他在一場決鬥中，失去了男性器官及雙眼。但經過聖伍爾夫斯坦（St. Wolfstan）的神蹟介入之後，湯馬斯的雙眼恢復光明，失去的男性器官也重新再長出來。這故事引發無數的基督徒前來伍斯特座堂朝聖。[4]

中世紀促成資本興起的包括瘟疫、百年戰爭等因素。由於黑死病使得歐洲人口銳減。在農工減少的情況下，地主（不管是貴族或僧侶）不得不與佃農或農奴商議工作的報酬，以及自我的閒暇時間。農奴利用閒暇時間可以到城市當工匠賺取更多的金錢。

另一方面，百年戰爭使得英國愛德華三世必須舉債償還戰爭所帶來的借款。愛德華三世以發行債券（Bond）來償還戰爭債。另一方面英國商人William De La Pole以他精明的商業與資本累積的才華，說服國王成立英國羊毛公司（English Wool Company），國王可以先行向該公司支付費用，換取的是英國羊毛公司的生業壟斷。英國羊毛公司的眾多股東，都擁有國王的債務，他們以壟斷羊毛的生意，大發利市，也直接影響王室的財政來源。這些商業的力量更造就了公民個人力量的崛起。[5]

自由人的興起

經濟歷史學家Pirenne認為，自由是城市居民必須的，以及普世的屬性（Liberty is a necessary and universal attribute of the townsman）。隨著商業的發展，自由人的數量逐漸增加。

在中世紀的歐洲，大多數的人民都是隸屬於教會的農奴。他們的工作在教會的保護之中。商業的活動讓商人四處行走，只要他們宣稱自己是為著城市裡的某一位主人服務，他們就可以滯留在城市裡。

教會對於農奴的要求，依當時的法律當然是不許解除的，但是中世紀之後，隸屬於教會的農人已經可以自由地來去或解除農奴身分。教會也極少干涉這類自由的行動。這種自由城市居民的勞動，一位自由人帶來可觀的收入。西元一二九三年的文獻顯示，百分之九十三的城市居民，其收入已經超過三十鋰（livres），鋰是當時的法幣，二百四十鋰相當於一磅白銀。

西元一一二二年，一群商人進一步地要求為當今法國的聖瓦斯特（Saint Vaast）做服務，他們以行政能力幫教會服務，以換取在城市的商業活動中免於繳稅。這些類似貴族地位的城市商人，就是在資本主義崛起之前，成為最早誕生的中產階級。

---

2 Mark Casson and Catherine Casson, *The history of entrepreneurship: Medieval origins of a modern phenomenon*, Business History, Rouledge Publishing, p. 1231.

3 Mark Casson and Catherine Casson, *The history of entrepreneurship: Medieval origins of amodern phenomenon,* Business History, Rouledge Publishing, p. 1231.

4 Mark Casson and Catherine Casson ,*The history of entrepreneurship: Medieval origins of amodern phenomenon,* Business History, Rouledge Publishing, p. 1232.

5 Mark Casson and Catherine Casson ,*The history of entrepreneurship: Medieval origins of amodern phenomenon*, Business History, Rouledge Publishing, p. 1233.

中世紀商會的建立

商會的建立是前資本主義崛起的關鍵。在所謂黑暗時期的歐洲，財富多半屬於土地資產的擁有者。雖然當時的商業貿易仍持續地發展，但真正的突破時期是十一世紀，諾曼人侵略歐洲，造成封建王朝的衰亡。而十字軍東征也帶來推進的力量，拓展了陸路與海洋的通路。尤其是義大利的商人藉此從陸路到海上擴展貿易。

十二世紀到十三世紀之間，貿易的集中地在香檳集市（Foires de Champagne）的大商展，每一次大商展吸引大量的商隊，來自義大利、德國佛蘭德（Flanders）、法國，以及低地國家荷蘭等。國際間的貨物貿易在商展中得到充分的體現。但是很快地，這類商展逐漸被長期派駐的商務代表所取代。義大利的商人在此扮演著關鍵角色。

十三世紀末，義大利的商人將以往藉由一次性旅行去參加商展，換成派駐永久性的代表及辦事處。他們開始在歐洲各地建立商務代表集會所，而選擇在自己的辦公地點閱讀各地商務代表發回來的財務報告，並且給予指導棋。有了會所與代表，參加這類商展變得並非最重要。這樣永久性跨區域的商業組織設立，也直接導致香檳集市商展的沒落。

中世紀的陸路或海上貿易與今日不同之處在於，今日的貿易都是先預定好貨品與數量，再由陸路或海上運出。中世紀貿易是預期性地承載著本國貨物到外國，成批銷售，然後在當地採購本國沒有的商品，再運送到國內來。貿易的紛爭時有所聞，法庭也受理這樣的糾紛。但是法官總是袒護本國的商人，對於外國的商人的保障極微。

教會的神職人員禁止從事貿易，因為神職人員總是待在居住的所在地，而商業貿易人員卻是不停地在路上。教會的教導，包括誠實、不放高利貸、互助等理念，仍然影響當時的商業活動。

股份公司的發軔

海洋時代的貿易其實承擔著很大的風險，強盜的搶劫、戰爭的摧毀、海上各種風浪的侵襲，很容易使一切貿易貨品付諸流水，並且危及船員的生命。為了分散風險，義大利的商人開始尋求不同的投資人，加入這種海上貿易。

因此今日股份合夥制的雛形開始出現。他們以出資的比例，獲利時照比例分配。這種自由組合，不計人數的投資者，為當時商業之推動注入極大的能量。

從熱那亞和威尼斯（Genoese and Venetian）的文獻中獲知，中世紀的貿易合約可以分為兩種，一種稱為Commenda，一種稱為Societasmaris。股東合約在當時的威尼斯不是以年的長度規範，而是以單次的遠征貿易為主。這些遠征貿易到達非洲、西班牙，或是後來的美洲。各種具備資本的投資商人，包括懂得航海的船長或船員，也可以加入股份。

Commenda的股份制合約是指出資者與出力者合股，在陸地待著不上船遠征的投資人稱為stans，出力者稱為tractor。一般的計算方法，出資者stans可以拿到四分之三的利潤，而出力的船長tractor只得四分之一。當時人命沒有那麼值錢，而資本卻相當的稀有。如果船長tractor出資四分之一，那他與出資者stans在獲取利益之後，可以五五平分。[6]

6　R De Roover (2008), *The Cambridge Economic History of Europe from the Decline of the roman Empire*, Cambridge: Cambridge University Press, p. 50.

博愛互助的商業體系

為了強化貿易的安全與獲利，義大利的商會與航海的船員們發展出博愛（Fertility）的理念。他們誓約確保商隊出遠門，或航海之際相互保護與照顧，並且要忠誠地保護每個投資者的利益。

由於當時航海與遠征的商隊之風險極高，需求專業知識的引導。一本不知作者的書籍叫做《國王的鏡子》（*King's Mirror*）細數航海的各種知識與技能。並且教導船員在船上要如何合作分工，上岸要如何遵守紀律，不可以無節制地縱慾與奢華，這本書大大地提升了中世紀之後的航海知識與專業倫理。

我們可以看到現代經濟社會的雛形，包括專業技能、專業倫理已經逐漸成形。

由於股份制，創造出巨大的資本促進當時以及之後歐洲商業的興盛。

不只是貿易，十三世紀之初的銀行制度已然成形。透過口頭的承諾，或書面的約定，貿易者可以在異地領取貨幣，甚至交換外幣，在當時蔚然成風。

貸款給予商人從事海洋的貿易，是十三世紀歐洲普遍的金融活動。利息的收取甚至到達百分之二十五的高利，其原因仍然是因為海洋貿易的風險極大。但是金融貸款給予投資者機會，在安全返航之後，大發利市。

在海上獲利之後的商人，也把眼光放在風險較低的陸路貿易。西元一二八五年，二十五位杜埃（Douai）商人組成商隊，在三十六名具備武器的軍人之保護下，一起在敘利亞、埃及一帶從事貿易。他們甚至聘請軍隊，在殖民地區設立永久據點，犒賞殖民區的軍事將領擁有一棟房子、一條道路的地產，甚至一座城池。

由於商業投資者的版圖擴大，商人必須依賴他們所派駐的外國代表管理商業貿易。簿記成為商業必要的工具。文獻顯示一二九六至一三〇五年之間，雙重簿記的形式已經十分成熟。

當代資本商業社會的各種專業模式，在十三世紀與十四世紀初都已然成形。這是當代資本主義的先驅。

資本主義前期的發展在中世紀，而被稱為黑暗的中世紀，其實並不黑暗。商業的冒險與開拓，在王權逐漸失去控制的範圍內極力地拓展著。在追逐利益的背後，其實有更大的合作與互助的機制，包括商隊的組成，以避免遭受強盜的迫害；股份公司的組成，以降低風險；合約的訂定以履行彼此的承諾；博愛理念的推廣，以便海上的貿易能順利成功。

在自利的背後之利他精神，其實為近代商業的蓬勃發展奠定穩固的基石。

市民經濟崛起與互助德性的建立

十三世紀到十五世紀之交的海洋貿易之所以獲致巨大的成功，來自商人們資本之間的相互支援，與船員們航海中的互助。沒有這種互助精神，不會發展出市民經濟的體系。

十五世紀到十七世紀的義大利是文藝復興的發祥地，其中最重要的關鍵就是擺脫封建社會，擺脫教會的禁錮，讓市民有機會透過商業的力量創造自己與社會的福祉。

這時期的義大利標舉著市民經濟（Civic Economy）的來臨，市民經濟有別於封建經濟體制（Feudal Economy），經濟的獲益所獎賞的是有權力的世襲階級；市民經濟獎賞的是，貢獻彼此的商人與專業合作者。

義大利的哲學家Genovesi以及Dragonetti對於當時經濟的發展，提出倫理學與哲學的看法。他們認為政策及法律應該獎賞德性，而非獎賞權力。Dragonetti認為法律處罰罪惡並不能彰顯社會的善，社會的善來自於獎賞德性（Virtue），他認為商業機制有助於市民德性的培養與增長，商業機制即是透過貿易，利益他人，利益自己，也同時創造社會共同的福祉與良善（Common Good）。[7]

Genovesi則認為，「互助」（非「互利」）才是推動商業發展的根本力量。

互助（Mutual Assisatnce）就是良好的德性。Genovesi是與亞當・斯密同時期的哲學家，亞當・斯密倡議互利（Mutual Advantage），而Genovesi倡議互助（Mutual Assistance），互利著眼於自己利益之獲取在於給予對方利益。互助是在對方和自我的協助下，為彼此創造福祉。這是「差之毫釐，失之千里」的哲學性差異。

「互利」是關心自我的利益有無得到保障。

「互助」是我能為對方做什麼。

「互利」是基於對方能給我利益，所以我給對方利益。

「互助」是在不預期對方能給予利益的情況下，仍願意協助對方。

「互助」更具備了「利他」的精神。[8] Genovesi與Dragonetti都是義大利拿坡里的哲學家，他們的意見反映出當時義大利社會商業互助而成功的模式。這兩位哲學家、經濟學家都認為，商業最能體現市民（Civil）的德性（Virtue），因為他們都是在幫助彼此當中獲益。對於Dragonetti這是獎賞善與德性。對於Genovesi這是互助（Mutual Assistance）的成功模式。

十三世紀發軔，到十八世紀工業革命之前，市民經濟的本質是奠基於互助的精神。這是工業革命之前善經濟的思想與實踐。

直到二十世紀，這種市民經濟的理想其實從未消失，它就像一條不息的湧流，在資本主義的表層底下繼續流淌著。至今，義大利許多經濟學者持續論述其本國哲學家Genovesi與Dragonetti之經濟哲學，與英國亞當．斯密經濟哲學大為不同。

市民經濟更強調公共利益，並非只著眼自我利益；市民經濟立意建立公眾的幸福，而不是國家的富強；市民經濟建構體制性的善，而非集權主義，亦非個人主義的善。

第二節　商業體系發展中利他與利己的歷史辯證

十四、十五世紀前後，當海上商業的發展逐漸到達鼎盛之際，商業貸款成為海上貿易成功的動力。但是由於教會明確反對貸款放利息的經濟模式，使得宗教教義與經濟發展之間出現嚴重的張力。即使包括阿奎那等神學家並不反對海上貿易，但是天主教與新教路德等人的理念，都一致地對於利息的收取抱持強烈反對的態度。特別是對於純粹的金錢追逐視為一種罪惡。

直到十七、十八世紀啟蒙運動開始，知識分子對於金錢與商業開始有了不同的論述。一方面，十五世紀到十七世紀之間，天主教與新教間的鬥爭、內戰、殘殺，引起西方人民深切反思宗教的意義。

傳統基督教的商業倫理逐漸因為宗教間的衝突而式微之後，知識分子開始轉而歌頌商業利益的好處。以啟蒙運動中的法國哲學家伏爾泰為例，他是第一個拿到出版版稅的哲學家。在十七世紀，知識分子是靠著貴族或富商的贊助寫書、出版。當時仍然沒有版稅的概念。到後來伏爾泰竟能因為版稅而富足，伏爾泰觀察到，在諸多宗教的衝突戰爭中，只有商業讓大家和平相處。他對於商業促進宗教與族群之和諧作過如此的描述：

> 在倫敦交易所，你會看到來自世界為各自利益前來的代表們聚在一起，在這裡，猶太人、穆斯林和基督徒彼此善待，就好像他們有著相同的宗教信仰一樣。

---

7 Luigino Bruni and Stefano Zamagni (2014), *Economics and Theology in Italy Since the Eighteenth Century*(The Oxford Handbook of Christianity and Economics), Oxford:Oxford University Press, pp. 64-76.

8 Luigino Bruni and Stefano Zamagni (2014), *Economics and Theology in Italy Since the Eighteenth Century*(The Oxford Handbook of Christianity and Economics), Oxford:Oxford University Press, pp. 58-63.

> 在這裡，長老教會的人會信任浸信會的教徒，大公會教徒也接受貴格會教徒的允諾。一離開這些和平自由的集會，有人會去猶太集會；有人會去喝酒，也有人會去以上帝為名為孩子們接受洗禮；還有人會去割掉孩子的包皮，並對孩子低聲說一下他自己都不懂的希伯來語；而另一些人則戴著帽子去教堂，期待上天賜予靈感。所有的人都感到心滿意足。[9]

伏爾泰描述的正是當時的商業正義，在充滿政治與宗教衝突的年代裡，商業提供一個和諧互利的場域。這場域裡一切的宗教偏見與執著放開了，只有在利益交換的時候，人們學會了尊重彼此，包容彼此的差異。無怪乎包括亞當．斯密等人都歌頌個人利益，促進社會的善。

在指責彼此是異教徒的年代，在人類歷史上情感的衝突到達最高峰的歷史瞬間，商業，號召了所有不同信仰的人集合在證券交易所，組成一個和平、自由、互利的集會，這集會的共同目標就是「財富」。

雖然在當時的各宗教裡都宣稱異教徒會下地獄，但是對於財富的追求，成為各異教徒新的共識。[10]伏爾泰接著說：「與宗教大力追求靈魂的救贖相比，對於財富的追求更可能讓人們和平相處、更感到滿足。比起聖戰士的十字軍東征，以著無私的精神希望救贖鄰國異教徒的靈魂，最終只為自己鄰國留下一片廢墟相比，商業與財富留給每一個人和平、幸福與滿足的境地。」

在文藝復興與啟蒙運動的過程中，宗教的禁錮逐漸解除，一方面如先前所述，太多的宗教衝突，在基督教徒與穆斯林間的戰爭，在天主教徒與新教徒之間無止盡地相互迫害，殘殺異教者。啟蒙運動的知識分子厭惡了這種無止盡、永無真理的追逐與渴望。在海權打開了世界盡頭的歷史關鍵時刻，商業的互通有無，財富的彼此增益，成為新社會的善價值。

在當時，比起宗教，財富似乎帶來了更多的幸福。商業，代表一種經濟自由與機會的平等，它利益了更多的眾生，那是人類社會的一大躍進。

文藝復興之後的商業經濟發展，不只顛覆了宗教的禁錮，也顛覆了貴族、君王少數階級對經濟的壟斷。新興的城市商人取得財富的主導權，而當傳統貴族與君王無法靠著過去世襲的地產及佃農為生，或君王無法靠著稅收來打仗，維持政府運作，君王被迫與商業代表談判增加新的課稅。這是英國《大憲章》的來源。而商業藉著與國王談判稅收，也增加了政治的發言權。

第三節　利己與利他經濟的歷史辯證

伏爾泰直接歌頌自利的好處，不只對個人的幸福而言是如此，對於整體社會仍是善。他強烈批評同時期的哲學家帕司卡（Pascal）認為社會秩序要建立在利他精神之上，帕司卡認為每個人都顧自己的利益，社會就崩解了。在政治如此，在經濟中亦是如此。

伏爾泰則堅決主張利己的好處，他的觀點影響或呼應了後期亞當．斯密、海耶克等人，主張利己是推動社會經濟秩序的原動力。

伏爾泰在《俗世之人》一書中寫道，富裕是藝術創作之母。物質的繁榮是發展更高文明的前提。伏爾泰為利己思想辯護，因為愛自己的人才能夠更愛他人。愛自己，是上帝賦予我們的本性。伏爾泰說：

9 傑瑞．穆勒著，佘曉成、蘆畫澤譯（二〇一六），《市場與大師：西方思想如何看待資本主義》。北京：社會科學文獻出版社，頁五二－五三。

10 傑瑞．穆勒著，佘曉成、蘆畫澤譯（二〇一六），《市場與大師：西方思想如何看待資本主義》。北京：社會科學文獻出版社，頁一五六－一五七。

> 建立一個「不追逐自我利益」卻能長久穩定的社會幾乎是不可得的。正如要培養出清心寡慾的孩子或大人能毫無食慾，卻可以享受美食一樣不可得。
>
> 正是對自己的愛才激發我們對他人的愛，正是透過彼此間的需要，才能體現出我們個人對整體人類是有用的。這正是所有商業的基礎，亦是人類之間永恆的關聯。
>
> 沒有愛，就不能創造任何一種藝術，也不能建造人和一個團體。正是大自然賦予我們這種自我愛護的本能，才能提醒大家要尊重他人的自我愛護。
>
> 法律抑制了他，而宗教主義卻使他更為完美。上帝在創造人類時，可能只考慮到人們要顧及他人的利益。這當然是正確的。果真如此，商人會因為慈善就到印度去了，石匠雕刻石頭也僅僅為了討好鄰近的人們。
>
> 讓我們停止譴責上帝賦予我們的天性，而將這些天性用在上帝期望我們能夠利用的地方吧！

作為西方啟蒙運動的先驅，伏爾泰的思想類似中國哲學家荀子，荀子對於禮的解釋為「養人之欲，給人之求」。滿足人的慾望是符合正義道德之禮。儒家「推己及人」的思想，正是從自身出發，愛自己，更能體恤他人、愛他人。但是儒家知道人的慾望無窮，必須用禮來節制慾望，而伏爾泰當時並未提出節制慾望無限擴大的方法。

他歌頌商業資本帶給人的自由，如同英國《大憲章》賦予人民自由的基礎，是因為商業資本興起之後，讓新興的市民有能力對抗國王，爭取自由。

但是得到自由的公民，很有可能反過來剝削他人的自由與經濟權，這應該是伏爾泰沒有觸及或未關心的議題。

伏爾泰積極地介入商業資本的運作，並且獲致相當大的財富。伏爾泰本人在當時不只是一個受歡迎的文人，也是一個善於經商理財的商人。雖然當時政府與教會仍然堅決反對借貸利息，不過社會借貸之風氣盛行，伏爾泰自己也借給王族數十萬金幣，每年回收的利潤十分可觀。

他之後的二十多年裡，買下一個偏僻的農莊，並把它逐漸打造成一個新的城鎮。到他去世為止，他是全歐最具知名度的文人，也是最富有的公民之一。

儘管歌頌利益的追逐與商業財富，伏爾泰看到的是一個新的世界裡，透過商業，大家共容、共榮，不分彼此。這跟亞當．斯密在《國富論》裡提及建立一個各國貿易互利的大同世界有同樣的理想。

經濟剝削與公平分配

在伏爾泰歌頌商業並且致富之際，與他同期的哲學家默瑟爾卻憂心著商業社會的利益追逐，特別是全球貿易的發達，將摧毀地方文化與地方經濟。

默瑟爾應該是最早反對全球化的哲學家。他認為市場崛起不斷地排擠公民的美德，依賴土地為生的農民受到商業城市崛起的影響，傳統手工藝敵不過大量製造生產的城市工業商品。農民無力維生，到城市討生活成為工人，他們的生活處在生存的邊緣，一旦失業就成為乞丐。

而在農村裡待下來的農民，一方面從事農業，求得溫飽。一方面在商業的影響下，城市商業帶來的小商品，包括皮手套、絲綢手帕、棉花帽子、金屬鈕扣等，由小商販直接銷售給農民。這些額外的支出，外來奢侈物品剝削了原來只有溫飽狀態的平靜農業生活，也使得這些不需要的商品，助長了人們貪慾的心。

默瑟爾的家鄉就是一個以農業為主的小城鎮，他的經驗有別於伏爾泰，他看到傳統最珍貴的手工藝在工業資本底下瓦解，農人轉為工人的艱辛，以及隨之而來地方文化的摧毀。所以默瑟爾認為城市工業帶來的是文化的破壞以及公民品德的消失。

因此資本商業的興起，一方面帶來全面性的全球族群與宗教的互動共容，一方面也帶來了對於無產者或生存邊緣人更大的經濟剝削。於是，在當時新興起的經濟秩序中，經濟成果的分配實為經濟生活最大的課題。

自我利益造就結構性的全球剝削

這種剝削與經濟果實分配的正義，不只發生在商業鼎盛時期的歐洲，在歐洲國家殖民的地區，南美、亞洲以及非洲一帶，其經濟的剝削更為嚴重。市民經濟的互助是在商業之間，但是剝削卻在消費與殖民地之間。這是前期資本主義發展過程中，就出現這項經濟正義的問題。

英國哲學家埃德蒙・伯克在當時英國殖民印度時期所經營的東印度公司，夾雜著政治力與經濟力量，對於殖民地的印度資源及印度人民肆無忌憚的剝削與掠奪。這是西方資本主義前商業主義所締造驚人且非人性的掠奪。但是伯克並不將這種掠奪歸咎於商業主義，相反的，伯克認為正是因為東印度公司成為政治的供品，偏離了商業主義，才產生這樣的掠奪與剝削。

東印度公司用政治力榨取印度人民的稅收，然後用這些稅收在印度購買貨物再運到英國。該公司從英國運到印度的貨物也不是給印度人享用，而是給英國的政治人物、軍隊，以及在印度的歐洲人享用。[11]

英國用戰爭征服，用東印度公司搜刮資源，只要有資源增加，政治人物、軍隊或商人都支持，這種政治、軍事與經濟的共生，是伯克所堅決反對的體制。但這確實是資本主義前期，在歐洲以外的世界普遍發生的問題。

究竟，這筆帳是要算在商業資本主義頭上？或是政治的霸權主義身上？也許兩者皆是。正是因為經濟的資本主義追逐無限制的生產與無止盡的消費，帶來商品需求的不斷增加，也促進歐洲各國的軍隊無止盡地在全世界進行掠奪。

正是商業資本帶來軍隊的現代化與強大，使得歐洲諸國能夠在十七世紀到十九世紀之間橫徵亞洲、美洲與非洲等地區。

歌頌商業資本是針對得利的人言之；對於被剝削者，不只是無利可圖，更會淪為比農業時代（歐、亞洲），或未進入文明的時代（美、非洲）更為窘困的階級。

無論如何，此時的商業與資本文明創造的新財富階級，已經厭煩了世襲官僚制度以及教會的控制，十八世紀末期一場法國大革命，就凸顯出新興的資本家、金融家與信奉自由精神的文人們聯手，推翻既有的社會結構，為迎接一個未知的、全新的社會秩序而爆發的重大歷史事件。

要完整地理解資本主義全面發展時期的歷史並不容易，但是資本主義的商業力量衝擊了宗教的教義，鬆綁了教會對人們各項行為的禁錮。商業資本衝擊王權世襲的地位，給予人民全新的公民權與參政權，這是商業資本的正義與所謂的善。

第四節　商業互助時代的背離

商業資本隨後的發展在其本國及國外進行的無止盡的剝削，與它早期在十四、十五世紀所強調的，本國商人之間彼此互助、互利之信念已經大相逕庭；特別在文藝復興運動與啟蒙運動之後，西方對外的擴張與侵略，商業資本夾雜著政治權力與軍事力量的因素，在全球橫徵暴斂時，已完全背離早先的商業

11 傑瑞・穆勒著，佘曉成、蘆畫澤譯（二〇一六），《市場與大師：西方思想如何看待資本主義》。北京：社會科學文獻出版社，頁一五六—一五七。

公平、合理與互助的精神。

在取得國內人民平等權利之際，對於未進入工業發展的國家人民，以異邦人或低等人民對待，也違背了伏爾泰自己所敘說的，在商業社會中，人人平等尊重的和諧。

任何力量，商業或文化的，到頭來都會被政治所攫獲，並將之擴大為其所控制的範疇。正是政治與商業的結合，才使得十八、十九世紀的資本主義在各國進行各種不合理入侵，這如同英國的伯克所觀察預知的一般。

到頭來，從十三、十四世紀發展的股份合作的商業資本模式沒有太大的問題，問題還是停留在人類的基本價值，究竟是強調自利或利他？

在利他時期，海上貿易人人可以投資，人人可以參與，風險共擔，利潤共享。此時的人們抱持著自利與利他並重的心態。

但是到了資本高度發達時期，資本的豐足讓富有階級不再那麼互相依賴。追求一個更大的企業版圖，不管動機是彰顯上帝榮耀，或純為個人慾望的驅使，在與政治軍事結合下，成為一隻巨大的猛獸，無情地吞噬了經濟弱勢者，包括個人與國家、家庭與民族。

經濟中的互利、互助、接納的善被遺忘了，造成十九世紀與二十世紀之交更多的人類衝突與戰爭。

伏爾泰在他的時代所看到的是一個不再為信仰而戰爭的祥和商業社會。但是他沒有預見往後的兩個世紀裡，他歌頌的商業帶來的竟是一個為利益而征戰、因慾望而剝削的不平等、不公正、不尊重彼此的人類社會。

回到內在的經濟哲學與倫理來談，商業的善，是接納、平等、尊重，這是伏爾泰在十八世紀末所看的商業與公民德行的契機。然而他主張與辯護的自我利益之追逐，反過來吞噬了這份前資本時期之商業的善與美德。

不正是伏爾泰與亞當・斯密等人倡議的追逐自我利益合理化，間接造就了無數商業集團與個人，在全世界無止盡地搜括、征戰、擴張，而讓人類逼向前所未有的衝突境地。一場又一場殖民地革命戰爭，一次世界大戰、二次世界大戰、共產世界與資本主義所稱謂的自由之鬥爭，其實歸根究柢，無數的寶貴生命與幸福，都是在自我利益的世紀巨輪下斷送與犧牲！

第十八章

利己與利他經濟思想的演進

第一節　利己經濟學的發軔

自利是現代經濟生活的動力，它促進經濟的蓬勃發展，但也深化貧富的差距，這差距發生在個人之間與國家之間。自由放任經濟的思想固然是對少數壟斷的新富裕階級（相對於封建社會貴族），或國家主宰經濟資源的一種反動，但仍然無法解決經濟平等的問題。善經濟的出現，從公益組織，擴及到社會企業、影響力投資，一直到一切經濟中普遍的善。本章闡述善經濟的發軔，正是解決歷史所留下的經濟平等與經濟自由的兩難問題。

亞當．斯密曾說：「我們不能期望自己的晚餐來自屠夫、釀酒師傅或麵包師傅的慈悲，而是要期望我們的晚餐來自他們對本身利益的關心。」亞當．斯密所認知的經濟行為中，善性與道德被理解為是從「自我利益」之中自動創造出對社會的正面產出。市場上一隻「看不見的手」能夠把自我利益，重新塑造成為公共利益。「私人的罪惡」在那一隻看不見的手之運作下，將自發性地、無意間地促成對整體社會的公共利益。[1]

爰此，善意或道德與經濟行為何干？

的確，近代的經濟學家極力避免分辨善惡，經濟學希望和善惡畫清界線，而努力追求實證與價值中立。從事社會經濟學的研究者，不管是古典的經濟學家，或是現代的經濟學家，似乎都不將個人的道德與善意，含括在資本主義或商品市場建立公平合理秩序的議題中。社會經濟學家更多的時間探討整體經濟結構與運作機制，與其對市場秩序、交易模式、資本家利益、工人利益等所產生的相關影響。經濟社會學家關心的是結構，而非個人道德之心態，這裡所指述的個人，應包括資本家、消費者、工人，或專業人士。

經濟學家強調價值中立，而對於這種在資本商業行為中，忽視個人道德與善性的研究，導致資本主義的發展出現極大的結構性盲點。馬克思認為資本市場對勞動力的結構性剝削，不是出自於一個惡意的資本家，而是整體的資本家。亞當·斯密則認為追逐私利有助於最大的公共利益。韋伯倒是相信聖雄領導（Charismatic Leadership）是社會改變的重大關鍵。[2]因此他以新教倫理喀爾文教義裡的「天職」，形塑一個「心安理得的資本家」與「勤奮的勞動工人」，藉此消弭資本家與勞動工人的內在衝突。韋伯預見的是資本主義社會將是一群優渥的布爾喬亞階級，而非一群被剝削的勞動工人。[3]

熊彼得則認為資本主義發展的過程必然出現科層主義，科層是支配生產的新階級。這是資本主義極大化後管理之所需。熊彼得認為科層階級將驅逐資本家與布爾喬亞，而成為資本市場真正的主導者。在美國，賈伯斯創立蘋果電腦，但是他曾被自己創立的董事會開除。雅虎的創辦人幾乎面臨同樣的命運。熊彼得認為科層階層的責任感與團隊感是資本主義不可避免的主導力量。以今日言之，亦即一群奉守專業主義的秀異分子將主導社會經濟之發展。[4]

然而歷史發展的弔詭，我們今日看到這群科層領導菁英之責任心，不是引導人們去捍衛整體社會的工人利益，也不是保護資本家的利益，而是最終以專業知識維護自身的利益。美國華爾街超大金融公司的連鎖式崩盤，即是一例。

至今為止，社會經濟學家都在追尋一個良好的經濟社會秩序，想從其中找到問題，分析它的結構，

---

1 Smith, A. (1999), *The wealth of nations*, London: Penguin (Original work published in 1776), p. 11.

2 Weber, M. A. (1968), *Society and economy*, G. Roth and C. Wittich (Ed.). Los Angeles: University of California Press, Chinese Publishing, Zhe Ging University Publishing Co., pp. 97-98.

3 馬克斯·韋伯（二〇〇七），《基督新教倫理與資本主義精神》。臺北：遠流。

4 Schumpeter, J.A. (1947), *Capitalism, socialism and democracy*,New York: Harper & Brothers(Original work published in 1942), Chinese Copy by Rive Gauche Publishing, 2003, p. 237.

建立一個更好的模式。但是這些經濟模式極少強調內在道德感與良善心態的重要性。

本文希望從善性與道德，特別是個人出發的道德感，探討「善經濟」在當代及未來被實踐的可能性。這實踐之成果未必符合特定社會經濟學家的期待與預言，如馬克思聲稱資本主義的最後階段為社會主義。然而「善經濟」的存在與擴大，將大幅彌補當今資本主義或國家資本主義的偏失與不足。「善經濟」更強調經濟行為中的善意動機與道德利他，這善性是指非追逐私人利益，道德是指非追逐個人或組織的利益極大化，而是解決社會問題或實現社會之公平正義。

本文並推論，這種以善性動機與道德目標為基石的經濟行為——「善經濟」，將建造一個更符合人類期待之公平正義的社會生活。

第二節　自由市場與全體利益

亞當．斯密在《國富論》一書裡面論及私利的極大化，必然導致最大的公共利益。

他以一位善於做弓箭的獵人為例，初期獵人是為了興趣，漸漸的，他因為善於這項工藝被獵人族群欣賞肯定，偶爾他也會做一些送朋友，對方則回贈一些肉品答謝。到最後，獵人發覺他製作弓箭所得到的肉品，比自己打獵要來得多，並且容易。於是他就專心地從事弓箭製造，從獵人轉變為工匠。亞當．斯密說，這就是社會分工的開端。[5]亞當．斯密作為資本主義的理論先驅，他預示著資本主義的「分工」制度，讓每一個人都各盡所能，就終究會得到自己及社會整體最大的利益。追求自己利益的同時，也會利益人群。

這是《國富論》一書中最基本的看法，它極深地影響了資本主義結構，亦即公眾利益是來自私利的極大化。私利的明智運用，不但造福自己，也同時利益眾人。但其實資本主義的環境底下，私利極大化的發展並不必然造成公共利益的產生。它反而造成馬克思所批判的剩餘價值分配不公，與無止盡的階級剝削。

自由市場與勞動剝削

資本主義的自由競爭不只無法帶給整體消費者最大的利益，對於生產者而言，更是一種不公平的剝削。

馬克思的《資本論》裡提到，工人在資本主義高度發展的過程中，屬於被剝削的階級。工人被自身的勞動異化，不僅體現在與資本家收入相比的巨大落差上，收入的微薄，更使得消費力遠比上不他自己所需。馬克思說：「工人拿自己的商品及勞動力去換得資本家商品，即換得貨幣，並且這種貨幣是按一定比例進行的。實質上工人是拿自己商品及勞動力交換各種其他商品。」

工人在剩餘價值剝削的機制下，可能一天工作十二小時，然後抽根菸、吃個飯、睡個覺。工人這種立基於「自身血肉」中的商品及勞動力，所獲得的消費商品，僅僅類似於資本家養匹馬一樣地遵循勞動與報酬的交換機制。馬克思甚至以蟲兒吐絲是為了維持自己的生活，類比為一個真正的雇傭工人。

馬克思更嚴酷地指出工人階級的勞動商品不是「屬於某一個資本家，而是屬於整個資本家階級。」[6]換言之，這種工人階級的被剝削不是偶一資本家的某一個問題，乃是屬於所有資本家與資本主義的內在結構。

提高工資能不能救贖這批工人階級？減少工作時數，能不能幫助工人階級免於被剝削？馬克思認

5 Smith, A. (1999), *The wealth of nations*, London: Penguin (Original work published in 1776), p. 11.

6 Marx, K. (1976), *Capital: Critique of political economy*, London: Penguin Books (Original work published in 1867).

為勞動商品價格的提高，並無助於剝削的結構性問題。即便資本家把工資提高了，他們也會同時把市場商品的價格提高，以作為補償。工人薪資的提高，是伴隨著物品價格提高，工人若不是購買了他們不需要的產品，就是隨著商品利潤的增加，資本家發財了，需要更多工人加入生產。隨著勞動力的增加，資本家支配的工人越多，工人自身的勞動力也更容易被取代。另一方面，生產的增加，有賴於更細緻的分工，對於分工投入越深，勞動階級的轉業就更為困難。換言之，商品價格增加的速度意味著工人階級被替換的速度。這是資本主義一種結構性的剝削。

馬克思認為資本剩餘利潤不只造成工人地位的消失，也造成小資本家與中型資本家的消失。在利潤急速增加與集中的過程中，大企業透過兼併，讓許多不堪競爭的企業倒閉消失。馬克思表示：「在某一時刻，這些企業家的人數會縮減到不可能再維持優勢的地步。」[7]

馬克思所處的十九世紀，資本主義的確介於這種資本集中與剩餘價值剝削的環境底下。然而時至今日，馬克思的理論與觀察，關於資本家、工人勞動與商品價格的緊張關係，相當程度上仍然存在著。不同的是，這種剩餘價值分配的不公平，現代社會透過資本流通的市場化（即股票交易），以及政府介入資本的再分配，與勞動階級（即雇員）可以有股票選擇權，以作為更合理分配剩餘價值的手段。

就資本主義的本質而言，資本家對於商品利潤貪婪而無止盡的追尋，從亞當．斯密「自利即公益」的觀點而言是不必譴責的。因為最終自利將導出最大的公益。馬克思則是從結構性的觀點指出，即便是最大善意的資本家，在競爭的前提下，它必須追逐商品利潤，讓自己在競爭中存活下來，但那意味著必須降低工資，必須追求更高的市場占有率，必須增加生產製造，必須提高購買力。因此亨利．福特開始讓工人上班五天，工人才有時間購買自己所生產的商品。

但馬克思分析，在資本家追逐最大利潤的前提下，工人是最容易被取代的一群。他們獲取的工資提高，意味著工作時間加長，或是資本家銷售的商品價格會提高。這是對工人階級產生勞動力或消費力的必然剝削。善意，對於馬克思來說不是一個關鍵的問題，因為人的生活方式是被生產方式決定。是社會結構決定人的生存方式，而不是人的生存方式決定社會的存在方式。人的主觀價值經常在大結構下成為犧牲品。因此，對於資本主義中人性之道德問題，馬克思並不進行批駁，如同亞當．斯密從不同的角度切入，也不批駁人的自私與貪婪。

一個善與合乎公平正義的經濟生活之願景，是亞當．斯密與馬克思共同的期望，亦即符合道德性的社會經濟結構。換言之，雖然他們期望建立一個合乎道德的經濟環境之理想結果，但是他們卻不認為這個願景與結果之達成，與從事經濟行為之個人或團體的道德感及善性動機有關。

自由市場的終結是自由

馬克思從階級鬥爭的角度預言了資本主義的危機，亦即在生產不斷擴增的前提下，利潤率下降，生產過剩，以及獨占資本主義將創造為數更多的失業者、無產者。剝削與被剝削的關係促成階級矛盾的持續深化，促使無產階級革命，這些無產者終將奪取資本家的資本，化資本家的財產為社會財，導致資本主義的必然滅亡，並在最終創造一個去除私人財產的共產主義之到來。屆時，工人階級將取代資本家成為政府與企業生產的分配者，以實行新的社會與經濟的公平正義。但馬克思沒有仔細描述共產主義產生後的具體運作及內涵。[8]

馬克思以階級鬥爭、無產階級革命的手段，力圖達到公平正義的結果。他其實是以「惡」達到「善」。對於馬克思主義者而言，革命是個過程，是必要的惡。惡能致善。這思維接近亞當．斯密所相信的，

---

7 Marx, K. (1976), *Capital: Critique of political economy*, London: Penguin Books(Original work published in 1867).

8 Marx, K. & Engel, F. (2002), *The Communist manifesto,* London: Penguin Books (Original work published in 1848).

整體社會中各個「私人的罪惡」，在看不見的手推動下，將獲致全體社會的善。只不過亞當・斯密這隻「看不見的手」，在馬克思的理論中，變成無產階級工人「扛起槍桿的手」搞起了革命。

資本主義的關鍵是自由競爭，這競爭在亞當・斯密看來是好事，但是在馬克思看來卻是充滿階級的剝削與矛盾。消除自由市場的競爭，才會給無產階級工人帶來最終的自由。但是從共產主義在蘇聯的實行結果看來，共產主義在蘇聯並未產生無產階級專政，只是創造了另一批新官僚支配生產的秩序與分配，為此，托洛斯基撰寫出《被背叛了的革命》。

在托洛斯基眼中，史達林式的官僚主義並不是馬克思與恩格斯共產主義之理想，馬克思眼中的共產主義，「國家」不是公平正義的前提，國家之政府官僚體制也不是共產主義的興起時機。托洛斯基認為，無產階級的專政不等於新階級或政府官僚主義的支配形式。[9] 因此，史達林官僚政府主義的興起與衰落，並不等於馬克思、恩格斯共產主義的興起與衰落。

尋找一個避免在自由競爭市場裡出現剝削與被剝削的階級對立，韋伯提出布爾喬亞（資產階級）將對資本經濟的分配力量扮演重要角色。韋伯並將基督教的新教倫理導入資本主義，作為對資本主義之修正，並為資本家與工人找到倫理學的基礎。相對於韋伯對資本主義的修正，熊彼得則是修正馬克思的理論，解釋新科層階級之崛起，為資本市場的必然發展，並預言資本主義的結束。[10]

韋伯在《社會經濟史》中先肯定資本家的地位，他說：「資本主義，在用企業的方法以滿足人類團體之產業設備的需要之處，即已存在。」[11] 韋伯認為資本家是創新的中堅力量，大企業家是「創造現代經濟局勢的先驅」。[12] 他並以新教喀爾文之「天職」來形容大企業家在建構理性的資本主義過程中，履行上帝給他們的天職。[13]

在《新教倫理與資本主義精神》一書中，韋伯深刻分析新教倫理如何影響西方大企業家的生命觀。這群新教企業家對內遵守基督教誡律，對外拓展事功。喀爾文教派深信，誰是上帝的選民，只有上帝能決定。因此，新教徒相信，守戒與現實世界之事功，正是彰顯他們是上帝選民的明證。他們將企業擴張到全世界，成為帝國主義式的跨國企業，並從中不斷地確認自己受上帝的恩寵與眷顧。[14]

資本家帝國主義式的企業版圖，韋伯並未批判這種不斷擴張對於階級剝削造成的影響。相反的，韋伯認為企業的發展將造成布爾喬亞階級的擴大，這當然意味著工人勞動階級的被剝削，不如馬克思所預見的不斷增加；也不致因無產階級的增加，而造成對資本主義的顛覆。韋伯看到的則是中產階級的崛起，有助於一個公民社會的出現。這是資本主義社會理性化的基礎之一。另外，韋伯並強調國家的角色，以國家的力量減緩階級衝突，在政策訂定上，避免不平等剝削，是理性資本主義奠定的關鍵。

韋伯反對社會主義，認為社會主義將造成公務員專政而非無產階級專政。他說，私有制資本主義被消除，國家官僚將獨自統治。當然韋伯也同時擔心，理性化與科層化的不斷擴大，將導致新的「奴役之屋」。有別於馬克思對資本家的批判，韋伯依賴那些視企業發展為神聖天職的大企業家來改變資本主義的命運。他把這群神聖天職的企業家稱為「聖雄」（Charismatic Leadership）。韋伯眼中的聖雄企業家，是歷史上唯一有創造力的革命力量。他認為在前所未有的科層化時代，聖雄企業家是唯一能夠改變這種

---

9 Trotsky, L. (2009), *The revolution betrayed*, Atlanta: Pathfinder Press (Original work published in 1936).

10 Schumpeter, J.A. (1994), *History of economic analysis*, E. B.Schumpeter (Ed.), New York: Oxford University Press (Original work published in 1954), Chinese Copy by Rive Gauche Publishing, 2003, p. 237.

11 馬克斯・韋伯（一九九一），《社會經濟史》。臺北：臺灣商務印書館，頁二九三。

12 Weber, M. A. (1968), *Society and economy*, G. Roth and C. Wittich (Ed.), Los Angeles: University Of California Press.

13 馬克斯・韋伯（二〇〇七），《基督新教倫理與資本主義精神》。臺北：遠流。

14 Weber, M. A. (2003), *The Protestant ethics and the spirit of capitalism,* New York: Penguin Group (Original work published in 1905).

不利發展的力量。韋伯當然擔心任何創造最終都將進入常規化（Reutilization），而常規化將使資本主義變成無情的工業發展。[15]

當韋伯擔心新科層化的過激發展時，熊彼得在《資本主義、社會主義與民主》一書裡卻闡明，科層化是資本主義必然出現的新階級。他以為，在生產不斷擴大、分工不斷增加的過程中，必然出現一批新科層。資本家在極大化的資本主義社會中將失去其地位，亦即他所謂「企業家功能退化」。而當經濟成長益趨非人格化（Depersonalized）與自動化，科層官員與委員會的團隊力量將取代個人的行動與智慧。[16]

熊彼得批判企業家在治理人與事上沒有任何神聖的魅力。他雖然贊成韋伯的理性化資本主義，但是並不認為會造成機械化的刻板運轉，而是資本主義的式微，與社會主義經濟制度的來臨。其原因是因為在科技與專業高度複雜發展的資本主義後期，創新與企業精神已經不是來自資本家個人，而是逐漸被理性化與科層化管理所取代。換言之，科層管理群體取代資本家。而隨著知識分子的增加，理性與批判的態度將轉向對抗資本主義自身的社會秩序。一種更強調公平正義、專業理性治理、階級利益縮小的社會主義將興起，預示了資本主義的終結。

韋伯與熊彼得各自從護衛資本主義與社會主義的歷史優勢，建構一個理想的社會經濟秩序。他們的立場兼具實證觀察與價值導向。韋伯希望資本家擁抱宗教倫理，這多少是希望在經濟行為中注入善性與道德。而布爾喬亞階級的興起多半預示著階級剝削的弱化，這是對馬克思批判資本主義弊病的一種反省與回應。熊彼得眼中的科層理性管理，意味著理性化的資本主義發展，可以抑制資本家壟斷資本與剩餘價值，讓分配的合理性經由科層菁英的治理，消除資本利潤分配的不公。熊彼得的經濟思維最終結束在一個合理的、公平的社會主義生活型態之中。

第三節 科層道德與善惡經濟

熊彼得之後的凱恩斯強化政府計畫經濟的重要性。凱恩斯主張加強國家對經濟行為的干預，政府在計畫經濟必須扮演重要角色，透過財政與貨幣政策來對抗景氣衰退，以及經濟蕭條。政府公共建設之支出是凱恩斯對抗景氣蕭條的方法之一。這有賴一群專業的科層管理人員，科層管理包括了企業的專業科層與政府的官僚科層對經濟的共同治理。在許多東歐國家乃至西方北歐國家，這種經濟型態一直被認為是理想的修正式資本主義或修正式的社會主義。[17]

與凱恩斯相反的經濟學思維是海耶克自由放任的經濟概念。海耶克多少看到東歐史達林式的官僚科層治理經濟之弊病，因而主張政府管得越少越好。海耶克這種主張並不是基於經濟效益之考量，而是他認為無束縛的自由市場經濟與個人自由之間有緊密關係。經濟環境中個人自由之體現，在海耶克眼中就是至善。

海耶克從至少兩個觀點反對政府干預經濟行為。一是他認為在自由市場經濟的運作中，資本常被不當的分配，原因正是政府錯誤的貨幣政策所造成。

在一九三一年發表的《價格與生產》（*Prices and Production*）一書中，海耶克主張，景氣循環的形成是因為中央銀行透過通貨膨脹的信用擴張在一定時間形成的，藉由故意壓低利率等政策，使得市場上

---

15 Weber, M. A. (1968), *Society and economy*, G. Roth and C. Wittich (Ed.), Los Angeles: University of California Press.

16 Schumpeter, J.A. (1994), *History of economic analysis*, E. B.Schumpeter (Ed.), New York: Oxford University Press (Original work published in 1954).

17 Keynes, J. M. (1936), *General theory of employment interest and money*, New York: Harcourt, Brace and Company.

的資本被錯誤地分配。海耶克主張「市場經濟在過去種種的不穩定，其實是因為市場上最重要的自我調節成分——貨幣，被政府控制而沒有受到市場機制的調節」。[18]

海耶克反對計畫經濟的另一個原因，是這個體制終將剝削個人自由。在他的名著《通往奴役之路》中闡述，社會主義一定會有一個中央的經濟計畫，而這種計畫經濟最終將會導致極權主義，因為被賦予了強大經濟控制權力的政府也必然會擁有控制個人社會生活的權力，如此一來，才能把經濟體裡的各種層面資料和決定權集中到計畫者的手中。[19]

凱恩斯與海耶克的理論，半世紀以來成為許多資本主義國家，或共產主義國家過渡到修正式社會主義國家辯爭不已的兩個極端經濟價值觀。在此同時，美國哈佛大學的丹尼爾·貝爾教授（Daniel Bell）提出意識形態終結（The End of Ideology）的觀點，主張政府的政策不再是主導社會經濟或解決社會問題的關鍵。社會與文化菁英將逐項地、透過科技發展的力量，調整從十九世紀、二十世紀以來經濟大結構中所面臨的諸多難題。

調整而非推翻，是丹尼爾·貝爾社會改革的基本思維。而這調整的力量，丹尼爾·貝爾寄望的不是一個大政府，也不是商業企業的科層菁英群體，而是各個懷抱理想的社會與文化企業家，致力於社會、經濟與文化之改革。

丹尼爾·貝爾認為在後工業時代，政治、經濟與社會文化分屬三種不同領域，彼此不必然從屬。創造多領域以解決社會問題，是後工業時代的特徵[20]，「社會企業」是獨立於政治與商業機制之外的新領域，為社會經濟秩序提供了新典範。

與丹尼爾·貝爾同時期的英國著名的社會企業家（Social Entrepreneur）楊邁科（Michael Young）是社會企業家的倡導者。楊邁科終其一生創立了六十多個非營利企業，推廣社會企業家的概念。丹尼爾·貝爾稱譽楊邁科是本世紀最偉大的社會企業推動者。社會企業的概念一開始就將個人淑世的動機，亦即善性與道德，納入社會企業活動，使社會企業的使命成為推動公共利益的關鍵力量。

第四節　社會企業的善性與道德

在《後工業時代來臨》一書中，丹尼爾・貝爾強調後工業文明的關鍵是資訊導向（Information-led）與服務精神（Service）。從生產（Manufacturing）到服務（Service）的轉化，是後工業文明社會的特徵。而服務精神正是社會企業家的使命。

有別於新教倫理的企業家，社會企業家不是一方面相信上帝，一方面擴增物質生產與消費。新教的企業家在意的是上帝的榮耀與恩寵，而其本身擴張企業事功之心，其實並不利於社會分配的公平正義。社會企業一開始就以實現公平正義為動機與原則，這公平正義可以是環境正義，如「政府間氣候變化專門委員會」（Intergovernmental Panel on Climate Change，簡稱IPCC）；或以消費者保護為出發點，如耐德（Ralph Nader）所創立的消費者保護組織——「公共市民」（Public Citizens）。

這些社會企業不是以自身賺錢為目的，也不是以宗教救贖為動力，而是基於對某項社會或經濟正義的堅持，不惜挺身奮鬥。這奮鬥並不是植基於革命或武力，而是在法治的基礎上，透過輿論、透過立法，推動社會與經濟生活的新秩序。

社會企業家並不是在社會上擁有豐厚資本的一群人，其實他們很多應歸類為「無產者」。他們以使

---

18 Hyek, F. A. (1967), *Prices and Production*, New York: Augustus M. Kelley Publisher.

19 Hyek, F. A. (1994), *The road to serfdom*, Chicago: University of Chicago Press (Originally published in 1944).

20 Bell, D. (1976), *The cultural contradictions of capitalism*, New York: Basic Books.

命為前提，在善性與道德目標的追尋下，吸引無數捐助者或無償的志工投入他們的行列。正如二十世紀最偉大的管理學者彼得・杜拉克（Peter Drucker）所說：「非政府組織（亦即社會企業）是價值的倡導者，本身也是價值的受益者。」以價值領導，而不是以利潤領導，是社會企業的理念。

如今致力於社會企業中的個人或團體，已包含了宗教領域與世俗領域，包含非營利機構、營利機構（指營收歸社會公益，而非個人），以及營利、非營利的混合型機構。

主導歷史發展中的經濟公平與正義

從十九世紀開始，馬克思從資本主義的弊病中觀察，主要集中在批判資本家過度地享有勞動的剩餘價值，因而造成階級剝削與矛盾對立。支配經濟資本的力量，馬克思預言將從資本家過渡到「無階級專政」；到了韋伯，這支配的力量是「布爾喬亞的興起」與「企業家神聖天職」；到了熊彼得成為訓練有素的「科層管理團隊」；到了凱恩斯成為「制定政策的精明官僚」；到了丹尼爾・貝爾與楊邁科，成了致力於公共利益推動的「社會企業家」。

我們可以看到馬克思終其一生懷抱著建構社會公平合理秩序的崇高理想。這理想是和諧與富足。但這富足與和諧必須以鬥爭或武力達成。馬克思著重結果的善，但忽視動機與方法的善。這或許是那個不公平的年代所產生的見解。

韋伯則是以宗教倫理的天職來合理化資本家之企業擴張，這解決不了資本主義過度的物質生產、消費，與相當程度的階級剝削。韋伯希望政府角色的適當介入，能緩和資本主義擴張所帶來的不正義。熊彼得則看到科層管理的理性能力能終結資本主義，走向社會主義。

到目前為止，支配資本分配的人應該是誰？是資本家階層？是布爾喬亞？是新教神聖天職的企業家？是史達林模式的官僚專政？是無產階級？是科層團隊？或是專業政府官員？

在探討支配社會資本財富的合理性結構，經濟學家強調結構面與結果面。但是在所謂合理的經濟結構下，其結果亦難免讓人失望。熊彼得所預期的科層管理團隊能合理地分配資本。然而在二〇一〇年從華爾街至全球的一場金融風暴中，科層專業管理團隊暴露出他們貪婪的真面目。超大金融企業如雷曼兄弟、AIG等執行長與管理階層，坐擁數億美金的收入，而讓投資人的錢血本無歸。這群被譏為出賣投資人的科層管理團隊，不只包括企業界的管理階層，還涵蓋政府官員、經濟學者，都被嵌入在這集體自利、貪婪的結構中。

個人的善性與道德的忽視，造成熊彼得期待的理性治理的科層團隊，冷酷地、計畫性地併吞，甚或出賣了投資人龐大的金融資本。

當經濟學者尋求建構合理公平的經濟模式，「社會企業」卻更強調動機的善、使命的善。以「善」、以「道德」，作為經濟發展與經濟行為的動機、態度與目標。從此出發的「善經濟」，以營利或非營利組織的方式，致力於消費權益之伸張，環保權益之維護，貧困的救助，傳染病的防治等等。其動機與心態都不是為了一己之私利，而是為了整體社會的福祉。

這些社會企業家不是政府官員，不必是（但不排除，如比爾・蓋茲）大財團出身的富豪，他們是一群有理想，懷抱良善動機，目標是以有形的資本或無形的價值，造福社會中的特定成員、族群或全人類。

微型貸款與社會企業

社會企業家穆罕莫德・尤努斯（Muhammad Yunus）於二〇〇六年獲得諾貝爾和平獎。經濟學家出身的尤努斯是「微型金融」（microfinance）的創始者與代表人物。一九七六年，尤努斯借了二十七美元（約九百元臺幣），給四十二個孟加拉貧窮婦女，讓她們開啟事業，或工作養活家庭。

直至今天，尤努斯所創建的格萊珉鄉村銀行已經發放超過六十億美元給超過六百萬個借貸者。尤努斯要為他工作的員工們主動下鄉，到窮苦的村子裡拜訪那些需要資金的貧困人。

格萊珉鄉村銀行與借貸者之間從不簽署任何借款的合約，借貸者多數是婦女，而且文盲居多。格萊珉銀行向借貸者收取固定的單利利息，比起孟加拉商業銀行的複利貸款低了許多。雖然借貸者多半都是沒房產的窮困人，但尤努斯卻發現，把錢借給這些在孟加拉社會裡沒有地位的婦女們反而更有保障。這些婦女靠著微型貸款，做小買賣或工作，通常給家庭帶來很大的收益。她們平均的還款率高達百分之九十八。[21]

尤努斯嚴格要求貸款的申請人必須清楚格萊珉鄉村銀行的運作方式，這樣他們才會獲准貸款。知道銀行的運作，讓他們更珍惜這份貸款，並且有助於他們如期還款。為了減輕貸款者還款壓力，尤努斯要求借款者第二週就要開始還款。這表面看起來對貸款者有很大的壓力，但其實這機制避免了借款人年終必須償還一大筆錢的壓力。

格萊珉銀行運用鄉村裡的人情關懷或壓力，要借款者每六到八人組成一個「團結小組」，相互督促貸款償還的情況。小組成員中如果有人逾期未能償款，整個小組都可能受到責難。借款發放和償付每週透過一次「中心會議」公開進行。格萊珉鄉村銀行這種公開透明的運作方式，在孟加拉社會贏得高度的稱許與認同。

受到格萊珉鄉村銀行之成功影響所及，目前已有二十三個國家推動微型貸款，全球已有八百五十多萬人獲得窮人銀行的微型貸款。尤努斯大力推廣小額貸款的概念與模式，至少幫助六千六百萬人脫離貧窮，並且創造了八百多萬個工作。二〇〇六年尤努斯與他一手創立的格萊珉鄉村銀行（Grameen Bank）共同榮獲諾貝爾和平獎。

尤努斯的成功來自於社會企業家對善的經濟信念與道德觀。他開設格萊珉鄉村銀行不是為了獲取利潤，不是為個人賺取財富，而是解決社會中沉痾已久的貧困問題。

尤努斯曾說：「有一天我們的子孫只有在博物館裡見識到貧窮。」

隨著微型貸款的普及，許多商業銀行也開始跟進。墨西哥的商業銀行康帕多銀行（Compartamos Banco）投入「微型金融」。微型貸款由於尤努斯獲得諾貝爾和平獎而聲名大噪。墨西哥的康帕多銀行在二〇〇七年開始掛牌上市，股價超過十億美元，被當地批評者駁斥為「放高利貸的吸血鬼」，放款年利率竟高達百分之七十九，康帕多被譏為壓榨上門借款的窮人以獲取暴利。

一樣是微型貸款，尤努斯保持善的動機，其微型貸款幫助無數的人脫貧致富。但是墨西哥康帕多商業銀行採取一模一樣的微型貸款模式，基於私利，反而可能成為新的大型金融資本對弱勢的壓迫者。

這就是本文想強調的，尋求良好的經濟模式無法真正挽救人類，個體的善性與道德對於經濟公平正義秩序之建立至為重要。我們的經濟體系過度著重模式，而不是價值，使得以模式賺錢，但失去其內在最重要的正義與價值。失去善的內涵與態度，任何的模式都會被誤用或作為不當牟利的工具。

臺灣社會企業的發軔

社會企業的概念約莫發軔於一九七〇年代的後期，到一九八〇、一九九〇年代才開始盛行。然而在一九六六年，臺灣東部花蓮一位佛教比丘尼證嚴上人就開始創辦慈濟克難功德會。一九六〇年代，臺灣才剛經歷經濟起飛的階段，貧窮是社會普遍的現象，而慈濟已經開始進行慈善工作。

慈濟以四大志業、八大法印——亦即「慈善、醫療、教育、人文、環保、國際賑災、骨髓移植、社區志工」等投入社會公益。希望透過慈善工作，讓「人心淨化、社會祥和、天下無災」。這是西方倡導

---

21 Muhammad Yunus (2008), *Creating A World Without Poverty:Social Business and the Future of Capitalism*, New York: Public Affairs.

之社會企業的典型，而證嚴上人稱它為「志業」。

慈濟的成立源自於一份單純的慈悲。一九六六年三月，證嚴上人在臺灣東部花蓮一家診所門口目睹了地板上有一灘血，一問之下，才知道原來是一位難產的原住民婦女，族人從山上抬了八小時到診所，因為繳不起八千元保證金而遭到拒診。家人只好將產婦再抬回去，而留下一灘血。上人聽聞後十分痛心，人間竟如此悲涼，因此上人發願成立慈濟克難功德會，開始了救濟貧困之路。

本來就靠手工維生的證嚴上人和五位弟子，為了救助窮困，每人每天多做一雙嬰兒鞋，一雙鞋賺四元，一年可以存到八千元，就可救助類似那位沒有錢繳保證金的原住民難產婦女。[22]上人與弟子四十多年來始終堅守「自力更生、不受供養」的清修生活。他們當時生活拮据，但是一樣以自身勞動換取的微薄金錢從事救濟工作。

證嚴上人更號召三十位家庭主婦，要她們每天買菜前先省下五毛錢投到竹筒裡，每一個月就能有十五元去幫助貧困之人。善心從一小步做起。救濟不是富有的人才能做，每一個人都能擴大善與愛，就能集結無比的能量，幫助社會苦難人脫離貧困境地。

慈濟把這時期稱為「竹筒歲月」。當時有人和證嚴上人說：「法師，我一次給足一個月的捐款金十五元，不用每天投錢。」但上人總是說，每一天捐五毛錢，每一天都能發善心，「募善心」比募款重要。[23]

證嚴上人引導慈濟志工不只是捐錢，而是要親身投入貧困的救濟。「見苦知福，以苦為師」。上人引領富有的人付出愛心，是體現「教富濟貧」。啟發富有的人不只要「付出無所求」，「付出還要感恩」。

證嚴上人立意「教富濟貧」，然後「濟貧教富」。濟助貧困的人並且教導他們啟發愛心，然後再投入社區，去幫助更貧困的人。如今在南非、在海地、在印尼、在菲律賓，以及四川等地方，許多接受過慈濟幫助的人，都投入慈濟做志工，再去幫助社區裡更需要幫助的人。這是一種愛與善的循環。

證嚴上人於一九七八年發願，要在臺灣東部偏遠的花蓮興建一座以慈善為本的醫院。當時臺灣慈善還未普遍，募款十分艱鉅。有一位日本企業家支持證嚴上人的悲願，一次要捐給法師二億美金，這筆款項足夠讓醫院蓋好，並且還能維持十年的營運。但是上人婉拒了。他期望的是更廣大的臺灣社會之愛心，來支持興建這一所以善為根基的醫院，而不是由一位有錢人來捐助。上人說，「愛心不是有錢人的專利，而是有心人的權利。」[24]

如今，慈濟在臺灣有六家以慈善為本的醫院。慈濟成立的義診團體——「慈濟人醫師聯誼會」（TIMA）更涵蓋一萬五千位醫師、護理與志工，在全世界四十多個國家從事義診工作。

慈濟一九六六年成立，從當年五毛錢的竹筒歲月，偏遠的臺灣花蓮開始，五十二年後，全球已經有超過一千萬個捐助者（會員），超過兩百萬個志工，每年幫助兩千萬人。濟助的國家及地區超過八十三個。

慈濟所信靠的力量，就是每一個人都能付出真誠的善與愛。所抱持的信念是：「消滅惡，不是經由打擊惡，而是擴大善；消滅貧，不是經由打擊富，而是擴大愛。」[25]

資本主義的基本運行規則就是自由化的競爭，強調資本市場能自由地讓每一個體或企業都能充分發展。但自由化並不會自動帶來均衡、均等之發展。貧富懸殊加劇及貧窮人口的增加是當今世界普遍的問題。

去除貧窮，不是從去除競爭著手，不是從去除自由開始，而是從擴大愛與善著手。慈濟作為一個社

22　釋證嚴（一九九六），〈回歸心靈的故鄉〉，《回歸心靈的故鄉》。臺北：財團法人慈濟傳播人文志業基金會，頁一七三—二〇一。

23　釋證嚴（一九九八），〈善門已開〉，《慈濟月刊》三七八期，一九九八年五月二十五日。臺北：財團法人慈濟傳播人文志業基金會，頁一一一—一一五。

24　釋證嚴（一九九一），〈信實人生成就功德——高雄文化中心幸福人生系列講座〉，《慈濟月刊》二九二期，一九九一年四月二十五日。臺北：財團法人慈濟傳播人文志業基金會，頁一〇—一八。

25　何日生（二〇〇八），〈環保回收與心靈轉化〉，《慈濟實踐美學（下）情境美學》。新北市：立緒文化，頁七五—一四一。

會公益志業，多年來就是致力於擴大愛與善，以消弭因為經濟自由化的發展所帶來物質及心靈貧窮與對立的問題。

資本主義最大的病兆就是不平等。當代政治哲學家約翰．羅爾斯的《正義論》（*The Justice*），闡述平等正義的當代內涵：「每個人都擁有平等的機會；在符合正義的原則下，能夠促進最低受惠者的最大利益。」所以《正義論》之內涵有二：第一是機會均等。第二是要給最弱勢的人最大的利益。[26]

羅爾斯於一九八〇年代在哈佛大學發表平等的真義，對於高度資本化國家有了自由而失去平等，做了最有利的思想闡述。但是證嚴上人所帶領的慈濟志工，多年來已經默默實踐了這種平等觀。

慈濟跨越種族、國界、宗教、文化之藩籬，在全世界幫助苦難人。所以才有「哪裡有災難，哪裡就有慈濟人」的美譽。慈濟在最貧困、最急難、最偏遠的地區，為最弱勢的個人或團體，付出善與愛。這其實體現著約翰．羅爾斯正義平等的觀點，這正是倡導自由化市場的資本主義最需要的價值與理念。

營收／非營利的社會企業

社會企業的目的就是以善性的動機（非謀私利的動機）、道德的理念（非以擴張自我組織為目的），致力彌補社會中某一項被忽視的公平正義。社會企業意指運用企業模式解決某一個社會問題的組織。這些組織可以以營利公司或非營利組織之型態存在，並且有營收與盈餘。但是其盈餘主要用來投入社會企業本身的使命，以持續解決特定的社會問題，而非為出資人或所有者謀取利益。

慈濟慈善基金會是目前華人世界中最大的慈善組織，慈濟在一九九〇年代開始啟動環保志業，並成立臺灣第一家營收而非營利的環保科技公司。

一九九一年，當時的國際媒體將臺灣稱為最昂貴的垃圾島。慈濟基金會的創辦人證嚴上人在一場公益講座中呼籲與會大眾們用鼓掌的雙手做環保。慈濟志工們便開始在各社區設立環保站，目的在教育周遭的鄰居一同加入環保回收的行列。時至二〇一九年，在全臺灣總共有超過二十萬名慈濟志工，分別在六千多個社區環保站，投入時間和精力以維護社區清潔，促進環境保護。受到慈濟志工的啟發，成千上萬的家庭也開始在自家做起資源分類回收。資源回收的收入則捐給慈濟的慈善志業。環保資源回收就是一項公益的社會企業。

慈濟環保站吸引了來自不同年齡層和社會地位的志工，從三歲到一百零四歲都有，包括博士生、企業家、警察、家庭主婦和外交官。全臺灣每年回收兩億多隻寶特瓶，據估計，慈濟人回收的量占其中三分之一。慈濟的環保志業也已經從臺灣散播到全球。

環保站同時也是心靈療癒和提供相互勉勵的地方。藉由參與環保回收，慢性疾病和心理疾病的患者發現可以因此得到心靈撫慰，進而改善自我狀態。研究顯示，資源回收和重建自信之間有一種心理的暗示性關聯（Psychological Implication）。當一位老人家拾起一個寶特瓶，他會想，這被遺棄的寶特瓶還有用，還可以再製成急難救助用的毛毯，他老邁的身體也依然可用。從回收物看到「物命」的可貴，從珍惜「物命」看到自我生命的價值。環保資源回收保護了地球與環境，也回收了、重拾了志工生命的自尊與價值。

此外，某些有憂鬱症、心理障礙、吸毒、賭博、酗酒傾向的受訪者，以自身經驗證明，藉由參與慈濟的環保回收志工活動，他們得以戒除所有不好的惡習。這些受訪者甚至明確指出，藉由專注於資源的

26 約翰・羅爾斯著，李少軍、杜麗燕、張虹譯（二〇〇三），《正義論》。臺北：桂冠，頁六一三。

分類，他們學會重新組織自己的人生，並且減少擔憂和不確定性的因素影響他們的生活。慈濟環保志業的推動，改變人與地球、人與社區、人與人、人與自己的關係。這是社會企業的力量之一。[27]

慈濟於二〇〇八年開創大愛感恩環保科技公司，將環保志業推展到另一個嶄新的階段。大愛感恩科技公司是一個社會公益企業，由五位公益實業家捐資成立。該公司以環保資源再利用為主軸，將回收的塑料瓶再製成毛毯和衣服。有數十萬條毛毯已被送往世界各地賑災，而大愛感恩環保織品也已經正式上市銷售，公司的盈餘全數回饋慈濟基金會做公益。一向被視為垃圾的塑料瓶，在慈濟人手中化身為賑災毛毯，變成時尚的衣服、圍巾與手提袋。這是新形態的城市礦產。

這五位大愛感恩科技公司的創辦人，不僅是慈濟的志工，也是這項社會企業的志工；大愛感恩科技公司成為全臺灣第一家環保社會公益企業。

社會企業對經濟具體之貢獻

強調善性與道德價值的社會企業，對經濟究竟有多大的貢獻與影響？

美國約翰．霍普金斯大學「非政府組織研究中心」，結合聯合國志願人員組織（ＵＮＶ）與聯合國統計司，在二〇〇七年九月於德國波昂舉行「非政府組織研究之全球發表會」。在發表會上，薩拉蒙教授（Professor Lester M. Salamon）發表了針對八個國家（分別為澳洲、比利時、加拿大、捷克、法國、日本、紐西蘭、美國）的公益社會企業。統計這些國家中社會企業對整體經濟產出的貢獻，其結果顯示，非營利機構之社會企業具有強大的經濟實力，平均占所調查國家的國內生產總值ＧＤＰ的百分之五。在部分國家，其對ＧＤＰ的貢獻甚至遠超過主要工業，如能源工業（瓦斯、水、電）、建築業、金融仲介業等。[28]

過去各國對於公益社會企業的了解，是依據國際公認的「國家會計系統」（System of National Accounts-SNA）來進行計算。但是ＳＮＡ系統最初只將以家庭為服務對象的非營利機構進行統計，多數對經濟有顯著貢獻的非營利機構，卻納入政府或一般公司的行業區塊。因此統計數據不夠完備，許多國家甚至不去計算非營利機構的經濟貢獻。

有鑑於此，二〇〇三年聯合國統計司發表了《國家會計系統非營利機構手冊》。這手冊是由聯合國的顧問團，以及約翰・霍普金斯大學的學者共同主持撰寫。手冊重新定義了「社會企業之非營利機構」的統計。至今已有三十二個國家同意應用該手冊的統計原則。約翰・霍普金斯大學在二〇〇七年發表會中表示研究數據顯示社會企業之非營利機構的經濟貢獻完全被低估。研究單位所提出的結論如下：

第一：社會企業之非營利機構具有強大的經濟實力，占所調查國家的國內生產總值GDP的百分之五。

第二：在美國與日本非營利機構的貢獻度是百分之七，遠遠超過主要工業：能源工業（瓦斯、水、電）占GDP百分之二・四，建築業百分之五・一，金融仲介業百分之五・六。

第三：非營利機構的活動著重在醫護、教育及社會服務等區域，這些都是聯合國千禧年發展目標的成就重點。

第四：非營利機構的經濟貢獻成長（平均每年百分之八・一成長率）超過了整體經濟的成長（平均每年百分之四・一成長率）。

從社會企業增長速度超過整體經濟增長速度不難看出，以「善經濟」為核心價值的社會企業之非營利機構，正逐漸成為經濟生產的一股重要力量。

---

27 何日生（二〇〇八），〈環保回收與心靈轉化〉，《慈濟實踐美學（下）情境美學》。新北市：立緒文化，頁七五—一四一。

28 Lester M. Salamon (2010), Director of Johns Hopkins Center for Civil Society Studies: "Putting the Civil Society Sector on the Economic Map of the World", *Annals of Public and Cooperative Economics*, New Jersey: Wiley-Blackwell.

第五節　以善性與道德為出發點的資本市場

丹尼爾．貝爾所闡述的意識形態之終結，其實說明了不管是資本主義社會或社會主義的社會，都逐漸走向統合與混合。這種全球經濟秩序某種程度的統合與混合，其共同方向包括政府必須對經濟行為扮演適當的角色，以維持一個公平的市場秩序；專業科層人員對經濟秩序的投入，平衡了過去資本家獨斷、獨占經濟利益的局面；對勞動階層的福利照顧，甚至給予股票選擇權等，都是在修正馬克思當年所批判的資本主義弊端，讓資本市場走向合理與公平。

但是只要資本市場仍然以追逐私利為主要動機，仍然以企業擴大甚或利益極大化為目標，我們仍然無法擺脫馬克思所批判的資本主義剩餘價值分配不公的問題。

回顧歷史，人類為資本的公平分配做出許多努力：亞當．斯密主張私利極大化之結果即成為公益，造成嚴重的階級剝削；史達林式的共產主義主張由政府來進行分配，造成官僚專政；韋伯眼中的企業家聖雄之天職，其現實是造就諸多帝國主義式的資本企業之擴張；海耶克的自由放任制度，其結果是奧地利的經濟蕭條與高失業率；熊彼得的科層專業治理，我們看到華爾街金融高階管理鯨吞蠶食投資人的鉅額資金。馬克思理想中的無產階級專政出現在高度資本主義的社會中，是否真能實現？

當一個社會企業家不以個人資產累積為目的，而是放棄優渥的物質追求，投入社會問題的解決，其自身就屬於新的「無產階級」。這群新興的「無產階級」卻為無數的人們——包括「無產與有產」階級創造財富，或實現社會正義。尤努斯以一個留美的經濟學家，沒有在窮困的孟加拉去追逐國家總理之夢，卻是以一介平民，為千萬窮人創造生活所需。創立全世界第一個消費者保護組織的耐德，沒有在哈佛法學院畢業後去當律師賺大錢，而是將一筆與福特汽車打贏官司的五十萬美金，設立消費者保護基金會。證嚴上人秉持清苦的出家人生活，創立慈濟功德會，造福全球無數苦難人。他們以善的動機，道德的目標，創造傳統經濟型態未能體現的公平正義之成果。

社會企業的投入與成就不基於資本，而是理念。有理念，才有資本。社會企業投入的人員幾乎近於「無產」，他們的經濟可能拮据，但不妨礙他們為世界上其他的人謀取福利。為他人，而非為自己謀福利，是社會企業成功的關鍵。

我們不是說社會企業必然的沒有任何對社會的負面產出，或其從業人員一定基於善的態度與道德理想。我們在新聞報導中也看過公益的社會企業，出現財務弊端的情況。本文也並不意味著其他資本企業，或商業企業都不具備善性的動機與道德理念。頗具道德感的企業家如松下幸之助就曾說：「企業不是企業家的個人利益之擴大，而是必須符合整體社會之需求。」本文只不過強調善性的動機與道德理念，對經濟發展的重要性，社會企業正是從這種善與道德出發的企業組織。如果問，他們的善性與道德如何養成？答案是「典範人格」的傳承。

丹尼爾．貝爾在意識形態終結所強調的是，經濟問題的解決不光是仰賴政府之作為。另一方面，尋求大結構地改革當今的社會經濟體制，也是不現實的思維。社會經濟改革的諸多項目，有賴於一群社會菁英，亦即「人格典範」，逐一地、緩進地、理性地調整與解決。

成千上萬的社會企業家如今致力於社會問題的解決，他們以善性動機（亦即非追逐個人私利）；以道德目標（亦即非追逐個人或組織的擴張），以解決社會問題為依歸。他們所體現的和傳統追逐個人或企業利益極大化的資本主義企業有顯著不同。社會企業只是「善經濟」與「道德經濟」的開端，而非結束。更多的商業企業、營利企業如果能以善性與道德作為企業資本營運的理念，對於社會經濟的公平正義應該有歷史性深遠的影響。

第七章

善為本體

經濟活動中善的動機

第一節　利他動機與經濟活動

當論及經濟活動的動機——從生產動機，到消費的動機，應該如何建立善的態度，如何建立利他的動機，以達成經濟商業的富裕，與人民生活的真正幸福？這是本章所探討的重點。

生產的動機與消費的動機，在資本主義的架構下似乎都是基於自利，都是基於自我的慾望。吾人則認為，生產與消費的動機即便在資本主義的架構下，仍然是利他，也應該是為著人類全體以及自我的福祉著想。

基於利他的經濟思想與實踐即是「善經濟」。善經濟不僅是指慈善經濟，一切的經濟活動、商業活動都是基於利他的動機，與為社會創造出良善結果的經濟行為。

善經濟包括「動機的善、過程的善、結果的善」，三者缺一不可。

本文將分別論述其中的內涵與實踐模式。善經濟是從動機、方法及目的三者並備的一種經濟新思維。吾人主張利他的經濟實踐，比起利己，將更有利於個人及整體社會的經濟發展。善經濟避免人類在極度發展的經濟生活中，走向對環境、對弱勢、對人心的一種反向作用。它引領人類在追求經濟榮景之際，不至於最終導致人類的極端衝突甚或毀滅。

善，從利他的角度，不但有利於個體富足的達成，亦有益於促進企業的長期發展。它保護地球環境的永續，以及人類社會的整體和諧。

經濟活動中動機與目標的關係

希臘哲學家亞里斯多德認為，任何一種活動都具備最終的目的，亦即「最終的善」（Summon Bonum）。病人看醫生的目的是為了健康。問一位將軍為何而戰？他回答戰爭的目的是勝利，但是勝利是為了國家人民的和平與幸福。因此戰爭的最終目的是和平與幸福。手段必須與目標一致才是善。戰爭是手段，看醫師也是手段，健康與幸福才是最終的目標。

因此動機與目標必須一致，目標比起手段更重要。手段不能變成目標，就如同不能把戰爭變成目標，不能把手段變成目標，動機必須與目標一致，才不至於混淆手段與目標。

既然目標重於手段，那手段就不能取代目標。動機必須對準目標，不是對準手段。在經濟活動中，賺錢的目的為何？賺錢不是目標，是賺錢之後獲取的生活幸福與快樂才是目標。因此，經濟動機中的善與目標的善必須一致。

經濟的目標是什麼？不是賺錢，賺錢只是手段，手段不應取代目標。對於拚命賺錢的人，或以賺錢為動機或目標的人，最終將失去幸福，因為他花大量的時間在賺錢，失去了追求幸福的機會與目標。以累積財富為目的的人，是將手段當作目標，不只其動機錯置，其目標也是異化。

賺錢不等於幸福，就如同盡情消費不等於獲得自由。

這正是亞里斯多德所指出的，人類生活必須有一個至高的目標，否則容易把手段當作目標。但是亞氏所提出至高的善，近代哲學家們是予以否定的，特別是啟蒙運動的學者霍布斯及洛克都認為，沒有至高的善，每個人都對善有不同的標準，追逐一個至高的善不可得，也不必要。這使得近代人們對於善的目標模糊而多樣，甚且以慾望的滿足，以及拚命的賺錢為最終目標。

因此經濟活動的倫理，就成了每一個手段的標準化，把每一個手段標準化當作經濟的目標。於是會計的善是什麼？會計的善不應是節稅、避稅，這是將公司的利益極大化，而非基於企業與社會的長期發展來著想。也因為如此，才會出現二〇〇一年全球最大的電力、天然氣以及電訊公司之一的安隆公司發生財務造假弊案，同時引發負責安隆公司簽證的全球前五大的安達信會計師事務所（Arthur Andersen），因涉及協助偽造不實資訊、逃稅，並銷毀會計資料，而受到美國司法部收回執照、起訴調查。兩家巨型公司快速倒閉，震撼全世界，也引發巨大的全球金融危機。

法律的善是什麼？若沒有最高的善，只有專業標準化，法律的背後基礎會是什麼？是那些法條的制定與對法條的遵守，但是不論究法條背後的正義為何嗎？

訴訟，能不能達到正義的伸張？還是讓人持續地對立？我們沒有思考當下專業主義原則背後的假設，而是專注於專業主義的原則之遵守。

法律的正義經常是充當彼此抗爭的手段，即使犯罪的人也能夠得到最大的保護，這是基於人的自我之極大的尊重。學法律的人或從事法律的人，就毫無顧忌地幫犯罪者脫罪，而不會設計讓彼此同理，讓犯罪者懺悔。因為法律體制即是要辯護律師為當事人，即便當事人有罪，也要盡力維護他，使他減刑，使他規避罪責，而不是引導他認錯、改過。因為我們的價值是崇尚個人至上，而不是與他人同理，不是利益他人為先，而是以自我利益為先。

這種假定，正是亞里斯多德所講的，缺乏至善的概念。每個人以自我之喜好為善，一切的專業法則都成為自我的保護傘，都是為提供每一個人自我慾望與利益極大化而努力。

近年美國法律界發展的善意溝通，善意溝通的律師們專注在犯罪者對於自身犯罪的理解與懺悔，而不是規避懲罰或接受懲罰。兩者都使得犯罪者認為關完了，他也還完了，甚至覺得制度在欺負他，完全沒有悔意。因此法律的善在於犯罪者自身的覺醒，這本身是通向心靈的善，是至善的追尋。強調物質性與身體性的懲罰，只是一種工具性的正義，不是真正的正義。真正的正義是讓所有的人都體認到正義，願意遵循正義。換言之，不管經濟的善，或法律的善，一定是考慮群體或他人利益，而非只關注個人利益。因為考慮他人利益，考慮自我的心靈成長與清淨，才是至善與最高的幸福。

至善，對亞里斯多德而言不是情緒，而是行為。是良好道德、公共參與，與愛的關係。不遵守至善，而是以慾望為善，以自我利益之追逐為善，就是喪失自我的靈魂。

如果我們以這種至善之完成為人生目標，我們不會拚命地追逐利益，而是給予他人利益。我們會體諒他人，會對自我的行為懺悔，因為靈性的完美是我們追逐的目標，而不是欺騙、畏罪，甚至傷害靈魂。就如同佛教思想中的業報觀，即便一個人逃過法律的制裁，但是他知道業報因果仍然存在，逃得過世俗的法律，逃不過因緣果報，因此他發露懺悔，真心決心改過。拯救他的心靈，比起世俗的懲罰更重要。這是具備真正善觀念的人生。

佛教追求生生世世不斷完美自身的心靈，不是藏覆罪愆。其至高的善是追求永恆的慧命。因此，馳騁慾望與拚命賺錢為自己謀利，是與追逐永恆慧命相違背的作為。

這即是亞里斯多德所強調的，人類必須有追尋至善的動機，才不至於流於慾望與利益的追逐，慾望與利益的追逐不能給予真正幸福的人生，因為靈性的滿足與慾望的追逐背道而馳。

儒家追逐聖賢之境界，聖賢者，己欲立而立人，己欲達而達人。君子之於道，造次必於是，顛沛必於是。守志奉道是君子，依義不依利是君子。能博施濟眾於民，是為聖者。能近取譬，是為仁者。為他人利益著想，與為他人服務，是儒家至善人生的目標。

在這種動機底下，追逐金錢與慾望的滿足，當然不是人生的至善。儒家的經濟目標是利益國家與人民，不是追逐自我的慾望與功名利祿。因此達到這個目標的動機是道，是對於道的追求與修持，自然不是追逐金錢與慾望的滿足。因此沒有終極的目標，不會有真正的善動機。

在各個文明的價值結構中，幾乎都歸結出，至高的生命目標不是建築於外在物質或慾望的滿足，而是更高的道德理想與利益他人。這與人類追逐無限性的內在趨力有關。

人心對於無限的追逐

人一旦有了動機，就會無限制地擴大它的範疇。對於無限的追求，是人的天性與必然的驅力。

政治上追求權力的無限擴張，事功上追求偉大的成就，信仰上追求永恆的生命，企業上追求極大化的利益與版圖，慾望上追求無限制的消費，都是人對於無限性的驅力。這驅力專注在「要」什麼，專注在「得」到什麼？就會無限制地擷取、掠奪、占據，但是「得」與「要」帶來的結果是永遠的失落。因為再多的資源都是有限的，再多的權力都有相對抗的力量，再多的金錢都是局限的，再長的生命都是有盡頭的。

以賺錢作為驅動力，不可能達到生命的真正滿足與幸福。以消費來滿足慾望，也永遠無法獲致快樂。人必須把自我對於無限追求的驅力，放在「給予」，而非「得到」。把人追求無限的驅力放在得到什麼，那就是永遠的追逐，與永無止盡的空虛。

給予的快樂，越給越快樂。

得到的快樂是，越得到越難快樂。

得到一個，要兩個，得到兩個要三個，然後十個，然後無止盡地要去得到。

有錢的人比任何人更想追逐金錢，金錢的追逐卻永遠不足，因為當他擁有第一個一千萬時，他很快樂。但是第二個一千萬，快樂就遞減。接下來他必須賺更多的錢，才能達到當初獲得第一個一千萬時的喜悅。同理可證，下一次同等的快樂，或許得賺到第一個一億才能得到，這種無止盡的追求，使人要更多、還要更多，直到自我的金錢擴張體系再也無法承受而崩潰為止。

經濟學家馬歇爾的「邊際效益遞減理論」（Law of Marginal Diminishing Utility）[1]告訴我們，更多的消費不會帶來更大的滿足，反而使得滿足的需求越來越難達成。追逐金錢的累積與物質消費的擴張，都是逃不開「邊際效應遞減法則」，更多的錢都很難取代第一次的滿足，要尋求再達到第一次的滿足，則需要更多、更多的錢。

相反的，給予、布施的喜悅，是不是也難逃「邊際效應遞減法則」呢？為他人付出的快樂，會創造更大的驅力持續為他人付出，以獲得原初的快樂嗎？

想想這有何不妥，一個人一直為他人付出，以尋求更大的快樂，這是對整體社群有益的事，這連功利主義者都會認同的理念。

為什麼為他人付出的快樂不會遞減，而是越付出快樂越遞增呢？因為付出的時候，內心愛的能量一直在增加。要想「得」到的時候，是內心的空虛一直在增加。如克里希那穆提所言，「求就是不足，求越多表示內心的不足越大」。這就是為什麼越要得到，心越痛苦，心越不容易滿足。

因為求，表示缺。求越多，缺越大。

將付出、利他作為經濟目標的人，自己更快樂。因為利益他人，自然與他人建立信任與愛的關係。信任關係會帶來財富，愛的關係會帶來幸福。

經濟的目標是幸福，而利他的事業更能利己，是真幸福。

愛才能自由，為他人付出所傳遞的愛的關係，讓人得到自由。

所以言，善的經濟動機引領人類獲得最終的幸福與自由。

經濟行為中利他價值之實踐

十五世紀到十八世紀之交的西方世界，宗教衝突炙烈，基督教與天主教、基督世界與伊斯蘭世界的衝突都持續處於高峰。另一方面，政治的衝突也十分激烈，君王與貴族、傳統貴族與新興市民的抗爭也同樣持續著。然而，此時有一個相對平和、對等、互利、容納各種階層與宗教背景的領域，卻開始默默

1 陸民仁（一九九五），《經濟學概論》。臺北：三民書局，頁七二―七六。

地擴展著，這領域就是商業的場域。

如同法國哲學家伏爾泰在十八世紀所看到的場景，在一個場合裡猶太人、新教徒、天主教徒、穆斯林、印度教徒都聚集在一起，他們談的是商業的互利，每一個人都得到接受與認同，除了破產者之外，人人在這商業場域裡都是平等的，都可以一起合作。儘管他們離開這場所之後，有人為孩子受洗為基督徒，有的以猶太習俗為孩子行割禮，有的禮拜阿拉真神，這些都不妨礙他們一起合作從事商業與貿易。沒有一個場域，至少在當時，更具備寬容、接納、互信、互利的氛圍。

所以對於長期飽受宗教與政治衝突的歐洲，商業無疑是一個巨大的文明創造與融合之地。

商業是互信、互利的，本質為利益他人，雖然每個人都懷抱著自己的利益。可是大家都知道，除非自己能為他人尋找到利益，否則自己一定得不到利益。商業的法則永遠是利他才能利己。

雖然資本主義的社會視利己為圭臬，但其實真正促進經濟與商業活動的動機是利益他人，然後才是利益自己。要利益自己，就更要利益他人。

如同先前所述，人類在演化的過程中知道利他，才使得人類能夠更長久地適應大自然的挑戰而生存下來。達爾文主義者也不斷地提出證據，利他的族群比較能在物競天擇中生存下來。所以人類的基因裡就傳承著利他的因子。善經濟的動機就是要利他。

但吾人並非認為利己在商業社會不應該存在，或不曾存在。利己是存在的，只是更多利己的經濟與商業活動無法長久維持。利他的經濟與商業活動能夠讓一個企業、一個社會更長久地發展與給予人們幸福。

韋伯試著以新教倫理解釋西方企業家的精神，認為追求企業的成功，同時守好上帝的戒律，就是企業家的天職。

韋伯賦予企業家神聖的使命，讓企業的推動基於善，這是新教倫理的精神對於基督教企業家的影響。韋伯以富蘭克林為典範，對外追逐事功，以彰顯上帝的榮耀。對內謹守戒律，以作為上帝的好子民。富蘭克林之後，十九世紀的洛克斐勒，二十世紀的華倫・巴菲特，都是勤儉自持，財富無數，積極投入慈善。他們足以作為基督教善企業的代表。雖然在基督教裡，也不乏有貪婪、暴斂的企業家例證，然而，善的動機與善的企業，是韋伯認為基督教企業家成功的原因。

那麼是什麼力量使得十八、十九世紀的西方商界，形成企業家的富有與貧困工人之間巨大的鴻溝呢？企業家的成功榮耀歸上帝，企業版圖越大，越是彰顯上帝的恩寵。上帝並沒有要給予、或沒有保證給予每一個子民同等成功的機會與果實，上帝的選民是有選擇性的，不是普遍性的。只有守住律法的人，才可能成為上帝的選民，但這也只是可能，因為人類不可能知道上帝的意旨，到頭來只有從結果的福報推知自己是上帝的榮耀者。

在這種不普遍的選民思維中，所造成的貧富差距是可以預見的。這兩個世紀中，人類社會因巨大的貧富差距，所帶來的鬥爭、戰爭與苦難，遠遠超過過去十多個世紀。個人的經濟成就不等於社會的經濟成就，社會的經濟成就未能圓滿，必定帶來個人經濟成就的衰退與毀滅。

在此，我們所述及的善經濟之善動機，所關照的是利他，而不是個人的榮寵與福報。從儒家的角度，個人的成就與家族、國家的幸福緊緊相關聯。從佛教的角度，個人的福報是透過利他獲得。從道家的角度，上位者真正該做的是不以其認定的價值，加諸於一般人民，而是應該提供條件，讓人民自給自足，安居樂業，村落並立，社會和合，並與自然相合。其中心都是廣大的人民，不是自己。因此，從儒家、佛教及道家的角度來理解經濟活動，所著重的是整體人類的共同命運與幸福。

西方的馬克思思想也是從整體人民的幸福出發著想，但是他著重在以政治力來實現。我們強調的利他善經濟，是從自我生命的自願性出發，利他必定是自發的、自願的，是歡喜的。當我們認知到，人類的每一個活動都是息息相關，能夠利他就是更好的利己，人們自然會比較願意從利他的角度從事經濟活動。

當然拿認知與慾望相比，慾望通常大於認知的力量。雖然從希臘哲學家亞里斯多德到近代的康德都主張人有理性的能力，會做理性的選擇。但是一旦遭逢慾望的牽引，理性常常抵不過慾望。

東方的思維常常從情感出發，如孟子說惻隱之心人皆有之，佛陀認為人人皆有慈、悲、喜、捨的佛性。建立善經濟的利他行動，情感的啟發與理性的認知同等重要。如何讓經濟活動者都認知利他比利己有力量，有更大的效益，這是理性的層面。在情感上，如何讓富有者同理窮困者，這種情感的啟發，有助於培養利他之心。

亞當．斯密所主張的在市場中，每一個人都從利己出發，會有一隻看不見的手進行分配，最終達到公共利益的平衡。亞當．斯密提到無形的手其實就是慾望，生產消費的分配、資本利得的分配，最終都回到慾望，人人心中的慾望就是那一隻看不見的手，在掌握市場與資本。最終導致貧富差距日益擴大，社會問題層出不窮，地球的環境急遽被破壞。

這隻無形的手，在韋伯看來是上帝的意旨，他讓誰富有，誰就富有；在卡爾．馬克思看來是無產階級專政；在熊彼得看來是專業官僚；從凱恩斯看來是政府的調控。

從這隻無形的手，到政府有形的手，無不都是在進行利益與資本的公平分配，以節制無止盡的個人慾望擴張。

而這隻無形的手，從善經濟的角度言之，不是政府的手，不是無產階級、不是專業官僚，更不是慾望的心，而是每一個人內在自發的慈悲心與本自具足的善心。

政府的調控，不會根本地讓企業家放棄貪婪，放棄以各種壓制別人的手段擴張企業版圖，不會停止企業無止盡地獲取巨大財富。

去除慾望與貪婪，要根本地從啟發企業家內心的慈悲著手。

以慈濟功德會在全球的志業發展為例，慈濟啟發許多企業家投入慈善救濟工作，企業家「在見苦中知福」，「在接觸苦難中啟發自性的慈悲」。從而開始改變做生意的模式，不再貪婪，不再從事惡的經濟、有害的經濟。而是以誠正信實經營生意。

這種蛻變來自於人人本自具備的愛心與慈悲，來自於提供企業家場域，去見苦、去拔苦，他的心靈狀態改變，從貪婪到施捨，從自我到大我。這是慈善志業陶冶企業家內心善念的方法。

善經濟的動機培養，可以從慈善工作的啟發與陶冶著手，慈善工作可以培養企業家的利他精神，可以讓企業家感受到窮人的辛苦。這比體制的分配正義，更能實現資本的公平分配。

第二節　生產與消費的本質

生產創造的泉源是利他

動機的善如何確立？在西方科學主義精神影響的社會科學中，對於動機向來不願意探討，因為一個人的真正動機太難理解。

法律的公正判決卻很強調犯意，在維護公平正義的範疇裡，意念與動機是評價一個人的行為是否符合正義的重要準據。

善的動機，利他的動機能否推動人積極從事經濟活動？

當一個人製造一個產品之際，亞當．斯密的假設是麵包師或釀酒師考慮的不是消費者，而是其自身生活的著落與孩子們晚餐的費用。但是如果麵包師或釀酒師不考慮其產品消費者喜不喜歡，受不受歡迎，他如何釀酒與做麵包？

在商業自利的背後，其實就是利他。能夠考慮到利他，商業才能夠成功。

中國的企業家馬雲在以色列台拉維夫大學的演講中，說出自己從商的心情。他說自己從沒有想到會做到今天的成績，當時離開教員一職，是想去證明做一個老師不是只是說，而是能實踐。他要實踐十年，回來再教學生，證明老師說的都做到了。沒想到他到了美國之後很難找到工作，在學會上網後，卻看不到任何中國產品，因此，他想如果能夠把小生意人的產品、家庭婦女的產品，透過網路讓大家看得到、買得到，那該多好。他回到中國開始阿里巴巴的業務，心中想的是，如果他能幫助生意人成功、幫助婦女成功，那阿里巴巴就會成功。

很多人會認為馬雲運氣好，做對行業，事實上，馬雲一開始推展這個行業，曾找尋許多大企業家投資，這些人並不看好他。但我們從動機來觀察論述，馬雲不只是因為看準這行業，更是因為利他之心。考慮要幫助他人成功，從利他著手，獲致今日利己的果實。而且馬雲的成功不是只有利他動機，各種商業必備的智慧、用人、時機、資本的運用等，都是成就阿里巴巴的因素。

我們提到善經濟的利他，並不是期待企業主成為一個基督教的傳教士或佛教的修行法師，完全地放棄自我，為他人付出。因此，即使社會對馬雲有這樣的期待，我們並沒有期待他成為聖人，完全捨去自利之心，他富有、他風光、他受歡迎、他有自我，都不要緊。要緊的是他事業成功的起點是利他之心。

我們只是論證利他的心比起利己更容易獲致經濟的成就。

生產的動機是為人類福祉

蘋果創始人史蒂芬·賈伯斯心裡想的，不正是如何讓全人類能以身體掌握、控制機器，iPhone不就是這樣發展出來的嗎？賈伯斯認為，我們所處的環境都是他人所建造的，不要相信他人比你聰明，你可以創造新的東西，去影響他人，去讓別人享用你的創造。賈伯斯是這個時代最具創造力的人，他的創造動機仍然是如何創造新的事物，去影響他人。利他仍然是他生命的主軸。

賈伯斯認為，美國矽谷的偉大在於除了有史丹福與柏克萊等大學，提供優質人才之外，最重要的是矽谷有「人物典範」，像ＨＰ電腦的創辦人Hewlett and Packard，就是矽谷精神的代表。企業的成功不在於賺錢，而是基於價值。創造對他人有用的價值。作為電腦工程師，ＨＰ的創辦人知道其他電腦工程師要什麼，所以他們製造工程師需要的電腦。知道他人之所需，推己及人，這是ＨＰ成功之道。

賈伯斯自己在二十三歲獲利一百萬美元，二十四歲一千萬美元，二十五歲賺了一億美元。但是他說，重要的不是錢，而是人，是消費者，是產品。他的老友說，賈伯斯不在意錢，他在意的是產品的創新。賈伯斯在二〇一七年罹癌之後接受訪問時說：「消費者最重要，我們要製造最好的產品給消費者，這是他們支持我們最重要的關鍵，也是企業唯一的關鍵。」

賈伯斯說，許多電腦工程師總是對準電腦，要製造更快速的電腦，但是蘋果公司製造的不是電腦，而是人們的需要。賈伯斯認為人們需要聽音樂，需要看電影，需要有美麗的繪圖，需要通訊，所以蘋果電腦對準的不是電腦，而是人。基於人的需要而創造，是偉大企業誕生的關鍵，也是善企業的根本。

賈伯斯說：「不要認為自己手上有重要的新科技發明，就覺得可以直接推給消費者。你要真正了解消費者，你要真正為消費者創造最大的利益，才是成功的企業。」

創造源頭是個人的清淨自性

但是如何才能真正了解消費者？史蒂芬．賈伯斯的經驗是回到自性。

賈伯斯是二十一世紀最傑出、最偉大的發明家與企業家。在偉大的事業背後，他追求靈性的生活，他喜歡禪修。他發掘自我存在的生命之直覺，他的很多創作來自於他的直覺。他比消費者更知道他們要什麼。他在一九七〇年就看到ＩＢＭ的電腦不是人們需要的產品，他覺得ＩＢＭ走錯路，電腦不應該長成這樣，笨又大。所以他的蘋果電腦小而美，介面人性化，方便使用，文字藝術化。他的直覺告訴他，會有這樣的世界，他所創造的電腦會改變人們的生活。就如同二〇〇七年所推出的蘋果觸控智慧型手機，不僅改變行動電話，而是根本地改變人們的生活。直覺、擺脫既定人類的生活樣態，勇於挑戰，勇於創新，不是以打敗競爭者為目的，而是希望給予人們更好的生活樣態。

這種創新結合著利他，也結合著人性中根本的力量——直覺的想像。德國的大哲學家黑格爾對於產品的創新曾言，真正的產品創造來自於人們的想像，而不是市場的需要。想像、文化，是經濟創新的真正要素。黑格爾認為人類大部分的需要不是基於自然，而是想像力的產物。正是想像力，將人類與動物區隔開來。所謂的必需品不是自然給予的第一天性，而是歷史文化進化出來的第二天性。文明創造了更多差異化的需求，需求日臻完善的過程是永無止盡的。

經濟物質的創造不是基於慾望，而是基於文明的進程。人類要日臻完善的需求，這需求引導創造。如史蒂芬．賈伯斯的創造，不是基於個人慾望，也不是滿足消費者的慾望，而是讓人類活得更豐富，讓人類活得更接近自己，讓人可以與科技結合，可以掌握機器，而不是反過來被機器宰制。

賈伯斯熱愛禪修，讓他心靈更靠近人性的自己，更知曉人性的本懷，因此他是個能知己之人，並推己及人。人性是共通的，知曉自己，就更能知曉他人。佛教的明心見性，消除雜染，內外明澈，自然能照見他人。禪修給予賈伯斯這種力量，加上西方精神裡真正的批判精神，不是去惡意攻擊他人，而是不被世俗的一切既定規範框住他的思想與創造，他才能擺脫既定的思維，引導人類邁向更高的文明境地。

選擇不等於自由

資本主義一直以自利為前提，企業家拚命賺錢，消費者拚命購物滿足自我慾望，這都是偏差的經濟行為。真正的善經濟，其創造，是基於提升人性的品質，改善人類的生活。其消費，是基於對於生活的增能，與自我生命價值的擴大。

因慾望而消費，因滿足消費者慾望而製造，如馬庫司所言，是資本社會宰制人類的方法，使得人在消費中、在慾望滿足中，忘記自己在資本市場中被剝削的地位。或者消費只是取得一種身分的識別，無助於人們真正的快樂。富裕者以買名牌來彰顯自己的地位，但是這種消費不會真正帶來快樂。

馬庫司與黑格爾同樣認為，消費的選擇，不會帶給人真正的自由。他只是在不同的產品中選擇，這些選擇其實是以辛勞與恐懼為代價。工作的辛勞及工作的恐懼。

賺錢不等於幸福，消費不等於自由，這是對於資本主義的批評與反省。

馬庫司批評資本主義被取代的理由，不是因為無法提供商品，而是它無法以一種更豐富的形式來提供商品。換言之，我們尋求的善經濟不是一味地提供各種新奇的商品，而是商品本身能否真正給予人們生命創造的意義，給予生活帶來品質的提升。

這就是為什麼英國經濟學大師約翰．凱恩斯強調，經濟活動之外藝術活動的重要性。經濟生活必須帶給人們的是，生命價值的確立與生活品質的提升。不是一味地消費，追逐各種商品以及帶給自己社會地位，而是能在消費中，創造自己舒適、寧靜、啟迪心靈的物質環境。

資本主義要每一個人拚命賺錢、拚命消費，所有的生命都在物質無窮盡地製造與滿足中消耗殆盡。

賺錢不等於幸福

如亞里斯多德所言，財富的追逐與累積不會帶給人幸福，真正的幸福是能夠為社會造福，能夠參與公共事務，為社群做出貢獻。真正的幸福，如佛教所示，是對自己的覺悟與對他人的慈悲愛。

亞里斯多德也說，幸福來自與身旁的人建立愛的關係，並參與公共事務，遵行道德生活。一個盲目追逐金錢的人，不是一個幸福的人，頂多是金錢的奴隸。幸福的人是自由的人，自由的人是生活在愛的環境，對於他人做出正面的貢獻，以及遵守道德倫理的秩序。

佛教慈濟創辦人證嚴上人強調大愛，大愛之意涵，就是與一切人、一切物都建立愛的關係。這也是利他精神的極致表現。

因此經濟生活的善，不是追逐金錢，而是能夠與人建立愛的關係，能夠為社群服務，貢獻他人。因此許多企業家在從事慈善之後，生命獲得重新的改變，得到金錢之外所不曾擁有的幸福。

印尼第二大建築商郭再源，從小生活艱苦。他長大後什麼事業都做，只要能賺錢。雖然賺到巨大的財富，但是生命的價值與幸福卻沒有真正體現。

直到二〇〇二年郭再源加入了慈濟功德會，開始致力於慈善事業。從二〇〇二年整治雅加達最髒的垃圾河——紅溪河開始，致力於將數千位住在河岸的居民遷居，然後蓋一千多戶的大愛村、大愛學校。參與規劃五萬噸大米發放給五百萬貧困戶。二〇〇三年南亞海嘯他在第一線救災，與總統一起勘災，直到建完四千戶的大愛村給災民。郭再源的人生、家庭、事業都起了巨大的轉變。他停掉所有不好的事業，但結果財富更增加。他與子女、與夫人的關係更親密，他得到印尼政府與社會廣大的認同與讚美。他得到幸福的人生。

幸福，不是財富的追逐與累積，而是對於公共事務的付出與奉獻。這是利他給予的幸福人生。

以善創建的全球性組織

慈濟基金會是全球華人世界最大的宗教慈善組織。在全世界九十五個國家從事慈善、教育、醫療、人文、環保等慈善公益。在五十七個國家設有分會。會員一千多萬，志工兩百多萬。慈濟所累積的龐大有形與無形資產，都是因為慈悲與價值所創立。當然慈濟的資產不屬於個人，一千萬多人的愛心共同享有這項資產，共同支持這項志業。

慈濟的成就是基於利他。慈濟功德會創辦人證嚴上人從自力更生，縫製嬰兒鞋，號召家庭主婦每天省五毛錢救人開始，五十多年後成為全球最大的NGO。這是利他之心的成果。越是想著大眾、想著消費者、想著利他，越是有創造力。

我們當然不難找出相反的例證，證明利己之心的人事業成功。但是這種利己主義最終如果沒有轉向利他，結果往往會被整體社會抵制或唾棄。

比爾．蓋茲在微軟的鼎盛期，透過各種方式讓自己成為電腦軟體的龍頭與獨占事業體，但是期間他碰到了危機，其他軟體公司開始聯手抵制他，消費者對於他的一年一代的微軟系統開發抱怨連連，聯邦政府以反壟斷法約制他，那是比爾．蓋茲生命中的考驗期。專注於企業利益，使得比爾．蓋茲一度身陷泥沼。而自利的企業由於過度地專注當下的利益，很容易就忘記社會新的需要與時代的新轉變。當網路平臺經濟崛起，谷歌與臉書逐漸取代了微軟原本以內容為王的事業聲勢與版圖。比爾．蓋茲的微軟其實來不及轉向平臺經濟，但是他個人轉向了，他轉向到利他的公益事業。

他所成立的比爾．蓋茲與馬琳達基金會（Bill Gates & Melinda Foundation）致力於全球重大傳染疾病的疫苗研發，包括小兒痲痺症、瘧疾、愛滋病等。他專注落後地區水資源清潔問題，他投入落後地區的孩童教育，這些都獲致極大的成就。比爾．蓋茲在轉向公益事業之後，逐漸離開微軟的經營，但是二〇一八年他卻被《富比士雜誌》評為全球首富。從事利他公益，使得他的知名度與受歡迎度大增，大大影響他在商業社會的地位與價值。這些價值轉化成有形的商業資本，使他再度成為全球首富，而且財富還一直在增加。

另外一名也是首富級的美國投資大亨華倫．巴菲特，把他個人百分之九十的財產捐給比爾．蓋茲基金會，並且指定比爾．蓋茲在位期間能持續使用這筆捐款。名利雙收的比爾．蓋茲是從利己中心，轉向利他中心的經濟行為，這締造他不平凡的事業與公益的生涯。

比爾．蓋茲的利他之心，使他更能夠成就自己的夢想與財富。比起過去微軟霸權，比爾．蓋茲在今天的世界裡，成為財富與德性的代表。在利益他人之際，成就更偉大的自己。這是善經濟的利他之心所倡議的理念。

利他不是為了利己

如果投入利他，卻總想著利己，這不是惡，但還不是善。

一個事業主老想著利益自己的心，做不出真正能創造物質文明、或廣泛地被社會接受的經濟行為。一個人的心，影響他事業的走向。能想著利他，包括利益消費者、利益大眾、利益股東、利益家人、利益國家，這樣的經濟行為不容易招致失敗。

追逐自我利益的人，一開始可能會有所成就，但很快就會面臨利益衝突。當競爭者或同事者有不同利益發生，事業主都是以自我利益為盤算，一個事業主這麼做，其他人也跟著這麼做，衝突就會發生。小則協商達成共識，大則訴諸公堂聘律師、跑法院。時間、金錢都花在這些利益的維護上，比起省下時間再去創造新事物的事業主，兩者何為智者？

自我利益維護的開始，是創造力衰退的開始。我們並不主張犧牲個人利益，但是我們主張在從事經濟活動之中，時時想著利他，自我利益一定能得到維護。何以見得？

當我們想著利益他人，從市場面向而言，我們就能真正看到市場的需求；臉書（Facebook）創辦人馬克·祖克柏想讓大家以網路聯繫彼此，成就一個虛擬社群。這個理念是利他的，沒有人知道能不能成功？但是他的利他理念，造就臉書成為網路經濟時代一大成就。但如果他開始想要擴大或是以保護自我事業的利益為中心，放棄利他的心，就會讓臉書慢慢出現弊端，包括謠言、匿名攻擊等問題。當然，站在事業維護，那不關臉書的事，但是如果出發點是利他，不會坐視不管。利他之心的維護，考驗著一個事業體是否能有更長遠的發展？

當我們想到利益他人，在財務面我們就能為他人的利益著想而撙節成本，善用股東的每一分錢。全球最大的慈善組織之一的慈濟基金會，其總部的每一個同仁都被創辦人證嚴上人教導要珍惜眾生的每一份愛心。所以在慈濟擔任主管很放心，不會有員工貪瀆或浪費的情事發生。吾人任職慈濟的十七年期間，確實如此。內部的支出基本上在一個信任的基礎上進行。同仁雖然支領較外界稍低的薪資，假日工作沒有加班費，週末工作以志工心境在付出。人人都知道珍惜每一點滴的愛心。這是利他之心的培養與落實。

當我們想著他人的利益，在管理上，我們就不會去壓制他人的權力及能力，而讓每一個人都能參與決定。

正如IKEA創辦人英格瓦·坎普拉（Ingvar Kamprad）所言，讓每一個人參與決定，不要怕犯錯，只有在睡覺的人不會犯錯。讓員工參與決定，是IKEA成功的關鍵。正是其中一位員工的點子，讓IKEA設計出放進車裡就能帶走的家具形式，成就IKEA非凡的家具王國。

當我們想著他人的利益，我們就不會趁人之危，放高利貸，金融秩序就能夠穩定。發生在二〇〇八年的金融風暴，正是超額信貸的結果。銀行刻意讓貸款者擴張信用額度，再讓保險公司提供擔保。這種泡沫的榮景，消費者一時得利，實則銀行想賺更多的利息，結果購買力過剩，造成價格上漲，但是實質薪資並沒有增加，一旦一定數量的消費者繳不起利息，銀行發生呆帳，宣布破產，連帶保險業也應聲倒閉。這是追逐眼前自我利益的惡果。

當我們想著他人的利益，不會趁社會之需，刻意哄抬物價。物價穩定，合理反映成本，市場秩序能夠穩定，供給與需求平衡，人人得利。

曾經，中國大陸房地產炒作過度，最終是習近平主席的一句話：「房子是用來住的，不是用來炒的。」終於透過行政的力量，把房價炒作壓抑下來。當人們主要的經濟來源是房價的不合理漲幅，而把大量金錢往這種投機操作投資，連帶物價就會跟著上漲，中低收入者生活指數更加痛苦。而對於炒作者，用心於純粹金錢的追逐，而不事生產，不去創造有價值的創新產品，其結果導致的是，中國經濟實力的創造性低於德國及日本。

富而教之善

在中國經濟實體躍居世界第二之際，讓人想起儒家的故事，當冉有問孔子，人民有飯吃了，為政者怎麼走下一步？孔子說「富之」。冉有再問，那富有了以後要再怎麼做呢？「教之」，孔子回答。《論語》是這樣記載著：

> 冉有曰：「既庶已，又何加焉？」曰：「富之。」曰：「既富矣，又何加之？」曰：「教之。」[2]

中國政府近年所做的就是「教之」，教之以善，不投機炒作。商業投機炒作在中國歷史上一直是王朝的危機。因為它擴大貧富差距，最終造成大量無業人口的社會或政治的反動。所以抑制房價其實是穩定社會結構的善。《孟子・滕文公上》也說：

> 夫仁政，必自經界始。經界不正，井地不均，穀祿不平。[3]

房價就是城市裡的經界，老百姓住不到房，就是農業社會裡的井地不均，穀祿就不平。房產不均，物價就不平。孟子所言，於今仍甚！所以國家的力量介入，是仁政之道。但歸根究柢，仍然是教之，沒有任何時刻的中國，比現在更需要提倡善經濟。

以善心、以利他之心從事經濟活動，是齊家、治國之大道。特別是今天中國的商業在全世界舉足輕重之際，經濟文化的奠定至關重要。中國商人能以利他之心創造事業價值，創新商業產品，讓家庭富足之餘，讓人人富足，這是中國經濟真正的成就與驕傲；也是中國大陸特殊的經濟體系可以追逐與達成的。畢竟，有別於個人主義為主的英美經濟體系，中國是以群體生活的福祉為目標，小則家庭；中則社區、企業；大則社會、國家，乃至世界一家的理想。以利他之心創立善經濟是中國經濟的一大特色。

這幾年，當中國商人大炒房價之際，日本企業悄悄地走進有機無毒的成衣及食品，韓國正以快速的方式進入文化市場，連孔子都被韓國人說成是誕生於韓國。一個不當的物價，著眼於自我利益的集體行為，導致的是更大的個人與整體利益之喪失。

美國超額貸款的金融弊端，正是導致近幾年美國經濟衰退的主因。川普總統的保守主義、孤立主義逐漸抬頭，一味地保護要被淘汰的傳統製造業，所維護的是自我的利益，若從利他利己的角度言之，美國的經濟仍難以恢復昔日之榮景。

利他之心才是創造力源源不絕的法寶。日本的UNIQLO、MUJI，從利他的角度提供消費者更優質的服飾與用品，已經成為全世界生活方式的代言者與領行者。

中國企業在邁向全球化的歷程中，如何創新？如何成為世界其他國家的經濟典範？利他之心是關鍵。中國的現況與特質，不宜走入川普式的美國至上與孤立主義；也不宜走上日本全球經濟擴展中，保持某種封閉財閥制企業文化的模式，而是應當在融入世界經濟體系之際，彰顯中國文化中的善道。這善道來自包括儒家、道家、佛教思想，與西方科學理性。

2　張燕嬰譯注（二〇〇六），《論語・子路第十三》。北京：中華書局，頁一九一。
3　孫家琦編（二〇一九），〈滕文公上〉，《孟子》。新北市：人人出版，頁一〇六—一〇七。

商人可為聖賢

善經濟的思想亦即儒家所陳「仁與富」並重的經濟觀。亦即佛教所倡議「慈悲心」的闡發與實踐。仁者，二人謂之仁。關心他人是仁者。「仁也者，人也。」如孟子所言：「親親而仁民，仁民而愛物。」[4]

能做到愛人愛物就是利他精神。能以愛人的心從事商業就是善經濟。動機的善，是「仁而富」，而非「富而仁」。富然後仁，佳也，非善也。我們強調動機的善。

王陽明的心學更好地說明了善動機的重要性。其第一要義就是誠意、正心，然後才能修身、齊家、治國、平天下。有關誠意，王陽明說：

> 唯天下至誠，為能盡其性，知天地之化育。若誠意之說，自是聖門教人用功第一義。大學功夫只是誠意，誠意之極，便是至善。[5]

在王陽明的眼中，格物、致知、誠意、正心，都是一體哲學，相互連結。物在於意，有「意」才有「物」。這與佛教思想「心念造萬物」異曲同工。格物，格者「至」也，格物，亦即對於事物的至高理解，而這理解在於意的對待，「意」能誠者，才能格物。

致知，不是當代的科學或知識的認知，而是通達萬物之理，而這「理的通透」是來自我們「自性之通達」。所以王陽明說：「夫萬事萬物之理，不外於吾心。」「至於盡性知天，亦不過致吾心之良知而已。」能反求諸其心，盡心則盡性、知物、知天。

中國儒家相信心的力量、誠心的力量。誠心就是單純地關懷天下眾生，通於天，天者天下也，天下眾生都在自我的關懷之內，這是徹底的利他。

當代科學精神影響下，重視物質的力量，輕視心的力量，中國的智者卻反過來思考己心之誠，從誠心出發，則能感通天地萬物之理。

哈佛大學著名的政治哲學家約翰・羅爾斯在《正義論》[6]一書中提及「無知之幕」（The Veil of Ignorance）對於理解知識的重要性。人必須進入「無知之幕」，拋棄一切一己既定的社會地位與見解，就能夠對事務做出符合正義的判斷。無知之幕說的其實就是人本來具備的良知。如佛教所言真如佛性本自具足。

這跟王陽明誠意以通達萬理有類似的見解。只不過王陽明的誠意不只是獲取知識，而是能對於天下萬物、天下眾生的感通與關照。他的理念不是客觀科學性的認知，而是兼備人文的情懷與智慧的通透。

以慈悲喜捨為本的善經濟

企業主能以佛教的慈悲心從事商業，「慈」，茲與心也；茲者，物質也；心者，心靈也；物質與心靈兼備謂之「慈」；「悲」者非心也，非我心，而是以他心為我心才是非心。這是動機的善，是利他之心。

慈悲是經濟推動的至善之力。能以慈悲心創造事業，製造產品，對於員工與消費者，對於股東與國家社會都是最大的福祉。慈能愛人，悲能同理。以同理心愛惜員工與消費者的權利，以慈心愛護一切物品、愛護地球資源、愛護全體社會，這是善經濟的根本。

4　孫家琦編（二〇一九），〈盡心上〉，《孟子》。新北市：人人出版，頁三二〇。

5　王陽明著，鄧艾民注（二〇〇〇），《傳習錄注疏》。基隆：法嚴寺出版社，頁三一一。

6　約翰・羅爾斯著，李少軍、杜麗燕、張虹譯（二〇〇三），《正義論》。臺北：桂冠。

慈悲心的實踐必須基於歡喜，所以要做到喜捨。歡喜地做每一件工作。人類歷史上最偉大的發明家之一湯瑪斯．愛迪生（Thomas Alva Edison），都是在歡喜中創造新的產品。燈泡改變人類的作息、留聲機改變人類歷史的書寫與距離，這些改變人類生活的創造都是基於愛迪生單純的歡喜心。創新時他不覺得在工作，反而很歡喜，這些事物對人類生活創造出巨大的福祉，因此是利他的事業。

以歡喜心做利益他人之事業，就是善經濟的本懷。

史蒂芬．賈伯斯所創造的蘋果電腦以及蘋果手機的文字特別美，是因為他在大學輟學後，繼續留在學校裡旁聽甲骨文的設計。他熱愛文字之美，這種單純的熱愛，加諸於人類掌握機器的夢想，促成了一個偉大的工業時代之發明。用手滑動操作的智慧型手機，增加人類對手機的依賴與需求，手機成為資訊、溝通與娛樂的泉源。

以單純的歡喜心做利他的事，就是創造偉大事業的原動力。

然後是捨，懂得捨，就能得。所以慈濟創辦人證嚴上人說：「有捨才有得。」捨先是能為他人付出，而「付出無所求」，才是真捨。捨是寬大的心胸，能包容他人不能包容的事物。捨是智慧，知道捨去才是福氣。曾國藩在打敗太平天國之後，自己主動裁軍，以求不功高震主。所謂「飛鳥盡，良弓藏」；「功成而弗居，夫唯弗居，是以不去。」[7]捨，是大智慧。

對於企業而言亦是如此，企業在成功中都會尋求擴大規模，而擴張就是危機。如同管理學家彼得．杜拉克與彼得．聖吉所研究，一味地擴張，通常會導致企業的崩解。首先是市場改變了，原來成功的產品未必是市場需要。因此不斷地重複1到N，會導致企業在市場的轉向中慘敗。如同在智慧型手機已經逐漸普遍之際，Nokia卻無察覺，甚至跟不上這種轉變，以致從手機的領航者，一落千丈，最後在很短的時間內廉價賤賣。捨，很重要，若不知要不斷地從既定的成功中超越，很容易導致企業或整體社會經濟的衰退。

另一種成功後不知道捨，不知道節制擴張、節制獲利，以致訂單過多，造成內部管理機制跟不上出貨的需求，導致延誤客戶需求或品質降低，以致逐漸失去市場。這就是為什麼Lamborghini跑車一年只讓自己生產六千輛，一方面是保障品質；另一方面則是物以稀為貴。這就是知道捨而能得的例證。捨，最終要捨掉自己的慾望與負面能量。心中慾望一直滿溢，被慾望驅使，無法理性地看待事業發展、看待生命，最終導致悲劇收場。捨去一切控制欲，讓事業夥伴與同儕有更大的機會參與決策，創造群體智慧的高效能，如同IKEA的英格瓦．坎普拉所主張——讓我們共同作決定吧！

慈悲喜捨是事業成功與經濟永續發展的先決條件。

能慈，則無往不利；能悲，則廣結善緣；能喜，則創造力無窮；能捨，則智慧不絕。

企業主能以慈悲喜捨心經營事業，不但是企業之福，是社會國家之福，是善經濟的根本理想。如何建立「利他之心的善經濟」，是當代企業家的挑戰與使命。

第三節　善的動機之培養

利他之心如何興起

善經濟的前提就是具備利他之心，但是利他之心如何培養？

一般都認為人是自利的，自利的人如何變成利他的性格？

人性本善與人性本惡自古以來爭辯不休。荀子強調性惡論，故必須以禮法規範，以仁德培育善念。

7 王邦雄（二〇一〇），《老子道德經注的現代解讀》第二章。臺北：遠流，頁二〇。

孟子主張性善說，惻隱之心人皆有之。蘇格拉底則認為人都有理性的根本性格。所以康德才說，人是有先驗的理性。

東方重性情的探討，西方重視人的根本理性。佛教的看法與道家的看法近似，都認為人可為善，亦可為惡。修行人最終的目標是超越善與惡。老子說：「天下人皆知美之為美，斯惡矣。皆知善之為善，斯不善矣。」[8]善惡看似相對，但是覺悟的人可以轉惡為善，以善為師，以惡為惕。所以老子言：「故善人者，不善人之師。不善人者，善人之資。」[9]

佛陀言「善惡無記」；善與惡都是世間法，都應該超越。佛法強調人心有八識，其中第八識阿賴耶識是儲存生生世世善惡種子的地方，這些種子遇到緣起，就會生出惡行或善行。所以修行者必須在每一個境界裡，轉惡種子為善行。遇到任何境界，不憎恨，而是愛。不嫉妒，而是讚嘆。不占有，而是給予。不批判，而是寬容。每一個當下都是轉惡為善的契機。所以覺悟在當下一念，每一個境界都是修行，轉生生世世的惡種子為善種子的契機。一直到一切心念都轉善，就是覺悟，就是轉識成智證菩提。

善惡都有可能，這是人性的本然。環境與自我的造作是關鍵。

當下一念善，就能轉惡。千年之暗室，一燈就能照明。

所以每一個人都有自利之心，也有利他之心。如何擴大利他，縮小自利之心，是探討善經濟的善動機必要之關鍵。

如何強化利他之心，從接觸苦難人開始。

一般富裕中人，或是為了生活還在掙扎奮鬥的人，想的都是自利，想的都是如何得到自我的幸福。但是，這樣的追尋方式，永遠都很難得到幸福與快樂。人生是一條漫長的奮鬥歷程。即便已經富有之人，仍會覺得一切的享受已經沒有什麼意義。而當人們接觸到苦難人，他們內心的慈悲很快會被啟發。他們看到了自我的富足，感恩於自己的富足，有能力去幫助他人，而且在幫助他人之中，得到物質所不能給予的快樂。

吾人在慈濟慈善基金會多年的投入中，看到無數的企業家之所以不斷地到災區、到苦難的地方、到貧民區裡去幫助別人，就是因為他們在幫助別人當中，得到真正的喜悅。付出無所求而得喜悅。幫助苦難人，是轉自利為利他的關鍵。

美國哈佛大學皮蒂里姆．A．索羅金，於一九四九年在哈佛大學成立「利他主義研究中心」。索羅金在他的著作《現代潮流與現代人》一書中，將個體之自我轉化到利他的歷程，分為三種類型，分別為早期幸運型、後期憂患型或稱晚成型，以及介於兩者的中間型。[10]

關於第一個早期幸運型的利他主義者，索羅金列舉如十九世紀在夏威夷治療痲瘋病人的天主教達米安神父、非洲行醫的史懷哲博士、天主教聖方濟各、美國革命先驅富蘭克林等。早期幸運型的利他主義者在早年的生活教育中，就充滿著對超越意識的認同，長大後，機緣一到，就立刻能義無反顧地投入利他的奉獻。

第二種後期轉變型，索羅金舉悉達多太子等人為例，在早年生活中，他們要不是於自我、價值和群體整合不充分，就是錯誤地把個人主義與感性價值整合在一起，在經歷重大撕裂性的轉變後，重新建立自我與群體的關係，認識了超越自身的利他主義精神主體。索羅金例舉佛陀、聖保羅，以及耶穌會創始人聖依那爵．羅耀拉等人，認為他們都是後期轉變型的利他主義者。

第三種的中間型，其早期生活依然不具備自我與群體的價值整合，不具備成熟的超越意識之準備，

8　王邦雄（二〇一〇），《老子道德經注的現代解讀》第二章。臺北：遠流，頁二〇。
9　王邦雄（二〇一〇），《老子道德經注的現代解讀》第二十七章。臺北：遠流，頁一二六。
10　索羅金著，蔡伸章譯（一九九一），〈利他性轉化的三種類型〉，《現代潮流與現代人》。臺北：志文，頁二二八—二三一。

然而一旦機緣來臨，他們很快就能調整自我與群體價值的關係，快速整合自我與原來的價值體系，並將之轉化、超越至以利他精神為核心的生命模式。索羅金將甘地、德雷莎修女歸為第三型。[11]

啟發型的利他實踐

吾人認為，除此之外，還可以加入第四型「啟發型」，以及第五型「內省型」。

索羅金提出的三種類型都有很強的自我覺醒意識，不管是耶穌會的聖依那爵·羅耀拉、甘地、使徒保羅、德雷莎修女，包括慈濟的創辦人證嚴上人等，都是自我覺察力極高的聖格之人。但是一般人沒有這種自我的覺察力，外在的啟發與環境就變得格外重要。

以慈濟為例，證嚴上人教富濟貧，引導富有的人去幫助苦難人，以苦為師，苦難是我們生命的老師，教導我們知福、惜福、再造福。許多的企業家一開始並不是要做慈善，而是在人情的引導下，從事慈善救濟，進而發覺自我的悲心，從此不斷地投入慈善救濟工作，生命的重心也從利己轉向利他。

慈濟志工潘明水是在南非經營生意很成功的臺灣企業家，他一開始並沒有要從事慈善，是因為隔壁的鄰居慈濟志工拜託他幫忙開車，他只好勉為其難地協助慈濟發放。發放後，他發覺做慈善非常快樂、非常有意義，開始覺得做志工很好。他更在之後許多的慈善發放中發現，南非的男人不工作，女人沒事做，所以想辦法把一些臺商工廠裡的碎布集合起來，到部落裡開設縫紉班教導。

潘明水回收朋友紡織廠裡的中古縫紉機，送到祖魯族村落裡面教婦女做縫紉，一個班開成功了，就開第二個班、第三個班。這批縫紉機只借不給，給了怕她們閒置不用。如果借給她們，沒有善加利用，就告誡她們要轉借給他人使用，如此一來，村子裡的婦女們就會很緊張地趕快努力學習。一次教不會，教兩次，兩次教不會，就教十次，耐心地教會她們裁縫。

過程雖然辛苦，但這些南非祖魯族婦女的愛心被潘明水啟發，她們把衣服拿到市場賣了，收得一點錢，但不把錢全花光，而是每個人拿百分之五的收入到隔壁村再開一個縫紉班，就這樣開始自力更生，十多年後，德本已經有六百多個縫紉班，有二萬五千位祖魯族的婦女參加縫紉班，其中有將近七千人進入慈濟當志工。她們假日穿上慈濟藍天白雲的制服去訪視關懷貧病家庭、幫助孤獨的老人。

在南非，百分之三十的人口是愛滋病患，祖魯族志工會去定期探訪，照顧他們的身心。這即是「濟貧教富」，幫助貧窮的人，但是啟發他們富有的心，讓他們能夠去幫助別人。這群祖魯族的婦女其實還是處於清貧的階段，但卻去幫助比她們更需要幫助的人，她們擁有一顆富足的心。這是佛教《無量義經》所言，「未能度己、已能度彼」的精神。

幫助苦難人，不只啟發富有的企業家潘明水，也轉化貧窮的南非志工，從利己轉向利他。這是「啟發型」的利他精神之實踐例證。

現在潘明水與南非的祖魯族志工，已經橫跨南部非洲八個國家，帶動當地慈善工作，培育啟發更多的非富有者，從事救濟，從利己轉向利他。

內省型的利他轉向

第五類型的利他精神之轉化，吾人稱之為「內省型」。

許多事業有成的企業家或是專業人士，在中年之後，覺得生命空虛，開始尋求哲學或藝術的陶冶或進修。他們在哲學與心靈的修養中，找到內在心靈的力量。這種力量，引導他們看到世間的本質是非物質性的存在，慾望、消費、賺錢、名聲、權力都很空虛。生命的本質在追求清淨，在追求與更大的生命相結合。其本身是從自我的局限，擴大到人類生命關懷，對自我生命究竟的探索，這是利他的前提。因

11　索羅金著，蔡伸章譯（一九九一），〈利他性轉化的三種類型〉，《現代潮流與現代人》。臺北：志文，頁二三〇。

為當人能夠認識到自我的渺小，而領悟必須認知道、天、佛心、上帝、真理或集體潛意識時，他就不再是一顆生生滅滅的渺小水滴。在認識存在的大整體之後，他的生命竟會被轉化，從自利到利他，如同水滴歸向大海。因為利他的根本，即基於世界是一整體的思想出發。

內省型在思想上已經做了準備，在情感上還停留在自我的局限裡，但當他開始在所從事的工作中體現自我與自他是一體的胸懷與情感，就會開始以更大的愛來看待一切周遭的人與物。

希望從內省型的方式進行利他人格的轉化，最好的方法是加入團體，不管是宗教、靈性的、哲學的、公益的、教育的、藝術性的團體，都比一個人獨自修行好得多。因為團體的力量能夠更有利地轉化一個人的性格。團體的力量之於個人的轉化，不只是團體的行動與倫理制約的力量，能夠有效地引導一個人從外在轉向內在，從利己轉向利他；團體更大的力量在於正向的團體，能夠帶給成員無形的潛意識力量。心理學家榮格稱之為集體潛意識（Collective Unconcious）。

為何年輕人在搖滾音樂會之中狂熱，為何集體的宗教或政治儀式能夠深深地烙印共同信念於個人。因為人原本是可以通向集體無意識，好的，或不好的；正面的或邪惡的。因此，當一個人置身於正面的、積極的集體無意識之中，他人格的利他轉化，會比一個人獨自內省、自修要有力量得多。

企業家陳明澤是臺灣昶和纖維公司董事長，過去總認為努力賺錢的辛苦代價，總是要回饋犒賞自己，做法就是隨順慾望，吃盡天下美食，開遍天下名車。

陳明澤名下有七部車，常常凌晨天未亮就起床，趁著高速公路車輛少，盡情馳騁在高速的快感中。這是唯一能讓他的名貴轎車有發揮功能的機會，總是拚命飆到時速二百四十公里，享受著速度加乘高分貝的喧囂聲才過癮！

然而，二〇一一年，在慈濟志工魏良旭的邀約下，陳明澤與妻子李瑞壁參加了慈濟《慈悲三昧水懺》的經藏演繹。慈濟規定參加經藏演繹必須要齋戒一百天，同時要熟悉經藏義理，投入時間與團隊排練，協同演繹的默契。這些都是拋棄「自我」的過程。與他人排練，克制吃的慾望，理解經文，一起融入團隊虔誠的共善之中。

慈濟志工魏良旭回憶他邀約陳明澤參與演繹的過程其實非常困難。魏良旭打了二十幾通電話邀約他，期間碰了無數的釘子，陳明澤才終於答應。陳明澤說，他一開始其實也是以「應付、應付」的心態在參加。

可是一旦投入演繹，他內心的振動開始浮現。在一步步深入經藏義理，在每日都必須素食的過程中，陳明澤對生命有了很深的認知與反省。

莊嚴的樂音、經文的告誡，最重要的所有參與者的心靈之虔誠與莊嚴，給予陳明澤極大的心靈撼動。他在演繹的經文中看到，銀幕不斷地播放著動物被宰殺的哀號聲，一次次提醒他不要再殺生。《水懺經藏演繹》中，他飾演一條要被取下魚翅的鯊魚，在反覆不下一百遍的演練中，他深深地感受到鯊魚的魚翅被削下的那份痛苦。他以前最喜歡吃魚翅。

演繹結束後，他決心終身素食了。陳明澤說：「我本身是一個美食主義者，吃素對我而言，是很大的考驗。克服口慾很難，雖然心裡很掙扎，但終究還是克服了。」他的改變，讓妻子李瑞璧也覺得不可思議。

他不只超越美食主義，開始茹素。更下定決心捐出自己心愛的六部車來義賣。這六部車全是歐美進口名車，視車如命的他竟然一口氣全部捐出，妻子卻說：「這個決定是一個很好的開始，捨車就是捨了煩惱！」

如今身為慈濟志工的陳明澤，不斷地投入各地的慈善救濟，真正體現利他的人生。他也將善的人文帶進企業經營，不僅將證嚴上人的靜思語推廣每一個員工，讓他們也得到了心靈的力量；還推動素食、人文關懷以及環保到他世界各地的工廠。

陳明澤的轉變不是來自主動的內心自省，而是外在因緣的引導下，融入一個善與正念的集體意識之中。

他一開始進入慈濟的因緣不是參加慈善救濟，而是經藏演繹。唐朝悟達國師的水懺，改編成經藏演繹，在心靈療癒的音樂當中，自我的身與心演繹著經文，再與團隊達到協和一致的默契，最後全體融入在和諧優美的集體意識之中。這「集體意識」轉化他的身心，轉化他對慾望之執著——美食、美車，並因此從利己中心轉化到以利他為中心。

舉凡跳大會舞、任何類型聚會儀式，經典唱誦（Chanting）、團體祈禱，乃至合唱團的樂聲，都具備著這樣集體潛意識的心靈轉化力量。

榮格所述「集體潛意識」能夠轉化一個人，因為每一人的個人潛意識都能通向集體潛意識。但是榮格說明，集體潛意識也是危險的，因為它也會湮沒個人。所以經典的受持，亦即理性的訓練與修持，是掌握集體潛意識發揮正面功能的重要關鍵。

第四節　利他體制的建構

利他的轉化除了個人的努力，我們如何在社會制度下，建立結構性的利他機制，讓人人在這個機制底下，更能夠從自我中心轉化到以利他為中心。

吾人認為企業應該在自身的機構之中建立慈善活動，鼓勵員工從事慈善，如此培養、啟發自我與員工的利他之心，並且把利他的精神具體實踐。利他不是思想，而是一種情懷，情懷必須透過實踐才能成為人格的一部分。因此從吾人總結投入慈善工作近二十年的經驗，投入慈善是養成利他之心最好的途徑。

企業能夠建立慈善活動，並且長期為之，能夠讓企業主與員工都有愛人之心、慈悲之心，以及感恩之心。而感恩之心也有助於企業主與員工的和諧。慈善的利他，讓企業主與員工都平等在同一個價值底下，平等、互敬、互愛。

本書將在善企業篇章中，以個案詳細論述說明。

利他精神之培養，以政府層面言之，不是強制規範經濟活動的利他，而是獎勵利他的經濟活動。臺灣的醫院體系屬於非營利，但是醫院的房屋稅仍必須繳交。然而如果醫院的慈善支出超過一定比例，政府會免除醫院的房屋稅。因此，政府可以獎勵投入慈善的企業免除一定的稅額。捐獻非營利組織可以免稅，但是企業拿它來避稅，未必能養成利他的企業家精神，或有助於利他經濟活動之發展。政府應該獎勵企業投入慈善具體活動，給予免稅的比例，讓企業投入慈善，而非只是投資慈善。

慈善的工作說到底，是善企業文化的締造者、催生者。從事公益事業的企業，其核心價值會更趨向公益與善的經濟活動。因為實踐會改變一個人的思想與情感，從而塑造一個人的人格。

另外，對於自營商或是專業人士，可以視其籌組善公益組織的時間，而給予稅賦的減免，以鼓勵公民投入公益與慈善。

這是亞里斯多德所言，真正的幸福不是賺錢致富，而是投入公共活動，有良好的道德生活，建立與仁愛的關係。慈善公益活動恰恰符合這三大標準。

慈善公益的投入，讓企業主能重新省思企業的文化與核心理念，對內凝聚員工的向心力，企業主愛員工，最好的方法是引導員工去愛人，大家體現共同價值。對外，減少社會的貧富差距，或是以公益活動創造各種公眾的藝術、文化、社會、休閒、心靈等價值，這是邁向整體社會善的基石。

第八章

善為運用

善經濟的方法

在因果的法則下，惡不能產出真正善的結果。沒有必要的惡，而是必要的善，本章探討以善為方法，獲致經濟善的成果。

善經濟所強調的善方法，在倫理上，在實踐上，仍遇到抉擇與兩難，如價值的相對性，利益極大化與犧牲少數人利益的迷思，個體的善與群體的善之平衡等問題，是本章探討的重點。

第一節　方法的善對人類的價值與意義

我們常認為要做成事，常常要採取必要的惡。但是善經濟堅守的是必要的善。方法與過程的善，才是善經濟的理念。

因為如果方法不善，那心態也不會是善。我們所探討的誠意，善的動機也就蕩然無存。意念一惡，就會招引惡的因緣。這是佛教所言的因緣生法，因緣果報必然的結果。

是否有一種情況是，我的心情是善，但必須以某種惡的方式才能得到善果？每一個戰爭的發生都是以這種想法開展的，以戰爭達到和平，最後結果往往是更大的生命損失。

然而面臨希特勒這樣的暴徒，難道我們能以善來面對嗎？難道英國的邱吉爾應該跟張伯倫一樣強調和平，和希特勒談判，而不是不惜一戰，直到最後身軀倒下為止絕不投降？因為邱吉爾認為在老虎口下無所謂和平。那麼，反抗奴役的戰爭是不是一種必要的惡？

佛教有一種關於菩薩的思維，即是菩薩為了救五百人，而不得已殺一人，以拯救那五百人的生命，菩薩做或不做？當代佛教哲學泰斗印順導師說，菩薩無殺意，為救人而殺人，其行為是可以接受的。印順導師說：

以殺戒來說，殺一救多，固然是可以的，可是還得看菩薩的用心怎樣。若以慈悲心救多數眾生，殺一惡眾生，是無罪的。[1]

然而依此推演下去，我們可不可以為了要救一千人而殺十個人？為了要救一萬人而殺一千人？甚至為了要救一百萬人而殺一萬人？這成了一個沒有終止的道德困思邏輯。

曾經在慈濟醫院，有醫生為了要做研究，必須以動物作實驗。為了醫學實驗，為了人體健康，不得不如此。醫生們來請示證嚴上人，因為證嚴上人是慈濟大家庭的精神導師，也是慈濟醫療基金會的董事長。證嚴上人回答醫生的提問時說：「這個業，我來擔！」亦即這是有業的，非善的，如果不得不為，仍有業。這個業他來承擔。

殺業沒有任何正當的理由能夠豁免，特別是刻意為之。無心或自衛者，仍有其可議之處，但是戰爭的開端，或者是迫害的啟動，都有很正當的理由。從國家間的戰爭，宗教間的戰爭與迫害，種族之間的互為傾軋，都是有美好的理由。手段的惡是為了追求更大的善。

從根本言之，是誰造就這項惡，希特勒自己無法形成納粹，是當時無數的德國人支持這個種族優越的想法，投入這項運動，以創造美好社會為名，以殺戮破壞為必要的惡。正因為大家相信必要的惡能達到結果的善，所以才有希特勒這樣的人崛起，才會有戰爭，才會有宗教的迫害。認為自己是為著善，因此可以消滅惡，以惡的手段消滅惡。

但為什麼不用善的方法擴大善呢？

---

1 釋印順著（二〇〇三），《攝大乘論講記》。新竹：正聞，頁四〇九。

擴大必要的善

如果人人唾棄「以必要的惡消滅惡」，那惡就會被防止，希特勒就沒有歷史的機會。消滅惡的「必要之惡」也無用武之地，邱吉爾就不用以必要的惡，消滅納粹的惡。

所以從根源上看，重點不是縱容惡的持續，當看到惡，我們應該想到善，想到應該立即把善擴大。在善的擴大中，惡就會逐漸式微。

不只是破壞或殺戮，慾念的惡也是如此。我們貪戀財富，貪念慾的滿足。我們就便宜行事，賺到錢再去幫助人，但是業已經種下。

我們以非道德及合法的手段取得權力，認為有權力才能做事，當大官才能造福百姓。因此不擇手段往上爬升，但是在這登上峰頂的路上，心靈已經被染污。

給予別人光明的力量，不會發自黑暗的斗室。自身黑暗要帶給社會光明是不可能的。

對於政治，孔子說：「人不知而不慍，不亦君子乎。」[2]君子的志節，不在得到大官，得到財富，而是能夠以人格的完成為生命的依歸。孔子言：「邦有道則仕，邦無道則隱。」[3]就是擔心捲入污濁之地。但是我們會問，那誰來恢復天下無道的混亂秩序呢？

其實，每一個作亂的人，都覺得自己在建立秩序，不同的人主張不同的政治、經濟與社會秩序，所以造成許多衝突。本來意見不同無傷大雅，但是不管是基於權力的私心，或是無私大公的正義凜然，以攻擊、毀滅對方為手段，衝突混亂就不能免。

孔子說「無道則隱」，就是不添亂。大家不添亂，天下不會亂。所以孔子之於亂世，看則消極，實則減少社會家國之衝突混亂。

老子更是看得透，「天下皆知美之為美，斯惡已；皆知善之為善，斯不善已。」分別善、惡，然後對抗惡，就不是善。

佛教講「善惡無記」，是指超越道德的善與惡，不以一己之善為善，不以他人之惡為絕對的惡。這是大修行人在守住一切道德規矩之後的超越與慈悲。如果有人因此認為，善惡都是相對的，可以任意或放肆為之，那就是顛倒妄想了。

擴大善不是打擊惡

打擊惡久了，會讓自己遠離善。

歷史上絕大多數的王朝開創者無不是以正義之師自居；無不是以理想社會為藍圖，號召民眾打擊推翻既存的、強大的邪惡勢力。當人民熱烈地加入支持這一個打擊邪惡的力量，既存的邪惡力量很快地消滅了，打著正義之旗的新興力量，卻弔詭地成為新的壓迫階級與惡勢力。

一九一〇年，列寧率領布爾什維克黨人發動俄國大革命，以推翻沙皇的腐敗及殘暴為目標。列寧的哥哥也是因為革命被沙皇處死。而當列寧領導的紅軍在推翻沙皇之後，曾經最效忠列寧及以驍勇善戰著名的「喀琅施塔得海軍」（俄語：Кроншта́дт）在革命成功後要求共產黨履行對人民的承諾，希望得到言論自由與權力回歸人民等要求。喀琅施塔得海軍認為布爾什維克政府已經背棄了革命的初衷，因此起而反叛，最後遭到布爾什維克黨僅次於列寧的第二號領袖托洛斯基的血腥鎮壓。

弔詭的是，托洛斯基本人在列寧死後被史達林鬥爭，流亡墨西哥，在二次大戰期間遭史達林派去的潛伏特務暗殺。托洛斯基生前撰寫《被背叛的革命》，控訴史達林的共產黨背棄了列寧的理想。[4]托

2　傅佩榮解讀（一九九九），〈學而第一〉，《論語》。新北市：立緒文化，頁一。

3　傅佩榮解讀（一九九九），〈衛靈公第十五〉，《論語》。新北市：立緒文化，頁三九二。

4　托洛斯基著，簡文宜譯（一九八七），《被背叛的革命》。臺北：南方叢書。

洛斯基所控訴史達林的內容，與他當年所消滅的喀琅施塔得海軍所訴求的如出一轍。用武力換取正義的人，最終都被武力所吞噬。我們一直以為手段只是過程，善的結果總有必要的惡，但最終我們才明白，手段不只決定了最終的結果，而是成為結果的本身。

打擊惡，會讓自己遠離善。那我們要用何種態度來面對惡呢？

第一個思考應該是如何界定惡？善惡經常是相對的，沒有客觀標準。

先前引老子所言：「天下人皆知善之為善，斯不善已。」這句話有兩個意涵，一是善惡相對；二是真正的至善是回歸自然的平常心，人人皆善，忘記有善有惡。這是社會臻於至善的境界。

人之所以產生善與惡，或區別善與惡，是因為人離開了「道」的整體。所以老子說：「失道而後德，失德而後仁，失仁而後義，失義而後禮。」[5]德、仁、義都是在世人失道之後，才開始強調。因此如果人人能體會道，就回歸到世界是一整體，利他、利己無別，是為至善。

但是在這人人皆善的境界到來前，善惡的分別仍在，因此如何去惡就善是現實環境中必須面對的議題。

什麼是惡？當你在說他人為惡的時候，那個他人也同樣在說你是惡。惡是相對的，非絕對的。惡經常是少數的，但少數的惡壓制著多數的善特別顯得難耐，所以才說是惡。

弔詭的是，當多數為惡時，卻經常會被認為是善。惡，通常是對抗、是毀損、是沉溺、是黑暗，是一種負面的力量。

擺脫善惡相對，善的本身必須超越對抗、超越打擊、超越破壞。

因此學習不對抗惡，不打擊惡是臻於善的關鍵。如何擴大善才是智慧。

這觀點一定有很多人不同意，難道讓惡繼續存在？其實不打擊惡，不毀壞惡，不等於讓惡一直存在，而是彰顯善，與惡區別，讓惡無以自存。

印度聖雄甘地以非暴力來凸顯英國政府當時以暴力壓制印度人的不正義。他的非暴力喚起世人理解英國的暴力，凸顯壓迫殖民地的不義。

以暴制暴，世人就盲目了。

因此，善是成全，是愛，是寬容，是給予，是光明，是圓滿，是正向的力量。以此前提，善的自身必須遠離負面能量。

擴大善與愛，是消弭惡的良方。

所以證嚴上人說：「心中充滿了善的種子，惡就無所生。」只要你內心還要對抗自己心裡的惡念，這對抗本身就是一股負面的趨力，這趨力終究帶來惡的滋長。

宗教描述神聖的光境通常以光來表示，佛陀眉間放光，照遍十方世界，無限清淨光明。基督教描繪上帝的顯現也是無瑕的光芒。光與暗是相對的，卻是區隔的。有光就沒有暗，光不驅逐暗，它只顯現自身。

善不打擊惡，它只是顯現擴大自身的力量。這就是證嚴上人一輩子努力向世人證明的真理。

因此面對惡，我們的做法就是要趕快擴大善。斗室之暗，一道光即能照明。光並不打擊惡，而是顯現自我。不管自身的善多微小，都會取代惡的力量。

第二節　善的方法與善的結果

善的方法，才能獲致善的結果。

先前我們已經討論過動機的善，也從不刻意以惡為手段進行討論，但若智慧不足，雖然動機善，方

5 王邦雄（二〇一〇），《老子道德經注的現代解讀》第三十八章。臺北：遠流，頁一七四。

法也想要善，結果卻反而得不到善的成果。

因此方法的善，不只是主觀的心態上不為惡，在方法上也要有智慧。不管從事任何社會、經濟、政治、文化等事業都是如此。所以老子以大量的篇幅說明善的方法。

老子言：「居善地，心善淵，與善仁，言善信，正善治，事善能，動善時。」[6]

我們將之歸納居善地、政善治、事善能、動善時，是強調智慧的能力。

善即智慧，善於選擇有仁德的地點居住，如孔子所言：「擇不處仁，焉得智。」住在有仁德之地，處有仁德之人，謂之智，謂之善。

政善治、事善能、動善時，都是講求對於政治、對於事業治理的智慧；也講求觀察時局與運用時勢的能力。這是方法的善，善在此亦即智慧。

因此方法的善至關重要，不只要求符合道德，更要有智慧為之。善的結果其實就是被善的方法所決定的。

善的動機不會創造必要的惡之手段。西方在政治學的探討上強調排除動機，不以動機論斷政治人物的好壞。因此西方常常不重視動機的善，只強調方法與結果的善。

方法的善對西方文化而言就是制衡。西方的文化認為動機的善難以判斷，所以以制衡、稽核方法的善來預防人的惡。

這種制衡的結果善了嗎？

制衡其實產生無止盡的衝突，在政治上，或在各種領域中皆如此。雖然制衡能夠糾正偏失，但是因為不強調動機，所以就堂而皇之以自身利益為上。商業上、政治上都是如此。政治上產生無止盡的紛亂，商業上的競爭剝削層出不窮。因此，善必須要同時強調動機與方法。

單純慈悲心是善動機，不以惡的方法為之，是善方法，這需要智慧養成。

善方法的意涵為何？

不透過打擊，不透過破壞，不經由壓制，不是抱持懷疑，不是一味制衡，是善方法的基本條件。相反的，善方法是成就他人、支持他人、相信他人、尊重他人。

誰能夠更大程度地支持他人的需要，就是善。是善方法，是善智慧。

中國人講究涵融，阿里巴巴的成功就是龍的涵融文化所締造。龍，就是古代中國各大民族融合的象徵。龍的圖騰，是源自蛇部落併吞鳥的部落，因此加上能飛翔的翅膀。接著併吞魚的部落，於是龍就有了鱗片，又併吞鹿的部落，最後龍就有了鹿角。龍，是一次次民族大融合的象徵，代表一種信念與價值，就是中國人相信在對抗與所謂的併吞中，誰也沒有消滅誰，而是你中有我、我中有你的大熔爐。

阿里巴巴成功地結合大、中、小企業的橫向合作，以及結合上、中、下游企業的垂直合作，創造世界上最大的購物平臺。它把金融也放進來，締造支付寶的系統。它透過整合將一切可能是對立的、阻礙的，變成是助力與協力。這是共容、共享、共榮。

互聯網時代的特徵在於將每一件商品都更個人化、更能共享，以締造共榮。這是善方法，不經由對抗，而是合作協力達成自己與他人善經濟的果實。

所以彰顯善，其方法是對抗還是合作？是鬥爭還是和平？

美國紐約歷史博物館入口處的前廊，高高地掛了一幅泰德・羅斯福總統（Ted Roosevelt）之名言。老泰德・羅斯福在一九一〇年期間擔任美國總統，他是領導美國打贏二次世界大戰的富蘭克林・羅斯福總統的親叔叔。所以美國人稱呼富蘭克林・羅斯福總統為小羅斯福。

泰德・羅斯福總統鑲在歷史博物館前門的名言是：「如果當正義與和平不能兩全，我寧取正義，不

6 王邦雄（二〇一〇），《老子道德經注的現代解讀》第八章。臺北：遠流，頁四六。

要和平。」

西方的思維，總是要求正義的伸張高於一切。因此，為了正義，可以挑起戰火，可以懲戒不義之惡人。

方菊雄教授是一位基督徒，也是長老教會東部地區重要的長老。但是他卻在佛教慈濟大學擔任前任校長。方校長一日對我說，他在基督教裡聽到的都是正義，在佛教裡聽到的都是和平。

爭取正義的過程很難獲致真正的和平。人類的諸多衝突，並不是因為喪失正義的標準，因此產生爭鬥，而正是因為有太多關於正義之定義，因此才產生激烈的爭鬥。爭鬥的雙方往往都堅持自己是正義。俄羅斯兼併克里米亞，他們宣稱是正義之舉，因為絕大多數的克里米亞人選擇歸順俄羅斯。美國則認為俄羅斯是不義的一方，因為俄羅斯先以武力入侵，然後舉行公投入俄，違反烏克蘭憲法。雙方都堅持正義之際，只有劍拔弩張一途。

當雙方角力，輕則造成社會混亂，經濟倒退，重則生靈塗炭，民不聊生，像今日之敘利亞。前美國總統小布希二〇〇一年在攻打阿富汗時曾說：「我們要不是以正義摧毀敵人，就是要消滅敵人以伸張正義，正義終將勝利。」（We either bring justice into our enemy or bring enemy into justice, justice will be done.）

正義的口號恰恰是強者侵略的絕佳藉口。如同俄國文豪托爾斯泰所說：「正義，在人類歷史上不過是充當火車頭前的鏟雪板，它鏟除了侵略者訴諸武力的各種障礙。」

真正的正義應是維護人的尊嚴與生命，而不是以正義扼殺人的尊嚴與生命。當一個劊子手拿著頭顱宣稱正義，正義正葬送在他的手中。

今日我們看到人類諸多的衝突都是因為堅持正義，或假借正義，或誤解正義，或自以為是正義，因而導致各種衝突與鬥爭。

從佛教觀點而言，堅持世上只有一種正義是執見；假借正義是邪見；誤解正義是偏見；自以為正義是妄見。

這些執見、邪見、偏見、妄見都是人類之禍源。這些執見，一部分是慾望造成，一部分是見解偏差所導致。如何釐清這些偏見與妄見，而產生正知、正見？佛陀的教導是從去貪開始。

去貪？如何以去貪這個道德標準來約束一個有能力發動衝突的政治領袖？大凡人權力越大，慾望越大。慾望越大，自恃越深，也越自以為正義，越會認為反對他的人就是不義，不義就應該消滅。所以佛陀苦口婆心地告誡世人，去貪、嗔、痴。而以去貪，為修行的第一步。

第三節　善經濟之方法一：交易的善

亞當．斯密認為人類能夠以交易來追逐個人利益，是人類有別於動物的表徵。透過交易以追逐利益，在過去中世紀的西方是被譴責的。但是亞當．斯密卻論證在市場中，人們基於追逐利益，供需機制會自然調節生產的數量，讓價格維持在自然價格。

自然價格是指商品製造的成本扣掉之後的最低售價，它本身是有利潤的。因此，最低售價的自然價格對於消費者有利，當然會有最大的市場，因而對生產者也有利，這是自由的供需法則所必然呈現的狀態。

而所謂的市場價格是指商品實際被出售的價格。在供需的機制中，當市場價格遠低於自然價格，亞當．斯密說，生產者出於利己，會轉而生產其他產品，以獲得更多的利潤。當市場價格高於自然價格，生產者基於自利的心態，會增加該產品的生產，以獲得利益。因此，市場中該產品的產量會增加，在需求數量不變的情況下，價格就會降低，對於要購買該產品的消費者也是福音。因此，自由的供需市場，會自然地調節價格與數量，達到平衡。而這其中的關鍵是自利。

但是亞當．斯密沒有觀察到的是，生產的轉換並不容易，一個產品的製造，到另一類產品的製造需要投下新的資本，因此會出現當市場價格低於自然價格，生產者不會立即轉換產品，而是降低價格。或是擁有更多資本的生產者，基於自利會刻意壓低價格，讓其他資本較少的生產者，承受不了低價的損失，而退出市場。因此壟斷的局面就會出現。

自然壟斷法（Natural Monopoly）就是說明在沒有干預的情況下，資本大者恆為大。資本雄厚者可以用低於自然價格，逼迫其他競爭者退出市場。獨大後的企業就開始提高價格，消費者不得不買遠遠高於自然價格的產品。

美國的報業從一九五〇年之後，逐漸合併成一區一家的局面。傳播經濟學者把這個現象稱之為自然壟斷法。一九五〇年全美國有九十九家獨立的報紙，在三十八個區域市場各自競爭並擁有大量的訂戶。然而到了一九八〇年剩下六十六家，一九八七年只有十五家都會型報紙生存下來。自然壟斷法說明一個超大型企業，包括新聞企業在內，只要經營者擁有足夠的資金，他們可以透過低價競爭，高價挖走優良新聞記者，藉以擴大市場占有率，最終資本不足者將被迫退出市場，而資本雄厚者成為市場的壟斷者。

自由的市場，在追逐自我利益的前提下，造成大型企業壟斷的局面，在十八世紀末、十九世紀初已經普遍化。因此馬克思才批判資本主義，集中壟斷資本，壓低工資，提高商品售價，企業主獲取極大的利潤，但是工人卻買不起自己所製造的產品。到頭來，大眾買不起商品，資本家也無法獲利，而多數的群眾集結起來反對資本家，造成資本主義的崩潰，這是馬克思的預言。

亞當．斯密或許會說，當工人買不起自己製造的產品，資本家就會改弦更張，降低價格，讓大家買得起，資本家才有利得。因此亨利．福特開始讓工人上班五天，工人才有時間購買自己所生產的商品。這是自由市場追逐自利的必然法則。這意味著，資本家開始利益大眾之際，他才能夠真正地存活。不利益大眾，資本家的利潤蕩然無存。

亞當．斯密對於自由市場的見解之所以能夠長久的存在，不是利己，而是利他。利他才是那一隻看不見的手，在分配社會供需。

利己最終導致的是獨大的企業，買不起產品的工人；利己，最終導致的是社會之崩解與企業之瓦解。亞當．斯密認定人有理性追逐利益，其實追逐利益的人是以慾望為基礎，而非以理性為依歸。以慾望為基礎的自利，產生不了亞當．斯密期望中的公共利益極大化。

利他，才是理性的力量。利他，也是情感的力量，它是慈悲，而不是慾望。

基於理性與慈悲的利他，才能夠使市場交易合理化。

當產品價格過高，生產者如果基於利他，他會調整價格，價格調整之後，消費者能夠買得起，生產者自然能夠繼續得到利潤。可見利他，比起利己，更能創造生產者的利益。

在一個市場中，當生產者越關注消費者的需要，他就會製造對消費者真正有利的產品。消費者並不一定知道自己需要什麼，生產者憑著想像力，創造出消費者未曾想過的產品，如史蒂芬．賈伯斯的蘋果手機，是消費者沒有夢想過的。賈伯斯所想要創造的產品，其關鍵是消費者，不是自我金錢的追逐。賈伯斯說，從蘋果電腦開始，到智慧型手機，他想的不是錢，而是產品，是人們的需要。

如果亞當．斯密還活著，他也許會說，這是賈伯斯追逐自我成就及利益，才創造出這種革命性的產品。真正的賈伯斯不會沒有自我，不會沒有追逐自我成就的動機，但我們所主張的是，自我人人有，但是如果不考慮他人之所需，個人的自我就無法實現。

正是透過利益他人，自我才得以實現。

善經濟的利他方法，不是消除自我，不是消滅自我利益，而是確切認知到利益他人，才是利益自己，為他人造福，自我才得以成就。

利他才能利己。不只個人的成就如此，國家的富強也是如此。利他，國家才能正向累積。因為利他的經濟體，不會造就剝削的群體，沒有受剝削的群體，國家就能安定而富庶。

第四節　善經濟之方法二：金融的善

在經濟活動中，除了市場的商品交易，還包括金融的交易。有別於產品交易，金融是一種純粹的金錢交易。因為金錢交易而賺取金錢，從遠古希臘社會開始，就被視為罪惡。亞里斯多德認為，「當人的財富是來自金錢自身，而不是來自金錢所提供的商品生產，這違背自然的商業形式。」

西方中古世紀基督教教會明白反對貸款收取利息。早在《舊約聖經》〈出埃及記〉裡，摩西反對希伯來人向族人收取利息。所以猶太人不向族人貸款取息，但是他們向異邦人收取高利貸。〈申命記〉裡說：「借給外邦人可以取利，只是借給你兄弟不可取利。」[7]十九世紀末的猶太人在歐洲及德國，以高利貸著稱，這使得當時的猶太人受到非常負面的社會評價。

基督教把兄弟擴大為世界上的一切人，所以教會堅決反對放高利貸賺錢，「金錢生金錢是罪惡的」。教會從十二世紀到十八世紀，教皇多次透過敕令禁止放高利貸。雖然十八世紀資本主義勃興，借貸是資本市場最急迫需要的資金泉源。也因為如此，當教會的控制力越來越不能約束資本市場時，資本主義如脫韁野馬般，將各種束縛的力量完全解脫，而成為一頭猛獸，或如一場洪水，沖垮了整個歐洲十幾個世紀的社會秩序。

伊斯蘭世界即便到了十八世紀，還是禁止金融交易的利息，貸款從事商業是被鄂圖曼帝國禁止的。雖然當時帝國之中仍有借貸，但是僅止於日常購物之用的借貸，借貸做生意投資是被禁止的。在十七、十八世紀，西方資本主義靠著資本市場取得資金，開始擴展海外版圖之際，伊斯蘭帝國選擇維持貧富的差距縮小，拒絕這種資本的擴張。十八世紀伊斯蘭國家的經濟自身並沒有衰退，只是與西方資本主義極速擴張相比，伊斯蘭所屬的國度相對落後。但是保持兄弟情誼、照顧貧困弟兄的經濟思想，使得伊斯蘭的貧富問題不曾威脅帝國的統治基礎。

印度的佛陀在當時似乎沒有反對利息的收取。但是佛陀反對投機生財，反對趁人之危難，收取利息生財。

金融市場卻是資本主義前期能夠蓬勃發展的關鍵。早在十五、十六世紀之初，得利於貸款與投資，使得冒險的航海者能夠取得資金，在海外帶回來各種香料、絲布、黃金等產品。資本主義是在這種自由的金融往來機制下，創造出許多資本家。因為資本的累積，創造了城市階級，城市階級的市民組織商會，對抗貴族與君王，而逐漸從商業力量取得政治影響力，進而造就議會民主制度的誕生。

金融的體制對於有專業沒有資本的創業者是福音。但是高利貸、利息生財，是許多古聖先賢所反對，因為以金錢賺取金錢是赤裸裸的慾望展現。不事生產，卻獲取大量的財富，是一項罪惡。今日的銀行不都是以金錢賺取金錢，銀行是大家生活與經濟活動之所需。

人們錢存進銀行，賺取利息，銀行將錢貸款給產業，收取利息，以支付存款者的利息，還賺取利潤。這是當代金融市場的必然。股票市場自是如此，投資人以餘裕的金錢投資，賺取投資以外的收入，造福家庭。創業者從大眾取得資本，以繼續創造事業，並對投資人負責，賺取足夠的利潤，以回饋投資人。這是正向的金融循環。

金融交易的惡是投機。不當地收取高利貸，特別是趁人之危。以股票投機，而不是看公司企業的營運而投資，這是金融市場的惡。

7《聖經（和合本）》（二〇一七），〈申命記23:20〉。新北市：財團法人臺灣聖經公會，頁二四五。

另一方面，銀行借貸常常給予資產雄厚的人，造成富者越富。富人以資產抵押，以銀行的錢，亦即普通存款人的錢，賺取更多的金錢，使得貧富差距加大，逐漸導致中產階級的消失。某些營造商以銀行借貸買土地，再以土地抵押蓋房子，然後獲取巨大的利潤。關鍵問題不在營造商，而是銀行的借貸模式本來就是給有資產者。

經濟學家說，銀行基本上像當鋪，沒有資產，就沒有借貸。

孟加拉的穆罕莫德・尤努斯之微型貸款，卻創造出另一種金融正義與金融利益。他貸款給真正需要的人，而不是有資產的人，他體現了金融交易的善。

一九七六年，尤努斯創建了格萊珉鄉村銀行（Grameen Bank），「格萊珉」的意思為「鄉區的，村莊的」，所以這家銀行是提供貸款給貧窮的孟加拉人。至今為止，已貸出超過六十億美元，給予超過六百萬位客戶。

格萊珉銀行為了確保貸款者能夠還款，採用「團結組」的聯保系統。這些非正式的小組一起申請貸款，由小組成員擔任聯合的還款保證人，並互相支持對方努力改善自己的經濟狀況。事實證明，格萊珉銀行貸款給婦女，這些婦女還款率高達百分之九十八。她們利用這些微型貸款做小生意，買手工藝材料，在一年內就還款。

尤努斯創辦的銀行對傳統銀行而言是革命性的顛覆。格萊珉銀行沒有電話、電腦或者豪華的裝潢。尤努斯的員工們都是主動地到偏遠的鄉村裡，拜訪需要借款的窮人。銀行與借款者之間也不簽署合同，因為大多數的借款人根本是文盲。

雖然客戶們都是沒有資產的窮苦人，但是格萊珉銀行不只沒有虧損，還有盈餘。格萊珉銀行向借貸者收取的是固定的利息，通常每年是百分之二十，相對於孟加拉其他商業貸款百分之十五的複利，格萊珉銀行利率低出很多。盈餘使得格萊珉銀行有資金貸款給更多需要小型資金的人。

至今，已經有超過八千萬人受惠於尤努斯的格萊珉銀行之微型貸款。超過百分之九十六的格萊珉貸款都是借給婦女，孟加拉的婦女社會地位低，儘管生活貧窮，但她們也比家裡的男人付出得更多，更以手工或做小生意提供家庭之所需。尤努斯的願望是「希望有一天，我們的子孫將只會在博物館裡見識到貧窮」。

尤努斯模式已經在五十多個國家推廣，包括美國也成功地發展出類似微型貸款模式。菲律賓、印度，以及尼泊爾，都複製格萊珉銀行的微型貸款，使貧困的借款者生活得到顯著的改善。

諷刺的是，墨西哥的一家銀行也投入微型金融，並且在二〇〇七年掛牌上市，股價市值超過十億美元。後來該銀行被大眾評價為吸血鬼，專從上門借款的窮人訛取暴利。

可見沒有利他之心，任何好的金融或經濟模式，都可以為惡。

讓微型銀行成功的正是利他的精神。

尤努斯帶給金融交易的啟示是，銀行貸款要給予真正有價值的企業與創業者，銀行必須綜合判斷貸款者的能力與創意，而不只是資產。如此，金融交易就是善的交易。

同樣的股票投資也應該是基於企業的體質作投資的基準，而不是投機、炒作。

華倫．巴菲特的成功是，他專門投資表現良好，但是被市場低估的企業。他能夠真正理解一個企業的體質，才進行投資，這是金融的善交易。

華倫．巴菲特也拒絕投資一些有人事問題的公司，例如準備要資遣員工的公司，或長期勞資對抗的公司，或股東互相鬥爭的公司，他都拒絕投資。他投資體質良好的善企業，華倫．巴菲特確實是善金融的典範。

從人類進入二十一世紀之初，資本市場逐漸興起如何把公益與營利結合的理念與理想。不只是企業傾向鼓勵主管投入慈善，更是希望企業履行社會責任。不是不負責任地賺錢之後，再履行社會責任作彌補，而是一開始就想到如何讓資本市場結合公共利益與企業營收，義利並重。這就是近年來金融專家所倡議的影響力投資（Impact Investment）。

影響力投資善公益與善企業

「公益是為著公共利益而非個人利益，所以稱之為善。而商業是為著個人利益，所以非為善。」吾人認為這種劃分實在沒有必要。公益為善，企業也是為善。重點是商業或公益組織以何種方式提供社會正向價值？

西方社會於近十年提出的「影響力投資」就是以解決社會問題為目標，並同時能獲利。影響力投資打破了商業與公益的界線，將商業更積極地引進公共利益的範疇，在營運、營利之際，也解決社會的難題。

影響力投資是二〇〇八年洛克菲勒基金會率先提出的觀點與營運模式，這模式結合公益與商業的雙重目的。目標是透過企業的方法，解決社會急需解決的問題，同時能夠讓股東獲利。

獲利的意涵具備兩個要素，一是投資者獲利，二是讓機構獲利以便永續化發展，能更長久地實現解決社會問題的理想。

二〇一三年，英國首相在Ｇ８提出影響力投資對經濟發展的重要性，它能夠結合公益組織、企業、家族投入地區或全球的重大議題。如環境變遷、低收入住房、乾淨的能源、老年醫療照護、貧困人的財務管理等，都能夠藉由影響力投資來實現這些重大急迫性的全球社會問題。

影響力投資的概念結合公益與商業，政府與民間的合力，其經濟資產根據經濟合作與發展組織（ＯＥＣＤ）估計在下一個五十年會達到四十兆歐元的經濟規模。[8]

傳統上，社會問題多半由政府及民間的ＮＧＯ來解決，獲益的企業或銀行資本不會投入公益事業。但是商業資本比起公益資本是數以千萬倍，社會影響力投資能夠動員商業資本對於社會議題進行投資與運營，在解決社會重大急迫問題之際，也讓機構獲利。

「計畫型導向的投資ＰＲＩ」也是近幾年來慈善組織及大型基金採用的解決社會問題的模式。美國洛克斐勒家族、德國的博德斯曼基金會（Bertelsmann Foundation），以及比爾．蓋茲基金會，都透過「計畫型導向的投資ＰＲＩ」，以公益組織結合商業組織，致力於傳染病的防治，偏遠教育的增能，環境永續的乾淨能源等，都得到很大的成果。

商業的創新比起政府或ＮＧＯ更能創新，對於市場所需更為靈活有效，比爾．蓋茲的ＰＲＩ計畫導向的投資從二〇〇九年至今，已經超過十六億美金。

這種公益與商業結合的發展趨勢，從一九九九年社會企業（Social Enterprise）的催生，以致蓬勃發展至今，逐漸證明人類社會逐漸邁向善企業與善經濟的大時代。

這並不是說，企業以公益包裝自己，沽名釣譽；或公益機構以商業之實，開始大為營利，違背其公益之本質。社會企業或影響力投資是商業、是企業，不是法律上的非營利組織或公益慈善組織，但其自身卻具備解決社會問題的功能，在企業獲利之際，協助政府及ＮＧＯ解決社會急迫性的問題。如老人長照機構有營收的同時，也提供老人安養問題。

社會影響力投資以社會企業的資金來源，包括商業營收，有非營利組織的委託及捐款，如我們先前提及「計畫型導向的投資ＰＲＩ」，也有網路眾籌（Crowd Funding）。網路眾籌過去被認為是ＮＧＯ的專屬，現今的影響力投資與社會企業一樣會透過眾籌將資金投入社會問題的解決。

當然，投資人不管是公益組織如比爾．蓋茲基金會，或眾籌的捐款者，到頭來還是會檢驗該影響力

8 Wilson, K. E., Silva, F., & Ricardson, D. (2015), *Social impact investment: building the evidence base*, Social Science Electronic Publishing. p. 23.

投資機構，究竟解決多大程度的特定社會議題。這不是上市公司的股東檢驗公司營運多寡，而是檢驗社會影響力有多大。

中國的影響力投資

中國影響力投資的主要倡議者馬蔚華先生是前招商銀行行長。馬蔚華作為中國最具創新精神的銀行家之一，招商銀行在他的領導下創造了許多在中國銀行界的第一。招商銀行是中國第一家國際化的銀行。馬蔚華讓一家遭遇巨大金融風險的小銀行，在十年間起死回生，更且成為中國第一流的銀行。馬蔚華的信念還是利益大眾，利益廣泛的弱勢企業，最終扶植他們成為大型企業，包括華為、騰訊以及阿里巴巴。

在馬蔚華的帶領下，招商銀行是中國第一家做零售而非批發的銀行。招商原本是一家很小的銀行，馬蔚華接手時資本額才兩千億元，可是在他的治理下成為超過三萬億元的國際銀行。

馬蔚華的信念是每一個國家級的銀行，包括中國銀行、建設銀行、農民銀行等，都是在做批發，做國營、國資大機構的貸款。但是他專注在小資本的創業家之貸款。馬蔚華告訴筆者，只要他們看到創業者有很清楚的企業目標，有很好的計畫，就貸款給他們。在騰訊、阿里巴巴以及華為還是很小型的公司之際，招商銀行都曾經貸款給他們。抓住新興產業，以及年輕創業者的活力，是招商銀行成功的關鍵。

我們回憶起當時福特是如何發願讓每一個人都要開得起車，因此帶領福特一度成為美國以及世界汽車大王。還有賈伯斯如何將大型機構才能擁有的電腦逐漸個人化。這是更大範圍的利益大眾，才是成功的關鍵。

馬蔚華於一九四九年六月出生在遼寧錦州，高中畢業後知青下鄉四年，之後考上鐵路工人，在錦州鐵路局服務。一九七八年考進吉林大學經濟系，畢業後被分配到遼寧省擔任計委，很快被提升為副處長、副祕書長。

一九八五年六月，又被調到遼寧省委辦公廳擔任祕書。隔年獲得吉林大學經濟學碩士學位，並且隨著遼寧省委書記李貴鮮改任安徽省委書記，馬蔚華也跟著調任安徽省委辦公廳祕書。

一九八八年，隨著李貴鮮再調任中央銀行——中國人民銀行行長，馬蔚華跟著調到北京，擔任央行總行辦公廳副主任、計畫資金司副司長等職。

在央行任職期間，馬蔚華參與中國宏觀經濟的運作，親身見證了中國銀行業的許多重大事件與變革。當時中國還沒有「商業銀行」的概念，改革的重心在企業，銀行只是提供配套服務。一九八四年企業改革初具成效，需要能支撐新經濟型態的金融體系，因此開辦了工商、農業、中國、建設四大專業銀行，商業銀行的雛形開始出現。一九八六年之後，國務院又批准恢復交通銀行，成立深圳發展銀行、光大銀行等商業銀行成立，隨後各城市紛紛發展設立商業銀行。

海南發展銀行倒閉事件

一九九二年底，馬蔚華調任央行海南省分行行長兼國家外匯管理局海南省分局局長，直到一九九九年離開為止。在此任期中，他從銀行的監管者轉換成經營者的角色，主持了中國第一件銀行擠兌關閉事件，同時也完成了個人西南財經大學經濟學博士學位。

一九九五年，為降低海南房地產泡沫破滅對社會經濟的負面影響，穩定金融的健全體質，海南省政府因而在五家信託投資公司的基礎上，對外募股籌建海南發展銀行，雖然其中四家都有不同程度的債務問題，但海南發展銀行成立之後，大力打消壞帳，健全體質，短期間內將銀行業務經營得蒸蒸日上。

一九九七年底，海南省又出現大量資產不足抵債的信用社問題。最終，多方達成協議，將出現問題的二十八家信用社全部併入海南發展銀行，但這一次卻因為債務規模過大，擠兌風波無法遏止，一九九九八年六月二十一日，海南發展銀行不得不面對被關閉的命運，馬蔚華在央行總行的支持下，主持了中國歷史上第一次銀行關閉的事件。[9]

進入招商銀行，立即遇到兩大危機

一九九九年三月十七日，馬蔚華被招商銀行董事會任命為行長兼首席執行官。才剛上任，馬蔚華就面臨招商銀行的兩大危機。第一是受到亞洲金融風暴影響，中國的銀行離岸業務不良貸款率上升，於是央行叫停銀行的離岸業務。當時招商銀行的離岸業務高達十五億美元，若叫停離岸業務的消息被境外儲戶知道，發生擠兌，後果將不堪設想。於是馬蔚華懇請央行先不要發正式檔案，以手抄形式記下內容，回來改進，再設法籌措外匯資金，半年後才逐漸化解危機。

第二件是馬蔚華被董事會任命為招商銀行行長的當天，瀋陽分行就出現了大規模的擠兌。馬蔚華立即用電話告知瀋陽分行員工，只須告知客戶提前領出會有利息損失即可，至於客戶想領出多少就讓他領多少，而且還要把錢堆得高高的，面帶微笑地付款給客戶，讓客戶安心。在客戶逐漸相信銀行不會倒閉，又不想損失利息的情況下，終於讓情勢回穩，化解了另一場危機。

網路銀行和電子商務發展

招行創辦之初，條件不是很好，但是董事會決定有兩種錢絕不能省，那就是電腦化和培訓的錢，因此，當年招行不建辦公大樓卻建了電腦中心。

所以，招行成為全中國最早完成全國通儲通兌的銀行，實行統一布點、規劃、設備和管理。當時，很多銀行都比招行早進行電腦化，但卻是各省各自為政，彼此之間無法統一。所以，招行雖然規模小，但卻贏在規格化的統一。在此基礎上，推出全中國第一張一卡通，就是在一個客戶號下，可以有很多帳戶。

「在今天看來，一卡通是個再普通不過的東西，幾乎所有的銀行都這麼做，而在當時，把個人帳戶集中到一張卡上，是巨大的創新。」馬蔚華這麼說。

招行在中國率先推出了企業銀行和個人銀行的綜合網路金融服務。但這項嶄新的服務對大家都是陌生的，所以馬蔚華選擇了對電腦比較熟悉、容易接受新事物的大學生先推廣。

第一站就選擇到北京大學，來了許多學生，演講過後，就有一位北大學生透過網路，給女朋友買了一束玫瑰花，成了招行第一筆網路銀行業務。

另外還有一九九九年的「七十二小時網路生存實驗」，與賽者被關在小房間裡，只能靠網路跟外面聯繫生存，其中有選手就是運用招行的一卡通買到食物過關的。這在當時互聯網尚未完全普及的中國，引發巨大的轟動，也促使電子商務大幅成長。馬蔚華在最傳統、最沉穩的行業裡，提倡網路資訊技術，足不出戶就能享受金融服務，讓招行一舉成為互聯網時代的技術領先型銀行。[10]

強化體質、厚植資金

取得在國內技術領先的優勢之後，馬蔚華開始透過公開募股，同時增加儲備資金、強化體質，積極為邁向國際化而努力。

二〇〇二年，透過在中國公開發行十五億A股，實際募集資金一百零七點六九億元，創下了當時國

9 林海（二〇一四），〈金融機構退出與金融消費者保障——海南發展銀行倒閉風波簡析〉，《中國商貿》二〇一四年第四期。

10 季大偉（二〇一二），〈招商銀行：曾經的歲月〉，投資老兵．新浪博客，http://blog.sina.com.cn/s/blog_599a507f01012l4n.html（下載日：二〇一二／四／八）

內總股本、籌資額和流通盤最大的上市銀行、中國第一家採用國際會計標準上市的公司三項紀錄。同時利用資金核銷呆帳、增加儲備，強化體質。[11]

二〇〇三年，招行推出了中國國內與國際接軌的一卡雙幣信用卡，在短短一年多的時間內，發行突破百萬大關，創下業界辦卡速度的新紀錄。[12]

二〇〇四年，招行再向社會發行了六十五億元可轉債。受到熱捧，超額認購倍數達到一百六十四倍，創下了當時中國股市可轉債發行的多項第一。

二〇〇六年，招行在香港聯交所發行了二十四點二億H股，實際募集資金二百零三點三七億港幣。國際投資者同樣熱烈追捧，公開招股和國際配售部分超額認購倍數分別達到兩百六十六倍和五十一倍。

之後還有各種募資的行動，都得到資本市場極度肯定的成功，也讓招行脫胎換骨，成功地邁向國際化。[13]

以香港為試點邁向國際

隨著經濟金融全球化的加速推進，中資銀行加快國際化發展是大勢所趨。早在二〇〇二年，招行在中國股份制銀行中率先設立了香港分行，以香港作為邁向國際的試點。

二〇〇八年九月三十日，馬蔚華更收購了有七十五年歷史，在香港本地銀行中位列第四的永隆銀行，直接取得國際銀行的經營權。

馬蔚華對招行國際化期盼的高度，從他回覆洛杉磯「美國聯合銀行」的話中，可得知一二：洛杉磯的一家華人銀行「美國聯合銀行」破產前曾經找馬蔚華，希望招行能收購它的股份。但馬蔚華卻對他們說：「我們要去的是華爾街，不是唐人街。」

二〇〇八年十月八日，終於如馬蔚華所願，招商銀行紐約分行正式開業。這是自一九九一年美國實行《加強外資銀行監管法》以來，第一次批准中資銀行在美國設立分支機構。[14]

在中國銀監會對商業銀行的綜合評級中，招行多年來一直名列前茅。招行曾被英國《金融時報》評為市淨率全球銀行之首、品牌價值增幅全球第一；榮膺《富比士雜誌》全球最具聲望大企業六百強第二十四位、《亞洲華爾街日報》中國最受尊敬企業第一名。

這一切非凡的成就，都歸功於馬蔚華以利眾為銀行經營的核心理念，以及他個人卓越的同理心所發揮出的領導智慧。[15]

資本向善

馬蔚華近年致力於影響力投資，是進一步希望資本向善，讓商業資本投入社會問題的解決，並且以良好的營運模式獲益。以使得企業能永續發展，也同時持續改善社會的各種問題。馬蔚華在全世界四處講演呼籲企業家關注社會問題，投入影響力投資。他說：

11 季大偉（二〇一二），〈招商銀行：曾經的歲月〉，投資老兵．新浪博客，http://blog.sina.com.cn/s/blog_599a507f01012l4n.html（下載日：二〇一二／四／八）
12 沈茗（二〇一〇），〈「銀行信徒」馬蔚華〉，《理財》二〇一〇年二期，河南：海燕出版社。
13 季大偉（二〇一二），〈招商銀行：曾經的歲月〉，投資老兵．新浪博客，http://blog.sina.com.cn/s/blog_599a507f01012l4n.html（下載日：二〇一二／四／八）
14 季大偉（二〇一二），〈招商銀行：曾經的歲月〉，投資老兵．新浪博客，http://blog.sina.com.cn/s/blog_599a507f01012l4n.html（下載日：二〇一二／四／八）
15 季大偉（二〇一二），〈招商銀行：曾經的歲月〉，投資老兵．新浪博客，http://blog.sina.com.cn/s/blog_599a507f01012l4n.html（下載日：二〇一二／四／八）

過去二十年，科技革命、金融創新、資本市場的全球化，推動了全球經濟高速增長，全球的財富迅速集聚。在全球財富實現指數性增長的同時，我們還面臨很多挑戰，比如貧困化，絕對貧困化還沒有解決，相對貧困化卻在加劇，還有教育、衛生、飢餓的問題等等。這個世界上有二十億人口，每天的生活費只有三塊美金，還有將近十億人口沒有基本的衛生保證。所以，全球可持續發展面臨非常大的隱憂。正因如此，聯合國制定了可持續發展目標（SDG），一共有十七個，旨在從二〇一五年到二〇三〇年間以綜合方式徹底解決社會、經濟和環境三個維度的發展問題，轉向可持續發展道路。按照這樣的一個計畫，需求市場每年需要完成十七個指標的缺口，需要三十點九萬億元，現在政府的投入和企業家、慈善家的捐贈只能解決一點四萬億元。那麼大的缺口沒有辦法解決，靠傳統的公益慈善也無能為力。

怎麼辦呢？我們可以換一個角度來看，其實很多問題是經濟行為本身的問題。假如在未來我們每一筆投資、每一個經濟活動在它發生的時候，既考慮正面財富回報，同時也有社會積極的影響力，這些問題自然就少多了。這個就是影響力投資。[16]

馬蔚華身為國際公益學院的創始人兼理事長，他投入公益的教育近五年，培育出無數國際視野的公益領袖。他自身曾擔任壹基金的理事長，深知公益事業對於社會善的推動及彌補貧富差距的重要性。但是，公益事業絕不是根本解決社會問題之道。根本在於資本向善、企業向善，調動企業資本投入社會問題的解決，是他對於影響力投資所懷抱的理想。他列舉一家公益事業，以影響力投資的模式，轉型成社會企業的成功典範：

在浙江有一個養老機構，過去十幾年它是一個民營非企業，因為沒有錢，所以就只有五百張床。

後來有一個上海企業的影響力投資投進去，三年就發展到一萬張床，成為了亞洲最大的醫養連鎖機構，幫助失能和半失能的人解決醫養問題，而且價格還很低。為什麼回報率很高呢？因為在這個領域中，政府有很多優惠政策，降低了它的成本。

還有在四川的一家養老機構，專門為家庭解決智慧養老服務方案。有一家基金公司投資半年使它翻了四倍，因為它需要資金，需要影響力投資。我們有很多社會問題，光靠政府不行，光靠慈善也不行。彼得・德魯克有一句話：「所有的社會問題，只有把它變成有利可圖的商業機會時，這些問題才能根本解決。」所以，我覺得社會企業和影響力投資結合起來，就可以使我們面臨的許多社會問題找到解決方案。[17]

馬蔚華盼望透過他的呼籲與努力，讓中國成為世界上最重要的影響力投資大國，引導中國的金融資本向善，引導企業向善，以達到經濟向善、社會向善的理想境地。

第五節　善經濟之方法三：生產的善

資本主義拜公益革命所賜，能夠機械化地大量生產，因而取代傳統手工製造之生產模式。機械化製造能精準地複製模式，大量製造出品質同一的產品。然而它所造成的是將工人也機械化。卓別林在二十

16 亞布力中國企業家論壇（二〇一九），〈馬蔚華：影響力投資是一個必然的趨勢〉，http://www.sohu.com/a/310848199_99947734（第二十二屆哈佛中國論壇馬蔚華主題演講）。

17 亞布力中國企業家論壇（二〇一九），〈馬蔚華：影響力投資是一個必然的趨勢〉，http://www.sohu.com/a/310848199_99947734（第二十二屆哈佛中國論壇馬蔚華主題演講）。

世紀初所拍攝的電影，多半在反諷工業機械化的生產，給人帶來人格及生活的異化。

工人專注在一個小小的工作範圍，分工至生產極大化的關鍵，分工越細，越能大量製造。但是分工越細，工人的成就感越低，每天反覆無止盡的重複動作，如卓別林的電影《摩登時代》所描述的，一個工人每天在生產線上鎖螺絲，手不停地機械式地旋轉，八小時下來，到了下班時，手還在不停地旋轉抖動。這當然是電影的誇大，不過卻描述出機械的生產方式決定了工人工作的模式，也決定了他的生活方式與生命的模式，周而復始，做同樣的工作、賺微薄的薪水，又擔心失去工作。

因為正如馬克思所言，分工越細，工人越難轉業，不只難以轉業，工作也很容易被替代。因為工作的技術層面很單一，沒有什麼進入的障礙。而一個工人同樣的工作做了幾十年，其他的都不會，只能繼續做。分工越細，對資方越有利，因為容易汰換員工，就不必考慮員工的福利與薪資。

這是工業文明前期的生產方式，工業革命生產極大化的利益為資方所擄掠。即便到了資本主義的中期，服務業興起，白領階級享受很好的待遇與生活水準，但一樣得服從專業分工的準則，一生做一件事，甚至在ＩＢＭ、福特這樣的大公司，從第一天上班做到退休，都可能是同一種類型的工作。我們當今稱之為專業。

專業的分工是資本主義中期及後期都繼續奉行的路線。這種製造業的標準化分工，與服務業的專業分工，其本質固然是術業有專攻，但也把人規格化了。

中國的孔子說，「君子不器」。現代資本主義與工業文明所造成的，就是將人器物化。只做一件事，專心地做，這固然締造許多傑出的專業人士，但是也把人禁錮在一個區域範圍之內，人格完整性與能力的潛在性得不到真正的發揮。

中國儒家心中完整的「士」是需懂得禮、樂、射、御、書、數。雖然中國歷史上，王朝時代後期傾向考試制度，忽略數的重要性，但是近代資本主義的教育與工作養成，完全著重在術，而把其他的能力拋諸腦後，造成個人生命的單一、單調，只好尋求無止盡的消費來滿足自己，或為自己尋得所謂慾望的快樂。心靈之樂的需求被遺忘、被滅煞。這是體制性的危機。

隨著新興網路經濟的崛起，網路經濟更強調創造力，於是給予員工更大的彈性與自由。穿運動鞋上班，自由的工作空間、運動場，免費的咖啡廳、豐富的餐飲等，谷歌、臉書、亞馬遜等公司莫不是如此。但是其工作壓力之大，團隊競爭之激烈，仍然帶給人極大的心理與生活之壓力。如何面對這樣的挑戰，必須從工作環境的經營改善開始。

企業競爭是常態，外部競爭、內部也競爭，甚至淪為鬥爭。競爭給予人莫大的心理壓力，這壓力不會因為一個專案勝出就解除，因為未來還有下一個專案要挑戰，直到你精疲力竭被淘汰，換下一個更有創意的人才被挖角過來，你就只好年紀輕輕地功成身退，提領優渥的退休金離開，享受漫長的退休歲月。

我們能不能有另一種的工作方式，這方式不是基於競爭與利潤，至少不是只為利潤、競爭。我們的工作環境中有愛、有慈悲。創造生產來自慈悲，來自我感受到社會與消費者的需要。慈悲才能看見需要。或如賈伯斯所說，消費者不知道他真正需要的是什麼東西，直到這東西拿到他的面前。例如蘋果電腦創立以前，大家眼中的電腦就是大如房間的超大機器。個人電腦崛起後，人人都能擁有個人電腦。個人電腦對於創造人類智能，與開發個人潛能的兩個面向，是革命性的貢獻。這些創造不是競爭、不是財富，而是對大眾的生活與生命有更大的貢獻。

賈伯斯說，我相信依著我們的熱情，我們可以改變世界，並可以讓世界變得更好。這是蘋果公司一路以來未曾改變的核心理念。

創造來自深刻的對人類的慈悲與愛，愛讓世界更美好。這是生產的動力。從這種動力出發的生產體系就應該具備著「愛與慈悲」。

馬來西亞的第二大科技廠偉特（Vitrox）創辦人朱振榮在就讀大學時，媽媽在餐廳打工，看到客人有一部二手相機，覺得兒子應該會喜歡，就買下來給他。朱振榮帶著媽媽的相機到處拍照，那是媽媽的愛心，所拍的每張照片都是媽媽對他的愛。媽媽辛苦打工賺錢供他念書，他感念母親。到了大三他到HP實習，看到HP工廠裡裝備了光學照相機來檢視產品缺陷的高科技儀器，他很驚訝相機還可以結合高科技，於是就以HP的這項技術作為畢業論文。畢業後朱振榮進入HP工作，參觀了矽谷，知道HP的兩位創辦人是從車庫開始的，心更加嚮往之。於是幾年後，他和同事在自家創業，開發以光學照相機檢測晶片表面缺陷的儀器和系統。

照相機對於他而言就是愛。二〇一一年他雖然有因緣認識了慈濟慈善基金會，到臺灣花蓮參加靜思生活營，看到慈濟的志工人文精神，竟然能夠號召數十萬、數百萬志工，自掏腰包、自付旅費到全世界賑災。而這關鍵就是愛。

他回去之後開始與他的合夥人商量，如何在公司內部打造慈濟人文。把愛與慈悲擴大到企業裡。他的夫人規劃了類似慈濟靜思書軒的模式，書軒裡有書、有茶、有咖啡、有講座、有環保回收製作的產品。工程師隨時可以離開工作崗位，在這裡沉思、定計畫、討論。朱振榮要打造一個家給員工。家中有愛，企業像個家，企業就應該有愛。

朱振榮鼓勵員工參加志工、從事慈善。在二〇一七年檳城的大水患中，他的三百名工程師每天輪流到災區賑災，每天至少一百五十名員工在災區當志工，賑災完畢再回工廠做事，沒有人要求加班費。朱振榮的公司從引進慈濟愛的人文後，公司成長倍增。從市值三億美金，到二〇一八年增長到三十三億馬幣。他的天主教徒的合夥人告訴吾人，關鍵就是他將慈濟人文精神引入企業中。

日本大企業終身雇傭制，對待員工如家人，朱振榮的企業也是員工如家人，更重要的是培養員工有愛心，把社會的其他人都當作家人。

就如同印尼第二大企業家黃榮年，把他四十萬個員工都轉化成慈濟會員，四十多萬個員工，在所屬的農場，去照顧方圓五公里之內的窮困人。現在金光集團的公司已經有一百二十萬人成為慈濟慈善機構的志工與會員。將愛輸入企業，是企業帶領員工向心力的關鍵。

慈濟的志工企業家，不只是把員工當作家人，更帶領員工去愛更多的人。這種工作中有愛，是最佳生產的方式與工作倫理的示範。

對於生產或服務模式來說，沒有永遠最好的制度，也沒有一成不變的制度，更沒有行之天下不變的制度，但是任何制度只要有愛，對於員工，就能夠成就他們的生命與能力。有愛的企業是成就人，不是利用人或扼殺人的創造力。因此生產的機制關鍵就是愛。把愛放進生產與服務之中，讓人在其中如同家人，在其間能充滿創造力，每個人都想成就其他人，就不會因競爭而壓抑，甚或鬥爭。

奚志勇先生是中國最大的養老機構的負責人。他從上海的一個地區性領導，年紀輕輕就退下來從事企業，關鍵原因是，他過去出差常常聽到這個朋友的父親住院了，那個朋友的母親又怎麼了。常常都是家裡人出事、住院，但是在工作的子女不知所措。於是他決心打造一個可以讓子女托養一生的安養中心。親和源在中國十個城市打造優質高檔的安養中心，中心的老人過得很歡喜，進去看這些老人，充滿動力，滿臉笑意。問奚志勇如何辦到的？他的回答是：「愛」。

打造一個愛的環境給老人，就是他企業成功的關鍵。每個老人都有兩個祕書：生活祕書與行政祕書。這裡有各種的運動、休閒以及公益活動，讓老人在這裡找到價值，找到愛。

奚志勇從慈濟的慈善得到啟示。慈濟環保志工有很多年長者，他們在相對簡陋的環境下，在每一個社區做資源回收。每一個環保志工都很歡喜。七十歲、八十歲，甚至九十歲的老人每天都來。他們為社區服務，為地球服務，環保站有各種志工提供生活飲食的服務，大家付出無所求，老人家們在環保站裡找到價值、感受到愛。

哪裡有愛，哪裡就是家。生產與服務的場所裡有愛，人就有歸屬感，就有創造；有價值，就沒壓抑，沒有剝削，沒有異化。

珍惜物命的善經濟

生產極大化是資本主義所強調的本質。不斷地製造新的產品獲利，讓市場極大化，似乎是經濟發展的鐵律。但其實個人並不需要那麼多的產品，一個人能穿幾雙鞋？但製鞋公司推陳出新，引誘你不斷地購買。同一廠牌的智慧型手機每一年都出新款，刺激你的購買慾。電腦的電池壽命越來越短，就是希望你不要用太久，趕快汰換新的產品。

這一切的製造意義與邏輯是什麼？這種無止盡的產品製造，到底是為了消費者的福利著想？或者是為了社會整體經濟的發展？抑或是企業純粹為了追逐利益的極大化？

比起二十世紀之前的人類，我們這個世代所使用的產品，應該已經遠遠超過人類有史以來消費的總和。更多的產品，是否帶給人類幸福？

生產是維持人類生活及幸福之所需，但是當過度的生產、消費，對地球的耗損，對人的幸福是沒有幫助的。相反的，過度的消費讓人迷失在物質裡，以物質的滿足為幸福，這是物化了我們的生命，它恰恰與幸福的追求背道而馳。

要極大化就要標準化、要分工，所以工人就如同機械般地工作，淪為機械體制框架下的生產工具。人性的尊重與創意全被抹煞壓抑。這至少是工業革命初期及中期的現象。到工業革命後期，對於工作環境的人性化需求不斷地提高。網路經濟像亞馬遜（Amazon）、臉書（Facebook）、谷歌（Google），都給予員工極大的自由空間創造。

但是不管給予工作環境極大的空間，個人在高度競爭的環境下，工作壓力仍然極大。因為企業永遠在追尋最具創意、最具市場潛力的商品。在高度競爭的環境下，個人幸福之定義何在？

不管是企業主或員工，都同樣陷入這種永無止境的巨大工作壓力。在中國、在西方，許多高端的企業主管，不是下了班開始玩樂放鬆，就是因為過度辛勤工作而身心靈出現疾病。

忙著創造，但是忘了怎麼過生活。生產的善，應該基於改善人類的生活，促進人類社會整體的善。單獨地追逐生產極大化、市場極大化，是一種資本主義的偏見，這偏見來自孤立的個人主義思維。

從佛教的觀點來看，世界的每一個環節都是息息相關，沒有一物能單獨存在。這是佛陀所說的因緣生法。因此大量製造商品，連帶的是大量的地球資源浩劫，包含資源的大量耗損與拋棄。

我們每一個生產製造都應該考慮與其他生命的關聯，包括商品對人體的健康、商品對生存空間的衝擊，以及對大自然的影響。

更重要的是，我們應該把每一個製造的商品，都當作獨特的生命一樣來疼惜。

物品本身是有生命，從佛教的精神而言，蠢動含靈皆有佛性。所以說我們要珍惜每一個生命，包括物品。

如果我們製造大量的物品，然後很快地又拋棄它，這不只造成環境的污染、傷害，也是對生命的一種浪費和殘害。

美好的物質是人們追尋的，美好的物質會讓人愉悅，會讓人的心靈產生更大的力量。美好的事物會讓我們生活得更幸福。一個優美的房舍，優美的花園，裝潢樸實莊嚴，細緻的地毯，淺色的木製家具，這一切的擺設都會讓人心曠神怡。能生活在這樣的空間裡，十分舒適，怡然自得，更具有創造力。

瑞士環境打造得十分優美，人們活在一個優美清淨的環境中，不只身體健康，創造力高，而且很幸福。

生命幸福與生活的自在離不開物質，但物質的存在決定人如何對待物質。物質如果只是工具，它不會對人的心靈產生真正影響。

法國的社會學者皮耶・布赫迪厄（Pierre Bourdieu）呼應這種見解，他說，當我們接觸某一事物，不管是物質的或社會性的，在那個情境中，我們都會獲致某些性情。[18]

從皮耶・布赫迪厄的觀點看來，心與物質在接觸之際，心與物的感通與交融是存在的。但是物質本身只有在人給與價值之際，才對心靈有正向影響。

一個生產的商品本身都可以是善的，只要這個商品也能夠考慮到地球永續資源的促進。在生產製造的過程當中，從善經濟的觀點我們應該要考慮到：

第一、商品對消費者真正的價值是什麼？

第二、商品對地球永續發展影響是什麼？

第三、商品帶給循環經濟的價值是什麼？

這三點意味著商品一旦拋棄之後，能不能循環再使用，這不只是珍惜物品的生命，也是對於環境資源的一種保護，更讓企業能夠撙節成本。

商品的價值不是只有交易的價值，而是其使用的價值，還包括生命的價值，包括整體社會善的價值。這意味著商品製造不能只考慮市場的需求，不能只考慮利益的極大化，而是考慮它是不是促進人類的幸福，包括個人的與社會的幸福。

商品製造更應該考慮商品本身生命的延續，以及地球資源更長久的維護。

因此，我們可以這樣說，真正的商品製造是要視商品如生命的愛惜，就像我們疼惜一個小生命，一個孩子，一個自己生出的孩子那樣地疼惜。

對於自己生出來的孩子，我們不會要讓這個生命去傷害其他的生命。我們不會把這個生命當作是唯一賺錢的工具，也不會輕易地讓這個生命瞬間被拋棄，如同廢物般地被遺忘在城市一隅的垃圾堆裡。我們更不會要創造這個生命來傷害地球——這個萬物的母親。

因此，珍惜物命，是商品製造真正的核心思想。

好萊塢有一部電影，片中描述一個機器人小男孩，他能說話，長得完全跟真人一模一樣。更重要的是他具有情感，能撒嬌、需要被擁抱。收養他的父母親後來生出了一個真正的男孩，這個機器的男孩會爭寵，常常要母親多關照他、疼惜他，甚至因為母親對他的疏遠而感到傷心。最後因為一再發生事故，養父母決定要拋棄他。

這部電影的名稱就叫做《A.I.人工智慧》，是史蒂芬．史匹柏所導演。這個有感情的小機器男孩被送到機器人的廢棄場。在那裡我們才真正見識到一個被人類遺忘的物質生命之世界，有多麼悲慘。時常會有大型的機具要來追捕這些還沒有完全被銷毀的機器人。機器人不是缺胳臂斷腿、就是臉部全毀，他們殘存苟活，不知道未來，也不知從何而來。

史蒂芬．史匹柏透過這部電影告訴人類，物質是有生命的，也可以是有情感的。我們珍惜生命，不只是有知覺的生命，還必須包括珍惜物質的生命，這是當今資本主義善生產的關鍵。

萬物平等，一切有情的世界，應包含一切人與一切萬物。因此愛眾生，就必須平等愛一切人，愛一切萬物，珍惜每一個物品的生命。

第六節 善經濟之方法四：消費的善

資本主義給予現代人最大的啟示是我們不需要天堂，天堂就在這裡。只要擁有財富，我們可以生活得像在天堂一般。

18 佛洛姆著，孟祥森譯（一九九五），《愛的藝術》，臺北：志文，頁二五。

這其實沒有錯，至少在佛教經典裡，如《法華經》中不斷地提到黃金為繩，琉璃鋪地。佛陀所示現的佛國的確可以建立在娑婆世界，佛國的心靈清淨，不被物質所染。但是現世間的資本主義社會，人們在失去信仰之後，以物質來填滿心靈，其實只是滿足一時的慾望，而隨著永遠無法滿足的慾望，心靈就越發的空虛。

在一個逐漸失去信仰的時代裡，現代人被引導，認為能夠擁有物質才是幸福。沒有物質不可能幸福，但是擁有物質不會是幸福的終點，心靈的富足，才是真幸福。

如心理學家弗洛姆所說：「當代人是透過有什麼，來定義自己是什麼。」[19]當生命的價值喪失，人們就用物質來填滿。這就是資本主義對於人類心靈最大的剝削——透過無止盡的消費讓人走向異化。

老子所言：「五色令人目盲，五音令人耳聾，五味令人口爽，馳騁畋獵令人心發狂。」[20]慾望只是讓人更加迷失，更加難以控制。而消費如果是來自純粹的慾望，那是無止盡的，也是永遠無法滿足的。

亨利．福特讓他的員工工作五天，好讓員工可以購買自己製作的產品，整個資本市場進入大規模製造，以及大量消費的時代。從某些經濟學家的角度言之，消費造成經濟景氣的正循環，所以才有刺激消費這樣的模式與理論。

從事企業，振興經濟，沒有人敢違背這項消費法則。但是無止盡的消費是否可讓經濟復甦，是否就是人類幸福之所依。事實上，過度消費讓人們逐漸被物質奴役。如當代佛教經濟學的先驅者修馬克（E. F. Schumacher）所說，資本經濟理論追求生產與消費的極大化[21]，而佛教思想的經濟追求合理的消費與生產。當代資本社會無止盡地消費，使人類逐漸被物質奴化。物質的品質，代表人的品質，高消費意味著高階層，許多的消費是一種階級的象徵，一種身分的認同。人的品格被貶抑到次要或是漠視的地位。

真正的幸福不是物質的滿足，而是心靈的喜悅。怎麼樣獲得心靈的喜悅？遵循道德的生活，致力為人群付出，以及建立愛的關係等，是幸福的關鍵。許多人富有了，但是家庭關係崩解了。富有，但心靈焦慮，因為要面對龐大的工作壓力、人際壓力、競爭壓力。越是壓力我們就越是投入無止盡的消費貪慾之中。

佛教的根本是要人免於慾望的捆綁，所以佛教講「定」；定，就是免於慾望捆綁的自由。定，才能當自己的主宰，必須能拒絕內在慾望的驅使與外在的誘惑，而無時不處在靜定之中。儒家雖然主張「養人之欲，給人之求」，但是要求有節有度。節制慾望才能獲得真正的幸福與快樂。

認知物命的消費觀

對於當代鼓勵無止盡的消費，儘量驅使人們的慾望去消費，佛教的生活提供一個完全不同的面向。慈濟創辦人證嚴上人早年用紙寫字，先用鉛筆，再用藍色原子筆，第三遍用紅色原子筆寫。寫完正面，再翻過來寫背面，一樣在背面寫三次。對於證嚴上人而言，這不只是節儉，而是珍惜物命。

如果我們以珍惜物命的心，購買物品，我們不會物品還沒有破損，就再購買。吾人在慈濟的環保站看到許多衣服和物品，都完好無缺，但已經被扔棄。如果從珍惜物命的角度，我們不會無盡地消費、購買新的物品。不會在物品未盡其使用之前，就丟棄再購買。

物有物命，佛教認為蠢動含靈皆有佛性。每一個物品存在都是生命，我們學會尊重生命，對我們的心靈與人生是一大提升。在環保回收站服務的志工，親自回收目睹那麼多可用之物都被丟棄，他們反省自己購物的習慣，知道自己也曾過度地奢侈浪費，因此開始減量消費，簡樸過生活。簡樸生活，心靈更

19 佛洛姆著，孟祥森譯（一九九五），《愛的藝術》，臺北：志文，頁二五。
20 王邦雄（二〇一〇），《老子道德經注的現代解讀》第十二章。臺北：遠流，頁六六。
21 修馬克著，李華夏譯（二〇〇〇），《小即是美：一本把人當回事的經濟學著作》。新北市：立緒文化，頁五七。

喜悅。

愛惜自我的消費

減少消費不只是珍惜物命，也是找回自我的價值與主導權。人不役於物，如荀子所言：「使欲必不窮乎物，物必不屈於欲。」當物質的慾望減少，心靈力量反而更為強大。消費如果不是帶來生命的必需品，它就會弱化我們的自我認知與內在的清淨。

追求高消費，讓人不斷地追逐金錢，追逐金錢的過程中，內心的壓力增加，競爭的商業界，讓人彼此更不互信，更缺乏愛。當愛缺乏，就尋找物質滿足自己。這造成當今的資本社會，在無止盡的消費，無窮盡的賺錢慾望當中惡性循環。

我們並不需要花那麼多的時間去賺錢，許多高科技高收入的產業科技人士，夜以繼日地工作賺錢，對身心都是不健康的。一個正常的生活是適當的工作然後適當的時間陪伴家人，或者從事藝術的學習，投入公益的事業，或是追求內在的信仰，或是接近大自然，徜徉在大自然的懷抱當中。不管是藝術、自然、信仰或公益，對人的心靈都是有益的。

只有真正地將物質跟心靈得到平衡，生活與工作得到平衡，情感的陶冶與智性的發揮平衡發展，才能獲得真正幸福的人生。

往外求，心就缺。缺口的人生，永遠都填不滿。填不滿的慾望造成許多的爭端。荀子就說：「人生而有欲，欲而不得，則不能無求，求而無度量分界，則不能不爭，爭則亂，亂則窮，先王惡其亂也。故制禮義以分之。」[22]

慾望少，與人衝突就少，人類的衝突也會減少。經濟學者修馬克的研究指出，那些住在偏遠的社區，靠自給自足的族群，比起大城市依賴他人提供物資的族群，更少發生戰爭與革命。

「芸芸眾生，本來可以相處自在，過著和樂的感情與安定的生活，但只差在『為得多求』。因為『心無厭足』，為了多求，難免心起煩惱，增長惡業。」[23]所以「多求則多得，多得則多失」，不只過度欲求帶來人類社會的衝突。許多的消費品根本有害我們的健康，有害我們的心靈。

善經濟消費的前提是不損害自我的健康，包括物質的，與心靈的。雖然當代社會人類的壽命越來越長，但是醫療成本也越來越高。許多不健康的食物，如化學添加物、人工的食品都導致當代社會各種癌症、心血管疾病的增加。

消費的前提是健康，身體的健康。我們購買許多的物品，對於我們身體不僅無益，而且有損。我們買的衣服，多半是化學纖維，有害身體。我們住的大樓，有太多的清潔物品，有害我們的呼吸道。我們購買汽車，造成的廢棄，污染他人，也污染自己。

荷蘭自城市裡推動騎腳踏車，解決了大部分荷蘭人的交通所需。加上大眾捷運系統，使得汽車數量比起美國社會一個家庭兩部車，有天壤之別。就如同今日的中國大城市，車輛數量不斷地增加，政府實施限號，但反而促使民眾買更多的車。造成的空氣污染，也危害自己與其他城市的居民。

消費的前提是愛自己。因此不只是要避免購買對身體有害的物品，更是要購買對心靈有提升作用的物品。以電腦為例，五十年來的電腦已經從專業人士才能操作的巨型電腦，到人人都可以使用，甚至手機就具備電腦功能。這種產品逐漸民主化的過程是善經濟的指標。

從消費者言之，過度地使用電子產品帶來對身體的損害，甚至是心靈與生活過度地依賴手機與電腦，都會造成心靈的負面影響。如孩童沉溺於電玩，許多父母困擾著，究竟是不讓孩子拿手機，還是減

22 〔清〕王先謙撰（一九九四），〈禮論十九〉，《荀子集解》。山東：山東友誼書社，頁五九三。
23 釋證嚴著，高信疆、何國慶、柯元馨、洪素貞編（一九八九），《靜思語》。臺北：九歌。

少手機過多功能，避免讓孩子進入各種有害身心的遊戲或內容。

當然我們不可能不購買電腦或手機，但是當消費者不斷地換手機，不斷地換電腦，電子產品的功能越來越強大時，它所帶來對人類的生活衝擊與心靈依賴難以估量。

消費，如果不是帶給心靈更健康，這種消費就不是善經濟的方法。

證嚴上人曾經與高科技界的一群領袖對談，幾位臺灣製造電腦、手機與晶圓大廠的老闆都在。證嚴上人希望他們將科技只用在善，不要讓科技為惡，或傳遞惡的內容。

幾位老闆聽了之後，非常驚訝，也不知如何回答。因為他們向來相信科技是中性的，是價值中立。不分辨善惡，是科技本質。

所以網路科技可以增進知識，可以傳遞真理，也可被恐怖分子用來教信徒製造炸彈，或銷售慾望的廠商，製造許許多多負面能量、黑暗、墮落的內容，這些都能在互聯網上出現。

科技可不可以為善？應該說如果科技不為善，人類終將被科技毀滅。

史蒂芬．霍金提出的警告，人工智能是人類有史以來最巨大的創造，也是對於人類最危險的創造。人工智能的聰明與無限的智能遠遠超出任何人類。人類是否將被人工智能所宰制？如果科技排除了「善」，那人工智能統治世界的現實，將不只是出現在電影中的場景，而是真實的發生在人類世界之中。

消費即護生

如果消費者拒絕有害身心的產品，製造者就不會製造出如此的產品。相對的，如果消費者積極鼓勵與購買對於身心、環境都健康的產品，如環保回收再製的衣服與物品，這不但鼓勵企業向善，自己也從消費中獲利。

巴塔哥尼亞（Patagonia）服裝公司推動有機棉花，製造無毒的衣服，所擔心的就是不要讓消費者身體受損。如今前衛的製造者在銷售產品之際，也在教育消費者。讓消費者更重視大自然的保護，對環境的永續更具使命。如果消費能帶來人們的良知與善的啟發，那就是善經濟的消費模式。

日本的MUJI推出有機產品，從衣服到日常家庭使用的物品，都是採取有機，無化工染料，盡量用有機自然染料，把對大地的損害降到最低。它讓消費者在使用中，不只維護身體健康，也同時強化自我對於環境的觀念，這是善經濟的消費模式。對於身心有利的消費，才是善經濟的消費典範。

當消費者喝上一杯有機咖啡，在消費的同時照顧了咖啡農，因為有機咖啡豆非常不容易栽培。但是為了保護大地，咖啡農堅持他們的信仰，而喝有機咖啡等於鼓勵維護大地的行動，也保護大地不被化肥所傷害，保護土地的無數昆蟲不被殺害。這是消費同時護生。這是善消費。

吾人曾造訪馬來西亞一座有機農場——松岩。松岩的共同創辦人李權英女士告訴吾人，她的信念就是讓所有來松岩度假的人，都更能夠體認保護大自然的重要性。訪客在十六英畝的松岩土地上，與泥土為伍、與森林為伴。松岩只提供素食，因為素食能更好地保護環境與地球。

一個肉食者的食物所產生的碳排量是素食者的二十倍。肉食，讓人類一年宰殺百億隻雞，運輸、開闢森林養育牲畜，都是對環境的迫害。在休閒的同時做環境教育，是松岩創辦人的信念。

大愛感恩科技是以慈濟環保志工每年回收的寶特瓶做成毛毯，這些毛毯在全世界賑災時發放。大愛感恩科技已經創造上千種產品，目的就是讓消費者在消費的同時，知道環境保護的重要性。

這些都是善企業，支持善企業的消費者，就是善消費。在消費的同時保護生命，維護生命。

第九章

善為實相

善經濟的結果

第一節　以愛均富

古典功利主義（Classical Utilitarianism）追尋的其實就是全體社會中每一個人利益的極大化。功利主義希望經濟的活動與成果，能締造人人幸福（Well Being）與快樂（Happiness），這是功利主義最終的目標。

功利主義主張，這種快樂與幸福必須立基於物質性的極大化與分配的均等化（Equal treatment）。

最多數人的幸福

一七七六年邊沁（Jeremy Bentham）在他的著作*A Fragment on Government*中提出追求大多數人、最大的利益至今，雖然歷經很多的爭論與討論。批評者認為，快樂與利益不是最高原則，道德生活才是。亦有認為快樂與利益很難界定，當我們決定要訴求「最大的利益」及「最多數的人口」時，我們直接犧牲了少數利益與少數人群。但是至今為止，邊沁的功利主義仍是多數政府奉行的圭臬。

這種需要精準計算利益最大化的原則，在結果論者眼中認為是過度地強調以數字來衡量利益極大化，忘了人的幸福與快樂不是數字就能衡量的。

例如，我們無法確切知道究竟我們給予獨居老人更多的津貼是最大的快樂，或是有一個志工定期給予家庭陪伴關懷，哪一個能帶給獨居老人最大的快樂？

量化的數字無法衡量心靈的需求，也無法做正確的道德判斷。

例如，我們先前的例證，搶救雷恩大兵有沒有必要，犧牲八個人去救一個人？這種指令以利益極大化的原則來衡量，是不正確的。但是人道精神及原則卻常常必須違反利益極大化——數量極大化與快樂極大化。

因此當我們探討善經濟的成果，以均富作為目標，均富的意義是什麼？

均富是物質與心靈

均富的意義以善經濟的理念必定是物質豐饒，心靈快樂清淨，亦即富裕不是建立在貪慾，而是財富合理的獲得與使用。因此物質的豐富與道德生活的倡議兩者並備。物質的富有與心靈的富有兩者兼具，才是均富。

有別於追求利益與快樂的極大化，容易導致以物質性的給予作為快樂極大化的標準。中國古代均富的思想涵蓋了心靈富有與物質的富有。古代中國的均富如《春秋繁露》所述：

> 使富者足以示貴而不至於驕，貧者足以養生而不至於憂，以此為度而調均之，是以財不匱而上下相安，故易治也。[1]

換言之，《春秋繁露》與功利主義相同之處都在於希望人人得以富足，但是中國古代的均富思想不是國家財富平均分給每一個人，而是每一個資質、條件各不相同的人，都能夠安居樂業，各得其所。富者與貧者仍有財富區別，但是富者不驕，甚至濟貧者之不足，貧者足以養生而無憂。這是均富的意涵。

孟子也說：「夫物之不齊，物之情也；或相倍蓰，或相什百，或相千萬。子比而同之，是亂天下也。」[2]

1　董仲舒著，朱永嘉、王知常譯注（二〇一二），《新譯春秋繁露》（下）。臺北：三民書局，頁六二六。
2　孫家琦編（二〇一九），〈滕文公上〉，《孟子》。新北市：人人出版，頁一一三。

孟子認為人的資質、財富不盡相同，硬要變成一致，這是亂天下。然而中國均富制度是維持每一個人最基本的生活所需，因此傳統社會的井田制，反映了孔子所言「不患貧而患不均」的思想。孔子說：「丘也聞有國有家者，不患寡而患不均，不患貧而患不安。」[3]

中國傳統社會是以小農經濟為主體的自然經濟，土地是社會財富的主要來源，「均富」在某種程度上就是均地，而平均土地則構成了儒家學派永恆的話題，並逐漸形成了「井田制」、「限田制」和「均田制」幾種模式。

孟子在戰國時期，目睹當時社會的戰亂和百姓生活的痛苦，提出回歸上古的井田制，由國家平均授予民眾土地。西漢大儒董仲舒激烈批評了當時社會上存在的貧富分化，並在孟子井田制的基礎上提出了限田制，要求朝廷「限民名田」，為百姓提供基本的生活條件。

篡漢建立新朝的王莽、北周的蘇綽以及北宋時期的李覯、王安石、張載等人，都借用儒家經典《周禮》倡導均田制。

明代著名清官海瑞在平均土地問題上做法更為激烈，他為官期間放任甚至慫恿貧民搶奪豪強土地。海瑞的方法當然是極端的，應該是在正義與道德極端淪喪的時候，才採取這種極端的做法。這種做法當然不是道德與禮制所鼓勵的。這種貧富差距的問題不在田地，在於社會禮義與愛的淪喪。

中國均田制是均富的理想，但是這個理想只有在王朝興盛、政治清明時期被體現，每每在王朝末期，官吏效能不彰，放縱商賈兼併土地，導致均田制的敗壞。甚且，田地父傳子，一代傳一代，後世子孫一定越分越少，比起商賈的財富累積，王朝後世的小農之田地，一旦在荒年難以收成，靠借貸，借貸又生利息，最後土地被商賈或大地主兼併是自然的發展。

因此，以農立國的中國才會治亂循環，原因還在於土地政策。均富的議題其原初的構想十分良好，但缺乏管理機制，缺乏對於農民技能的結構性規劃，如歐洲封建後期大量農民走向工藝，進入城市，成為市民社會的主力之一。

均富的關鍵是愛

從現代意義的角度思考均富的意涵，中國古代強調財富不可能齊等，但是道德價值必須人人具備。富者不驕，甚至富而仁者為上。貧者不憂，甚至安貧樂道。這是兼具心靈富有與物質富有。以慈濟證嚴上人的話，說得特別傳神，有「富中之富」、「富中之貧」、「貧中之富」，與「貧中之貧」。

富有，又富以愛心，是富中之富。富有但是沉溺於慾望，是富中之貧。貧困但具備愛心，能為別人付出，是貧中之富。貧困但是心裡苦，是貧中之貧。

在均富的理想追尋中，愛是關鍵。

各個層級的人若都能富有愛心，願意去利他，願意去幫助其他需要幫助的人，那麼古代社會土地兼併的情況不會發生，今日資本社會的各種巧取豪奪也不會發生。

功利主義追求「最大多數人的最大幸福」，其問題在於功利主義會犧牲少數人的幸福，也無法用物質帶來幸福。

因此利他與愛是更根本達到均富的辦法。聽起來很道德訴求，但卻是最根本的、最好的訴求。利他與愛的奉行，才能使社會自然地互補有無，才能免於個人的剝削，或結構性的剝削。利他與愛才能避免在資本市場自由競爭底下，許多才智的弱者，或階層的弱者被犧牲、被剝削。約翰・羅爾斯所言公平正義（Justice）是「機會均等」（Equal Opportunity）以及「給予最弱者最大

3　傅佩榮解讀（一九九九），〈季氏第十六〉，《論語》。新北市：立緒文化，頁四二一－四二二。

的福利」（Benefit the Most Volunirbility）。羅斯的見解極為中肯，但是如果這僅僅是一種政策，而缺乏愛的情操，社會很難實現這樣的全面公平正義。

在追求公平正義或均富的過程中，我們必須理解「公平」並不意味著所有的人都有一樣的收入、薪酬及待遇。人的才智與際遇本就不平等。平等是機會的平等，以及基本的生活保障。平等是愛與利他精神的養成。富有者有愛，貧者有愛，就是均富，就能均富。

諾貝爾獎經濟學得主劍橋大學的安古斯・丹頓（Angus Deaton）研究貧富與幸福的議題時說，這世界上的富有者拿出一塊美金，就能夠使全世界的貧困者脫貧。這是多麼簡單的一件事，但是卻很難達成。丹頓的看法是，因為這些資源的分配很不容易。

當然富有者不見得願意給出那一塊錢，即便所有富有者都願意給出一塊錢給窮者，但這種分配通常都要透過中介機構，如政府。但是窮國的政府通常效能不彰，或是貪污腐敗。

丹頓研究指出，當國際組織援助貧窮國家，這些貧窮國家的經濟越發無法發展。因為這些補助反而支持了窮國的腐敗政府繼續存在。他們依靠自己老百姓的貧窮而得到個人財富。這些補助，發放不到窮苦的人民手上，貪瀆的政府官員將這些款項放到了自己的私人口袋或是壯大他們屬意的私人機構。只要他們的國家經濟發展，人民生活改善，他們就得不到國際援助。這是受援助國家經濟發展繼續遲緩的主因。

缺乏愛是貧窮的關鍵。如果富有者都能夠拿出一塊錢，政府官員能真正地將這些補助放諸窮人身上，世界貧窮問題便可以解決。

因此愛是均富的關鍵。富人有愛，看到哪裡需要幫助，就即時給予、付出。富有者心靈更快樂，這就是心與物的富足。這種富有是均富，不偏於物質，不偏於心靈，心物皆富有，才是均富。

貧者有愛，貧窮國家政府官員貪瀆之事就不會發生。貧者也知道付出，給予更窮困的人幫助，貧者自然消失。

慈濟基金會在二〇〇八年緬甸水患中前往濟助。志工發放大米、各種生活所需。也發放稻種，當地農民收到稻種之後，播種豐收。他們有感於慈濟的幫助，也自願付出。於是當地農民發起每天一把米，濟助更窮苦的人。他們學習證嚴上人早年的竹筒歲月，在創立之初，號召三十位家庭主婦，每天買菜前先投五毛錢在竹筒裡，五毛錢不影響生活，但是可以救人。緬甸的農民並不富有，但是他們每天在煮飯前，先抓一把米，放在米撲滿，「這撲滿的米是給比我更貧窮的人」。就這樣，一戶、兩戶、幾千戶，他們將米撲滿集合起來再去救濟其他窮人。這就是「貧中之富」。

知足有餘，有愛最富。貧者可以與富者一樣，物資不缺，心靈富足，這才是均富。

競爭不是善經濟

均富，一直是中國儒家追求的理想世界。共產主義何嘗不是如此的理想，甚至連資本主義都是希望為大眾創造財富。但只要還是以競爭為主，社會的均富就不可能達成。

競爭，是當代資本主義發展的動力。但是競爭也帶來剝削，以及貧富差距的擴大。許多經濟發達國家的中產階級逐漸消失，正是因為資本逐漸累積並集中在少數人手中。而正由於大數據的掌握，資本的掌握，使得大財團更有機會大者恆大。除非訊息更公開，智能培育更均等，財富分配的問題才可能邁向公平。

如果說競爭引導創新，它也同樣導致社會差距。因此愛與慈悲，會成為創新與社會正義的基石。

愛與慈悲能不能成為經濟的主體？

對於一個經濟活動的生產者來說，如果企業以愛和慈悲創造，他明白社會的需要，他體現社會的需要，企業一定能夠成功。中國的馬雲說，他本來只是一個教員，教了七年的書，要在社會上實踐他所說的，然後再回學校教學生。

沒想到在美國看到互聯網上沒有任何中國產品，他想說，如果中國的小生意人及婦女的產品，能夠透過互聯網銷售，那該多好。他要幫助這些小生意人與婦女成功，如果小生意人與婦女成功了，他也就成功了。這個慈悲與愛的理念，造就了這一代中國代表性的大企業家。

慈濟基金會是全球最大華人慈善組織，它的四大志業慈善、醫療、教育、人文等在全球九十八個國家開展，其有形與無形資產十分可觀，而這些豐富的資產，慈濟認為，都不屬於個人或組織，而是屬於全體世界公民的資產。但是無論如何，這些巨大公共資產的集合，都是基於對眾生的慈悲與愛所創造。

善經濟的成果不是一味地追逐自我利益，而是達成社會整體的共善（Common Good）。善經濟就是生產活動與結果，都能達到自我與全體社會的共容、共享、共榮。

西方大哲亞里斯多德認為，商業的追逐有損政治道德及個人道德。一個治理城市的人不應該像商人一樣地過生活，他雖然不反對富有，但是亞氏認為富有的人應該投入城市的公共利益，並追逐自我靈性的完美，才是善經濟。

資本主義社會太強調消費就是滿足，有錢就是幸福。但是消費容易帶來身體的過度負擔，過量的食慾、物慾、情慾，都是損害人的身體。有錢但生命沒有目標，其實很空虛。因此真正的善經濟，首先必須節制慾望，使身體健康。

物質豐饒不單指個人，也是全社會的豐饒，因此經濟的集體剝削機制必須廢除，如古代的奴隸制度，以及近代資本主義前期將人「物化」的生產機制；當代資訊對等、透明，智能培養機會均等的發展，都是解除經濟集體剝削制度的良善方向。

而在個人經濟的活動中，人與人之間的不當剝削也應免除，如不當的利息收取與薪酬制度的不合理。乃至另一極端，過度地鼓勵休閒生活，因而勞動力不足，導致整體經濟的衰退等，都會產生非善的經濟成果。因此，善經濟植基於利益共享的機制下，才能人人物質豐饒。

善經濟希望達到世界上，人人身體健康、物質豐饒、心靈清淨。三者具備。

第二節 里仁為樂

道家的理想生活是小國寡民，天高皇帝遠。這是漢代政治的理想。漢代以無為而治的黃老之術治國，人民在秦國的專制及楚漢相爭的戰亂之後，得以休養生息，維持一個兩百多年的經濟生活榮景。也使得漢代成為中國人及中國文化的精神代表。漢人，有別於其他族群便是一例。

小國寡民強調政府法令的鬆綁，讓民間具備自主的生活及創造力。這很像海耶克心中的自由經濟主義，政府管得少，卻同時必須維持一個多元的平衡，不讓社會中的任何一元價值支配或過度地專斷社會資源。董仲舒時代雖然獨尊儒術，但也同時兼備了黃老、陰陽、法家等治理模式。《春秋繁露》一書正是儒、道、法、陰陽、五行的集合體。[4]

小國寡民的經濟生活秩序是自給自足，生活安康，恬淡安適，無憂無慮。如陶淵明所盼望的：

> 採菊東籬下，悠然見南山，山氣日夕佳，飛鳥相與還，此中有真意，欲辯已忘言。

那種怡然自得，人與人無爭，人與自然相合是小國寡民的理想經濟生活。老子眼中的小國寡民就是政府的干預越小越好，老子言：

---

4 董仲舒著，朱永嘉、王知常譯注（二〇一二），《新譯春秋繁露》。臺北：三民書局。

> 其政悶悶，其民淳淳；其政察察，其民缺缺。[5]
>
> 我無為而民自化；我好靜而民自正；我無事而民自富；我無為而民自樸。[6]

老子的經濟思想，以現代言之，就是政府的低度管理（De-Regulations）。政府管得越少，越能讓民間的力量自己創造。如二十世紀初的英國經濟學家海耶克的主張，政府過度干預經濟的公平正義，結果是適得其反，造成經濟的發展遲緩。

海耶克批評當時奧地利政府過度控制房租租金，造成租金過度便宜，房屋所有者沒有閒錢投資股票，企業缺乏資金，低收入者享受便宜的房租，不願搬出維也納，結果在郊區的工作付出更多的交通費用，對於窮人與富人都是損害的經濟政策。海耶克因此主張政府某種程度的放任，使得自由市場自己進行調控，是更好的經濟策略。

無為，不是什麼都不做，而是建立一個合理的社會秩序，讓民間能充分地發揮力量。相反的，如果政府認為自己可以調控社會的財富，因此課重稅，作為社會福利，其實導致的是更多的問題。老子當時看到社會的現象就是政府的重稅，導致百姓生活得更痛苦。

> 民之飢，以其上食稅之多，是以飢。民之難治，以其上之有為，是以難治。民之輕死，以其上求生之厚，是以輕死。[7]
>
> 小國寡民，使有什佰之制器而不用。使民重死而不遠徙。雖有舟輿，無所乘之；雖有甲兵，無所陳之；使民負結繩而用之。甘其食，美其服，安其居，樂其俗。鄰國相望，雞犬之聲相聞，民至老死不相往來。[8]

老子的理想社會，沒有強大政治力的壓制，人民秉持善良質樸的本性，過著單純的生活，與其他的社群無爭無怨。小國寡民的社會沒有兵禍，沒有重稅，沒有暴役，社會淳樸，文明的污染隔絕於外。在這樣環境下的人民，生活沒有憂慮，沒有不安和恐懼。一國之中各個社區、各個村落的經濟自給自足。

漢朝時期的經濟政策，就是以道家的方式治理，強調與自然和合，《氾勝之書》[9]詳細記載漢朝當時的農業耕種方法，與四時、與天地的作息相合，獲得巨大的經濟成果。關中一帶的農田開發占全國總面積的百分之五十。許多窮困人在政府的輔導下，到巴蜀關中謀生。政府也開發西北及淮北之地，遷徙七十萬人口，讓農民擁有新的土地。

因此西漢創造中國古代的巨大經濟及政治成果，來自於它能夠為人民開創生機，而不是抑制它。當然對於土地兼併的憂懼，使得漢朝建立制度，重農抑商，以維持帝國之穩定，是當時時代的必然。

儒家給予漢代禮為本體的社會結構；老子給予執政者低度管理的政治智慧；黃帝思想給予尊重自然秩序的農業生活；陰陽五行給予漢代人不可勝天的敬畏之心。漢代治理的成功在於文化的多元運用與配合，才使西漢人民安居樂業達兩百年之久。那兩百年也是漢朝國力最強盛的時期。

因此，小國寡民，自給自足小康社會，與國家之富強仍能並行不悖。

小國寡民與其所屬的國家之間的連結，就是「價值」的連結。活在同一種價值中，但是讓百姓自給

---

5 王邦雄（二〇一〇），《老子道德經注的現代解讀》第五十八章。臺北：遠流，頁二六四。
6 王邦雄（二〇一〇），《老子道德經注的現代解讀》第五十七章。臺北：遠流，頁二六〇。
7 王邦雄（二〇一〇），《老子道德經注的現代解讀》第七十五章。臺北：遠流，頁三三八。
8 王邦雄（二〇一〇），《老子道德經注的現代解讀》第八十章。臺北：遠流，頁三六〇。
9 石聲漢著（一九五六），《氾勝之書今釋》。北京：科學出版社。

自足。

在當今人口過剩的世界，人口的增長是世界與地球的危機。科學家與人口學家預言，人類很快必須面臨搶奪水資源的戰爭。地球的資源也無法再負荷更多的人口。一個城市的生活機能，依賴大型的供電與遠地物資的來源，一場大災難發生，斷電、斷水、斷食，如紐約在二〇一三年的風災，造成整個城市的大癱瘓。

更多的人口專家與能源專家提出小國寡民、自給自足的生活方式。自己以太陽能供電，自家經營中小型農業，供應日常生活所需。透過互聯網，在資源上還可以與他人互相連結、互相支援。個體在互聯網時代可以維持自身小康、富足、恬淡、安適的生活，同時也能夠跟世界相連結。

小國寡民亦即社區治理，避免了城市集體生活帶來的人格扭曲與經濟的壓力。避免了城市生活讓人類遠離自然、傷害自然的危機。在追逐善經濟的過程中，讓人民能安適地自給自足，並且與社會相連結，是當代善經濟生活應該建構的理想藍圖。

儒家世界大同的理想，讓老有所終，壯有所用，幼有所長，鰥寡孤獨廢疾者皆有所養。居住不閉戶，無盜賊，無貧困。這是小國寡民，乃至世界大同的理想世界。

第三節　利他創新

善經濟的第三個指標就是持續創新。創新的意義是在締造人類及群體更好的生活幸福及生命的圓滿。幸福是身體健康、物質豐饒、心靈清淨。生命的圓滿是群體社會的共容、共享、共榮與共善。

創新是所有經濟發展的指標。創新從過去的意義言之，多半來自於競爭。有競爭，才有創新。這是資本主義基本的假設或深信不疑的價值。

善經濟沒有要取消競爭，而是將競爭放在利他價值的基礎上，而不是以競爭為目的。競爭是過程，不是目的。為利他而競爭，為善競爭。這是可欲的。

經濟的創新如果是基於慈悲、利他與愛，可不可能創造出人類更大的經濟成果？

以美國醫療藥品的研發為例，全世界的藥品研發都是針對市場，特別是富裕國家的市場需求。因為研發的目的就是營利。對於落後貧窮國家的疾病，很少有藥品公司願意花錢在研發上，因為他們付不起，因此造成藥品公司總是供過於求地供給藥品與醫療技術給富裕國家及有錢人。

藥品研發針對的是有錢人與多數人，不只貧窮國家的病人無法受到適當的醫療照顧，特殊罕見疾病患者，由於人數極少，因此也極少有藥品公司願意投入該疾病的研發。美國在一九八三年通過《罕見疾病藥品法》（*Orphan Drug Act*），亦即照顧罕見疾病病患的法律，鼓勵藥品公司投入罕見疾病的藥品與醫療技術，給予研發免稅，延長其專利權，並給予政策補助等，以解決罕見疾病患者缺藥的痛苦。這是政府鼓勵市場以利他的模式，研發新藥給少數罕見病患者。

以善經濟的模式，能否兼顧創新的商品利益與利他的精神實踐？如果基於利他精神，創新不會只是瞄準富裕國家或多數疾病病患之所需。而是更精準地提供藥品與技術給予落後國家的多數病人，與富裕國家的罕見病患。

吾人二〇一五年前往尼泊爾地震現場賑災，看到頭被石塊砸到的兒童，破裂的腦殼上，用釘書機的釘子縫合，手術過程連止痛藥都沒有，看了令人非常心疼。這樣的情景在未開發國家中十分普遍。但是在開發中國家及富裕地區如美國、德國、日本及臺灣，病人已經可以接受一部幾億元的達文西自動人工手臂開刀，這種微創手術不疼痛，手術幾日就能恢復。

這是富裕與貧窮國家病人的天壤之別。創新如果只是給予富裕的人們，這樣的創新不是善經濟。然而問題在於這樣的研發創新所投下的成本，如何回收？難道利他的善經濟是以虧錢為目標嗎？

以罕見疾病的孤兒藥開發為例，孤兒藥指的是病患人數少於二十萬人，為這麼少的人數開發新藥能獲利嗎？根據二〇一五年全球孤兒藥的總量統計是一千零二十億美金，占全球專利藥品市值的百分之十五．五。根據知名的藥品市場預測機構Evaluate Pharmacy估計二〇二〇年的孤兒藥市場是一千七百六十億美金，成長率是一般藥品的兩倍。

更有甚者，雖然某些孤兒藥原本為了治療特殊疾病，結果發現其效果適應於其他病患的一般需求中。如原本是治療「原發性肉鹼缺乏症」（Carnitin Deficency）的孤兒藥，後來應用在減少脂肪、瘦身、鍛鍊肌肉的肌肉男身上，效果非常好，藥廠因此獲得極大的利益。

這就是基於利他的創新，所締造的利益與成果。這是善經濟所追求的模式。

太多的經濟生產集中在特定的消費族群，以及特定的市場，因而造成紅海效應，競爭過度，企業生存空間變小。

如果基於利他與慈悲而創造，經濟的生產會以社會之所需（真正的所需，而不是供過於求的所需），去開創新的有益社會消費者的產品。以我們所提的醫藥品為例，不僅創造了人類的福祉，也是創造了企業的榮景。這是利他利己的經濟創新。

吾人以為，以利他為動機的創新及實踐模式，比起以競爭、以利潤為驅動力的創新，更容易持久地為企業創造福利，為社會創造福祉。其原因如下：

第一、利他的動機在尋求社會人群真正的需求，在解決社會真正需要解決的問題，這樣的經濟模式，通常帶來長尾效應。因為真正需要的消費者會忠誠地成為該企業的消費者。這消費中帶有感恩，感恩是消費者忠誠度的最佳保障。

第二、利他的創新帶動企業間的價值觀，使得企業的體質不是唯利，而是唯義。這樣的公司文化會帶動員工的向心力，相對的向心力強、價值觀正向的企業，其長期的創造力一定更強。

第三、以利他為創新的企業，獲得更佳的社會評價，會吸引更多的公眾投資其股票，增加其市值。

第四、以利他為創新的經濟生產活動，帶來整體社會的平衡。均富、安康的社會是人人得以安樂。少數照顧不到的人，都有人想到要照顧，少數族群被忽略的利益都有人給予利益。這只有利他精神能夠辦到。整體社會的安定、幸福與快樂，正是透過利他才能夠完成。

第四節　永續共榮

什麼樣的經濟體能創造永續共榮？

先說共榮，共榮的一個指標是，社會中人人都能安居樂業，以現代意義言之，充分就業的可能性或必要性為何？

人各得其業

經濟學中的「充分就業」之概念，是英國經濟學家凱恩斯在《就業、利息和貨幣的一般理論》一書中所提出。[10]凱恩斯認知的充分就業，是指在某一工資水準之下，所有願意接受工作的人，都能獲得就業機會。但是充分就業並不等於全部就業，或者完全就業，而是仍然存在一定的失業率。

但所有的失業都屬於季節性的，亦即短暫性的失業，間隔期很短。自然失業率是指「求職性的失業率」以及「結構性的失業率」之總和，一個社會的失業率等於自然失業率，凱恩斯看來仍是充分就業。

但是這期間，除了換工作的短暫失業率之外，結構性的失業率產生的問題會比較嚴重。新的技術出

10 約翰．凱恩斯著，陳林堅等譯（一九九二），《就業、利息和貨幣的一般理論》。臺北：時報。

現，會淘汰傳統技術的人員，這些傳統技術人員不容易立刻就業，因此稱為結構性的失業。各國政府所面對的失業通常與結構性失業有關。政府靠著宏觀調控，給予弱勢的技術產業補助，或是輔導就業。一般優勢企業對於結構性失業人口，其實沒有太多作為。

本文正是思考如何以善經濟的理念與模式，解決結構性失業的難題。如我們所言，在一個以利己為核心的經濟體系中，這些結構性失業的人必須自謀生路，甚至難以為繼，不是投入更基層的勞動力，要不就是靠政府予以救濟。

在利他的經濟體系中，被淘汰的弱勢技術人員，能否被優勢的企業吸收？優勢的技術企業，能否能輔導弱勢技術的企業，再造新血？

問題環繞在優勢企業是純粹基於利他道德精神，去投入這樣的輔導與協助？或是優勢的技術企業會因為這樣做，自身也有利得？

我們強調的善經濟、善企業，不是以犧牲自己的利益去協助他人，而是認為利他更能利己。至少就結果而言是如此。

也許優勢企業的動機是純為利他，那是上上之標準，但是即便如此，我們仍然希望，純粹為利他的經濟企業體，能帶給利他者自身更多的利益。我們這樣的思維不僅是一種信念，而是希望它是一種必然的結果。

一九四五年二戰結束以後，戰敗國德國和日本的經濟體受到很大的創傷。全世界都認為，這兩個國家的經濟要經過很長的時間才能夠恢復元氣。但令舉世驚訝的是，短短戰後十五年，德國和日本的經濟就奇蹟般地恢復了榮景。而且從一九六〇年之後至今，德國與日本的經濟持續強大。德國是當今歐盟的主要經濟領袖，日本始終是亞洲最重要的經濟強權，其國民素質、其社會穩定都是當今世界的標竿之一。

是什麼使德國與日本在戰後快速恢復與強大？這個現象的解答是由一九七九年獲得諾貝爾經濟獎的

得主西奧多・舒爾茨（Thodore W.Schults）所提出，他認為兩個戰敗國之所以出現經濟復興的奇蹟，最主要就是因為人力資本的素質優良，並未隨著物質資本一起破壞。日本與德國傳統上都是重視教育的國家，這種文化背景為他們的經濟發展提供了大量高素質的勞動力，這是兩國的經濟發展得以迅速恢復的重要因素，也是兩國經濟持續榮景的關鍵。

由此觀之，人力的成本與素質是國家經濟成功的關鍵。這是人力資本論重要的觀點。如果結構性的失業人口，任憑其自生自滅，那是群體社會的損失，也容易造成社會問題。一些國家的國營企業，可以在結構性轉型的失業中，為暫時失業的人口，提供新的教育，或輔導其轉入其他國營事業。這是政府的良好政策。但是如果是自由市場本身，如何面對這樣的結構性失業？

亞當・斯密與相信自由市場的人士都認為自由市場會自動調解供需，包括物質資本與人力資本。以美國為例，其實自由市場的失業率一直在百分之五至百分之七之間。遠遠高於類共生經濟體系的日本，以及政府主導與市場經濟混合型的中國大陸。

以自利為出發的自由市場的競爭模式，已經證明不可能帶來充分的就業。以利他為信念的經濟體系，結構性失業者可以被其他優勢企業吸收，或優勢企業可以培育弱勢企業轉型。

日本六大財團能度過一九九七年的金融風暴，靠的就是彼此的互助，以及政府的協助。面對經濟蕭條，企業不是自相殘殺，而是互助、互利。這種利他的文化，讓六大財團及無數靠他們生存的小企業及個人得以存活。

日本松下幸之助創立終身雇用制，是締造日本經濟榮景的關鍵之一。雖然在一九九七年全球金融危機之後，取消了這個制度，但是日本六大財團採取派遣制，讓人員交換公司使用。這是解決結構性失業的方式之一。

企業的壁壘打開之後，企業互助互利之後，更有助於人員彼此的互用與互利，這不但給予企業新血，也給技術人員帶來就業的福祉。

我們這不是主張集體主義的經濟模式，而是共生共榮的經濟模式，強調互利、互助的利他經濟模式，更能夠讓群體社會的每一個人樂業，人人樂業，社會一定相對的富庶和諧。

今天互聯網的時代來臨，或者可以說區塊鏈的時代已將開始，任何技術專才可以self-employee，因此人才的共同擁有，在未來會成為常態。透過區塊鏈技術及互聯網，人才與企業更可以自由地互取所需。這種無邊界的人力就業，會是充分就業的契機。

日本政府有鑑於許多青年無所事事，於二〇〇八年開始與企業合作，發展Job Café、Hello Work讓工作機會在他們休閒的場所出現，提供他們最簡單的方式取得資訊，其結果讓日本青年就業率穩定提高。

新型態的無邊界職業與工作生涯正在逐漸崛起。未來的年輕人要求自己不斷地在專業上努力，他們可以在任何一個他們喜歡與適任的地點工作。他們必須終身學習，包括學習不同的技術與能力，他們與雇主的關係建立在共同的信念與價值之上。

如今，充分就業理想的最大挑戰來自人工智能的發展。可以想見的未來世界，人工智能逐漸取代許多技術型的工作，人類能夠呈現的工作價值，將轉移到人與人的關係，特別是心靈關係，例如心理諮詢、慈善、宗教、教育、藝術、文學等，這些領域都非人工智能所能夠取代。

人工智能給予人類最大的啟示是什麼？人類不能再依靠勞動力過生活，勞動是人類的根本，因為勞動本身直接形塑我們心靈與思想。

長久以往，人類不只是有失去勞動能力的危機，如果人類不能將科技往善的角度去設計，繼續把科學當作中性化處理，而不顧倫理性的議題，以純科技發展與商業利益考量，人類將有可能如電影所預言，會成為機器的奴役。或如同劍橋大學知名的已故科學家史蒂芬·霍金所言，人類所創造的一切科學，最終都可能背叛我們，或超越我們的控制範圍。

工作即修行

人與機器人最大的不同在於工作不只是勞動，工作就是修行。在工作當中人能體現自身的價值。勞動決定人存在的樣態與價值，這多少是馬克思所主張的。他覺得勞動的條件，決定了人的價值。他是從勞動的結構來看勞動對工人的剝削。但是直至今日，剝削的不是勞動環境，而是勞動的內在價值的喪失。

如何重新找回勞動的內在價值，亦即工作中的內在價值，是善經濟所強調與倡議的信念。

工作即是修行。

這對於企業主的信念與價值是一項考驗，對於任何一位基層員工何嘗不是一項挑戰。工作中的價值何在？企業的價值何在？產品的價值何在？

法國著名的社會學家皮耶．布赫迪厄說：「人在接觸一項事物當中，不管這事物是人或是物品，都會直接形塑我們的人格。」[11]工作會形塑我們人格、思想、價值觀。

如何在工作中建立價值，並以努力實踐這項價值，實踐過程中就是修行。能夠把工作當作修行，工作就不再是枷鎖。把工作當作是實踐正確的價值，工作時時得歡喜。

在工業社會中工作與休息都是分開的，但是如果工作如同在家庭裡一樣溫馨，人是不是不需要那麼多的休息時間？現代人一年休息的時間幾乎超過一百天。這麼多的休息究竟意義何在？對於人的身心平衡健康真的有益嗎？

慈濟創辦人證嚴上人說：「休息，就是換個方式工作。」[12]不區別工作與休息、修行與休息是慈濟

11 Pierre Bourdieu, Richard Nice (1977), *Outline of a Theory of Practice*, Cambridge: Cambridge University Press, p. 7, p. 46.

12 釋證嚴（一九八九），《靜思語》。臺北：九歌，頁二四六。

重要的修行理念。

從慈濟的觀點言之，現代人忙著工作，之後忙著休閒；忙著應酬，再忙著健身。現代多元化的功能，將個人切割成不同的區塊，人於現實中無法得到真正的完整性，也無法真正地掌握自己的身、心、靈、境。

慈濟人的理念是工作即為休息。證嚴上人常問志工，做得累不累？他們都會回答：「很幸福！」因為慈濟人不說辛苦。

證嚴上人希望人是為了工作而生活，不是為了生活而工作。所以沒有退休這個理念。證嚴上人曾經對靜思精舍的出家師父與清修士說，靜思弟子不退休。不可以將長者、師父送老人院。要自己照顧。能做事的，一定要做，靜思勤行道，做到生命的結束，還要再來人間，繼續為人間、為眾生努力。[13]

臺灣的工作體制是週休二日，而證嚴上人就期勉慈濟人「週修二日」，別「週休二日」。慈濟的主管與主要志工其實多半全年無休。證嚴上人每日清晨三點半即起，開始講經，到八點半已經開示兩場。全年無休。弟子們也是不敢須臾離也，努力精進不懈。

吾人的觀點，區別工作與休息，人的生命之統一也喪失。

我們當工作即是福報，能付出很幸福。

一個人在工作時，能心心念念為著眾生，少欲志堅，為他人付出之際，不斷地縮小自我，達到體驗與大我一體的境地。這是每個人都應追尋的生命目標與使命。

善經濟來自善的工作，善的工作從工作的價值建立起。

能建立正確的價值與信念工作就是修行。這不是他人能賦予的，必須自己給予自己。善，就是從自身做起。

我們其實都在工作中異化。

在今日的社會中，我們工作，不是為了賺錢，就是為了權力，為了地位，為了名譽。我們真正失去了工作——是為了體現價值這項最重要的人生目的。

失去價值觀的工作，驅使我們拚命賺錢。所以各種貪婪、欺騙橫行於經濟活動當中。失去修行的工作，讓我們拚命地競爭，要打敗各種對手。所以各種的剝削、控制、壓迫，無論是對個人的，或對社會的，層出不窮，永無終止。歸根究柢就是工作的異化。

我們在工作中體現價值，把工作當作修行，就不會把賺錢當作第一要務，不會把打敗對手當作第一要務，而是把創造、把利眾當作要務。這是善經濟能夠發展的關鍵。

因此，善經濟來自善工作。善工作體現價值，善工作是修行。工作即修行，則無時不快樂，無時不是與人結善緣，與消費者結善緣，與地球生命結善緣。工作中無時不都是提升心靈、豐富生命的契機。

與萬物共榮

任何人類經濟活動都是依賴地球的資源。任何傷害地球資源，或過度剝削地球資源的行動，都逐漸地或直接地，甚至以人類所不能預期的速度毀滅人類自身。未來的善經濟一定要兼顧與地球共生，與萬物共榮，這才是經濟發展的永續之道。

從一九二四年魯道夫博士（Dr. Rudolf Steiner）提出無化學肥料的農業至今，將近九十年的時間，直到一九九〇年之間，有機農業才成為全球的一項新興的運動。[14]這主要致力於保護大地，同時保護人的生命及健康的有機農業，在全世界各地已經逐漸開展。國際有機農業運動協會（International

13 釋證嚴（二〇〇七），《靜思精舍與清修士開示》。

14 Barry O'Mahony & Antonio Lobo (2017), *The Austrlia Organic Industry*, Current and Future trends. Land Use Policy (66), p. 331.

Federation of Organic Agricultural Movements，簡稱IFOAM）制定有機農業的食品標準、認證系統、專業訓練等，都使得有機農業與食品在全世界普遍開來。

從有機農業及食品的生產，乃至消費，整個產銷系統都是引導人類真正認知，傷害大地就是傷害自己，保護大地，人類與地球才能夠永續。

善經濟就是追求地球與人類的永續。而有機農業與食品產業是當今世界善經濟的先驅者。有機農業生產比起化學肥料、用殺蟲劑的農業困難很多。有機農業必須淨化已經遭受百年污染的土地，有機農業必須克服各種的蟲害，用更長的時間去恢復大自然中蟲類之間的自然平衡。有機農業的產量不可能像使用化肥及殺蟲劑的農業般大量生產。這些在在都限制有機農業的收入與成長。

但是在利他的信念下，有機農業的無數推動者，經過數十年的努力，已經發展出令人驚訝的經濟果實。

以澳洲為例，澳洲是全球有機農業產業的領航者與領導者。早在一九二〇年代，義大利人類學家Ernesto Genoni來到澳洲，開始推動有機農業的發展。一九四四年澳洲有機農業及林園協會成立（The Australian Organic Farming and Gardening Association，簡稱AOFGS），以及隨後的澳洲永續農業發展中心，都致力於推廣有機農產品與食品。

直到今日，澳洲的有機農場到達一千五百六十九萬公頃。自二〇一〇年以來，澳洲的有機食品產業的產值每年以兩位數在成長。有機農業及食品產業雖然占一般食品產業的百分之一，但是有機農業生產製造的「牛奶及營養品」已經占市場總產量的百分之二十二．三；「有機肉品」占所有肉品市場的百分之十六．二；「有機蔬菜與水果」占果菜市場的百分之十一．九。[15]

二〇一二年的總生產價值到達兩億四千萬美元。這種利他的善經濟正逐漸擴大其規模與影響。

地球與環境的永續如今已經是當代企業的社會責任，善經濟的信念一定是建立在地球永續與人類永續的基礎之上，讓人類與地球萬物都能共享、共榮。

人類為了生存，過度發展經濟，導致人類的滅絕，在地球上早就有案例。南太平洋中靠近智利的一個小島，名復活節島。島上一片荒蕪，沒有樹，土地貧瘠，只有鮮明地矗立著無數巨大的人形石像。人類歷史上很少見過如此巨大的石像。這些石像多達千座，重達數十噸，高達數公尺。奇怪的是，島上並沒有如此巨大的岩石，這些岩石從何而來？如何豎立起這樣巨型的石像？工匠如何雕刻等？這些疑問一直都是考古學家研究的課題。

據歷史學家與地質學家研究考據得出，西元前八百年，玻里尼西亞人來此定居，當時森林茂密，土地肥沃。玻里尼西亞人在這裡定居、耕種、發展文明，宗教祭祀頻繁。儼然是世間桃花源。

從目前島上所採集的泥土發現，當時居民的魚類食品只占四分之一，多半食物為穀類、甘藷等種植物品。從沉積的泥土與沼澤推論出，當時農業鼎盛，林木茂密，土壤肥沃。但是因為世代居民不斷地砍伐森林，焚燒森林，以擴大可耕地。幾十個世代下來，森林已經荒蕪，缺乏樹木覆蓋的土地，大雨一沖刷，泥土流失。加上土地過度開墾使用，造成土壤更加貧瘠，農作物因此一蹶不振。失去農業的根本，居民無以為繼，或放棄復活節島，或移居他島，或因為爭鬥生存空間而戰爭死亡。復活節島成為曇花一現的人間樂園。

復活節島在十八世紀英國探險家庫克船長到來之前的兩百年，應該是他們文明最鼎盛的時期，當時人口約在兩萬人左右。石像是宗教祭祀之用。但是由於對於森林及土地的過度開墾，造成文明衰落，以及最終的滅絕。

經濟的生活離不開大地。中國人的敬天愛地之古老教誨，是當今從事經濟活動的每一個人必須牢記

---

15 Barry O'Mahony & Antonio Lobo (2107), *The Austrlia Organic Industry*, Current and Future trends, Land Use Policy (66), p. 334.

於心。如何將環境與大自然的永續作為經濟發展的根本目標，甚至如有機農業一樣，經濟的發展就是促進人類與地球的永續共榮，這是善經濟的理想。

第十章
善企業的思想與實踐

第一節　以信念為核心

依馮・喬伊納德（Yvon Chouinard）是美國最大戶外登山運動品牌巴塔哥尼亞（Patagonioa）的創辦人。二〇一八年依馮・喬伊納德被《富比士雜誌》納入全球億萬富豪之列。一開始喬伊納德只是愛攀岩的青少年，一九五三年，喬伊納德十四歲，和同伴經常在野外訓練鷹和隼去打獵，這是他們的興趣。而有一位攀岩前輩教他們技巧，以便能到達鷹和隼的棲息處，於是喬伊納德開始了攀岩的生涯。

十八歲時，他與瑞士的攀岩高手John Salathé攀爬優勝美地，當時攀岩都是用軟岩釘，爬完後會留在山壁裡。攀爬優勝美地需要幾百根釘子，喬伊納德看到瑞士攀岩高手用的是硬式岩釘，可以重複使用，他決定自己製作。於是他在車庫裡開始用汽車軸輪手工製作登山釘鞋。

許多志同道合的朋友知道了，就向喬伊納德購買他自製的鉻合金岩釘，當時他還不知道自己已經開始做起生意了。他經常開車帶著製作岩釘的工具箱，所到之處有人要買就製作，一小時可以做好一對岩釘，售價一點五美金，以此勉強度日。隨著需求增加，喬伊納德改用機械工具製作，於是在一九六五年，他與湯姆・福斯特（Tom Frost）——一位航太工程機械師，也是一位攀岩高手——一起合組公司。他們對公司的信念是「要製作『最完美的、無須再增加任何物品、無須帶走任何物品、就如同裸身一樣的』輕巧便利的登山工具」。[1]

一九七〇年，喬伊納德成為全美國最大的登山工具商。但隨著攀岩人數的增加，岩釘加速地傷害岩壁，成為社會逐漸詬病的行為。喬伊納德毅然放棄這項讓他白手起家的產品。

當時岩釘銷售占公司業績的百分之七十。但是喬伊納德堅守信念，認為「攀岩者是因為熱愛大自然，不能讓攀岩反過來破壞自然」。

喬伊納德決定停止銷售這項鉻合金岩釘，這為他的事業帶來極高的破產風險。但是喬伊納德還是決定停止銷售這項獲利豐富的岩釘。

一九七二年，喬伊納德推出用手可以楔入的鋁製岩釘，攀爬後可以拔出，不會傷害到山壁，也讓下一個攀岩者全然感受到山壁的大自然原貌。喬伊納德在新產品問世的產品說明中，以十七頁呈現他對「清淨」（Cleaning）重要性的看法。[2]他說明：「清淨就是讓山壁不受傷害；清淨就是使用螺帽攀爬山岩；清淨就是不用錘子鑿打山壁；清淨就是讓下一個攀岩者感受山壁的原始清淨；清淨就是爬山者爬高之際不留下痕跡；清淨就是攀爬山壁而不驚動改變它。」

一九八〇年代巴塔哥尼亞從登山器材轉向登山服裝，他所生產的粗棉服飾深受登山者喜愛。但是隨後喬伊納德又發現這種粗棉衣對環境有破壞性，而且對穿戴者有健康的疑慮，他決定往更高端的品質探索，他採取未灑農藥的棉花製作衣服，並因此帶動了加州有機無農藥棉花產業的蓬勃發展。

在每一次銷售與公共利益的轉折點，喬伊納德都回到他對於環境熱愛的初衷，以保護環境，保護登山者為其企業信念。

堅守信念，是巴塔哥尼亞企業成功之道。

---

1 "In anything at all, perfection is finally attained not when there is no longer anything to add, but when there is no longer anything to take away, when a body has been stripped down to its nakedness." Antoine de Saint Exupéry (1933), *Wind, Sand and Stars*, Lewis Galantière(Trans), New York: Reynal and Hitchcock.

2 "There is a word for it, and the word is clean. Climbing with only nuts and runners for protection is clean climbing. Clean because the rock is left unaltered by the passing climber. Clean because nothing is hammered into the rock and then hammered back out, leaving the rock scarred and the next climber's experience less natural. Clean because the climber's protection leaves little trace of his ascension. Clean is climbing the rock without changing it; a step closer to organic climbing for the natural man." Pesterfield, H. (2007), Traditional Lead Climbing: *A Rock Climber's Guide to Taking the Sharp End of the Rope*, Birmingham:Wilderness Press.

一九八五年，巴塔哥尼亞更積極地推動環境保護與野生動物保護工作。他親力親為治理了一條受工業污染的河流。他提出十一課稅，將企業的十分之一捐助於保護野生動物。巴塔哥尼亞也開展拆除水壩的運動，因為水壩對於魚類遷徙造成阻礙。

巴塔哥尼亞在二〇一四年已經是全球最大的戶外運動品牌，而喬伊納德要消費者不斷地對其產品提出建言，登山者可以提出使用登山物品及服飾的不便，巴塔哥尼亞會認真地改善品質。一件T恤襯衫的鈕扣容易脫落，喬伊納德嚴格要求必須設計到不可脫落為止。巴塔哥尼亞公司的登山服設計多種口袋，便利登山者，儘管這些設計增加額外的成本。

二〇一三年，喬伊納德開始使用回收的寶特瓶製作衣服，讓廢棄物品再使用，真正達到環境保護的目的。

巴塔哥尼亞體現以信念為核心的企業經營，依憑・喬伊納德從自身熱愛大自然開始，一路堅守此一信念，雖然經過許多市場的更迭變遷，他不以獲利為最重要的考量，而是堅持做對環境、對社會有積極意義的企業。

如今穿著巴塔哥尼亞衣服的消費者已遠超過登山使用者。大眾穿上巴塔哥尼亞就表示是熱愛大自然、與環境共生的擁護者。企業品牌成為文化的一部分，才是真正成功的企業。而這種文化的推動者，不是產品的銷售者，有賴於企業遵循信念，堅守信念，以信念為核心的經營哲學與智慧。

巴塔哥尼亞是從自身到員工實現這種對於自然的熱愛。喬伊納德雖為十億身價的億萬富翁，但是他仍然經常自己動手做手工，到野外去垂釣運動等。他們的員工可以穿潛水衣來開會，甚至開董事會。全世界的巴塔哥尼亞園區讓員工可以在後院沙灘打排球，可以盡情享受有機美食。早在谷歌這麼對待員工之前，巴塔哥尼亞已經如此體現對員工的照顧。每一樣新產品，都是從研發到員工，到管理階層都穿過數月之後，才真正上市。他們販售自己有信心且喜愛的產品。這是他們的企業信念——愛護消費者，如同愛護自己一般；愛護環境，如同愛護自我生命一般。

信念優於策略

以信念為核心是企業的根本。哈佛大學李奧納教授在慈濟的個案研究中提出，堅持信念而非策略的做法，使得慈濟成為全世界最成功的慈善組織。策劃與策略是無法因應在慈善的緊急救災工作。企業的策略計畫通常在年度之前或在多年之前就先行規劃、預先設定。但是災難無法先規劃，災難何時發生？規模多大？造成的損害多大？以何種模式造成生命與財產損失？都無法事先預知。災難發生之後政府經常癱瘓，救濟團體在交通、安全、物資運送方面都無法事先預測，因此策略與計畫無法因應賑災模式。此時此刻，像慈濟這樣的救災團體依靠著是信念，這信念就是允諾「哪裡有災難，他們就要前往救援」。慈濟的信念是直接救濟、感恩付出。這信念使他們在不同的災難地點發展出不同的救災模式，而是因時、因地、因人制定救災方式。

在二〇一三年的菲律賓海燕風災，獨魯萬市與奧莫克市百分之九十以上的建築物損毀，慈濟發展出以工代賑的做法，每日每人發給救濟金五百元菲幣，號召原本要棄城的居民以雙手重建家園。在慈濟的號召下，每天從五百人、一千人、兩千人，直到每天有一萬五千人次加入清理家園、街道的行列。其中獨魯萬市，花了十九天，終於清理乾淨、恢復市容。

二〇〇九年發生在臺灣南部的莫拉克風災，造成屏東、高雄、臺南等地，到處積水、泥濘，城市機能完全喪失，災害極大。超過百萬的慈濟志工，從北到南，每天有上萬人次搭乘高鐵，到達災區清理淤泥與城市的垃圾。在十萬人次的慈濟志工努力下，兩週之內，臺灣南部城市恢復清潔與生活的基本機能。

兩地的災難，臺灣有豐沛志工，但是菲律賓慈濟志工不足，於是發展出以工代賑的模式，適合菲律賓當時的救災情勢。

二〇一五年，尼泊爾發生大地震，來自八個國家的慈濟志工在第三天進入災區。當地房屋毀損極為嚴重，都是磚瓦的歷史古建築，慈濟無法以工代賑為城市清理，因為磚瓦是城市居民的資產。落下的磚瓦無法分辨是誰家的。因此慈濟直接發放物資，給予帳篷，給予福慧床（多功能折疊床）安置災民。一週之內，慈濟已經發放二萬五千戶的居民，安置上千家庭在帳篷之中。

從以上三個個案可以理解，同樣的模式無法在同類型的災難中運用。因為災難不同，規模不同，文化不同，社會條件不同。因此慈濟志工在第一線能依恃的不是既定的策略，或既有的規劃與模式，而是信念，慈濟志工有這樣的願力決心要幫助災民，方法可以千差萬別。

哈佛大學李奧納教授歸結，企業在未來，將面對更劇烈的環境變遷，未知的科技挑戰，不同社會文化的壁壘，以及各種天災與人禍，包括恐怖攻擊等。策略與規劃往往失靈。企業回到信念將找到更大的力量，凝聚更大的共識，來面對各種企業環境的挑戰。慈濟面對瞬間來到的大型災難，能有條不紊地處理與面對，從第一線的志工，到臺灣總會的協調，如此快速與順暢，是得利於慈濟人的共同信念——無所求的付出，付出還要感恩。這使得他們面對任何困難與挑戰，都能從容以對，能心懷慈悲與感恩，從而冷靜地思考解決因應之道。

李奧納認為，企業不必放棄所有的策略管理，但是必須強化內部的核心價值與信念。從領導者到公司成員都必須理解、認同企業所訂定的核心價值，並且深化成為個人的信念。如此，像慈濟一樣，有災難，志工主動啟動、主動救災、主動協力、主動解決各種困難與挑戰。慈濟這些志工不只不支薪，還都自掏腰包、自付旅費，這都是核心信念驅動他們的救災能量與智慧。

企業支薪的員工與主管更應該確立自己的核心價值，公司上下認同同一核心價值，就更具備主動積極的開創力與面對挑戰的韌性與智慧。

企業人文與企業成長

慈濟志工企業家朱振榮，他所創立的偉特科技（Vitrox）是馬來西亞第二大科技廠。七年前，朱振榮參加慈濟靜思生活營後，深為慈濟的人文精神所感動。回到馬來西亞，開始將慈濟人文引進公司，並以「誠、正、信、實」重新界定偉特的核心信念。偉特科技在企業內部也創設人文空間，塑造出以愛為管理的圓形組織，讓員工能夠隨時離開工作地點，在十分優美、寧靜、莊嚴的空間裡，工作、思考、開會。給予員工人文氣息，給予員工自由的創作空間，將愛與慈悲引入企業。

朱振榮告訴吾人，過去二十年他的事業成長緩慢，但自從引進慈濟人文精神，重新界定企業價值，並且在環境中打造出這種人文氛圍之後，公司成長十分快速。從七年前的市值三億美金，到現在的十億美金，躍升為馬來西亞第二大科技公司，市值為馬幣三十三億元。

偉特科技的共同創辦人是一名基督徒，他說，自從我們打造慈濟人文與核心價值後，客戶來到公司，看完人文空間，與我們談話，幾乎很快就下訂單。這種核心價值所呈現的企業人文，相對帶來的是客戶對你的信任。

在二〇一七年檳城水災期間，偉特科技的三百位工程師與工作人員，每天一百五十人加入慈濟救災，然後回到公司加班把該做的工作做完。一連兩週，沒有人抱怨，沒有人要加班費，這是企業核心精神與人文帶給公司員工的凝聚力與向心力。

朱振榮加入慈濟之後重塑自己的核心理念，以證嚴上人給慈濟人的誠正信實，作為企業的核心價值。堅持對客戶、對員工、對一切事物都秉持「誠、正、信、實」。

誠對企業至為重要。真誠的心才是永續企業之基石，處事以正，人人莫不跟隨。經商講信用，是事業興盛的關鍵。實實在在經營事業，才是成功之道。

信念不是移植，而是一種內在的修養。是企業主真正相信這項信念，而且努力實踐。實踐後的信念才有力量，否則只是口號罷了，不會產生啟發員工與感動客戶的效果。

在核心價值的建立與塑造之後，朱振榮更有效地凝聚公司同仁的向心力，以及客戶的認同，更是事業快速加倍成長的關鍵。

以信念改變世界

當代最成功的企業家、發明家史蒂芬·賈伯斯談到創業的歷程時說，他二十一歲賺進一百萬，二十四歲有一千萬，二十六歲已經有幾億美元。但是不管創立蘋果電腦，到好萊塢經營動漫，或再回到蘋果公司發展iPhone，他始終不變的是內在的信念。他的信念是：

> 我相信以我們的熱情，我們可以改變這個世界，並且使它變得更好。而那些真心相信這句話的人，真的改變了世界。（With our Passion we can change the world and make it better. People who are crazy enough to think they can change the world are the one who do.）

史蒂芬·賈伯斯是繼愛迪生之後，人類歷史上最偉大的發明家。他把電腦從一個房間大的機器，變成個人化的使用。從個人電腦到蘋果手機，我們所見證的就是電腦逐漸民主化、個人化的歷程。讓人可以享有如此快速、智慧的工具。

iPhone成功地結合了科技與人文、藝術與電機、創意與機械。這是讓科技回到人們掌握的一種革命。iPhone根本改變的不是我們的通訊方式，而是人類的生活方式。

這樣的貢獻都來自於他不變的核心信念。他在五十多歲過世前接受電視訪問時說，他這一生做過很多事業，創造很多發明，但唯一不變的是他的核心信念。

無形的信念締造企業：王道踐行者臺灣ＩＴ教父施振榮

臺灣ＩＴ教父施振榮先生，一九七六年與四位合夥人共同創辦宏碁公司，在九〇年代初期曾領導宏碁成功進行企業再造，自創臺灣第一個著名的電腦品牌，並躋身於全球七大個人電腦公司，一九九五年推出「渴望」多媒體家用電腦，風靡全球。

施振榮在經營企業、研究發展方面，提升臺灣形象，提倡國際化觀念貢獻卓越，先後獲得許多榮譽，包括臺灣的「十大傑出青年」、「第一屆世界十大傑出青年」，由於他別具創新的前瞻性、共存共榮的世界觀，及殷實的社會責任感，一九八九年《財富雜誌》（*Fortune*）將他評為「與亞洲做生意不可不認識的二十五位人士」之一。一九九五年獲《世界經理人文摘》全球十五位最創時勢的企業家，一九九六年初，美國《商業週刊》又評選他為「全球最傑出的二十五位企業管理者」（The 25 Top Managers of the Year）之一。

二〇〇四年施振榮退休之後，創立了智融集團和智榮基金會，投身項目培育。他認為，在新世紀的全球商業舞臺上，華人企業應該遵從「王道」，創造價值、均衡利益，才能從全球價值鏈中的競爭，和多變的市場環境裡走出自己的路，成就基業長青的百年企業。

如果對宏碁創業史追根溯源，會發現施振榮本身就是一位「王道精神」的真誠踐行者和受益者。

經營善企業　關鍵在間接無形未來

「王道」思維的三大核心信念就是：第一，不斷地創造價值、不斷創新；第二，在共創價值的過程中，平衡各方的利益；第三，因應環境，不斷變革，永續經營，自強不息。

首先是創造價值，施振榮認為，企業成立是為了對社會有所貢獻，為社會創造價值，「不要賺了錢再捐，你所有活動在做的過程裡，已經盡了很多社會責任。」他表示，創造價值，要從直接與間接、有形和無形、現在與未來，也就是「六面向價值總帳理論」來說明。

直接、有形與現在，一般的企業比較重視這些緯度，整個民主政治、資本主義管理系統的機制，比如KPI，都是以顯性價值作中心，但真正的善是無形的、隱性的、甚至是超乎現有人類思維的，所以，要經營一個善企業，關鍵在間接、無形、未來，除了替社會創造價值觀，灌輸好的核心信念，並要懂得培養人才，給他一個場域，讓人的潛能得以發揮，甚至替他們交學費，即使未來人不為企業所用，也是為社會造福。另外一個重要的無形基礎設施就是企業文化，施振榮認為，企業文化是企業往上成長的一個基本架構，是企業再造轉型的一個很重要基礎，也就是價值觀在企業中的落實。

從創業第一天起，施振榮將「人性本善、信任授權」，視為是宏碁最重要的企業文化。除了喊出「龍夢欲成真，群龍先無首」的口號，展開培養百人總經理的長期人才戰略，並加速落實分散式授權管理機制。例如，因為對「寧為雞首，不為牛後」臺灣普遍價值觀的認同，提出「小老闆的成就」，以員工入股制度讓同仁分享當老闆的成就感，最終落實為創業精神；另外，鼓勵並深植「不留一手，傳賢不傳子」的觀念，仿效師徒制，讓普通員工尊稱他的主管為「師傅」，以盡心培養部屬，傳承知識。再如「接力式馬拉松」，則為了矯正短視近利的積習，期許同仁「在崗位上全力衝刺，交棒時圓滿完成任務，使公司永續經營」。

這種企業文化的塑造，中間幹部扮演很重要的角色，因此，必須要求這些幹部了解企業價值觀和口號形成的背景和過程，並且落實到每個人每天想的和做的，整個企業從上到下都和企業文化的訴求相符合，才會有效。從尊重每個下屬的意見、發揮個人能力做起，大家一起來形塑文化氛圍，讓每個幹部能隨時補位，每個人都是股東，都把公司當成自己的在經營，所以，自然會在業績要求跟工作表現上，對意圖混水摸魚的同仁形成一種約束力，幫助企業延長生命力。

以使用者為導向　創新自我品牌

一個善企業，實行「王道」的領導者應並重顯性與隱性價值，只有六面向不斷平衡的發展才會達到總價值。施振榮認為，善企業要有顯性價值，要能實際賺錢，所有的理想才能永續下去。善並非立意過高，它反而是商場上的必備條件。「商」是「價值交換」的意思，在買賣的同時，雙方都共創了價值，賣的人賺了錢；買的人則賺到了價值。

從經濟學的角度來看，就是要顧及供需平衡，甚至要洞察市場，掌握大的趨勢，並以使用者為導向，思考並創造對社會真正有意義、有價值的產品與服務，才能使這個業務產生最大的附加價值。如果忽略了市場的實際需求，即使產品再好也沒用。如果一心想要賺錢，掉入惡性競爭的紅海裡，或者造成生態惡化的後果，只會讓產品不斷貶值，這種企業絕對不可能永續。

這是施振榮著名的微笑曲線理論，微笑曲線＝創新＋品牌，跟隨非我風格（Metoo is not my style），在製造業的基礎上，如果你不往左邊做研究開發創新，創造智慧財產權，產品的價值就受到限制；同理，如果不往右邊進入服務端，做品牌、通路的話，價值也會被局限住。也就是找到適合自己創造價值的領域，在創造價值同時造勢，不管是在智慧財產權還是形象定位方面，造出自己的勢和經營規模，雖然被模仿，卻永遠不會被超越。

利他就能均衡各方利益

在帶領企業共創價值的過程中，如何去平衡各方價值？施振榮提到，最重要也是最簡單的一條思維是「利他，是最好的利己」。一般人認為人不自私，天誅地滅，如果按照正向思考，企業資源配置自然是優先照顧自己的利益，然後是股東，最後才考慮顧客與員工。但是，施振榮用反向思考，發展出「宏碁一二三」的理論，照顧到利益的優先順序，將顧客排在第一，員工排第二，股東排第三。因為你在今天贏的辦法，可能是未來輸的原因。在動態競爭中，唯一能警示的道理，就是王道——考慮與平衡企業周邊的所有利益相關者。如果身為領導人多想到從自己開始稍微讓利，這樣平衡的機制就容易形成，「大家都會投入更多力量，共襄盛舉，把蛋糕做大，最終結果還是利己的。」施振榮解釋。

事實上，在宏碁歷史上能順利完成兩次重大改造，「王道」思想和「利他就是利己」的哲學思想就發揮了潛在作用。一個王道的企業要不斷變革自己，才能創造新的價值。在近四十年的時間裡，施振榮在跌宕起伏的全球金融環境下，三次領導宏碁變革與轉型，不斷地創造了新的價值。

宏碁開始時，為了掌握二次工業革命後的歷史機遇，以三萬五千美元起家，憑藉著微處理機技術的產品和技術闖蕩天下；從一九八七年進入第二個十年後，開始傾力打造Acer品牌；進入二十一世紀，其全球化的行銷和運營平臺日臻成熟，結合了地緣的戰略，逐漸形成了由ＰＣ傳統業務轉向側重電子商務和ＩＴ服務的新宏碁集團、製造和銷售多種ＩＴ消費類產品的明基集團和主打代工市場的緯創集團，它們共同組成ＩＴ航母「泛宏系」企業集團，使得宏碁一度榮膺全球第二大電腦廠商的地位。二○一四年，宏碁經營受困，原本已經退休的施振榮重新擔任董事長，八個月成功轉型「雲服務」，實現「硬體＋軟體＋服務」的新模式。

在施振榮看來，整個產業鏈生態是分工合作的關係，是一個垂直分工水平整合的大趨勢。要在一定的分工環節上持續專注地做，不斷進步和創造，而且實行簡化有效的管理。如果你一定要整合，首先要做到足夠的經濟規模。在目前的雲時代，競爭越來越激烈，分工整合已經促使世界更加扁平，贏家需要逆向新思維，去思考如何創新生意模式，造福更多利益相關者，從紅海競爭的全球ＰＣ業走出來，他相信，能有效整合全球最佳資源的整合者，或各領域的領導者、能成為全球最佳選擇的被整合者，都將是最後的贏家。

跑一場中體西用的馬拉松

善經濟提倡企業在經營及管理中發揮「利他」及「和合」精神，以愛的方式管理員工，以善的信念為消費者設計、提供產品，以和諧共融的方式，與產業鏈中的商業夥伴展開合作。企業和商業機構應持有堅定的信念，在經濟效益和社會效益產生衝突時，選擇更利於社會整體利益的經營方向才會幫助企業實現可持續發展。從施振榮的王道思想中，我們可以看到完全相通之處。

「宏碁」（Acer）取自英文單詞尖銳（acute）和鋒利（sharp）的拉丁詞根。在「積極、有活力」的內涵下，隱含著「王牌」之意，代表著「優秀和傑出」。宏碁的「碁」字，意義等同於圍棋的「棋」，「宏碁」的寓意在於公司是一盤棋、一盤永無止境的大圍棋。

眺望未來方向，施振榮認為，可能最大的挑戰是，如何借重西方系統性的管理機制與方法論，提煉出王道文化的精神，使它簡單、易懂、實用，既不能全盤照抄，又要符合中國的環境文化，才能夠大量推廣並影響世界，他對筆者說：「這件事，也是馬拉松，不是一人、一代就能夠做完的，把我們的使命功成就可以身退了。」

信念創立的全球最大慈善組織

以企業言之，創立大企業的人，或將大企業永續發展的，都是對自身價值的認知、信守與傳遞。管理學家彼得．杜拉克曾為非營利組織下了一個定義。他說：「非營利組織是價值的倡議者，實踐者與受益者。」

價值的實踐是非營利組織的核心動力，價值觀對營利性的企業有沒有適用的可能？對營利企業的成敗有沒有貢獻？營利的企業能否以價值為導向，推動企業的發展？這個理念與架設從二〇一〇年開始，逐漸在哈佛大學商學院發展出來。營利企業一樣應該採取「以價值為領導」。

二〇一〇年我應邀到哈佛大學商學院演講，哈佛商學院資深教授李奧納告訴我，他之所以希望邀請我來演講，最重要的原因是哈佛商學院長期以來都是以策略、競爭為導向的教學思考模式，但是他希望商學院的學生能夠學習慈濟的領導模式，就是以價值領導、以愛為管理。

在兩個小時的課程中，李奧納教授與我都闡述了信念與價值領導的理念。李奧納教授特別跟學生說，慈濟不是遵循策略，而是信念、是價值。學生發問，難道慈濟都不思考救災方法？方法不就是策略？

是的，救災當然需要方法，但是畢竟沒有人能預測災難何時發生，問題在於每一次災難的來臨，地點、規模、災情狀況、當地救災系統的崩潰程度、政府的效能，都是無法預估。固定的方法或策略都無法預測與反應每一個不同的災難。

慈濟人能秉持的是一種價值，就是他們允諾哪裡有災難，他們就要前往救援。是這種價值與承諾，使他們必須在不同的災難時空發展出不同的反應方式與救災模式。方法與模式是無法固定化的，志工在第一線必須憑藉著內在的信念做出判斷，調整策略與模式。既定的策略管理所不能及者，價值成為他們唯一憑藉的判斷基礎。

慈濟的價值是付出無所求，付出還要感恩。他們遵循直接發放的理念，堅持對待每一位災民都必須親手給予物資與愛心。在這個價值與原則下，他們在全球一百個國家進行救災與慈善的工作。五十年前創立至今，慈濟已是全球最大的慈善組織之一。

慈濟在全球有近兩百萬志工，使得慈濟在救災時展現無比的能量。志工平時工作、捐獻，在社區付出，有重大災難發生時，他們會放下手邊的工作，自掏腰包、自付旅費前往救災，他們所追隨的就是一種價值，這價值就是「無緣大慈，同體大悲」的大愛。

第二節 以價值為領導

信守價值為出發的企業領導

IKEA的創辦人英格瓦．坎普拉穿著二手衣，搭飛機不坐頭等艙，只坐經濟艙，因為他要跟員工一樣，員工坐不起頭等艙，他也不坐。擁有四百八十億美元，名列《富比士雜誌》全世界第四大富豪的英格瓦．坎普拉是用以身作則來領導員工。他也對消費者實現一種價值，我不追求高價格、高貴的服務。這是IKEA的哲學，品質優，但不貴。這是創辦人體現的價值，他以這價值作為領導，以這價值分享給消費者。「我跟你們一樣」，這是價值領導的典型。

英格瓦．坎普拉出生在瑞典的一個小鎮，他的祖父因為繳不起農場的貸款舉槍自殺。他的祖母與父親繼續祖父經營的農場。他的父親曾經跟他說，「你永遠不會成功的」（You will never make it）。英格瓦．坎普拉堅毅的性格，最終證明給父親看，他做出與眾不同的成就。

從十七歲那一年，父親給了他一筆小額的獎賞，讚許他在學校的良好成績，這款項成為他生意的第一筆資金。他以賣鉛筆起家，經營自己的小生意。後來專注在物流的生意。直到有一次，英格瓦．坎普拉從一家工廠出來，心裡一直納悶著，為什麼成本一塊錢的襪子，在市面上要賣八塊錢？這啟發他新的生意點子：他要給予消費者廉價但優良的商品。

這種事業良心與價值觀締造IKEA成功的關鍵。為消費者提供買得起的好商品！

價值領導不只是對自己的員工，更是對自己的消費者。終其一生，英格瓦．坎普拉始終堅守儉樸與節制，這應該是他給社會立下的典範。

英格瓦．坎普拉對於員工很重視、很疼愛。他所到之處，不時與基層員工擁抱，並告訴基層員工，對消費者的服務好，才是公司的本質。他要員工在生活中互相幫助，包括日常辦公室生活作息的互助，如大家一起洗碗等小事情，都要營造一個互助的家的氛圍。因為IKEA的家具及商品，就是要給消費者一個溫暖舒適的家。而要做到如此的服務，IKEA公司本身就必須是一個家。這就是以價值作為領導。

IKEA的家具擺飾都是充滿著家的設計，床邊上放著小小的花瓶、掛著小小的一幅畫，讓消費者進來就有溫馨舒適的家的感覺，服務員很親切地解說等，這是IKEA對於「家」的商品訴求，而這訴求與價值的體現，英格瓦．坎普拉堅持從設立於全球四十八個國家的商店做起；從十二萬五千多名員工做起。

英格瓦．坎普拉的勤儉、樸實，以及對員工如家人的作風，並不是為了生意的營收或興隆而刻意為之，他這麼做，是從小到大人格養成的一部分。他始終謹記父親的那一句話「你不會成功」，他將之列為人生的警惕。

英格瓦．坎普拉是一個念舊的人，IKEA取自於他名字的開頭IK——Ingvar Kamprad；E，是他長大的農場所在地；Elmtaryd；A，是他的故鄉，一個小村落叫做Agunnaryd。他在一九四五年於瑞典創立IKEA，在一九七三年因為瑞典政府不合理的課稅制，使他將IKEA遷移到丹麥的哥本哈根。現在IKEA的總部設在荷蘭，但是他生命中最後的幾年仍然回到瑞典居住，並在那裡過世。享年九十一歲。

基於人格的經營，才是價值領導的關鍵。人格是體現價值的核心，也是創造價值的源泉。

英格瓦．坎普拉生前堅持不讓IKEA上市，是因為他不願意讓資本市場決定他事業的走向或損及他堅守的價值。他成立了IKEA基金會，投入大筆款項救助貧困的人。他是一個時代創業精神的表徵，以實踐價值、推廣價值，以建構美好家園為價值中心的企業典範。

價值的力量不只是對於企業，對於一切組織，對於一切的文明，都是從價值的形塑、宣揚、內化，而最後得以建立。

以價值賦予一個企業的生命

紅牛是一種讓疲勞身體快速恢復體力的飲料，一九八七年在奧地利上市。奧地利商人迪克・梅特舒茲是在泰國看到這種飲料，認為這是他發展生意的大好契機，如果能夠讓卡車司機、旅行時差的人，或上班族的疲累都能補充紅牛飲料，會是一項廣大的市場。最初迪克・梅特舒茲創辦時是看到商機，但是他很有智慧地賦予紅牛飲料別具意義的價值。紅牛飲料開始與人的身體極限運動結合。他贊助各項極限運動，滑雪比賽、衝浪、靂靂舞競賽，甚至空中跳躍的跳傘比賽，這一系列活動是為了打造「紅牛超自然力量」的神話企業形象。

二〇〇三年，紅牛贊助山地自行車賽冠軍的法國選手賽德克・格西亞，研發如何讓選手保持更佳體能的方法。這個研究引起很多人感動，因而加入紅牛消費者的行列。

紅牛還贊助冒險家菲力克斯穿越英吉利海峽。菲力克斯從離地三萬九千米的平流層一躍而下，並以無動力滑翔數千公尺之後，平安穿過英吉利海峽著地。當時，全世界有超過兩百家電視媒體即時轉播了這一幕，而其太空服上的紅牛標誌，則被數以萬計的觀眾所銘記。

紅牛贊助的運動員超過六百多名，這些運動員的追星迷從 YouTube 觀看受贊助運動員的影片次數，遠遠超過 ＥＳＰＮ 轉播所達到的觀眾人數。贊助運動員賦予紅牛高度的知名度，以及運動員所代表與呈現的價值，那就是「健康、超越、夢想、極限」。

紅牛花費幾十億美元投入行銷，但只有極少數的經費花在傳統媒體如電視、報紙等的廣告上。透過支持極限運動，紅牛把自己打造成人類身體的極限及榮耀的代表。紅牛就是身體強壯、紅牛就是超越身體體力極限之代名詞。一個補充體力的飲料，透過活動賦予產品自身普世性的價值。

紅牛以活動創造故事，以故事傳遞價值。因此，紅牛不是搞宣傳，它是塑造神話，在神話中傳遞價值。

紅牛標示「給人類思想插上翅膀」，插翅能飛，一直是人類自古就有的神話與夢想。紅牛代表超能力，代表身體夢想的實現。

這是賦予價值給予企業成功的例證。紅牛充分運用價值與故事的傳說，彰顯企業的形象與消費者對其價值的高度認同。紅牛是否能解除疲勞？應該是有效能的，但是喝紅牛是否真正能變成體力超極限的人，那是神話，那是故事的傳說。而故事的傳說正是傳遞核心價值最有效的工具。

以價值引領，不管是否從自身的內在信念出發，或是後來才刻意的賦予。價值，一直是引導人們信任、認同、投入、捍衛的關鍵。一個企業組織如此，一國家的形成也是如此。

以價值凝聚一個國家的文化

價值的建立是人類文明的發軔與持續開展的關鍵。人類之所以能組織巨大的社會，能夠互助分工，就是因為分享同一價值。

人類學家在研究人類的演進過程中，得出一個很有趣的結論。學者認為，在諸多人類族群的起源中，「智人」[3]之所以成為人類的共同祖先，之所以有別於其他物種及人種，而能夠建立一個巨大的人類組織，是因為「智人」有傳說故事的能力。

是傳說故事的能力，讓人類社會得以凝聚在一起，成為一個強大的社群。

為什麼說故事的能力會成為人類組織大群體的能力？

因為故事，就是承載社群「共同價值與建立典範」的重要工具。

人類在組織大型社會之際，無法透過每個人相互的接觸，跟一群從未接觸過的人如何凝聚共同的情感與信念？那即是故事。故事中傳遞共同的信念，建構共同的情感。

幾乎每一個文明都有洪水的故事。在希伯來是諾亞方舟，中國是女媧補天，美索不達米亞也是有洪水的故事。這些故事告訴人類，告訴族群祖先奮鬥的過程與奮鬥的精神。經由故事的宣說，價值與情感就由一個人傳給另一個人；一個部落傳到另一個部落；一個世代傳到下一個世代。

中國最早的詩歌，就是歷史。歷史是累積民族生存經驗的寶庫，歷史是累積民族成為一共同體的憑藉。而歷史就是由故事傳遞。

《聖經》的故事，記載著人類如何脫離大自然，而開始與其他物種不同。這故事就是亞當、夏娃。亞當、夏娃衣不遮體，意味著人類早期的生活與其他動物一樣，都是自然的一部分。人類的思想開始產生蛻變，是亞當、夏娃吃了禁果之後，對於裸露覺得羞恥，這象徵人類有了自我，有了分別心，有了倫理道德，也造成人類從自然一體的原初狀態中永遠地脫離出來。人類再也回不去大自然一體的狀態中，人不同於萬物的宿命於焉誕生。

更有甚者，人類卻為這樣的演變感到不安與羞愧。這是西方原罪的來源。這古老的故事記載著人類原初演化的過程與思想。故事傳遞一種價值，人類有了自我，也就成了有限生命，成為一個有生有死、男女二分、知曉榮辱等分別的社會人或文明人。

是故事背後傳達的價值，讓人類凝聚在一起，成為一個民族，成為人類。

雖然如此，在地球的歷史上，許多民族出現了，凝聚了，強大了，也消失了。歷史學家湯恩比分析文明的進化中，曾提及歷史上至少曾經存在有五千多個民族與文明已經在歷史的洪流中消失。在探討為何有些民族強大？而有些民族消殞？其原因，在於民族背後的信念與價值。

中國這個民族能存在、甚或強大了五千多年，得自於龍文化之建構與傳說。

龍的傳說，是中國最古老、最經典的神話故事，一個既現實又虛擬的神聖物。為何是虛擬？因為沒

3 哈拉瑞著，林俊宏譯（二〇一七），《人類大命運：從智人到神人》。臺北：天下文化，頁一七五。

有現實中的龍。為何又說是現實？因為牠是民族融合產物。因此成為共同的神聖象徵。其實龍是故事、是虛擬，或真實，都不重要，重要的是龍所傳達的理念與價值。

龍，就是古代中國各大民族融合的象徵。龍的圖騰，是源自於蛇部落併吞鳥的部落，因此加上能飛翔的翅膀。接著又併吞魚的部落，因此龍就有了鱗片。又併吞了鹿的部落，因此龍就有了鹿角。龍，一次次民族大融合的象徵。這象徵代表一種信念與價值，就是中國人相信在對抗與所謂的併吞中，誰也沒有消滅誰，而是你中有我，我中有你的大熔爐。所以中國人的價值強調融合、調和，相生、相依，共存、共榮。這是民族的價值，透過故事的宣說，透過圖騰，具體地傳遍到每一片土地與每一個人心中。世世代代龍的傳說，傳達中國人強調和合圓融的價值信念。

也因為這種大一統的民族觀，中國人深信「天下分久必合」。如此的大一統思想，經由神話與圖騰，世代相傳，凝聚中國成為一個偉大的國家與民族。沒有背後這種大一統的價值觀，中國可能成為歐洲諸國，各自為政。但就因為中國的老祖宗有這樣一種你中有我，我中有你的大一統價值觀，經由故事與圖騰延續下來，從而成為一種堅固的信仰。

這種大一統的價值觀，在夏商形成之後，成為中國的道統。任何君王強權都不能撼動這個價值，而是被這個價值與信仰給融化、給消解。元朝再怎麼強大橫跨歐亞，一樣消融在這一大片土地上。清朝，以及比隋唐更早的魏晉南北朝，也都是如此存在這個巨大的價值熔爐裡。是價值，凝聚一個民族的歷史，形塑一個社群的力量。

因此，是價值構建民族的精神與存續。

價值，形塑一個家國最終的歷史命運。

價值，也決定一個組織的興盛、永續、衰落與存亡。

一個民族、家國、組織的永續，價值的確立至關重要。

孔子的偉大貢獻正是把政治體制大一統，轉化成為一種價值模式，一種民族國家的共同信念。這正是中國文化從政統轉化為道統的過程。是這道統讓中國即使歷經朝代更迭，各民族入主中原，卻能維持一個國家的統一性與民族文化的完整性。孔子的貢獻遠遠超過握有權力的君王，以及任何一個擁有巨富的商賈，難怪《莊子．讓王》言：「帝王之功，聖人之餘事也。」[4]

本文並無論及國家的治理之方，而是強調價值的建立對於一個組織的發展、興盛與永續至關重大。任何一個企業、一個非政府組織的永續經營，榮景繫乎於內部領導人對於該組織價值之建立。

價值與心靈領導力

如何培養一個強大的心靈？是領導人產出的關鍵。

從佛教及當代心靈工程的研究者，例如克里希那穆提、大衛．霍金斯等智者共同結論出，這個世界就是一個心靈組成的世界，每一個人的心靈狀態在共建惡與善，在共建這個地球、人類歷史、所處社會、個人的生活，包括悲苦、歡樂與幸福。

心靈力強大的人才能成就更大的事業，才能帶領更多的人走向幸福與快樂。

心靈是什麼？是意識？是思想？是情感？

心靈是一種無形無相的存在，它左右我們的思想、情感與意識。思想、情感與意識皆由它所創生。心靈是一個意識的集合場，在這裡許多的物質造作，許多的情感、許多的願望、許多的想法所累積成的點點意識，都存在這心靈當中。

二次大戰初期，當希特勒以閃電的方式，攻占捷克、波蘭，最後攻克比利時，揮軍法國。三十萬英

4　黃錦鋐譯注（一九九一），〈讓王〉，《新譯莊子讀本》。臺北：三民書局，頁三二六。

軍困在敦克爾克，眼見法國將亡，英國岌岌可危。英國國會終於請出他們最不歡迎的海軍第一大臣邱吉爾，來領導英國內閣，以面對強權希特勒。邱吉爾接任前還調侃自己說，這個工作其實是懲罰，他們要我來救這艘即將要沉的船。英國國會選邱吉爾當首相，因為只有他一路準確地預測希特勒的崛起和極端的侵略性格。

英國當時根本沒有勝算。僅存的三十萬大軍都困在敦克爾克，德國百萬大軍正在幾十里外逼近中。英國將領估計，運氣好的話，英軍最多只能撤出百分之十的部隊。當英國國會陷入對希特勒的恐懼，投降和談的力量在內閣崛起時。內閣大臣哈利法克斯及張伯倫都要邱吉爾與希特勒談判，爭取希特勒和平占領英國。但是就在眼見英國、法國節節敗退之際，邱吉爾堅持勝利即將到來。

邱吉爾告訴英國人，我們即將勝利，我們終將勝利。他對媒體比一個V字，鼓舞英國人。但是內閣成員覺得他是在欺騙並且誤導英國人。邱吉爾堅持如此的基調，認為英國終將戰勝。邱吉爾成功說服了國會議員，鼓舞了英國人民的信心，要保護英國，不惜戰到最後一兵一卒，絕不讓白金漢宮或溫莎古堡插上希特勒的旗子。

邱吉爾擁有的不是強大的軍事力量，或國際政治、經濟力量，他具備的是強大的心靈力量。他對於自由的信念，以及對英國的愛，使得他的心靈極為強大。

邱吉爾知道自由世界絕不能被這個惡魔打倒，大英帝國絕不成為極權的奴役。這個信念與價值激發他強大的心靈，終於鼓舞英國人，最後也牽動美國人加入歐洲戰場。英美聯軍，最後戰勝希特勒。這是心靈力量戰勝物質力量的一個例證。

中國共產黨主席毛澤東，曾在北大當圖書館管理員。加入共產黨後，由於主張農民革命，與共產黨創辦人陳獨秀、李大釗等這些大教授意見不一致，結果被趕出共產黨。他收拾行囊回到家鄉湖南，在橘子洲頭寫下〈沁園春〉這首詩，這首詩呈現毛澤東意志昂揚，志氣高遠的豪氣，他寫道，「鷹擊長空，魚翔淺底，萬類霜天競自由，悵寥廓，問蒼茫大地，誰主沉浮？」[5]

他回憶當年與朋友在江上泛舟，說到「書生意氣，揮斥方遒。指點江山，激揚文字，糞土當年萬戶侯。曾記否？到中流擊水，浪遏飛舟。」[6]毛澤東每一首詩的後面都是昂揚的，雄健的，即便在最落魄的時節，仍然充滿豪氣干雲的壯志。比起汪精衛的詩，末了都是悲傷惆悵，猶如雲泥之別。詩代表一個人的命運，因為詩正是個人心靈的寫照。心靈羸弱，雕塑不出壯闊的詩句，締造不了偉大的歷史。

毛澤東與邱吉爾一樣，在最低潮的時候，心靈力量卻十分昂揚。這昂揚的意志是來自於內心對一種思想與理想的堅信。對邱吉爾是自由與英國的榮耀。對毛澤東是中國的存亡與共產主義的理想。

毛澤東從井岡山被蔣介石部隊追趕，到了延安暫時定居下來，在延安破落的窯洞裡，只有幾萬名共軍的部隊，但是毛澤東卻寫出：「北國風光，千里冰封，萬里雪飄。望長城內外，惟餘莽莽；大河上下，頓失滔滔，山舞銀蛇，原馳蠟象，欲與天公試比高。須晴日，看紅裝素裹，分外妖嬈。江山如此多嬌，引無數英雄盡折腰。惜秦皇漢武，略輸文采；唐宗宋祖，稍遜風騷。一代天驕，成吉思汗，只識彎弓射大鵰。俱往矣，數風流人物，還看今朝！」[7]在最低潮的時候，仍具備強大的心靈力，這時他的軍力、政治力、經濟力不能與蔣介石相比，但是最終毛澤東打敗蔣介石，成立新中國的政體。

心靈力超越物質力，心靈力創造物質力。而心靈力來自信念與價值。

5　劉濟昆編著（一九九二），〈沁春園．長沙〉，《毛澤東詩詞全集》。臺北：海風，頁四八—四九。
6　劉濟昆編著（一九九二），〈沁春園．長沙〉，《毛澤東詩詞全集》。臺北：海風，頁四八—四九。
7　劉濟昆編著（一九九二），〈沁春園．雪〉，《毛澤東詩詞全集》。臺北：海風出版社，頁一三〇—一三一。

心靈力領導物質力

心本身就是一個能量場。

心的能量決定我們的物質世界，決定我們一生的命運。心的力量是由願力啟動，心的力量是由慈悲增強。心的力量由信念與價值得以不斷地提升。

心靈可以理解是跨越時空與超越時間的一種存在力量。

美國醫學科學家大衛．霍金斯（David Hawkins）所撰寫《心靈能量》[8]一書說明，世界一切的組成，包括物質的存在，都是一種能量意識流。你可以想像心靈就像一隻飄動、形態持續變化中、沒有形狀的蝴蝶一樣，這蝴蝶的兩個翅膀並不存在同一個時空，它是跨越時空的一種存在。

你的心靈——這隻「意識場蝴蝶」，又跟其他更大的「意識場蝴蝶」相連結、相互影響，當你這一隻蝴蝶鼓動翅膀，會造成其他氣流的波動，與其他氣流結合，創造自己身處的氣場，甚至造成更大的旋風。

每一個人的心靈意識場都與其他意識場相互影響，相互通聯，因此構成一個我們所處的宇宙與世界。

大衛．霍金斯用肌肉動力學（Kinesiology）發展出人類的心靈意識場的圖譜，從至聖者如耶穌、佛陀的能量指數達一千，林肯、甘地是五百，傑出科學家是四百，企業家、慈善家的指數是三百，一直到一百指數以下的仇恨、恐懼、羞恥等的生命體。

大衛．霍金斯在數千個實踐中得出這個能量指數，每個人都是一個能量場，能量場有高有低，任何成就偉大者都有很高指數的能量場。其實我們對視角度，我們對事物的觀點，都是我們所處的能量場的反映罷了。所以他認為因果問題，其實是先有果才有因。心有一個能量場的果，才有造作一切的因。我們的起心動念，我們的判斷思維，都局限於我們的意識能量場。提高能量場，才能改變我們的觀點，改變我們所處的環境。

然而，我們如何提高心靈的能量場？

霍金斯認為意識能量的提升跟價值，跟意義有關。一個人能活在價值及意義當中，他的心靈意識的能量場就會提升。

心靈能量場的提高也跟慈悲有關。對一切滿懷慈悲的人，他的能量可以到四百、五百以上。因此活在價值與慈悲當中，是一個人改變能量場、改變自我命運的關鍵。

為何要改變我們的心靈力量，因為那是一切事業成就的關鍵。

為何甘地能夠打敗大英帝國，從霍金斯的角度言之，因為甘地有很強大的心靈力量。從肌肉動力學的研究測出，甘地的心靈能量到達七百，而大英帝國以自私及慾望為控制主體的場域，其能量只有一百。所以甘地打敗大英帝國是勢在必然。

同樣的，南非的曼德拉的心靈能量指數到達五百以上，南非的白人基於一己之私遂行種族隔離政策，能量場不到兩百，曼德拉終究戰勝南非不平等的種族政策。而曼德拉當上總統之後，以寬恕及慈悲的力量，讓黑人與白人能夠彼此共同守護南非家園。這都是心靈力量所造就。

從內而外，「先是才有」。你得先是什麼，才能收穫什麼。《當和尚遇見鑽石》的作者格西麥克，以佛法《金剛經》教授商業法則，他一直強調，在內心植入善，植入慈悲，植入寬大的胸懷，是企業維持榮景的關鍵。內心寬大、慈悲，與人為善、給人利益，會造就善的因果循環，而獲致自身的昌盛繁榮。從內而外，培養心靈的力量，是事業成就的關鍵。

為什麼懷抱一顆慈悲的心，堅守價值的心會產生巨大影響力？依照霍金斯的研究與實驗，因為能量場裡面，慈悲與價值是高能量，它能夠吸引、調動更多的能量與之會合。由於宇宙中的每一個能量場都相互關聯，相互影響。你想像自己的心靈是一顆在宇宙之中巨大的磁鐵，周圍的星球與物質就會跟著你

8 大衛．霍金斯著，蔡孟璇譯（二〇一二），《心靈能量：藏在身體裡的大智慧》。臺北：方智。

轉動。萬有引力不就是如此，黑洞具備強大的引力，所有的星球靠近它都會被吸進去。太陽擁有巨大的萬有引力，所以地球與十二顆行星都圍著它旋轉。

物理的萬有引力是看不見的，心靈的能量場也是看不見的，但是高能場牽動著低能量場的動向。一個具備心靈高能量的人，不但深深地影響他人，也造就人類的歷史與文明。

中國古代智者談氣，氣就是能量場。一個人的氣，影響他的運勢，這個氣就是心靈意識能量場的匯聚處。霍金斯從混沌理論說明宇宙與人類的意識流，是一大串不穩定的意識交互組成，在這紊亂混沌的意識流中，讓一群不同的交互衝擊的意識流穩定下來的是一種叫做吸引子（Attractor）的能量，吸引子的存在讓混沌的意識流逐漸趨於穩定狀態。

吸引子構成一個能量場，這能量場相當於氣場。當我們的心念改變，就牽動吸引子匯聚不同的意識與我們原有的意識流會合。霍金斯一直強調，宇宙中的每一個意識流都是相通連，都是不斷地在交會、在連結，每一個意識流裡都有構成宇宙意識的基本成分，當我們心靈慈悲升起，當我們決定堅守信念，活在價值中，就啟動意識場的吸引子，吸引更強大的意識加入我們的意識場。所以孟子才說：「我善養吾浩然之氣。」[9]

我們沒忘記文天祥所說的：「天地有正氣，雜然賦流行，下則為河岳，上則為日星。」中國古代智者相信「天人合一」，就是從天地普遍存在的氣場言之。天地是氣場，人也是氣場，彼此交互應和。每一個成就偉大事業的人，如心理學家榮格所言，都是能夠把渺小的自我，通向宇宙的大意識，亦即透過集體潛意識，通向宇宙的大能。

想像小燈泡的幾百瓦的電，通向數兆瓦的電力一般。當電離開燈泡，決意通向數兆瓦的電廠，能發光的就不只是一個小燈泡，而能照亮整個城市，照徹整個寰宇。

無怪乎基督徒會希望活在上帝的大能之中，在所行的路上不要信靠自己的聰明，而是信靠主，因為祂必指引你。不執著在自我的小燈泡裡，就能夠獲得更豐沛的能量。印度的梵我合一也是如此的哲學。梵天宇宙的力量，企盼自我與梵天合一。把自我的軀殼去除，與天地間的能量匯聚，就是獲得心靈超越，獲得巨大成就的關鍵。

我們所處的能量場是被我們的信念與價值所決定的。價值與信念能讓我們與更大的能量場結合，當一個人堅守價值，他就會吸引同樣價值的人與他合作。一個「助人」的價值，受到人人的喜愛。一個「利他」的價值，讓每一個人都想靠近他。利他與助人，牽動著每一個意識場都會與之會合。

信念與價值的堅守影響我們的能量，造就我們的能量場的理論，其實孟子說得很透澈。孟子言：「夫志，氣之帥也。氣，體之充也。」「夫志至焉，氣次焉。」[10]氣是被志所決定，被志所引導。而氣充滿我們的身體的每一部分。

如同霍金斯的實驗，身體能辨別文件的真偽，能辨別有毒的物質，能認識事情的善惡。身體肌肉是充滿意識，因為身體的每一片肌肉正是被意識場所包圍，充滿著意識。而這意識是被我們信念與價值的堅守所決定。

所以孟子繼續說：「持其志，勿暴其氣。」「志壹則動氣，氣壹則動志也。」[11]信念專一，我們的能量場就開始改變，無怪乎霍金斯說，原則與專注於當下會改變我們的能量場。這是「志壹則氣動」。

氣壹則動志，當我們能量場穩定在於原則與專注中，我們的信念就得以發揮夠大的力量，信念讓我們提升能量場，重新建構、結合更大的意識。這是「志壹則氣動」。

9 曾昭旭（二〇〇二），〈修養論．養氣知言〉，《孟子義理疏解》，臺北：鵝湖，頁二三九。
10 曾昭旭（二〇〇二），〈修養論．養氣知言〉，《孟子義理疏解》，臺北：鵝湖，頁二三三。
11 曾昭旭（二〇〇二），〈修養論．養氣知言〉，《孟子義理疏解》，臺北：鵝湖，頁二三八。

有了更大的能量場，要用信念，即志，來信守它，實踐它，發揮它的力量。如此循環，上升不已。所以言「氣壹則動志」。

信念與價值決定我們的能量場之高低，決定世間一切事物之成敗。甘地與曼德拉的勝利，都是信念與價值所產生的巨大能量場，巨大的能量場帶動巨大的現實力量來改變社會的命運，改變人類的歷史。同樣的，為什麼慈悲具備更大的能量場？因為慈悲是一種開放的狀態，它能以同理心關懷著他人。這使得其他意識能量能進到我們的場域。相對於仇恨、自私，是把自我封閉，把我們的意識場固化，使其不再流動，自然與其他能量場分離，自然吸引不到更大的力量。

其實在佛陀的覺悟中，體認到宇宙萬物本是一體。在因緣相生的宇宙秩序中，一切萬事萬物都是相通連，沒有一個物能單獨存在，一切都是相依相生。這如同霍金斯所言，宇宙間所有的能量場都是相通連。整個宇宙意識本是一。

如同佛陀覺知宇宙是一，萬有是一。既然是一，他者與我者本無分別。利他就是利己。透過利他，也營造一個對自己更加優質寬闊的生存條件。

一個領導者能如虛空般的開闊，能把天地萬物盡在他懷中，如慧能大師所言：「世界虛空，能含萬物萬象……，世人性空，亦復如是。」性空就是開闊自我，涵容他者，而慈悲正是這胸懷的根本。

心如虛空，從能量場解釋就是將自我意識與一切宇宙意識相連結，個人不再封閉於自我意識場，而是與一切意識場融合，包含一切的意識場。而在具備不斷流轉，不斷交融的一切意識流之中，我們運用慈悲與利他，作為涵融的力量，以成就一個偉大的心靈，成就一位偉大的領導者。

價值觀比策略更能創造智慧

再者，信念與價值比策略能更根本、更準確地運用在不同的、重大的、不可預期的決策時機。

策略永遠是有局限性的，策略是針對一時、一地、一物的應對方法，它當然是短暫的，是一時的，以一時的策略要發展長遠的目標當然是有局限。以一種策略要面對千差萬別的不同文化和社會，當然也是不足的。所以企業或機構策略要換人，因為策略失能，希望以新的人帶來新的策略。

策略不是要廢除，而是必須根植於價值。當策略失靈，要思考核心價值的前提下，重新擬定策略。甚至允許第一線的人依價值對策略作出調整與適應。

良好的策略，引領機構衝破難關，再創新機與輝煌。但是策略的發想是基於價值與信念。當一個人有強烈的信念與價值深植於內心，他會想盡一切辦法，或找出對的人擬定策略。

美國總統甘迺迪面對古巴飛彈危機，其實當時沒有任何人知道該怎麼做？幕僚想出來的策略是兩個相反方向的策略。一個是攻打古巴，將核子彈頭移除。一個是透過外交談判說服蘇聯撤除飛彈。甘迺迪在面對可能的戰爭之際，他回到內心的價值與信念，他的價值是世界的和平，他的信念是人民的福祉。所以他沒有妖魔化蘇聯，他極力避免任何會導致戰爭的策略，是他的價值與信念引導他採取在海上封鎖古巴的策略，一方面安撫了軍方的心情，進而換取與蘇聯談判的空間。最終解除了危及世界存亡的十三天古巴飛彈危機。

企業與機構採取策略作為獲致榮景的利器，其自身並沒有錯誤。但是策略必須植基於信念與價值，長期下來策略才不會自相矛盾，才不會讓機構走向滅亡之途。

春秋戰國時期，韓國的一座城池上黨郡被秦國圍困之際，郡守馮亭想出一個策略，將上黨郡城池獻給趙國。趙王問群臣，平陽君趙豹認為不可，秦國服其勞，趙國受其利，會激怒秦國。秦國久攻不下，趙國從中獲利，怎能免於災禍？但是平原君趙勝勸趙王接受。結果趙孝王欣然接受上黨郡。秦國果然大怒，一塊到嘴的肉，被其他狼給叼走了，焉有不打的理由。

於是秦國重兵攻打趙國，在長平之戰大敗趙國，秦將白起坑殺趙卒四十萬。這一仗讓秦國之勢自此無人能擋。當初，趙國朝廷也辯論是否該接受城池？平陽君說，接受不得，會遭到秦國的攻打。平原君說，秦國遲早要攻打趙國，多一個城池是好的防衛。

機構領導人經常碰到兩種相反的策略，究竟哪一種策略是對的，企業主經常從哪一個策略會奏效以及成果來思考，但是有效或有具體可見的成果經常會導致災難性的結局。領導者必須從價值與信念著手思考策略之採用，如趙國是以利益考量，以戰爭的資源考量，那接受城池是正確的。但是如果趙王以義考量，這是不義之獲，必然招致禍害。趙王若不以利，而是以義，以價值觀作考量，能從百姓的安危與福祉為第一要務，認知到此舉將立即面臨戰爭，對趙國百姓產生的嚴重後果，趙王就不會貪圖眼前的一座城池。

價值觀決定策略，優先於策略。察覺自我的價值觀是策略成功的關鍵。心理學已經證實達到目的地的策略可以有無數種，每一種方式都可以達到目標，重點還是價值與信念。有強烈價值觀及信念的團隊會用盡辦法，想出讓機構持續發展勝出的策略。缺乏信念與價值的人，早在困難來臨之際，不是早已放棄，就是因為內部的齟齬而自我銷毀。特別是在幕僚提出與領導者完全相反的策略之際，信念與價值觀更應當是領導者判斷其決策所依止之處。

以價值凝聚人心的歸屬

哈佛商學院的李奧納教授在二〇〇九年拜訪慈濟功德會，在會見創辦人證嚴上人之後，他私下跟我說，在他見過、訪問過全球無數的政治領袖或社會領袖當中，證嚴上人是他見過的唯一或是唯二的領導人，是以價值作領導。另外一位可與之相比的是南非總統曼德拉。

曼德拉在《漫漫自由路》（*Long Walk to Freedom*）一書中描述南非反種族隔離運動艱辛的奮鬥歷程。曼德拉所憑藉著還是價值與原則。這原則就是自由與平等。曼德拉被監禁長達二十七年，而當南非總統波塔以釋放他為由，要他簽署種族和平協議。他拒絕了。他認為一個自由人才能簽署協議，一個不自由的人簽署的協議是一種屈辱，也是無效的。

曼德拉深信愛的力量。他說：「請學會寬恕，寬恕能讓我們的靈魂釋放，不再畏懼，這才是我們最大的武器。」他以和平與愛的價值，寬恕了在獄中嚴苛管理他的獄警，而最終他不是以政治抗爭改變南非的種族隔離，而是用「和平」與「愛」改變了南非族群關係。[12]

一九九五年在他任南非總統之際，正逢南非主辦世界盃橄欖球賽。曼德拉以這一場球賽統一了南非黑人與白人的情感。

賽前，曼德拉總統親自接見白人隊長，告訴他希望球隊能贏得世界冠軍。曼德拉並希望以白人為主的球隊能接受黑人球員，並且使其成為主要球員。比賽前，曼德拉讓球隊到每一個鄉間學校教孩子踢球，透過橄欖球，讓黑白族群融合在一起。比賽的過程中，球場上黑人與白人一起為南非隊拚搏，大街上黑人白人一起觀看橄欖球賽，輸球時一起沮喪，贏球時一起歡呼，橄欖球的熱烈競賽，凝聚南非黑人與白人的共同情感。南非橄欖球隊破天荒得到世界第一。這場世界盃橄欖球賽對南非種族衝突問題有很大的消解。曼德拉不是透過強硬式的立法程序，不是透過對立，而是以和平與愛的內在價值，藉著一場球賽消緩南非的種族問題。

一個擁有南非最大權力的總統，不是以權力，而是以彰顯一種價值，來解決種族不平等的問題。

在價值實踐中人人平等

價值是人類最平等的一項基礎。貧富可以有差距，能力可以有別，資質可以差異，族群可能不同，

---

12 納爾遜．曼德拉著，譚振學譯（二〇一四），《漫漫自由路》。桂林：廣西師範大學出版社。

但價值會讓人人都能夠等同起來。慈濟的志工來自各階層、各種族、各宗教，能維繫志工在一起的就是價值。志工來慈濟付出不是為薪酬，不是為權力，而是因為愛，因為無私的大愛。

南非的慈濟祖魯族志工們，雖然貧窮，但是他們一樣付出做志工。帶領南非祖魯族志工的華人志工企業家潘明水，雖然住著豪宅，但是他的愛一點都不少；祖魯族志工雖然住著草房，但是他們的愛也是一樣飽滿。他們不會嫉妒潘明水的豪宅，因為他們的愛是等同的。潘明水的愛心，是南非祖魯族志工的典範。在志工體系裡面，各種社會階層的人透過志工服務，穿起一樣的制服，體現同樣的價值，展現出一種平等的力量。

在企業或組織裡面，階層是存在的，也是必須的。薪酬是不平等的，也必須是如此，因為每一個人的能力、資質與奉獻不一。承認差異是平等的前提，哈佛著名的當代政治哲學家約翰．羅爾斯的《正義論》[13]，論及平等的真義，其前提就是必須接受每個人能力不平等的現實。即使條件一樣公平，機會一樣均等，但是人的能力差別創造的成果也會不同。羅爾斯的平等，除了建立在機會均等之外，也必須讓得到最大利益的人給予最弱勢的人最大的利益。

但是平等的另一層根本之道是價值的體現。利益分配永遠是不平等的，慾望也是無止盡的，即便將更多的利益給予弱勢者，但弱勢者的慾望也是無止盡的。真正的平等是團結在一種價值底下，讓人人都在這種價值底下體現平等。

慈濟的志工之中，種族、收入、職業都各有不同，大家能一起做志工，就是受到價值的啟發，無私地付出，付出感恩。使得施者、受者、貧者、富者都能平等互愛地工作在一起。

一個企業裡或機構裡的員工，薪酬不同，教育不同，資質不同，而且永遠都不可能平等。如果一味地以薪酬來激勵員工，最終不是造成員工要求更多的待遇，就是因為其他高待遇而跳槽。或者更糟的是舞弊貪瀆的情況發生。企業以利誘於員工，可能造成的結果就是如此。

企業裡待遇的合理提升與分配絕對是必須的，也是企業必備的智慧。而企業與機構中更重要的卻是價值的確立與傳遞。員工的待遇不可能與企業主等同，低階工作人員不可能與高階主管薪酬相同，但他們可以因為共同信念與價值而一起為企業與機構奮鬥。關鍵在於企業主與機構負責人能否明確界定機構的信念與價值，並且認真實踐這份價值。如果企業主與高階主管明確化組織的價值，強化這份價值，實踐這份價值，他就能傳遞這份價值給員工，讓員工與企業主團結在價值系統裡。

價值的建立不是僅靠宣傳，雖然宣傳是必需的工具。價值的傳遞，是透過機構裡人格的典範而傳遞的。企業主與機構負責人及主管，必須真誠用心地實踐該價值，並成為該價值之典範，其成員與員工才能真正感受到，並且努力實踐這份價值。

一個基層醫院清潔工知道自己的工作跟醫生沒有兩樣，都是在幫助病人。這時候清潔工與醫師就是在價值中平等。當一個護士體認到自己是醫療不可或缺的一環，知道救人是神聖的工作，他就不會把眼睛盯住自己與醫師的薪酬究竟差距有多大。儘管醫師薪酬與清潔工不同，護士與醫師專業不同，但他們體現的價值是平等的。

機構在共同的價值底下，才能團結、同心、平等、協力、互愛與和諧。

價值與工作

二〇一〇年慈濟基金會正式在大陸掛牌，中國政府第一次批准一個境外的慈善組織在中國大陸設立合法的基金會，其原因是過去二十多年來，臺灣及世界各地慈濟志工到大陸偏遠地區無所求地濟困扶貧，幫助苦難貧窮的同胞。

13　約翰・羅爾斯著，李少軍、杜麗燕、張虹譯（二〇〇三），《正義論》。臺北：桂冠。

過去半個世紀當中，慈濟吸引了百萬志工加入慈善的行列，他們自掏腰包，自付旅費到全世界各地去賑災，是什麼啟發了他們的動能，願意這樣奉獻一己之力，無所求的付出？那就是價值，一種生命的價值，在從事慈善的志業中體現出自我生命的價值。

而在同一年，二〇一〇年大陸的一家臺灣背景的超大工廠，卻發生員工接連自殺的事件。無薪酬的志工歡喜地在各地付出；有薪酬的工人卻出現接連自殺？其原因為何？

其原因在於價值的體現，工作中必須體現價值。志工在慈善的付出中活出自己的生命價值，所以越做越快樂，哪怕無薪酬、哪怕還要自掏腰包，自付旅費，一樣做得很歡喜。而領工資的工人在工資相當不錯，工廠環境優渥，有籃球場、游泳池，有好的餐廳、好的宿舍。為何卻發生十幾起接連的自殺事件？原因無他，就是找不到生命的價值。

為何工作中缺乏價值，因為工作中沒信念，只有勞動，只有物質性的報酬。因為工作中沒有愛。愛創造價值，不是被愛，而是去愛。去愛更多的人，就能活出價值。

紀伯倫說：「所有知識都無用，除非你有工作。所有的工作都空洞，除非工作中有愛。」[14]

我們並不需要選擇哪一種工作，或換哪一種工作，來創造或找到生命的價值，而是在自己現有的工作中，一樣能活出這個價值。工作的目的為何？生產的目的為何？為了一己的收入而工作，工作變成了煉獄，是不快樂的。如果是為了消費者有更好的產品，想想如果一個生產線的工人，把消費者當作是自己的愛人，當作自己的父母，當作是自己的小孩，而你要為他們做一個產品，你會怎麼工作？你為了讓你的親人享用最安全、最有品質的產品，你的工作過程是快樂還是痛苦？

一般企業太相信利潤能激勵員工的工作動機，其實真正激勵的動機是愛，是工作充滿了愛，愛讓人人從工作中體現價值。不僅是老闆應該要愛員工，而且員工也愛著他所製造的產品，愛著消費者，讓他的整個工作過程充滿在愛中，愛讓生命有價值。

但是我們通常都是在效率極大化的思維下，讓員工極盡可能地擴大生產的動能，就是標準化，讓員工遵循一個標準來進行工作，這過程是機制比人重要，成果比個人心情重要。一個在極端冷漠體制中工作的員工，不會產生對產品、對消費者的愛。只有被關照、被愛的員工，才能要求他愛產品、愛消費者。比起利益，愛，讓人更有動能。

慈濟基金會在九二一地震之後，援建了五十所學校，每一所學校的設計都委任一流的建築師，採用SRC（鋼骨鋼筋混凝土）構造興建。五十所學校的工程期只有兩年半就全部興建完成。根據當時負責重建的政府官員回憶，每一個包商與建築師面對慈濟的工程，都像家臣一樣的配合，減低成本，厚實品質。而政府發包的包商與建築師，就比較會計較，討價還價，品質也必須嚴格加以監督。怎麼會有如此的天壤之別？理由就是慈濟在重建過程中所展現的無私的愛、體現的價值。因為每一個包商與建築師都知道，慈濟的創辦人證嚴上人要蓋一個千年不倒的學校。

證嚴上人認為災難來時，有兩個地方不能倒，就是學校與醫院。醫院是救人的場所，而學校是避難的場所。與臺灣九二一相當的汶川地震，上千所學校倒塌，上萬名孩童喪生瓦礫之中，就是一個明證。建商與設計者有這個使命要為將來世世代代的孩童蓋一個安全的、能專注學習的場所，他們看到這個價值，他們要體現愛，所以不只是一項業務、一個收入、一個工程，而是興建一個千年之愛的學習殿堂。正是因為這種價值，讓平常也會計較、也可能會妥協品質的包商與建築師，在九二一希望工程的學校建築上變得不會計較、不會犧牲品質，而且還要再設法降低成本。

---

14 卡里・紀伯倫著，趙永芬譯（二〇一七），《先知》。新北市：野人，頁五八。

愛的醫院用愛來蓋

不只是包商與建商因為愛的使命被感動，慈濟在當時也開始推動工地人文。讓工人不抽菸，不飲酒，不吃檳榔。因為蓋一所充滿愛的建築，必須用愛來興建。以吾人親身經歷的慈濟臺北醫院來說，它從二〇〇三年開始興建，工地工人素食、不抽菸、不喝酒、不嚼檳榔，因此工地非常潔淨。

在這過程中，工人因為志工誠摯的陪伴與關懷，而自然而然地改變了習慣。當工人一早上工，一、兩小時後，身體快疲累了，原本都是抽根菸解除疲勞，這時志工端來水果，「菩薩，辛苦了，請吃水果。」和藹親切的招呼與適時送上水果，工人歡喜地接受，吃了水果疲勞解除，也忘了要抽菸。再過一陣子，工人又累了，要喝口酒，志工又及時端來冰紅茶，工人喝了冰紅茶，解熱清涼，又忘了平常要喝酒解除疲倦。

剛開始到中午吃中飯時間，工人會到外面去買排骨便當，一個便當一百元臺幣。但在慈濟工地供應近二十種素食菜餚，都是志工發心烹飪供應，不計成本，只要二十元，菜色特別可口豐富。吃飯前，志工還將洗手臺布置得很雅潔，工人洗完手，會有志工恭敬地鞠躬，遞上毛巾，並向工人說感恩。工人們在任何場地工作，都沒有受過這樣的待遇。他們被感動，他們也品嘗到素食的美味，最後，連假日不工作的時候，也會帶著妻小一起來慈濟工地吃素食。

結果工地沒有菸蒂，沒有酒瓶，沒有檳榔渣。愛的醫院，用愛的過程蓋起來。更重要的是，工人做得很歡喜，覺得工作很有價值。這期間有四十多位工人及監工授證成為慈濟志工，工程在兩年內就如期興建完成，規模宏大，而且是全臺灣空中花園最多的一個醫院。

這就是愛，給予工人動力與價值感所締造的成績。

不僅僅是工人在愛中得歡喜，在價值中創造更大的能量。專業人士，乃至社會上的成功人士，在價值中，在愛中，才真正得到生命的依止。

小說家三毛自殺，演員張國榮、倪敏然自殺，在吾人從事記者的生涯中，經常看到事業有成的人尋求自殺。為什麼事業有成，功名成就，卻要結束自己的生命？其原因，多半是找不到自己心中的價值。外在一切的成就畢竟是空虛的，除非我們找到其中的價值。這其中，人的價值經常會被轉化，事業成就後的空虛感，使人尋求愛情，在愛情的失落中自殺。自殺的不是因為愛情，而是無意義感。

空虛使得許多事業飛黃騰達的成功人士找上毒品、性、賭，甚至追求更大的成就。結果貪慾過大，因而招致刑罰後果者有之；或規模過大，經營困局無法突破者有之；或因為縱慾奢華，逐漸衰敗者有之；或貪著成就過度勞累，身體敗壞者有之；或積蓄財產予子女，分產糾紛對簿公堂者有之。慾望無止盡，價值空虛，導致無數成功人士最後走向衰亡。

體現價值是工作的核心，是創造事業的核心。史蒂芬．賈伯斯是為了讓科技與人文結合的理念，使蘋果電腦與手機能成功地改變人類的生活。

華倫．巴菲特是歷史上最成功的投資家，他的股票漲，賺很多錢的時候一天吃六塊錢，普通的時候一天吃三塊錢。他追求的成就不是為了奢華，而是體現一種價值，他創造出一種投資的智慧，能夠讓經營良善的公司得到大的資本，為社會創造福祉。協助企業創造福祉就是他深信的價值，所以他不會空虛，不必逃避到酒、性、毒、賭裡面去，或因為過度的貪婪而失去打下來的大好江山。

工作中的價值讓一個人快樂，充滿能量，帶給身邊的人快樂，帶給產品良好的品質，帶給消費者安心的商品，帶給組織和樂，帶給企業家安身立命的福祉。

第三節　以愛作為管理

詩人紀伯倫有一首詩關於工作，他這麼說：

生命的確是黑暗，除非有熱望。所有熱望都是盲目，除非有知識。所有知識都無用，除非你有工作。所有工作都空洞，除非工作中有愛。

第一次感受到工作中有愛，體會到愛的管理，是在二〇〇二年，當我走進被慈濟人稱為心靈故鄉的靜思精舍。

當時，我正好離開臺灣新聞界，為了投身慈濟慈善志業的工作，從臺北搬到花蓮，辦公室地點就在證嚴上人修行的道場——靜思精舍。靜思精舍是一座不算太大的佛教修行場所，一百多位出家人在這裡耕作、並投入全球的慈善工作；慈濟慈善基金會也有將近兩百位員工在這裡辦公，這裡也被稱為全球慈濟人心靈的故鄉。

精舍後方是一座巍峨的大山，那是中央山脈，巨大的山巒從地平面直接隆起，聳立在蔚藍的天際之下。看著鬱綠的山頂，我們視線如同仰望藍天。小小的精舍正殿前面，有一大片綠色的寬廣草皮，矗立著綠蔭扶疏的樹木。我當時辦公室在一樓，所在的建築是三層樓高，坐落在精舍的側方。

有一次，我從辦公室走出來，前往精舍的知客室，在我穿過迴廊之際，我側頭看著一切光景，突然感覺到這裡是我的家，內心剎那間湧現出很大的歡喜。

相信跟很多人一樣，我過去很少能夠在我辦公的地點，感受到滿滿的愛。而我幸運地在靜思精舍就有如此濃郁的感受，這裡充了愛。我體認到證嚴上人愛的管理，就是從這裡開始實踐。慈濟人到靜思精舍，都說回家，認為這裡就是全球慈濟人的家。

一般人談到管理都是談制度、談合理化，很少談到愛。我們最常說的是管理一家公司，管理一個機構，管理一個政府，但我們不會說管理一個「家」。因為家不是用管理來守護的，我們會說愛家人。家是關懷的、包容的、互相體諒的、甘願付出的，甚至是不求回報的付出。家，甚至是不會將犯錯的成員趕出家門的。

家讓我們自在、舒適，給我們安全、溫暖。但是這些人性中最深刻、最重要的感受，卻不是用管理達到的。那用什麼達到呢？用愛！

家中有愛，就讓我們感到安全、自在、溫暖、舒適。那麼為什麼安全、舒適、自在、溫暖的處所不是用管理達到呢？

管理，意味著效能、義務、責任、成果，這些好像都和愛沒有直接關聯？

所以治理公司不是以愛，因為我們講求效能，必須把不適任者淘汰，公司可以自由流動、來去；不像家，家可以是一個人永遠的歸屬。

如果我們把公司當作家會怎麼樣？把公司的同仁當作家人會怎麼樣？

在慈濟，常看到國外回來的志工向證嚴上人報告海外的慈善工作，在一陣認真嚴肅的討論結束之後，志工還會拿出孫子的照片給上人看，開始談自家的事情，那情景說明這不是一家公司或機構的模式，這是一個家。自己的私事一樣可以拿出來談，證嚴上人作為一位大家長，他一樣關心，一樣詢問。

家，是以愛為基礎，不是以利益為基礎。在一個公益慈善組織，志工是以價值為依歸，以奉獻為目的，他們不是追隨利益而來。是價值吸引他們進入慈濟，更是慈濟團體中愛的氛圍讓他們一直投入下去。他們捐獻、投入心力救災，在救災之際也都是自掏腰包、自付旅費。許多企業管理者問，慈濟為什麼能做到這樣？答案就是價值與愛。

特別是愛的力量，使得慈濟凝聚成一個大家庭。它讓每一個志工到了慈濟都像回到家一樣，在社會中嘗盡冷暖的人，在這裡得到愛的溫暖。慈濟的職工待遇較低，很多專業人士降低薪水要求加入慈濟，還能做得很歡喜。為什麼？原因還是價值與愛。特別是愛，如果只有價值，職工可能認同，或當志工，或讚歎，但是要加入每天從事慈濟工作，愛的力量是關鍵。

即使待遇不高，工作更重，他們還是選擇在機構裡面奉獻數十年，原因還是愛。在組織中找到愛，使人的安定感增加，創造力也益增。

如果機構的管理以愛作基礎，不是以利益作基礎，那每一個人在其間工作會顯得更自在、更安全、更具向心力。家是以人為中心，關心人，不是關心能力，相反的，則是關心能力勝過於關心人。如果我們選擇能力適合的人進入機構，以愛相待，讓人在舒適自在的環境下工作，他們的創造力一定比在壓力不安的氣氛下更好。

愛為管理的基本條件是以人為本。把人作為中心，為人設計工作，機構全力給予資源，讓這個人的利得到充分發揮。

以制度為管理的機構，是以制度為核心，人必須遵循制度，制度比人大，人必須限縮自己以符合制度。在過度制度化的體制下，個人的潛力及創造力必須壓縮，造成人不是變得平庸，要不然就是心裡有很大的壓抑。現代人憂鬱症，各種心理疾病，多半跟制度性的壓力有關。

如果以人為中心，把每一個的潛力充分理解，給予充分發揮，給予最適當的資源，這是最大的創造力。

愛，就是使他成為自己，而不是使他成為制度性的工具。

但是現代社會把人都工具化、體制化了。Institutionalized（體制化）是一個負面名詞，是指個人的特殊性被機構泯沒，個人的情感被機構的情感所取代，一切以體制為依歸，唯機構是從。

以愛為管理著重個人的發展，以人為出發點，讓組織的成員可以在機構中找資源，讓人可以自行設定開拓社會所需要的目標，並在機構內尋找夥伴。

以人為中心的多中心制

美國費城所發展出來的共創制（Holacracy）就是以人為本，個人可以組織團隊，自由加入團隊，自行開拓市場目標，這是多中心制的組織。每一個人都可以是中心。每一個人都能夠創造，在機構內外找資源，只要遵循一定的價值與原則。

慈濟志工團隊很符合這個概念。志工可以自願加入慈濟內部的三十多種不同的功能組織。從慈善、環保、醫療、人文真善美、教聯會、大愛親子班或實業組等，三十多種不同的團體，各有各的標準與原則，只要願意遵守這些原則，志工可以自由加入。志工也可以自行創造不同的計畫幫助社區的需求。慈濟在全球九十多個國家開創慈善公益志業，就是這種以人為本的精神來運行。

這是「多中心制」，是「共創制」。每一個人都是機構中的自由創作者。

雖然如此，以愛為管理，以人為本，並不是意謂個人可以不理會組織的整體目標與原則，相反的，以人為本的機構，其對組織價值的體認深刻度，決定了以愛為管理能否成功。

組織給予個人極大的發揮空間，但個體必須認同組織的核心價值。慈濟對於志工長期不間斷地培訓，讓志工體認付出無所求、以感恩心付出的核心價值。這是慈濟志工體系運作能夠十分成功的重要因素之一。

視如己親的管理

以愛為本必須關心員工的家庭生活。員工家庭生活的和樂與否，攸關員工的工作職能。好的機構領

散。班長陣亡，班解散。所以每個士兵無不都是拚命地保護自己的主管。

這人情結構，愛的關係，締造了湘軍勇健、團結、攻無不克、屢戰屢勝的勝績。

許多參與一次大戰、二次大戰，甚至越戰的軍人們，問他們為什麼英勇奮戰。他們的回答不只是為了國家，更是為了同袍，是同袍的愛讓他們效命沙場。《西線無戰事》的男主角，在那麼多同袍死後，即便他回到故鄉探親，都覺得自己在異鄉，因為他的心在戰場，因為他的同袍都還在戰場，於是他自願再回到戰場，並且死在那裡。愛，牽動著一位戰士的靈魂，赴死亦在所不惜。

愛的力量如此偉大，甚至讓人能夠為它獻身，即便為它赴死都在所不惜！何況是一個只要求成員付出他的能力，奉獻他智慧的機構、企業。

愛，能讓機構團結每一個成員，為它誠心獻身，為它竭力付出。

日本企業在終身雇用的時代，也將雇傭關係轉化成家族情感關係。雇主是傳統的城邦幕府的城主，員工是幕府的家臣。雇主不只關心員工的工作效能，也關心他的家庭生活。雇主與員工的家人們非常熟識，經常互動，這形成一個大家族的聯繫關係。雇主要照顧好員工的生活福祉，這是他的責任。員工要為雇主及企業效力，整個企業就是個大家族、大城邦、大幕府。

這關係固然是日本幕府時代的文化遺產。不過，這種終身的忠誠基礎，在一九八〇到一九九〇年代，締造日本產能世界第一的地位。這時期日本員工的向心力幾乎是絕對的，穩定的雇主與員工關係，使得日本汽車的創造力與生產品質，遠遠超乎當時汽車製造大國——美國的各個廠商。所以美國管理學者才曾喊出「日本第一」（Japan as number one）這樣的封號。

人情關係的愛，曾經締造不朽的日本企業精神，也打造復興國族大業的湘軍。

機構主管能夠愛他的同仁，這個機構就是一個愛的家庭。

企業負責人能愛他的夥伴們，他的企業就是一個愛的團隊。

企業主能愛他的客戶，他整個產業就是一個愛的大家庭。

愛員工是引導他們去愛人

印尼第二大企業金光集團的黃榮年先生，是慈濟的志工企業家。他在一九九六年開始加入慈濟慈善的工作。慈濟在雅加達第一個會所就是他的辦公室，他捐助慈濟無償使用。一九九八年適逢印華衝突的高峰，印尼暴徒進入華人社區，燒殺姦淫擄掠，形同人間煉獄。在此同時，印尼慈濟人在創辦人證嚴上人的開導與鼓勵下，用愛回應仇恨，繼續原本預定的物資與藥品發放。印尼華人紛紛往外逃，慈濟華人卻往雅加達市區深入前進。當年慈濟與軍方簽約發放十三萬戶，包括窮困人，還有軍警，四萬名軍警的家屬已經數個月沒有發餉，他們都是慈濟救助的對象。

黃榮年先生全程參與其中，在面對暴動、面對發放的過程中，黃榮年先生的家族企業一樣面臨巨大的危機。當時發生亞洲金融風暴，印尼通貨膨脹率高達數十倍，兩年換四任總統，銀行利息增長了十倍，金光集團瞬間成為全球最大的負債公司，總共負債近四百億美金。但是黃榮年與其父親，堅守誠正信實的理念，該繳交的利息照樣繳交，所幸主要主管都沒有離開，與他們家族成員共同面對這場最艱苦的企業存亡危機。他們與銀行談判，延緩還款的期限。黃榮年同時還繼續投入慈濟的慈善工作。

十多年後的今天，黃榮年個人所屬的企業（不包含他的兄弟的集團企業），資產已經到達三百億美金，他擁有的土地是新加坡的七十倍，他的四十多萬員工都成為慈濟的會員或志工，雖然他們多半是穆斯林。

黃榮年先生本著父親的誠信原則，奉行他的師父證嚴上人的教導，以誠正信實經營事業。終於讓企業起死回生。他在二〇〇二年與父親一起號召雅加達的企業家，整治垃圾河——溪河，並把數千戶違章的貧困居民，遷居到慈濟興建的嶄新大愛村。從清理垃圾、發放、義診、輔導居民暫居他處，到一年後搬進大愛村，黃榮年全程參與。

二〇〇三年黃榮年與郭再源等志工企業家發起一項慈善活動：將五萬噸大米發放給五百萬印尼照顧戶，並號召員工一起加入。一次發放可以多達四十多條動線，同步進行。印尼穆斯林員工們，看著老闆扛大米，牽著老人家的手一次、一次地發放，數年如初，深受感動。黃榮年先生與志工企業家對吾人說，過去他們也捐助許多慈善組織，但是印尼人認為華人是在贖罪。慈濟證嚴上人要企業家投入，不只是捐錢，而是親身參與發放，印尼人才真正地被感動了。

二〇一六年黃榮年先生發出願心，希望印尼的慈濟會員能夠達到一百萬。他啟發員工助人的愛心，號召更多員工成為慈濟會員。他先用激勵法，為每一個員工加薪，加薪部分以他們的名義捐給慈濟，並獲得員工歡喜的認同。他鼓勵員工組織慈善團隊，在農園周圍五公里之內，照顧所有窮困與殘疾人。至二〇一八年，金光集團已經號召了一百二十萬個會員，包括員工及員工家屬。這些員工都是穆斯林，他們也參加慈濟志工的培訓，並授證為慈濟人。

金光集團「人人慈善」行動的推動，讓員工人人啟發慈悲心與感恩心，使得上、下都充滿和樂與感恩。這是愛的大家庭，不只是老闆愛員工，而是讓員工人人都充滿愛人之心與助人之行，真正地體現了大愛的精蘊。

黃榮年計畫在二〇一九年完成兩百萬會員的願望。他希望能號召更多的人加入慈善的行列，並且創造就業機會，挽救五千萬還處在窮困的印尼人。黃榮年相信只要印尼政治與社會逐漸穩定，二〇四〇年，印尼會成為全世界第四大經濟體，因為印尼擁有全世界第四大的人口數量。而善，正是印尼維持穩定的關鍵因素。

黃榮年認為一個企業缺乏理想，缺乏信念與原則，企業家只是淪為經濟的動物（Economy Animal）。他深信商業與經濟的發展，誠正信實的原則是關鍵。創造社會的正向價值是關鍵。他也是慈濟印尼教育基金會的執行長，他所主持的慈濟中小學以華語、印尼語及英語教學，培養孩子的品格及國際觀，是培育未來印尼領袖的搖籃。

慈善，創造企業主與員工的愛心，他們在價值中平等與相互感恩。這就是本書一直主張的企業要強調價值與信念，而不是利潤與賺錢。一味地強調利潤與賺錢，員工與企業主終將離心離德；彼此是利益關係，是剝削的關係。

強調價值與信念，並且真正地實踐它，員工與企業主是為一種共同理想而努力與奮鬥的夥伴，甚至是親如家人般的互相疼惜。這是真正以愛為管理的例證。

如何愛一個不適任的員工

諾貝爾經濟學家沈恩博士提出一個嚴苛的選項，老闆應該用什麼標準去選擇淘汰哪一個員工？一位需要這份收入的單親媽媽，雖然喜歡這份工作，但是效率不高，偶爾還會在家酗酒。這就是企業最終選擇淘汰的對象。

我們選擇的標準是勤奮、負責、積極、進取，具生產力的員工。而怠惰的員工，在以愛為管理的企業中會不會將她淘汰？當然會！只不過淘汰前，企業主要規勸她戒酒，會要求她更加專注在工作上，畢竟她是一位單親媽媽，她必須履行她的責任。

愛的管理是使員工更充分地發揮自己，而不是因循苟且，不是鄉愿，得過且過。

在吾人服務的非營利機構慈濟基金會，每一個員工都很認真，都能自動自發，這一方面和組織厚植的價值與信念有關，一方面是它已經形成一種文化，在組織裡的人都知道，必須對自己的工作負責，這是為眾生謀福利的志業，不能怠惰、不能閒散。當組織裡的人多半都積極認真，怠惰的人是沒有空間的。

為什麼非營利組織能比營利組織更積極認真？

他們再怎麼認真，待遇並不會因此提高。他們的認真不是因為外在的報酬，而是一種信念，一種生命的態度。

報酬當然是需要的，自然有升等、打考績。但是，相對於企業有強大的待遇誘因，非營利組織員工奮鬥的動機是因為愛。愛苦難人、愛同仁、愛主管。愛的關係讓人不敢、也不會想要懈怠。

吾人在慈濟任職十多年，很少休假。在慈濟的第十年，有一次全家到美國，為的還是到哈佛大學商學院演講。順道帶家人到紐約、波士頓、華府去走走。我用的是私假，並且自費，這就是所謂的以私濟公。

為公，我到哈佛商學院演講慈濟的賑災模式與理念；為私，我帶著家人到美國東岸旅遊。因為有私人行程，所以是私假自費。在慈濟，大家都不會想占有公的便宜，因為這是社會各界捐來的錢，因為「奉獻」是這個機構的價值。我在慈濟做事比起在商業機構裡更積極、要求更完美。因為你不會衡量所得與所做的限度，價值與生命的信念是無法衡量的，怎麼付出都覺得做得不夠。

特別是有一個證嚴上人的榜樣在前，他每天三點四十五分起床，開始帶領修行大眾做早課，五點一刻開示一小時，早餐用不到五分鐘，又趕著去準備下一場七點的開示，並且聆聽各志業主管及志工的分享，一直到八點二十五分。八點四十五分又接著開會，中午休息一小時，下午又是滿滿的會。晚上還要接聽來自海外分會的電話及報告，一有空檔，就要用來準備明天講述經典的內容，以及收看大愛電視的節目。這樣的行程日復一日，從未歇息。跟著他的弟子、幹部都望塵莫及。如果證嚴上人是一個企業的CEO，很少CEO能夠如此勤奮工作。他是全慈濟最勤奮的人。

在這樣帶領下的慈濟，沒有人會想要多休息、少做事，沒有人會覺得得過且過的日子是正當的。大家只希望身體夠健康，才能多做事，把事情做到更完美。更因為證嚴上人始終心繫著眾生的福祉，沒有顧念過自己。他本人就是慈濟第一位志工，而且是終身志工。時時刻刻只有付出，一毫不取。這是精神典範，也是工作的典範。在這樣的帶領下，誰會認為自己的懈怠偷懶有正當性？

慈濟證嚴上人的勤與誠，他對眾生與對弟子的愛，使得慈濟這個機構的同仁兢兢業業地努力不懈。幹部跟隨他的典範，同仁也就跟隨幹部的典範。

想想企業主因為自身的勤奮而致富。致富之後如果企業主仍然勤奮工作，員工自然也跟著勤奮。如果富裕之後，企業主生活優渥、奢華，也要求員工們與他一樣。但是由奢入儉難，這種生活過久了，員工容易喪失奮鬥意志。甚至因為企業主與高階主管的奢華，給予基層員工一個印象：他們的努力換來的只是少數人的奢華日子。這將使得員工向心力大大降低，甚至一有其他高待遇的機會，就會選擇立刻離開。

當然很少有基層員工認為自己的才能或者運勢能如企業主一樣，也少有基層員工會認為自己的收入應該跟企業主一樣。但是企業主的奢華風氣會帶給員工一種不良的感受，認為工作的目的就是為了享受。所以他們也會想辦法讓自己舒服過日子。久而久之，工作中的偷懶、懈怠、得過且過的現象就會出現。

企業主亦須體現創業是實現一種理念、一種理想，才能號召員工真心跟著努力奮鬥。

以身作則的力量

曾國藩家書中所說的，治家惟有勤與儉，其實正是企業需要的典範。企業再怎麼成功，仍必須勤與儉，這會帶動員工勤與儉。如果富裕後，企業主奢華，家人奢華，雖很大方地給予員工高薪資與大量金錢獎勵，但是他所帶動的奢華風氣，很快就會腐蝕一個企業的靈魂。

愛的管理不是建立在放任或奢華之上，而是奠基於生命的信念，植基於勤與儉。

西方的大資本家如華倫・巴菲特生活簡樸，吃麥當勞，喝可樂。他賺錢不是為著享樂，而是一種自我生命的實現。他的成功、他的財富不是為了滿足他的慾望，而是彰顯自我生命價值的一種方式。

宜家（IKEA）的創辦人生活一樣十分簡樸，被稱為是最窮的大富翁。他一樣在彰顯自我生命的價值，他的事業所成就的，是讓全世界的消費者擁有一種簡易、自主、高雅的生活起居環境。

他的價值是給予大眾一種生活的新方式。華倫・巴菲特的成就告訴世人，認知市場法則是可欲的，個人能以投資的智慧造福企業與大眾。

他們自身都是勤與儉。

證嚴上人一次跟吾人談事情，隨師的師父送來一個甜點，我吃完了，還剩一點糖汁在碗裡，上人看著我說，糖汁要喝完它，這是儉的身教。據經常隨師的師父說，上人的會客室裡，燈不要開太亮，浪費電，這都是他以身作則所樹立出儉的家風。

此外，以愛為管理必須以修身為本。個人必須謹守組織的規範與原則，否則將造成組織的脫序與瓦解。原則是組織能夠持續以愛為中心、以人為本的關鍵。

一位四川的慈濟志工企業家，他的企業員工有數千人。他加入慈濟之後，覺得員工用餐後常常有剩菜、剩飯很不好。他一再宣導，但是效果有限。有一次，他看到某位員工拿了很多東西，才吃一點點就要丟掉。他的做法不是罵他、責備他。而是將他攔住，笑著跟他說，你這東西很好吃，你不吃，我來吃。他就坐下來，把這位員工剩下的東西吃完了。

可以想見當時這位員工嚇壞了，原本以為會被老闆罵一頓或處罰，結果是老闆把自己的剩菜吃完了。他在一旁，眾人在看，他尷尬到想要一頭鑽進水泥地裡去。從此，員工在餐廳裡吃飯，沒有人盤中再有剩菜、剩飯了。

這是儉的美德，這是愛的管理，不是責備，而是以身作則，做到讓員工感動跟隨。

員工自主與內部創業

傳統上，公司不是政府，不會採取民主制治理，而是菁英治理、權威治理。但是西班牙有一家大企業「夢著根公司」（The Mondragon Corporation，簡稱M.C.）卻成功達成相當程度的員工治理與自主創業。

夢著根公司是歷時六十年的大型公司，市值達兩百億歐元。很難想像這家大型公司是由一位巴斯克族（Basque），[16]名為José María Arizmendi Arrieta的神父所創立。夢著根公司是世界級的合作型大公司，這家公司更特別之處是百分之八十的公司股權屬於全體員工。

一九四一年西班牙內戰之後，José María Arizmendi Arrieta神父到達蒙德拉貢（Mondragon）教區任職神父。他看到當地戰後貧窮蕭條，失業率極高，於是他發起組織一個能夠讓所有人互助、互惠的公司。首先，他成立了一個民主制的職業培訓學院，培訓當地青年創業。一九五六年，五位從這個學院畢業的學生，組織一家製作炊具與爐子的公司。逐漸的，這家公司成為巴斯克族區最大的產業，也位列為西班牙第七大公司。[17]

José María Arizmendi Arrieta神父的理念，不僅在夢著根公司的創建中發揮了指導作用，在它的發展中也產生重要影響。一九五九年，幾個年輕的創業家成立了一个「財務資助聯盟」（Caja Laboral Popular Corporarion de Credito），這聯盟致力於資助員工自主性地創立新公司。二〇一〇年這家聯盟機構資產已到達兩百億歐元。

16　巴斯克人（Basque）可能是歐洲舊石器時代居民的後裔，主要根據是巴斯克語和印歐語系基本上沒有聯繫，可見巴斯克人早在印歐民族進入歐洲之前，已在法國、西班牙等地生活。

17　Matthieu Ricard (2015), *Altruism: The Science and Psychology of Kindness*, London: Atlantic Book, p. 563.

夢著根公司至今已經擁有超過兩百五十家公司，半數以上的公司都是員工合作型（Corperative）的公司。在二〇一〇年已經有八萬五千個員工，百分之四十三是女性，每年的營收超過三百億歐元。而百分之八十到百分之八十五的員工都擁有公司股權或擁有經營公司的權力。

每一年公司股東與員工大會上，員工們及股東們以民主的方式選出管理者、聘任管理者，或資遣管理者。被選出的管理者有權決定營運方向及財務運用。

更重要的是，每一位公司成員的最高薪水與最低薪水的差距不得超過六倍。公司盈餘的百分之二十五投入研發，產出極高的產品創新。夢著根公司也成立大學，目前擁有四千名學生。

當英國的記者Gardien訪問夢著根公司時，員工回答說：「我們這裡是一個家，不是天堂。我們仍然奮力在維持公司的生存與發展。」

雖然員工治理公司的成效仍有待更長期的檢驗，但是專訪夢著根的英國記者總結說，比起現在失業率高達百分之二十五的西班牙，銀行系統瓦解中，政府無法控制浪費，夢著根公司的治理成績宛如沙漠中的一片綠洲。

把員工當家人，愛員工如愛家人，對待員工需要信念與福利兼顧，亦即義利兼備，更重要的是，要啟發員工去愛更多的人，這才是「以愛為管理」的信念。

第四節　以原則為治理

稻盛和夫在二十八歲創立京瓷企業，當時沒有任何經營的經驗。他回憶說，每當碰到要決定的時候，由於經驗不足，他的決策總是遵循著公平合理的社會準則而進行。他會回到內心自問合理的法則是什麼，社會的道德判斷是什麼，總是會回到價值的信念作決策，而不是依循策略、技巧，或取巧，換言之，年輕的稻盛和夫是以價值觀與原則來作為他訂定策略的指導方針。結果他創造了一個價值上兆日圓的大企業，甚至後來因為挽救日亞航而被封為日本經營之神。

回到價值觀，回到原則，使稻盛和夫創造出上兆元業績的京瓷企業。

價值，而不是策略，是組織與企業永續成長與發展的最重要基石。

一九九六年是海峽兩岸關係最緊張的一年。當時，發生千島湖事件，一群臺灣遊客在千島湖被搶、被焚燒。臺灣民眾對於在大陸旅遊卻遭到集體的搶奪殺戮極為痛心。當時臺灣的領導人李登輝也極力地、情緒性地譴責中國大陸。而就在這個時刻，慈濟持續在當地進行慈善與賑災工作。許多持極端見解的臺灣民眾因而抵制慈濟，宣揚不捐款給慈濟，揚言要租遊覽車到花蓮包圍靜思精舍，亦即證嚴上人主持的慈濟總會所在地。

有些報紙也大篇幅地批判慈濟的大陸賑災。當時輿論的壓力實在很大，許多慈濟的資深幹部，甚至最親近的幕僚都忍不住地勸證嚴上人不要或暫緩從事賑災。上人回答這些親近的資深幕僚說：「可以！你們慈濟不想救，我釋證嚴一個人去救！國外的人我們都在救，為什麼同文同種的大陸同胞我們卻不救！」

這是慈濟創辦人以價值作為判斷是非的行事風格。他不管情勢，不管輿論的看法，雖千萬人吾往矣的決心，使得慈濟成為在大陸第一家境外合法登記的非營利組織，在大陸二十九個省市進行慈善工作，也讓慈濟的慈善遍及一百個國家，是世界最大的慈善組織之一。

馬來西亞的慈濟志工企業家林偉才董事長，於一九九一年創立了「頂級手套公司」（Top Glove），到現在已經是全世界最大的手套製造商之一，他在全世界的手套市場占有率超過百分之二十五，每年營業額達到四百億馬幣（近三百億美金）。他成功的因素是謹守原則。

在頂級手套公司裡，每個員工都必須配戴一枚徽章，包括他自己。徽章上面寫著「不貪污、不腐敗，貪污與腐敗是罪惡」（No Bribery, No Corruption, Bribery is Crime）。這使得公司的員工與客戶不會收受回扣。林偉才告訴吾人，他成功的關鍵因素就是謹守原則，同時要員工也謹守原則。一萬六千多名員工在公司、在家裡都不能抽菸。他相信一個身心健康的員工，才是企業長久永續發展的關鍵。

作為全世界手套最大製造商的負責人，林偉才從一九九〇年開始第一條生產線，二十多年間，員工已超過一萬六千人，全世界百分之二十五的手套經由他的公司製造，Top Glove的年營業額已達到一百億美金。包括日常手套、手術手套等都是重要的產品。尤其因為手術用的手套是救人的工具，林偉才力行公司的價值與原則就是乾淨、健康、保護的理念。

林偉才告訴我：「事業要做得大，基礎要好。」我問他：「什麼是基礎？」他說：「原則。」他一向堅守原則。

他說，自從員工都配戴那枚不收回扣的徽章以後，敢開口要回扣的廠商就微乎其微。他要求員工力行「五好」：清潔好（Clean well）、吃好（Eat Well）、運動好（Exercise Well）、工作好（Work Well）、睡好（Sleep Well）。在公私場域，他都不准員工抽菸，因為抽菸有害健康；他更要求員工定期與營養師會談，了解並調整自己的飲食，使之均衡；每天睡七到八小時，每天運動至少三十分鐘，每天以正向的態度工作。他也要求員工開會要準時，會議室門口就貼著：「Say sorry when you are late in the meeting」。

Top Glove能夠締造非凡的業績，其關鍵仍在於堅守價值與原則。這原則就是給予客戶最具保護、清潔、衛生的手套。所以每個員工也必須身心清淨，保護自己的健康。

從這裡可以看出，林偉才信守的原則，不是以言語，而是企業主以身作則的帶動。畢竟，人是從他人的行為中作出判斷而不是他的言語。

誠信的原則

印尼的志工企業家郭再源在加入慈濟之前，只要能賺錢，什麼生意都做。進入慈濟之後，聽了證嚴上人的教導，停掉所有對社會有害的生意，其結果，事業越做越大。他的資產十多年下來已經增加了數十倍。

其原因是，他投入慈善之後，決定停掉所有不好的事業，結果更多的善企業來找他，讓他在社會上的名聲更好、信譽更佳，大家對他更信任，許多資源都會主動找上他。

進入慈濟學佛之後，他的目標不再是追逐財富，而是以原則面對財富。郭再源說，他對於財富是因緣觀，不該賺的、賺不到的、還沒有因緣的，他都不賺。這種不強求，不以慾望追逐金錢的生命態度，是生財的原則，這原則，不但沒有使他的財富減少，反而使得他更為富有。

郭再源的生命原則不只表現在財富觀，也表現在生命的態度上。他說他曾經有五大難關，包括生病，甚至是幾乎會致命的疾病，二〇一六年他遭受鋪天蓋地的社會輿論之誤解與抨擊，甚至上法庭，後來法庭證實他的清白。郭再源先生跟吾人說，他遇到難關，不怨天尤人，他認為這是他的業障，勇敢地面對處理，希望能夠消業。證嚴上人給予他生命的智慧，也給予他祝福，讓他度過生命中五大難關。

順境中有所不為、有所不賺的原則，使他財富更為累積。逆境中堅守原則，讓他安然度過危機，活出更寬廣的自己。郭再源先生是印尼慈善家的代表，他多次與總統前往災難現場勘災，印尼慈濟透過他的引介，與軍方簽約，共同在災難發生時，一起投入賑災。二〇一五年尼泊爾大地震，印尼慈濟與印尼軍方合作以專機運送物資與人員快速投入賑災工作。他把善擴大到軍方，擴大到其他宗教團體。郭再源同樣引介慈濟與伊斯蘭最大的團體合作，開展教育，開展慈善，達成宗教間的和諧與合作。

郭再源自幼與他的父親做小生意，他父親往生前給他的遺言說：「我沒有留什麼給你，我只留我的名聲信用給你，那是父親給你最大的資產。」郭再源先生說，在海外的華人創業，靠的是信用，大家互助的信用。標會、互助會，大家互相幫忙，才使得華人在異地能夠生根茁壯。

父親以身作則，以信用為生意的根本，傳遞給他，他會再傳遞給子女。這如同證嚴上人所說的，一切以身作則。做生意要「誠、正、信、實」。他以此為經商的圭臬。做人也是誠正信實，事業如同生命一樣，信守原則才是根本。

他的生命觀是只要方向對，只要原則對，不要怕做錯，做錯改過來就好，最重要的是原則與方向必須信守。

信用，從生意的信用，到對證嚴上人的守信用，郭再源先生在慈濟，只要證嚴上人開口想做的事，他都說「沒問題！」所以在慈濟，郭再源的別號就是「沒問題先生」。他總是說到、做到。從過去與各種人交往的守信用，到進入慈濟、學佛之後守原則的信用，他的生命價值蛻變與大幅提升。他是證嚴上人心目中富中之富的企業家。

信，是依靠誠正而建立。所以慈濟的創辦人要企業家誠正信實，先能誠心、正心，才能有信、才守信。然後踏實地執行，是事業成功之道。林偉才如此，郭再源也是如此。

加入慈善組織之後的郭再源，以善治理公司。他認為以善能得到公司員工更大的認同，得到子女更多的認同，得到社會更大的認同與支持。

善，是企業永續發展的必要原則。郭再源說，善，是必須依靠實踐得出來的結果，慈善的善，如何改變社會？都是以實際的行動，讓更多企業家相信，加入善的行列。

企業的善，也是一樣，如何讓善扎根企業，必須從自身實踐做起。

在郭再源以及其他印尼志工企業家的努力下，十幾年的時間，慈濟在印尼根本地改變了華人在印尼的社會地位。慈濟給予華人一個平臺，讓華人對印尼社會做出具體的貢獻。慈善成為華人在印尼社會的象徵，這使得華人經商，華人的生活得到更大的保障。過去每十年的排華暴動，隨著華人社會普遍的善行，排華的風潮逐漸消失。二〇〇七年印尼國會制定種族平等法，允許華人恢復學習華語。國會議員跟吾人說，這和慈濟華人在印尼的慈善貢獻付出有直接的關係。

用愛回應仇恨，是制止仇恨不二的法門。善，能得到善的結果，是最堅固的真理。

慈濟的慈善工作，打破了印尼社會的三種巨大隔閡，一是種族隔閡，二是貧富的隔閡，三是宗教的隔閡。慈濟支援伊斯蘭的努魯亞·伊曼習經院，根本地改變習經院的教學思想與人生觀。學生從過去激進的思想，認為聖戰是打敗敵人，變成聖戰是對內心的惡之挑戰。習經院學生學《可蘭經》，也學習證嚴上人的《靜思語》，如今隔閡打破了。包括郭再源與黃榮年等，致力於將印尼還存在的五千萬貧困人，扶貧脫困。這是善的力量，改變華人社會，也改變印尼國家的命運。

善，是企業的發展基石，是社會和諧的根本，是國家繁榮的立基之所在。

第五節　以慈悲為創造

資本主義是以利潤與競爭激發創造力。慈悲能不能成為創造的原動力。我們先前所提巴塔哥尼亞的創辦人依馮·喬伊納德不正是因為對山壁的慈悲，才開始創造不傷害山壁的岩釘。因為粗棉布可能對消費者造成傷害，所以他研發有機無農藥的棉布衣服，結果不只創造自己企業的巔峰，更是造就加州有機棉花農業的興盛。

慈悲是創造的來源。如同史蒂芬·賈伯斯所言，消費者其實不知道自己要什麼，企業的責任就是給予消費者最好的產品、最大的利益。

如果純粹從利益考量，成本低，消費者能接受，能大量製造的產品就是獲利的法寶。但是所有的大企業能經營長久，都是為消費者創造福利所獲致的。史蒂芬·賈伯斯的夢想就是給予現代人掌握科技的能力，手機能用手順暢地滑動操作，締造人們對於機器某種程度的掌握感，這使得iPhone引領風騷。當史蒂芬·賈伯斯看到女兒必須從電腦下載音樂，便研發iPod讓消費者可以一次下載千首歌曲，而創作歌曲者也因此獲利。對於大眾利益之關注，是慈悲，是善企業的成功之道。

以悲心創新

華人世界中最大型的慈善團體——慈濟基金會，在全球九十多個國家從事慈善，它的創造力正是來自於愛。慈濟的慈善、醫療、教育、人文、環保、骨髓庫、國際賑災、社區志工等發展都是以愛創造。以寶特瓶做成賑災毛毯的大愛感恩科技，是因為愛地球、不忍災民受苦而發展出來。

賑災用的「福慧折疊床」，是源於二〇〇九年證嚴上人看到巴基斯坦的賑災現場，照片上一個初生不久的嬰兒躺在地上，當時零下兩度。證嚴上人於心不忍，因此敦促慈濟國際人道援助會研發可攜帶式、可折疊的福慧床。福慧床得到德國紅點設計大獎以及美國匹茲堡國際發明展金獎。這些創造都不是為了利益，也不是為了競爭，而是為了對人類及地球的大愛。如今又從福慧床延伸發展出福慧摺疊桌椅，可以在災區做義診，在災區給救難人員及災民提供較舒適的休息設備。

尼泊爾在二〇一五年的大地震之後，緊接著雨季來臨，多虧慈濟的賑災折疊床，使得災民在帳篷裡不必睡在泥濘的地上，而是躺在可以隔開地板雨水的福慧床上。如今臺灣的消防人員與救災員警，也都需求福慧床。它更成為靜思精舍經濟來源之一。慈悲所締造的不只是慈善救助，更是經濟的獲益。

同屬慈濟體系的大愛感恩科技公司，其創辦人之一的李鼎銘先生告訴吾人，他之所以投入大愛感恩科技，就是感動於證嚴上人的無私大愛。大愛感恩科技公司是非營利的社會企業，年收入在一億五千萬臺幣左右，已是臺灣最大的社會企業。

大愛感恩科技用回收的寶特瓶，做成毛毯、衣服、手提包、風衣、西裝等多種產品。它的目的就是致力於環保教育。一千多種產品的研發都是基於對環境的慈悲，基於對於社會環保教育的責任。大愛感恩科技的盈餘全部回到慈濟基金會持續投入救濟與文化教育工作，而李鼎銘自己也是志工，不只不支薪，還帶領家人一起投入。

二〇一五年臺北八仙塵暴之後，因為不忍五百多名大學生青年在治療過程中，一次次猶如剝皮的極度痛苦，這個規模一百多人的公司，開始研發燒燙傷患者復原用的壓力衣。大愛感恩與陽光基金會共同合作研製的壓力衣，兼顧壓力與透氣，壓力衣的壓力夠大，才能讓灼傷的皮膚長出來，但又要透氣才能讓皮膚長得好、穿得住。這兩種相反的功能，經過科技團隊的研發，已成為當前全世界壓力衣的領先者。

慈悲，是企業創造力的泉源。

慈悲的鍛鍊

史丹佛大學的「慈悲與利他研究中心」（Compassion and Altruism Research Center），舉辦過為期八週的靜坐、冥想的實驗，讓參與者進入靜坐、冥想慈悲以及利他的情境。結束後，這些參與者對於他人的同理慈悲，對投入社區的認同度大大提高。可見慈悲心是人人具備，而靜坐與冥想是啟發慈悲的方法之一。[18]

慈悲心的培養更根本及有效的方法是參加慈善工作，如此能直接啟發慈悲與養成利他的性格。

在慈濟，許多企業家一開始可能是因為人情的因緣而加入慈善工作。然而，一旦投入之後，就不自覺地在這樣的行動中啟發自身的慈悲力量。

潘明水是臺灣在南非的成功企業家，一開始並沒有要從事慈善，是因為隔壁的鄰居慈濟志工拜託他

18 Matthieu Ricard (2015), *Altruism: The Science and Psychology of Kindness*, London: Atlantic Books, p. 256.

幫忙開車，他只好勉為其難地協助。發放結束後，他發覺自己非常快樂、非常有意義，開始感受到做志工很好。於是積極投入慈善，成為全心投入的慈濟終身志工。

可見初發心不是慈悲心，然而一旦投入後，內在的慈悲心立刻會被啟發。潘明水在往後許多物資發放中發現到，南非的男人不工作，女人沒事做，所以開始想辦法把一些臺商工廠裡的碎布集合起來，到部落裡開設縫紉班。

這些南非祖魯族婦女的愛心被潘明水啟發後，把衣服拿到市場賣了，收得一點錢，卻不把錢全花光，而是每個人拿出百分之五的收入到隔壁村再開一個縫紉班，就這樣開始自力更生，十多年後，德本已經有六百多個縫紉班，有二萬五千位祖魯族婦女在這個縫紉班裡面，其中有將近七千人進入慈濟當志工。她們假日穿上慈濟藍天白雲的制服去訪視、去幫助孤獨的老人。在南非百分之三十的人口是愛滋病患，她們會定期探訪愛滋病患，照顧他們的身心。這即是「濟貧教富」，幫助貧窮的人，但是啟發他們富有的心，讓他們能夠去幫助別人。這群祖魯族的婦女其實還是處於清貧的階段，但卻去幫助比她們更需要幫助的人，她們是富足的。

不管是富有的潘明水，或窮困的祖魯族婦女，他們都是在行動中開啟了內在慈悲的力量。這就是「作中覺」。

在慈善行動中啟發內心的慈悲，行動的力量最為巨大。

因此企業內部鼓勵員工對於慈善工作的投入，有助於長養其慈悲利他之心。

以定心創新

史蒂芬．賈伯斯是二十一世紀最傑出的發明家。在偉大的事業背後，他追求靈性生活，喜歡禪修。很多創作來自於他自我內在生命之直覺。[19]

直覺，擺脫既定人類的生活樣態，勇於挑戰，勇於創新，不是以打敗競爭者為目的，而是希望給予人類更好的生活樣態。

這種創新結合著利他，也結合著人性中最根本的力量，直覺的想像。

德國大哲學家黑格爾對於產品的創新曾言，真正產品之創造來自於人們的想像。想像，讓人能超越現實的羈絆，找到人類過去所未觸及的新境界。想像不是幻想，而是一種文化涵養的長期積累與陶冶。個人優質的文化底蘊，正是經濟創新的真正要素。

史蒂芬·賈伯斯在大學輟學之後，不是遊手好閒，而是去聽甲骨文設計的課程。在那裡他學會了歷史悠遠的人類智慧與美學。史蒂芬·賈伯斯能結合藝術創意與冰冷的科技於一爐，跟他的文化涵養有深厚的關聯。也正是他的跨界能力，結合了科技與人文，使他發揮極大的創造力。

史蒂芬·賈伯斯的傳記作者，也是撰述美國開國元勛富蘭克林及發明家愛迪生傳記的作家，描述史蒂芬·賈伯斯成功的重大關鍵跟他的禪修有關。[20]他曾經到印度學習佛教靜定的內修，也曾至日本的禪院參禪打坐，沉浸在禪學的風雅、靈動、自在的心性，以及遍覽日本禪院之美。這種跨領域的學習與涵養，是奠定史蒂芬·賈伯斯創新的基石。

史蒂芬·賈伯斯在禪修中也學會專注的智慧。一九九七年重返蘋果電腦，他邀請公司一百位最重要的幹部到一個禪修中心，在那裡放下一切的日常工作，讓大家著手討論什麼是公司當前最重要的發展目標。大家爭先提出自己的見解，最後一天史蒂芬·賈伯斯依大家的意見在黑板上列出十個重要目標。等

19 Walter Isaacson (2012), *The Real Leadership Lessons of Steve Jobs*, Harvard Business Review (the April 2012 Issue), Massachusetts: Harvard Business Publishing.

20 Walter Isaacson (2012), *The Real Leadership Lessons of Steve Jobs*, Harvard Business Review (the April 2012 Issue), Massachusetts: Harvard Business Publishing.

大家都有共識後，他劃掉後面七個目標，只留前三個，然後跟所有的主管說，我們只專注做這三項。

創新需要專注。專注是禪定的修練。也是企業創新的修練。什麼都要，能賺錢的都想賺，是不會有創新的果實。

賈伯斯重返蘋果的第一件事就是將公司從行銷導向轉回產品導向。真正的專注設計好的產品、創新的產品、具革命性的產品。他的前任總裁約翰·史考利（John Scully）是他從百事可樂挖過來的管理者，但是因為路線不合，結果史考利進聯合董事會將創辦人賈伯斯開除。史考利過度強調利潤與市場化，著重現有產品增加新功能，提高售價，讓客戶付更多的錢，以增加收益。結果讓新的競爭者用同樣品質卻更加低廉的產品逐漸瓜分市場，最終導致蘋果陷入窘境。公司董事會只好再請賈伯斯回鍋挽救蘋果。

當賈伯斯回到蘋果電腦，他著手進行革命性的創新。陸續推出Mac Air、iPod、iPad，以及革命性改變人類生活的iPhone。市場導向轉為創新導向，使得賈伯斯成為引領時代科技的先鋒；也使得蘋果電腦成為時代科技的代言。

專注創新，而不是專注利潤，是史蒂芬·賈伯斯成為偉大企業家的關鍵。

創新，特別是提升人類整體文明的創新，是企業成功的關鍵。這是史蒂芬·賈伯斯留給後世所有企業家最寶貴的價值資產。

以平等創新

哈佛大學在研究當代商業組織的個案中，提出一個Agile的名詞，亦即小單位化的運作，更能夠體現消費者的需求。讓第一線的員工自行研發與創作，更能真正反映市場的需求。

哈佛管理學院最近一期雜誌中提到，大型公司將原來龐大的體系劃分為數百個小單位Agile，讓小單位的成員自行研究、自行管控品質。在這種情況下，Agile管理模式成功的前提是員工們必須與管理階層有一致性的理念，否則產品之品質將難以管控。[21]

這種一致性的理念與其說是獲利，不如說是對消費者的慈悲與利他精神。如果這種小單位的成員以獲利為前提，很難不出現產品的弊端。但如果從消費者的慈悲出發，以利他為動機，其創作之產品不可能出現可控制性的弊病。

目前採取Agile或Holacracy的公司都是以小單位的領導力為目標，讓小單位的成員能具備創意的效能，並且強化小單位之間有效的溝通。

這些大公司的創新模式，或許是哈佛管理學院的學者所未曾觸及的「慈悲心的養成」。一旦成員養成真正對消費者、對股東、對環境永續的慈悲心，他們會盡一切力量去創造，並且不會去傷害公司的利益，特別是不會傷害消費者與環境的利益。小單位的成員如果能養成慈悲心，是扁平化組織、去中心組織重要的努力目標。

第六節　以圓形為組織

金字塔型的組織與社會這個概念，支配著人類數個世紀。決策權是少數，菁英分子是少數。少數菁英領導多數普羅大眾，幾乎是大家奉行不悖的必然法則。但是金字塔型組織所造成的不平等與階層對立，卻也困擾著人類社會數個世紀。那麼，一種圓形的組織，「不上不下，非上非下，可上可下，既上且下」，這種違反二元對立的東方佛教思維，是否能進入組織的層次去運行實踐？

---

21 Darrell K. Rigby, Jeff Sutherland & Andy Noble (2018), *Agile at Scale*, Harvard Business Review (the May-June 2018 Issue), Massachusetts: Harvard Business Publishing.

證嚴上人於二〇〇三年推出志工體系的新組織架構，把已受證的慈誠與委員組織分為合心、和氣、互愛、協力四個體系。合心，是由當區最資深或最孚眾望的志工組成，負責法脈的傳承與經驗信念之分享。和氣，相當於一個省轄市的區級一般大小的地理範圍。和氣的幹部負責工作的統籌規劃，是志工主要啟動力的來源。互愛，相當於行政區裡數個里的大小所組成的單位，專司負責工作分配與實際執行。而協力組，則是以一個行政里為單位，負責該區志工第一線的實際執行工作。

然而證嚴上人卻一再強調，希望合心幹部在傳承法脈與規劃大方向之際，也能回歸里的協力單位，在第一線付出與奉獻。永遠在第一線，是上人要求資深志工必須力行實踐的一個重要理念。

第一線，才能讓法脈的傳承者真正將法髓灌注在泥土裡，讓所有第一線較年輕資淺的志工親潤慈濟法脈的精髓；永遠都在第一線，才能養成謙卑的心情，永遠不以職位與資歷，作為自我憑恃的基礎，或逐漸養成傲慢的心態；永遠在第一線，能夠讓資深的志工始終保持在實際的付出中，長養自我的慈悲心與感恩心；永遠在第一線，讓慈濟世界人人皆為平等，沒有上下大小之別。

保持在第一線的精神

慈濟大愛電視臺的董事長杜俊元先生是一位成功的企業家志工，他也是高雄志工體系裡的合心幹部。慈濟高雄會所的地是他捐贈出來興建的。雖然付出金錢、付出心力，又承擔重要的工作，但是他卻力行合心與協力，回到第一線的協力工作，與志工們排班指揮交通、掃街等工作。這是體現上下無別、人人平等的佛教思維。雖然如此，這裡所呈現的平等並不是齊頭式的平等，認為每一個人所做的事和所做的時間都應該一樣。其實平等是一種精神、一種態度。每一個人在能力與專業上仍然有所不同，應各自發揮，但是不管職位高低，專業有別，在一個程度上，我們必須有共同的工作，作為對於平等觀的具體實踐。

二〇〇八年的Nokia還是全球最大手機大廠。但是到了二〇一三年，它卻以廉價的七十億美金賣給微軟公司，因為市占率只剩下百分之三的Nokia很難預測自己是否能在市場上繼續存活一年。Nokia失敗的原因是因為iPhone跟Android的手機介面遙遙領先Nokia。Nokia不是不在意介面的設計跟App的市場風向，但是工程出身的管理階層，過度低估軟體開發的重要性以及市場消費者的反應。他們認為只要推出新的操作程式，而不是跟著iPhone操作程式走，就能贏回市場。

Nokia甚至忽視了其他智慧型手機在末端市場的激烈競爭與市場爭奪。華為、HTC在末端市場激烈地攻擊Nokia，但是Nokia完全無感。終於，不只失去手機市場龍頭地位，更失去立基於整個品牌市場的地位。

決策者遠離第一線，以既有的成功模式來看待自己與市場需求，是一大盲點。工程導向、非市場導向是Nokia失敗之主因。工程導向沒有錯，只不過必須是以第一線市場的評估與感受為優先。如果Nokia的管理階層能夠在第一線的話，就不容易發生這種事情。

互聯網的機構裡面力行扁平化組織、多元中心的組織，讓每一個單位都能夠創意，能夠貼近大眾的需求，是當代社會各種組織永續發展的必要條件。

但是對於一個成功的大型組織，維持接觸第一線的需求並不容易。因為組織越大，部門越多，協調越多，決策的時間更慢，共識程度也越低。

合創制的組織

美國費城所發展的合創制（Holacracy），著眼組織中的成員以角色為中心。員工在一個機構裡可以同時擔當不同的角色，每個角色可以自主地作決定。合創制的組織是一個大圈圈，涵蓋著各組成員組成的小圈。每個小圈都是自主的單位，可以自行對市場做出決定。幾個小圈之間有聯繫的代表負責協調。

大圈也派代表參與小圈的會議，以便提供更佳的條件給小圈的成員達成任務。[22]

當小圈中的角色與大圈的代表意見不同，大圈的代表必須尊重小圈角色的意見，因為這是合創制的創舉。大圈的代表一旦選擇某人擔任小圈的某一角色，就必須尊重這小圈角色的意見與決定。

讓第一線的成員做決定，是合創制的特色。小圈中的成員涵蓋不同的角色，每一個角色負責不同的專業，是他們的職責，他的專業決定大家要聽他的。同樣的，其他角色的專業決定，成員也都必須配合遵循。所以每一個人既是領導者，又是被領導者。

合創制組織的成員可以自主地加入任何一個創意團隊，所以能十分靈活地展現多元中心制的創造力。合創制以角色為中心，讓組織中的個人可以承擔多種角色，讓個人得以發揮，可以自主性地發想新創意，合創制的創立者布萊恩．羅博遜強調，合創制的組織不是一成不變，而是不斷在變化。

合創制不是傳統的層級制，而是如身體的細胞，每一個個體都是完整的功能，每個細胞屬於一個完整的器官，每一個器官又屬於身體。如此層層相連，子體與整體是一體，這是合創制的特點。它的好處就是將組織靈活化，能應對外在世界不斷變化的訊息、服務與產品。

多元與同心圓組織

美國加州大學趙文詞（Richard Madsen）教授曾經到慈濟功德會演講，他在演講中除了肯定讚歎慈濟的慈善對全球的重大貢獻之外，也一直希望慈濟不要太過制度化、專業化。永遠都要維持在第一線服務的感動。[23]

其實不只是慈善的組織要永遠維持在第一線的感動，企業與機構更應該維持對第一線服務對象之感受與了解。

多元中心的組織不是萬事仰賴高層主管的政策或策略，而是依循一套共同的價值觀，依靠自己在第一線的判斷去行事。如同 Skype 或 Internet 人人都可以使用，只要依照一套標準程序。有別於科技型的標準程式，價值觀的理解與執行，牽涉到主觀的認定。慈濟功德會的志工體系是遵循這種圓形組織的形態，人人都必須在第一線服務。資深的志工、資淺的志工都在第一線服務。

慈濟所創立的圓形組織分成合心、和氣、互愛、協力。以一個大城市為範圍，由最資深的、最能體認慈濟核心價值的一群志工組成。和氣是一個中型區域的範圍，一群中壯的志工組成，負責工作的規劃及協調。互愛由幾個社區範圍組成的團隊，負責工作的分配。協力是以一個社區為單位，負責具體的執行。不管是合心志工、和氣志工、互愛志工，都必須投入協力組擔任志工，在第一線服務。所以證嚴上人將這組織稱為四合一，不是四個階層，而是四個平行，是一個圓，每個圓的面都可以接觸到第一線的需求，執行第一線的工作。

慈濟也遵循在地化的理念，在地志工遇到社區有災難，立刻啟動救災，無須先請示總部，而是依照慈濟的價值與信念，直接啟動緊急賑災的行動。這並非說總部不重要，而是萬事莫如救災急，由社區自發性立即啟動，先救援，然後通知總會提供協助與後援。這是哈佛大學李奧納教授所闡述，既中央又地方，既集中權力又分權的機制。

社區志工可以自由地在社區發想各種服務的工作，志工可以自由地參加慈濟內部各種形態的服務計畫，包括慈善、醫療、教育、人文、環保、骨髓等，只要符合慈濟的核心價值，志工可以自行創造新的服務與組織各種工作。這是液態組織的概念，如水一樣，哪裡有需要，哪裡就有慈濟志工。第一線的服

---

22 Darrell K. Rigby, Jeff Sutherland & Andy Noble (2018), *Agile at Scale*, Harvard Business Review (the May-June 2018 Issue), Massachusetts: Harvard Business Publishing.

23 樓宇烈、赫曼・李奧納等著（二〇一七），《慈濟宗門的普世價值》。臺北：財團法人慈濟傳播人文志業基金會，頁一二五—一四〇。

務能持續激發一個人慈悲柔軟的心，而不至於被僵化的官僚制度給捆綁。這是液態組織的理想。

這種如水一般的液態組織之動能，讓慈濟全世界能擁有多樣的組織樣態。慈濟在全球有結構較明確的美國分會、印尼分會、馬來西亞分會。這些分會都具備慈善、醫療、教育、人文等機構，並設立各執行長，負責規劃當地的各項志業與工作。

也有結構十分鬆散的南非及莫三比克志工組織。在這些國家，左鄰右舍，親朋好友，在社區裡面一起做慈善。

沒有階層、沒有執行長，只有人格典範的資深志工帶領或陪伴他們。一如南非志工潘明水帶動在地數千名本土志工，他說：「我沒有帶領他們，我只是陪伴，讓他們自發地想想應該為社區做些什麼。」南非發展出照顧愛滋孤兒的工作，都是當地志工自己發想出來，也是全球慈濟九十五個國家的慈善工作中，唯一一個以照顧愛滋孤兒為志工使命的地區。

區塊鏈的信念是去中心化，其實不是去中心，而是多元中心。環繞著同一價值觀，讓大家能夠因著環境的需求去創造對環境最有利的使命，這使命可以是在公益的或商業的領域。去中心化可以形容一個點對點的商品交易是如何的便利快速，多中心化適合形容同一價值觀的不同成員，在各自的領域裡開展工作。這是液態組織，水的組織給予人類社會生生不息的創作力量。

第七節　以利他為系統

任何一個成功的組織都是在成長初期非常關注它服務對象之所需，亦即盡量以利他的精神，給予服務對象最大、最方便、最低成本的服務。尤其是成功的企業，一開始都是遵循這個模式。

以利眾的系統致富

亨利．福特不是第一個發明汽車的人，但是他是第一個把汽車普及化的人。二十世紀初的汽車都是賣給有錢人，也只有最上層的有錢人買得起。亨利．福特以標準化的生產線，大量製造汽車，降低成本，讓一般的中產階級都買得起，汽車成為普及化的產品。過去的汽車只能是黑色，福特發展T型車，讓汽車留下一條黑色生產線，但其餘顏色隨顧客喜歡作選擇。一九二七年在營利最高峰時期，他的汽車銷售量到達一年一千五百萬輛。

但是到了二〇〇三年，日本豐田汽車取代了福特汽車的地位，躍升為美國第二大汽車製造廠，僅次於通用汽車。二〇〇八年，福特汽車公布一百零五年以來，第一次的單季虧損，金額高達八十七億美金。福特並且計畫停產耗油的SUV，SUV是高單價的，但銷售不佳。[24]

這個曾經是美國首富，讓汽車普及化的先驅者，為何最終落後於豐田汽車？

福特汽車在維持百年榮景之後，它的汽車越來越服務高端人群，將現有的汽車作更多的配備，以取得更大的利潤。換言之，如同賈伯斯批評他的前任總裁，想的都是行銷，而忘記如何好好地設計好產品，創造對客戶的價值。福特汽車也是如此，車的款式越來越多，價格逐漸抬高，忘記當時創辦人的初發心是讓汽車普及化，讓汽車能便宜到人人買得起的願景。就在這時候，日本豐田汽車Toyota進來了，以便宜的、低價的、功能不錯的汽車Corona打進美國市場。

這時候的福特汽車面臨兩難，它究竟要往下走，去跟豐田汽車競爭利潤不高的低價位汽車市場，或是繼續往高利潤的高端市場走。

當然，福特汽車這百年老店當時自然不會過度地在意剛進市場的日本汽車，而是繼續地往生產高價

---

24 David Kiley，〈福特救亡找到豐田老將〉，《今週刊》第六〇七期，二〇〇八年八月十一—十七日。

位汽車的路線前進，推出多功能的ＳＵＶ，提供既有客戶在房車之外，新的、區隔性的、高單價的休旅車。其結果是讓日本的豐田汽車在十幾年之間搶走它原本低價、普及汽車的市場地位。

二〇〇八年福特終於出現重大虧損。在生死存亡之際，他們所請來的卻是豐田汽車的退休總裁詹姆斯．法利（James Farley）。要以豐田挽救福特，但其實在此同時，豐田正逐漸步入與福特一樣的成長盲點。

豐田維持一段榮景之後，面臨了與福特一樣的窘境。在成為全美第二大的汽車業之後，於一九九二年推出Lexus，比美賓士車。他們一樣開始往高單價走，與福特一樣在既有的市場提供給客戶單價更高、功能更多的汽車。這時候韓國現代汽車進來了，豐田要考慮是否往下走，往大眾廉價市場走，去跟現代汽車競爭利潤不高的普羅市場嗎？豐田的決策與福特一樣，繼續往高價位汽車邁進，結果現代汽車搶走了原本豐田主導的、可觀的廉價普及市場。

這種結構性的衰退，有賴於結構性的系統分析與思考。企業與機構必須真正分析市場蕭條、產品衰退的結構性原因為何，以系統變革的方式從機構集體盲目的氛圍中抽離出來，找到新的出路。

針對這種產業間的替換循環，哈佛大學管理學院的克雷頓（Clayton Christensen）教授提出系統變革思考的模式，稱之為「顛覆式創新」（Disruptive Innovation）。克雷頓主張企業面臨如此循環性的產品衰退，必須找到新的模式，進行變革。

他認為成功的企業多半以效能創新（effiecncy Innovation）維持企業榮景。但是效能創新著重利潤的極大化，而非產品的大眾化。成功的企業要維持永續榮景，必須以顛覆式創新模式來突破利潤舒適區。他建議企業不要一味地安於現有的高利潤市場，而是要想如何更往普羅大眾走，開發當前非目標的客戶群。亦即不要一直採取高價位、高利潤的市場行銷策略。

英代爾（Intel）晶片廠的執行長安迪．葛羅夫（Andy Grove）聽了克雷頓的理論之後，恍然大悟。英代爾領先太久了，太舒適於自己的利潤市場。他遵循克雷頓的理論，往下走、往大眾走。葛羅夫隨即在公司內部成立一個新的研發小組，發展更便宜、更普及的晶片給普羅市場。當時正有兩家小的晶片廠推出廉價晶片，正在瓜分英代爾的市場。葛羅夫的系統分析與變革，挽救了英代爾在晶片市場的龍頭地位。

從吾人的角度言之，亨利・福特創辦人的偉大與成功在於讓產品利益更多的人群。跟蘋果電腦的創辦人史蒂芬・賈伯斯一樣，從前電腦一部幾百萬美元，操作人員要訓練一年，只有大財團、著名大學買得起。蘋果電腦開創電腦的普及化，讓電腦進入個人手上，iPhone也是把科技還給人性的創舉。

普及更多人的力量，利益更多的大眾，給福特與蘋果帶來巨大的財富與聲名。

他們的繼任者追隨金錢，利潤導向、市場行銷導向，與創辦人走向相反。一個是著重利他、利眾，一個是著重利己、利益機構。一成、一敗都取決於企業是否真正用心思考利他。

企業永遠要思考如何利他、利眾！企業要設計利他的系統，才能維持永續的榮景。

整個企業的系統機制是否在利他，還是在利益自己的機構，可以用一個標準來衡量，那就是企業有沒有關注如何嘉惠更多數的大眾？有沒有提供更嘉惠人類的普羅產品。

系統結構思考與利他

二〇一二年墨西哥的漁業面臨有史以來漁獲量大幅減少的困境。是溫室效應帶來的衝擊？是海洋污染造成魚群的生態改變？或其他的環境因素導致漁獲量大幅降低？

墨西哥漁業協會苦思不得其解，漁民們叫苦連天，生活陷入困境。漁業協會求助於麻省理工學院的史隆管理學院的著名教授彼得・聖吉，他與幾位管理學院的師生共同成立系統變革學院，專門研究結構性的組織成長盲點。

二〇〇九年由彼得・聖吉師生團隊組成的系統變革小組，成功地幫星巴克咖啡公司建立系統模式，順利地處理回收一年四十億多個咖啡紙杯。這個系統變革小組集合了全球星巴克的重要主管與供應商，以將近一年的時間，理出星巴克基於環保概念所訂製的咖啡杯回收系統。

墨西哥漁業的困境找上彼得·聖吉的團隊。與彼得·聖吉共同創辦變革管理學院的哈佛大學薛喬仁教授（Joe Shu）接下這個任務。在為期兩週的時間之中，薛教授等變革管理團隊與墨西哥漁業協會的成員，把對漁業可能衝擊的因素一項一項地畫出來（Mapping），稱之為「變革地圖」。變革地圖裡詳細羅列各種因素，以及各個因素的相互關係。然後逐一地討論，逐一地過濾。

變革地圖所要呈現的是，究竟哪一種結構性的因素，導致漁獲量減低？在耐心地逐項討論與思辨中，他們得出的結論，不是氣候變遷，不是海洋垃圾增加，而是非法捕魚才是結構性的關鍵因素，非法捕魚影響了整個漁獲量的減低。

其結構關聯是，當黑市非法捕魚的漁獲量增加，魚市場價格降低。正規漁民被迫捕更多的魚，以維持原本的收入。為了維持以往的收入，正規漁民只好去捕更多的魚，以便獲取過往的收入。因而魚網的網目越做越小，連來年才能長大的小魚一併捕獲，當然魚群就逐漸地萎縮。

解決之道是墨西哥的漁民協會成立自主防衛隊，取締非法漁民。並且積極地輔導非法漁民進入正規的捕魚協會，大家一起協商漁獲量的標準，以互利、互助讓大家都能繼續生存。而不是在暗處互相較勁，非法從事捕魚，讓彼此蒙受損失。

這種變革地圖的系統分析，有助於一個成長遲緩的機構，甚或高成長的機構，或是即將要合理化的新興團體與企業，更清晰地了解自己的處境，認知結構性的關鍵因素，找到持續興盛與繁榮之道。

系統變革學院墨西哥漁會的案例，也顯示互利、互助才能讓大家共用、共榮。利他，才是長久生存之道。

第八節 以典範為永續

在探討人類組織歷史的研究中，可以歸結沒有任何一個組織能夠像宗教組織一樣長久，比起王朝數百年、企業上百年、家族數百年，宗教組織千年不墜。

究其原因，是緣於宗教組織是植基於理念與價值，而不是血緣、利益，或其他物質因素。只有心靈與價值系統能夠讓組織長久不墜。

戒律會改變，思想會創新，權力會更迭，利益有得失，但是信念與價值貫穿古今而不朽。一個組織越能植基於信念與價值，就越能永續發展。

人格典範的永續

從二〇〇二年以來，吾人作為慈濟基金會的發言人，期間好多年，常常都會被問到：誰會是慈濟證嚴上人的接班人？

我的回答是證嚴上人直接告訴我的一句話：「每個人都是接班人，每一個人都必須傳承。」

二〇〇九年二月，法鼓山聖嚴法師圓寂，很多媒體紛紛來詢問我上人的接班問題。我請示上人，上人給我的回答是：「我就住在聖嚴法師的隔壁，你告訴他們，慈濟每個人都是接班人，每一個人都要傳承。」

過去數十年來，上人身體瘦弱，從一九八〇年代花蓮慈濟醫院興建以來，他就一直被問到這個問題，慈濟的接班人是誰？

其實，佛陀入滅前，在僧團裡，這個問題同樣也曾被提出來討論過。《增一阿含經》曾記載，佛陀約八十歲那一年，一次，阿難尊者提水回來，看到佛陀身體很不舒服，阿難心裡一陣不安，他知道，佛陀恐將不久人世。阿難在佛陀梳洗後，就向佛陀請法，阿難尊者說：「佛啊，您將來入滅後，誰來接班？您要不要先跟僧團作交代呢？」

佛陀回答：「阿難，我數十年來將我的法都無分別地、公開地教導給你們每一位弟子，對於僧團的未來領導，我有什麼要跟僧團說的呢？如果你們當中有誰認為自己可以帶領僧團，應該由他去跟你們說。我不過是一個即將入滅的老人，我要跟你們說什麼呢？」

佛陀不立接班人，他的眾多弟子在他入滅之後，到各方傳法，戒律第一的優波離尊者與大迦葉尊者相傳向西傳戒律。阿難尊者與須菩提尊者等向東傳法。眾弟子的各自傳法，使得佛教得以流傳兩千六百年。

佛陀入滅後的經典結集，不只是大迦葉尊者與阿難尊者領導的五百人結集，相傳佛陀當初鹿野苑聽法的五比丘之一的阿若憍陳如尊者，也在界外集合一萬五千多人結集佛陀的教法，這成為後來大乘佛法精義的部分源起。

沒有一個固定的接班人，人人都是法的傳承者，都是法的接班人，信仰才能真正流傳。

法則的永續

基督教的創教者主耶穌，他生前傳道才三年，就殉道了。耶穌受難後，門徒們猶豫著是否解散，各自回到故鄉？漁夫出身的彼得，本來也很想回家鄉。但是透過門徒集體的禱告，以及部分門徒看見耶穌復活的身影，於是又產生了信心，繼續留在加利利傳道。彼得與其他門徒西門、馬太、馬可等十二門徒，各自傳播耶穌的行止與福音。

初期基督教的傳道並未定於一尊，而是多元表述、各自表述的，這使得基督的精神能夠更好地適應、觸及不同的文化及不同的人群。

彼得與耶穌的母親聖瑪利亞成立教會，至今兩千年不墜，天主教的聖伯多祿教堂（聖伯多祿即聖彼得），是奠基在聖伯多祿的精神之上。

如果說彼得將耶穌的福音傳播到猶太人地區，保羅則是將耶穌的福音傳播給異邦人。耶穌殉道後六年，當時一直在迫害基督徒的猶太教教士保羅，在前往大馬士革途中，耶穌突然向他顯聖，並責問保羅說，你為何要迫害我的門徒？保羅經歷失明，然後被耶穌指定的門徒醫治好，仍有一隻眼睛看不清楚。每當他想起自己這隻弱視的眼睛，就會想起主耶穌，他知道自己有弱處，主耶穌就能使他強大。保羅知道凡事不信靠自己，而是信靠主耶穌。

耶穌揀選了保羅，讓他悔改，成為忠實信徒。保羅在異邦、非猶太人的地區傳教，他發願要把耶穌的福音傳到「世界的盡頭」。他辦到了！保羅遍遊如今的西亞及歐洲各地，包括希臘人、馬其頓人等，都信奉了基督教。保羅是基督教成為世界性宗教的重要關鍵人物。現今基督教有二十四億人口，整個西方的文明精神大半根植於基督教精神。

每個門徒都是耶穌福音的接班人，這是基督教成為世界性宗教的重要基石。

都是接班人

伊斯蘭教的創教先知穆罕默德，他的堂弟阿里是最早追隨他的門徒。阿里十四歲就追隨穆罕默德，並且成為他一生最重要的幹部與追隨者。穆罕默德在晚年曾高舉阿里的雙手，向門徒們高喊，凡支持我的，就支持阿里，阿里是我最忠實的信徒。在眾人高呼之後，穆罕默德至死都未明白宣示阿里是他的接班人，也未說明誰是他的接班人。維持模糊似乎正是他的遺願。

默罕默德最年輕的妻子阿依夏，是一支阿拉伯重要部族首領的女兒，也是穆罕默德最寵愛的妻子。穆罕默德在世之時，阿依夏就與阿里不和。後來追隨阿里的就是當今的什葉派（什葉亦即「追隨阿里」）。而阿依夏的追隨者成為如今的遜尼派。默罕默德沒有明白立接班人，一方面創教者必須站在至高點，支持、愛護每一個追隨他的人。另一方面，一旦明確指定接班人，教團恐怕會立刻面臨分裂。

如今遜尼派與什葉派儘管彼此分合不休，但是都一致尊崇先知穆罕默德；一致認同穆斯林的基本教義與精神。

關於聖者的接班，或世界性組織的接班，都應是群體，而非個人；是多人，而非一人，這是宗教教團長久延續的重要因素。

容許弟子、門徒們各自表述創教者的精神，容許思想的多元性，是世界性宗教誕生的關鍵。多元性教法之傳承，使得具世界性宗教格局的教團，能夠更大幅度地引領不同文化、不同族群、不同國度的追隨者，能以各自的、適應自己文化特色的角度，來信奉創教者的思想與精神。

聖者對於接班人的默然，正是因為人人都必須是接班人。

真正的信仰，是理念傳承，不是行政傳承。

永續的組織，是價值傳承，不是制度傳承。

管理的精髓，是典範傳承，不是能力傳承。

這正是一個偉大的精神與組織能延續數千年榮景於不墜的最大關鍵。

現今的問題是，企業非宗教團體，如何以典範傳承？

企業身行典範

洛克斐勒（John Davison Rockefeller）活到九十四歲。他開創的標準石油公司曾經占美國石油的百分之九十。一九一四年最鼎盛時期，他的財富占美國ＧＤＰ的百分之二·四。直到美國通過反托拉斯法，將標準石油拆成三十四個公司。拆解之後的艾克森美孚公司仍是現今美國第二大的公司。

洛克斐勒的座右銘是「拚命賺錢、拚命存錢、拚命捐錢」。他是二十世紀最富有的人，也是二十世紀最偉大的慈善家。他所成立的洛克斐勒基金會，捐助成立了包括約翰・霍普金斯大學、哈佛公共衛生學院、芝加哥大學、洛克斐勒大學，以及中國北京的協和醫院。

身為首富的洛克斐勒生活節儉、不菸不酒，將心力投入慈善。他為他的家族及後代的企業家如比爾・蓋茲、華倫・巴菲特等巨富企業家立下典範。他是韋伯眼中新教倫理的企業家。以事業成就彰顯上帝的榮耀，以自奉甚儉信守教會律法，以慈善為後世子孫傳承典範。

每一位洛克斐勒的子孫，至今第六代，都必須秉持他的家風，投身慈善、投身公益事業，並且簡樸持家。

比起宗教的聖者，洛克斐勒當然不是聖人，他有很多的缺點，有很多的商業方法備受爭議。但是他的勤奮工作與樂在工作、簡樸生活，並投身慈善是企業的典範。也是洛克斐勒家族延續榮景至今的重要因素。

第五代的洛克斐勒子孫史帝夫・洛克斐勒在二〇一一年五月到臺灣慈濟參訪，具有佛教背景的他親和謙卑，參加了慈濟的浴佛大典，自己拿照相機拍照錄影。見到慈濟創辦人證嚴上人，行佛教的頂禮以示最高禮敬，並稱讚證嚴上人為慈善的典範。史帝夫・洛克斐勒隨後與臺灣的另一個庶民慈善典範陳樹菊會面，在拍照時，還特意彎下腰來以平衡他與陳樹菊的身高。這是謙卑樸實的家風。

因此，企業的永續仍是人格典範。洛克斐勒家族出過兩個州長、一個副總統、一位參議員，以及無數大集團的總裁。

洛克斐勒在八十六歲時，寫下了這首短詩總結自己的一生：

我從小就被教導既要娛樂也要工作，
我的人生就是一個悠長、愉快的假期；

全力工作，盡情玩樂，
我在旅途上放下了一切憂愁，
而上帝每天都善待著我。

第九節　與地球共生息

世界作為一個整體，是世界文明的共同認知。不管從儒家、佛教、道教的思想言之，或從古希臘、基督文明、近代科學發展的成果，都證明這個世界的組成，每一部分都是息息相關。這也是佛教的因緣法，一切事物都相關聯，沒有一物能單獨存在。因此，任何一個地球的生產與消費，都關係到地球的壽命，也關係到人類延續與生存。耗盡地球資源，最終帶給人類的是滅絕的道路。因此大地資源不是取之不盡、用之不竭的。善經濟、善企業一定要考慮到環境的因素，並把生產與消費模式對地球與環境的衝擊降到最低。

物質環保惜物命

可口可樂（Coca-Cola，簡稱Coke）是由美國可口可樂公司創造出產的一種含有咖啡因的碳酸飲料。目前可口可樂在大多數國家的飲料市場處於領導地位，其銷量遠遠超越其主要競爭對手。

可口可樂公司近年積極力行環境保護與水資源管理。尤其是於飲料業，水是可口可樂公司最重要的原料，除了飲料用水，生產線上的冷卻、清洗、漂洗等製程都須用到水，為了更節約水資源，一九八四年，可口可樂基金會於美國成立水資源管理中心，並與「世界自然基金會」（ＷＷＦ）合作，一同開發檢測評估用水效率的機制，這套機制能有效地分析出生產線上水資源的使用情況，並歸結出如何最有效率地用水，以此改善可樂製作過程中所可能造成的水資源浪費。

可口可樂開發節約用水系統之後，八年當中，減少使用水的比率，與二〇一〇年的用水相比較下降了百分之四，與二〇〇四年的用水量相比較，下降了百分之十六，大幅減少對於地球有限水資源之耗費。

可口可樂除了減少水資源的使用比率之外，還致力於水資源的回收，讓水循環使用。以色列水資源缺乏，他們從海水提煉製成乾淨的淡水。但是百分之七十的水仍然回收重新使用。

此外，可口可樂一樣致力於回收水資源的制度建立。它在全世界建廠，許多產地衛生條件落後，居民沒有乾淨的水源。可口可樂在每一個產地實行水資源的補充措施，並與當地政府合作建造淨水設施，與潔淨的飲水設備，讓當地民眾享用乾淨的水資源。

可口可樂的水資源措施達到三個面向的成功：一是減少大地水資源的耗費。二是回收水資源，讓可利用的水充分發揮物命。第三可口可樂的淨水政策，造福了當地的民眾之健康。這是善企業、善經濟的模式。在商業營收之際，保護地球、造福黎民。

不只是全世界最大的飲料製造商開始關注環境的永續，以及產業對地球的衝擊。全世界最大的球鞋供應商Nike也全面推展資源回收的政策，他們預計在二〇二〇年達到零浪費的目標，讓所有的球鞋製造協力廠全使用回收的塑膠製品製造球鞋。希望對於地球的有限資源不再耗費。

這項零浪費的措施能否全實現目前還有待觀察。不過至今為止Nike Grind球鞋已經達到百分之七十一回收舊鞋材質，製造更堅固耐用的球鞋。

電器大廠Sony、Xexos等電子大廠也是致力於回收使用他們的電器材質，再用於新品之中。二〇〇六年九月二十九日，Sony公司決定在全球市場啟動「鋰電池自主更換計畫」，大規模回收各品牌在全球生產的筆記型電腦用鋰電池，並提供免費更換新品的服務。Sony的「Road to Zero零負荷」環保計畫的願景，就是希望達成對環境零負荷之目標。

這些電器大廠基於環境的永續，積極地負起責任，能夠體現回收（Recycle）、再使用（Reuse）的實踐精神。然而，真正對地球最重要的是減量（Reduce）。這些大廠能夠做到前兩者，但是對於使用量減少卻違背了他們的商業利益。

歸根究柢的環境保護三者缺一不可：回收Recycle、再使用Reuse、減量Reduce。

心靈環保愛地球

慈濟在全臺灣總共有超過二十萬名慈濟志工，分別在六千多個社區環保站，投入時間和精力以維護社區清潔，促進環境保護。受到慈濟志工的啟發，成千上萬的家庭也開始在自家做起資源分類回收，資源回收的收入則捐給慈濟的慈善志業。環保資源回收就是一項公益社會企業。

慈濟環保站吸引了來自不同年齡層和社會地位的志工，從三歲到一百零四歲都有，包括博士生、企業家、員警、家庭主婦和外交官。全臺灣每年回收兩億多隻寶特瓶，據估計，慈濟人回收的量占其中三分之一。慈濟的環保志業也已經散播到菲律賓、馬來西亞、海地、印尼、中國大陸西南省分，以及南美洲國家。

在環保回收的實踐中，慈濟人學習珍惜物命，體現眾生平等觀，領悟蠢動含靈皆有佛性的生命終極情懷。從回收達到物質的簡約，做到物質使用的減量（Reduce）。

不論是早上四點起床的八十多歲老奶奶，或是眼盲身體殘疾的志工，包括金控公司的董事、外國大使及夫人，也不管是企業家或家庭主婦，來到環保站都重新體會到生活奢華對大地、對社會的代價。體驗到物有物命，應該珍惜體會每一個生命的價值。這比起念經、打坐，對人的智慧及心靈之啟發，應是有過之而無不及。

環保站同時也是心靈療癒和提供相互勉勵的地方。藉由參與環保回收，慢性疾病和心理疾病的患者發現可以因此得到心靈撫慰，進而改善自我狀態。研究顯示，資源回收和重建自信之間有一種心理的暗示性關聯（Psychological Implication）。當一位老人家拾起一個寶特瓶，他心裡會想，這被遺棄的寶特瓶還有用，還可以再製成急難救助用的毛毯，他老邁的身體也依然可用。從回收物看到「物命」的可貴，從珍惜「物命」看到自我生命的價值。環保資源回收保護了地球與環境，也回收了、重拾了志工生命的自尊與價值。

此外，某些有憂鬱症、心理障礙、吸毒、賭博、酗酒傾向的受訪者，以自身經驗證明，藉由參與慈濟的環保回收志工活動，他們得以戒除所有不好的惡習。這些受訪者甚至明確指出，藉由專注於資源的分類，他們學會重新組織自己的人生，並且減少擔憂和不確定性影響他們的生活。慈濟環保志業推動改變人與地球、人與社區、人與人、人與自己的關係。這是社會企業的力量之一。

慈濟於二〇〇八年開創大愛感恩科技公司，將環保志業推展到另一個嶄新的階段。大愛感恩科技公司是一個社會公益企業，由五位公益實業家捐資成立。該公司以環保資源再利用為主軸，將回收的塑膠瓶再製成毛毯和衣服。隨著慈濟人關懷苦難的足跡，至今已送出八十七萬五千六百五十條的毛毯到全球三十四個受災國家，而大愛感恩環保織品也已經正式在定點流通，其盈餘全數回饋慈濟基金會投入慈善公益。當初大愛感恩科技公司的五位創辦人，是長期投入慈濟國際救災的志工，他們也是這項社會企業的志工；不只自掏腰包投入資金創建，自己更投注一切心血，不但不支薪，所得還歸慈善。他們是典型的志工企業家。而大愛感恩科技公司也是全臺灣第一家環保社會公益企業。

大愛感恩科技的社會企業型態運營的目的，不是推展環保科技產品，而是提倡環保的理念。一向被視為垃圾的塑膠瓶，在慈濟志工手中化身為賑災毛毯，變成具設計感的衣服、圍巾與手提袋。這些製品原本必須繼續仰賴挖石油，但是資源回收與大愛感恩科技讓垃圾成為新形態的城市礦產。

大愛感恩科技更希望人們透過使用環保科技製品，更切身感受地球溫室效應的危機，而能從生活中力行環保、節能。從回收環保，到科技再製環保，最終達到心靈環保，亦即減量救地球。建立無公害的生活，無污染的地球，回歸大地的清淨，達到與地球共生息。

第十節　萬物共生共榮

萬物一體善企業

經濟活動的至高目標是促進一切萬物共生、共榮。

對於當代處處講求個人，強調個體的社會而言，共生、共榮的思想或許很邈遠。然而從中國儒、釋、道，乃至西方的希臘哲學、基督文明、當代科學而言，莫不認為世界本就是一體，只有我們體認萬物是共生，萬物才能因我人類共榮，我們現實的事功與人生才能持續興盛繁榮。

萬物本為一體，但人類文明的許多發展，卻把我們推出那個巨大的集體能量。

現代文明教導我們——「人」的根本是自己、是自我；但自我竟是孤寂的起點。

《聖經》所言，當亞當、夏娃吃了禁果，開始認識自己之後，他們開始分別了你、我，分別自己、他人和自然萬物是不相同的；這種認識竟是自我孤寂的開始，也是原罪的肇因。[25]

在歷史的進程中，我們不斷地背道而馳，將自己與一切整體之能量分離。當人類發明文字，就與萬物的實體分離；當我們發展了科學，就脫離了使人們渾然一體的宗教；當我們發展工業，就脫離了家庭；當我們發明了電視，就脫離了學校；當我們擺脫了貧窮，我們也脫離了一切權威所加諸的束縛。

聽過金錢使人自由嗎？金錢畢竟沒有使多少人的內心真正獲得自由。終於，聰明的人類逐漸找到一個屬於個人的獨立價值觀，獨特的專長和特立的人格。但就在個人化逐漸成形之際，人們卻發現最後他必須孑然一身，面對一個充滿孤獨、茫然又危險不安的世界。

不止於此，在強調個人主義的當代，人們用盡各種方式逃離自我；渴望在無止盡的情慾追逐中，透過彼此身心的水乳交融放棄自我，亟欲在酒的迷醉中拋掉自我，沉湎在吸毒的狂亂顛倒中脫離自我，甚或埋首在工作的匆忙中忘記自我。

即使中規中矩的你會說：我沒有藉由這些放縱來逃避自我。但是當我們翻開報紙，打開電視，就開始和群體社會相連結；當我們拿起信用卡，因著電視廣告所推介的商品而進行消費時，我們就不再是一個特立的自我及個體。一切都在群體約制中形塑著「我」。沒有人能以一個孤獨的個體存在這個世界。

而弔詭的是，在自由主義的旗幟下，個人一方面以自我之實現及自由作為最終的價值，極力宣稱擁有自我及獨立個體。但是一方面，人們又用盡各種方式在逃避自我和孤離的窘境。而在追逐自我個體發展失敗之後，當代人們嘗試著用一種散亂的、無秩序的、瑣碎的集體氛圍，取代過去秩序井然、價值縝密、群我和諧的團體模式。

在工業革命及理性主義發展之前，人類還是屬於群體社會的，在西方，中世紀人士是屬於教會及家庭的。在十八世紀以前的中國，個人很難想像離開宗族的自己到底是誰？

即使是李白這種浪蕩不羈的才子也要說「與君歌一曲，請君為我傾耳聽」，酒不是一個人獨飲的，是和朋友、詩及大自然相通連的。

所以李白最後才會說，「與爾同消萬古愁」，這麼愁，還是和朋友一起消愁，李白再愁也要和朋友一起消愁。因為那時候的人不被視為「個體」；個體和群體是不可切割的。

在東方，兩千四百年前印度太子悉達多在菩提樹下修行，有一天他夜睹明星而開悟在繁星點綴的夜

25 佛洛姆著，孟祥森譯（一九九五），《愛的藝術》，臺北：志文，頁二一一—二一二。

空中，他澈悟了宇宙的究竟之法。佛陀覺悟到，萬物原本都是一體的，一切都在不可思議的因緣中分離著，同時又契合著。

東西方的古老智慧不斷告訴我們，個體和群體之不可分割及相互依存之道。西方心理學家榮格說，每一個人如果要獲得生命的完整，或要取得更巨大的能量，就得讓心識通向集體潛意識。

有一次慈濟的證嚴上人對著一群人文工作者說：「你們總是追求大海表面的那種澎湃洶湧的浪，但其實大海的深處是無限的平靜。心的本質也是如此。平靜最美。」

波浪再怎麼壯闊，沖上岸之後，還是要往海底深處退入、潛藏。然而凡夫不只喜歡波浪，當波浪拍打上岸，甚至還甘心囚困在污泥淖裡面，這是清淨自性的沉溺與蒙塵。

困在污泥淖裡的水，儘管你再怎麼清，總是更深深地陷在裡面。這就是《四十二章經》第十六章所說的：「人懷愛欲，不見道者，譬如澄水，致手攪之，眾人共臨，無有睹其影者，人以愛欲交錯，心中濁興，故不見道。」

污泥巴裡的水，越攪越髒，越舀越濁。「斷欲去愛，識自心源」，就像深陷污泥的水，回歸清靜的大海。所以上人說：「一滴水能夠不乾涸，是因為它融入閃亮的大海。」

因為人心是脆弱的，很難自拔。生而知之者畢竟有限。學而知之者，已屬難能可貴。靠什麼學？就是境。境教，是最大的一種力量。環境的因襲薰染，可以讓人沉溺，也可以讓人超拔。

歷史以來的廟堂、教會，古代中國的聖哲書院，或者當代證嚴上人建立的慈濟世界，都是提供一個清淨的大海，讓人回歸這個集體共善的能量，讓薰染的心，得到清淨的力量。

基督教常說：「在人不能，在神凡事都能。」因此要大家禱告上帝，依靠上帝才能得到救贖。[26]對於慈濟人而言：「你不能的，慈濟能！」慈濟，就是一個共善的、清淨的大能量，它讓困在泥濘中的水，尋回清淨的大海。

這大海，用心理學家榮格提出一個集體潛意識觀點來說明，榮格說集體潛意識存在宇宙中，也存在每一個人的心靈意識中。人的心其實能通向宇宙更大的力量，這能量基督教稱為上帝。佛教稱為「心識」——萬物唯心造；伊斯蘭教稱為真主阿拉；印度教稱為梵天。

榮格說，每一個偉大的人都懂得運用這股集體潛意識。但是集體潛意識同時也是危險的，因為它巨大的能量可能也會因個人心靈的容器無法承受而將之撕裂。集體潛意識對於個人來說，其巨大的能量形式，對於小小的心靈容器而言可以是混亂的、無秩序的、沉重的。

因此如何引導集體潛意識成為重要的一種智慧。基督教透過《聖經》與教會去接觸聖靈。宗教的儀式與經典，都是讓凡人學會逐步去承載那巨大潛意識之海的能量。

慈悲等觀善企業

佛陀教法——「無緣大慈，同體大悲」。與我們不相識的人我們要愛他，與我們每日相處的人，我們更要付出關懷。

同體大悲，必須深入每一個生命之中，去體會生命的無常本質，盡一切力量去關懷撫慰。而每一個生命，指的不只有形的生命，佛陀所說，愛一切眾生，這眾生，不只是人類，不只是有形的生命體，更包含往生者，包含一切物質的生命，一切天地萬物，即使一張紙，一片葉，一個寶特瓶，都富含生命，我們都必須同等地珍惜疼愛。

善經濟正是建立在愛一切生命的基礎上發展、成長、茁壯。

禪宗六祖慧能大師曾說：「世界虛空，能含萬物色像……，世人性空，亦復如是。」

26《聖經（和合本）》（二〇一七），〈馬太19:26〉，《新約聖經》。新北市：財團法人臺灣聖經公會，頁二七。

人心如虛空，包含萬物。這是商者內聖外王之道。這是商者為轉輪聖王的修養。

中國禪宗以適切的語言「世界虛空、世人性空」表達了他入世間修行的真義。這一如孔子所說：「天何言哉？四時行焉，百物生焉。」

天無言，因此不是人格天，不是上帝，是一個能創造萬物的大化流行。所以說「大道之行也，天下為公」。[27]這天不離道。這道是大自然運行的生生不息之法則。而人必須學習這法則，所以才說「天行健，君子以自強不息」。[28]

能為君子，方為善企業。

遵循天的法則即為君子。天的法則之於人，人必須學習天的謙卑之道。

如孟子云：「莫之為而為者，天也。莫之致而至者，命也。」[29]天命，意指非人為，非他為，是冥冥造化之決定。這造化之物亦非基督教之上帝，而只是一種超越人為力量，又含有人為力量的自然力。這自然力是一切生命的總體，這總體的能量不是隨機的，而是有道理的。所以人必須「順天理，存人欲」。如《中庸》言：「能盡人之性，則能盡物之性，能盡物之性，則可以贊天地之化育，可以贊天地之化育，則可以與天地參矣。」

表示人與天地都是遵守一定的規則，此為天道。人的最高目的就是與此天道合一，此即「天人合一」的精神。

《易經》〈乾卦〉云：「與天地合其德，與日月合其明，與四時合其序，與鬼神合其吉凶，先天而弗違，後天而奉天時。天且弗違，而況於人乎？」不違天，與天地合，與四時萬物合，是中國人的天道觀。

儒家強調天人合一，人與萬有結合。人不等於天，人不等於萬物，只是與天道合、與萬物合。

人本是儒家思想的特色，如孟子說「萬物皆備於我」，這可能是我為萬物之靈，亦是於我之中萬物皆備，此為大我之意。雖然萬物都於我之中，但是「反身於誠，樂莫大焉」。[30]反身而誠有謙卑的意涵，有我心是天地萬物心之意。

相應的佛教強調萬法唯心、萬物平等觀。人人可成佛，心、佛、眾生三無差別。佛性就是體解一切萬有真理的覺悟者，佛性與一切萬有無區別。從這點看，佛教比起儒家更徹底地強調萬物的同一。其目標是無分別：人與萬物無分別、人與佛無分別。

莊子也說：「天地與我並生，萬物與我為一。」這說法似乎更接近佛教無分別平等觀的立場。

利益萬物為善企業

萬物的「生與有」是道家所肯定的，只是這種孕育萬物的力量是「不辭、不宰」。如老子言：「大道氾兮，其可左右，萬物恃之而生而不辭，功成不名有，衣養萬物而不為主。」[31] 如老子言：「人法地，地法天，天法道，道法自然。」這裡的法，有「從」與「同」之意。道最後回到自然，道是自然的一部分。

人也應行於道中。自然有兩意，一是大自然，如錢穆先生與季羨林先生所主張。一是自我的本然。前者是人與大自然宇宙萬物、萬法的同與從。這一切從自我本然出發，又回到自我的本然。

中國天道不離自我的生命，這與佛教「不離心說覺悟」都是回歸自性的一種究竟生命覺悟觀。

27〔漢〕鄭玄注，〈禮運第九〉，《四禮集註．小戴禮記》。臺灣：龍泉，頁七七。
28 郭建勳譯注（二〇〇二），〈乾卦第一〉，《新譯易經讀本》。臺北：三民書局，頁八。
29 孫家琦編（二〇一九），〈萬章上〉，《孟子》。新北市：人人出版，頁二〇九。
30 孫家琦編（二〇一九），〈盡心上〉，《孟子》。新北市：人人出版，頁二八九。
31 王邦雄（二〇一〇），《老子道德經注的現代解讀》第三十四章。臺北：遠流，頁一五六。

在人生哲學上，儒家強調君子是於道也，造次必於是，顛沛必於是。而佛教強調「應無所住而生其心」，其生命理想仍有相應之處。

孔子曾慨言：「知我者其天乎！」[32]天知道聖者心，所以天地心與聖者心同，聖者心通於天地心。所以管仲言：「執一之君子，執一而不失，能君萬物。日月之與同光，天地之與同理。」[33]

佛與天地關係為何？佛心是覺悟一切真理的心。佛心不是作為一個人的感慨，盼望天之子他的心。佛心無瑕、無穢、清淨光明，總一切法，無所不知、無所不照，是聖者，似亦超乎人的聖境。

佛與儒道之會合是中國哲學第二次的大融合與大創造。儒家的天人合一遇上佛教「涅槃寂靜」。老子「無為而無不為」遇上佛教的「緣起性空」，是人類一大思想融合的大躍進。中國人不喜無、不喜空，所以中國禪宗強調「空」是如宇宙的空，含萬色萬物的空。

《六祖壇經》說：「世界虛空，能含萬物色像……，世人性空，亦復如是。」初期大乘般若經是以離於常斷見之中道言空；在中觀是不有不無，八不中道之空；在唯識是有無中道之空。

涅槃之「非有非無」，與「天人合一」的精神交相融合後為慧能大師的「虛空含萬有」，杜順大師的「法界緣起」、「佛性緣起」、「法性緣起」都是從擬實體性的「一」與「大」統攝萬物、萬法之融與容。這似乎是天人合一精神的融會與轉化。乃至天台的「一念三千」，似有聖人心與天地萬物心和合之意。

當代慈濟宗開創者證嚴上人闡述覺悟的佛陀與真理合一。證嚴上人說：「佛陀覺悟的心靈境界是華嚴世界，『華嚴』兩字形容覺悟境界美如蓮花，是靜寂清澄、清淨無染的莊嚴心境。此等覺悟心境融通宇宙萬理，也了解到眾生皆有佛性，故希望引導眾生回歸清淨本性。」[34]

證嚴上人在承繼佛教思想的同時，似涵融中國哲學天人合一之思想底蘊於其中。《長阿含經》曾神妙地描述佛陀出生時的景況，腳踩七步蓮花，一手指天，一手指地，說出「天上天下唯我獨尊」。

證嚴上人詮釋說：「佛陀所說的天上天下唯我獨尊之意，是我已為真理之化身，我是大我意。我即真理，我與真理合一，唯我獨尊，亦即唯真理是尊。」[35]證嚴上人的見解與詮釋對當代理性主義追求真理者有契理契機的啟示。

大乘佛教強調諸佛菩薩迴向人間，在無數劫中救度眾生。佛陀入滅實不入滅，佛身非有非無，佛陀法身常在，應化無數生身回到人間救拔苦難眾生。這是與道家闡述「有無同宗」、「有無相生」之妙有相印的思想基礎。

老子言：「無名天地之始，有名萬物之母。」[36]與佛教的無為法、有為法之相攝、相涵之意亦能互為理解。中國哲學天道觀把人與天地萬物都相互涵融統攝在一起。佛教則強調成就一切種智，體悟真如本性，契入萬有、萬法的不二境界。

儒、釋、道都傾向萬有與一己的涵融、合一、順應、無差別，是故他者與我者無別，愛他就是愛己，利他就是利己。

利他不是為己，利他就是利他，因為在生命的深處，在宇宙萬法的本質，一切本無分別。佛、儒、道的生命理想無不都是通向利他的精神世界。

利他不是為己，利他就是利他，因為在生命的深處，在宇宙萬法的本質，一切本無分別。佛、儒、道的生命理想無不都是通向利他的精神世界。

32 傅佩榮解讀（一九九九），〈憲問第十四〉，《論語》。新北市：立緒文化，頁三六一。
33 湯孝純注譯、李振興校閱（一九九五），〈心術三十七〉，《新譯管子讀本（下）》。臺北：三民書局，頁六八〇。
34 釋德仉編撰（二〇一五），《證嚴上人衲履足跡》，二〇一五年春之卷。臺北：慈濟人文出版社，頁一三八。
35 證嚴上人（二〇一四），《靜思晨語》，靜思精舍。
36 王邦雄（二〇一〇），《老子道德經注的現代解讀》第一章。臺北：遠流，頁一四。

善企業的心靈陶冶

善經濟的至高目標，盼望引領企業家可以為儒家中的聖賢；企業家可以是佛教中的轉輪聖王；企業家是基督教中上帝的選民。

企業創造物質，物質造就人類的文明。企業家創造財富，財富使得人民國家安樂繁盛。企業家知人善任，物盡其用，這是聖賢的修練。

《中庸》當中的一句話最能定位善企業家修練目標，《中庸第三十一》言：

> 唯天下至誠，為能盡其性。能盡其性，則能盡人之性。能盡人之性，則能盡物之性。能盡物之性，則可以贊天地之化育。可以贊天地之化育，則可以與天地參矣。

偉大的企業家「能盡人之性」，繼之「能盡物之性」。能盡物之性，則可以參天地之化育，則可以與天地參矣。這是善企業家最高的生命理想。

這前提是誠。誠的意涵如剛才所言，是純淨、慈悲、智慧的總和。修誠從純淨著手，純淨必須去貪，去貪以布施為本。能多為人付出，就能逐漸地去貪。能真心地去為他人付出，就能啟發自我的慈悲。能為人付出，人家能歡喜地接受，就能鍛鍊出智慧。

所以在為他人的付出中，去貪，純淨。在不斷地為他人的付出中長養慈悲。在一切的付出中，鍛鍊智慧。

善企業的實踐，有賴個人修養與心靈力量的建立。

如何建立一個與萬物共生共榮的心靈與現實境界，甚至體解參天地之化育，是善企業的個人及機構努力的目標。

善企業的六項修練

善企業實踐者的心靈提升，吾人提出六項修練。

這六項修練來自佛教的六度般若。佛法的「六度般若」是六種佛陀教導弟子的生命智慧，「般若」即智慧之意。所謂「布施、持戒、忍辱、精進、禪定、智慧解脫」。

布施以「利他」為本；

持戒以「原則」為本；

忍辱以「善解」為本；

精進以「涵融」為本；

禪定以「無執」為本；

智慧以「和合」為本。

六度般若的第一步「布施」，布施的真實內涵就是利他，就是去貪。越能布施的人，越是貪念少。「不貪，所以不貧」。

慈濟證嚴上人誇讚南非慈濟志工生活簡約，不富，但是不貪，所以不貧。他們勇於付出，因此心靈富足。我們可以歸結出越是貪的人，心越是貧，越是想要更多，越具侵略性與攻擊性。

若以此觀察具侵略性的國家，其自身之領土經常都已廣大豐饒，卻為何還要侵略他國？因為貪慾！剝削民脂民膏的政治領導人，經常都是富可敵國，卻還橫徵暴斂、需索無度，也是因為貪慾！因為貪，所以老覺得不足，這是一種「心貧」。

如果一個國家的富強是奠基於慾望的擴張，這個國家強盛後怎麼會不侵略他國？如果一個人的成就動機是來自於貪念，是源於自我慾望的滿足，那麼他的成就與發展，怎麼會不剝削他人？一切都是貪慾之心。

證嚴上人誇讚南非黑人志工「不貪，所以不貧」，也肯定他們為苦難人付出無所求的那一份施捨心。越是能布施的人，越不會貪。

但看到今日的社會鼓勵消費，鼓勵個人慾望，鼓勵自我的追求，甚於對他人的關心與付出。這樣的社會產生衝突與鬥爭是必然的結果。基於慾望與自我滿足的文化，必然產生出各種形式的衝突，必然造成種種的不和諧。

和平不是正義的相反，和平是貪念的相反。有貪念不會有和平，「因為貪，而取，因取，而奪。」如證嚴上人所說，因奪，而產生無止盡的爭鬥。

不只是貪慾帶來動盪與不和諧，貪慾的極度發展，必定造成不正義。強凌弱、富欺貧、君侮臣、臣逆君、官欺民、民反官、官官相逼、黨同伐異，不正是貪念所引起的不正義嗎！我們談正義與和平的兩難，其實不和諧與非正義都是源自於貪慾。

和平者不貪，義者不取，真正的正義者是勇於給予與布施。

一個鼓勵人人付出、人人無私奉獻的社會，必然是一個不貪、和平與正義的社會。

我們觀看今日國際間的各種爭鬥，各種以正義之名的諍訟，無不都是起源於貪，貪名、貪利、貪私所致。其唯一的解決之道，就是培養人人去貪與利他的精神。

仰賴政府以制度立法防貪止惡，不如提倡慈善工作，長養人人樂於布施的心。人們於布施中見苦知福，知福則感恩，感恩的心如何能起鬥爭？去貪的人，不爭、不取，樂於給予。

與其對抗不義，不如自己行義舉。

因此不要小看慈善對社會巨大深遠之影響。一個人能從行善到善行，從布施中去貪慾。不貪，就不貧，所以不取、不爭。

人人布施，社會就是充滿正義。強化義舉，社會自然和平。

「從布施中去貪」，似乎是根本解決當今社會衝突的唯一藥方。

去貪是消極的意義，布施是積極的意義，就是以慈悲心給予他人，以利他的心能夠給予他人，核心關鍵在無所求，能以無所求的心去付出，是佛陀倡議的無相布施，才是真正的布施他人。

布施是以歡喜心為前提，自己歡喜布施，接受的人也歡喜，甚至也一起布施。這是歡喜心的真義。慈濟強調「教富濟貧」，還要「濟貧教富」。就是做到歡喜付出，歡喜接受，最後同為布施者。

布施的另一層意義不只是物質的布施，而是精神的、心靈的、智慧的給予，所以通常叫做「法布施」。給予他人智慧，為他人解惑。他心裡有困難，讓他心開意解。這需要同理心，不控制的心，真正聆聽、了解、給予智慧。給予智慧的人自己要有智慧。自己的心靈必須強大。因此法布施是很高的境界。

布施的第三層意義是無畏施。無所畏懼的布施意味著勇氣具足，無障礙，能夠在任何地方，任何處境都不放棄慈悲的給予，無所求的給予。無畏，意味著智慧具足，無障礙。

因為智慧飽滿，所以任何人、任何情況他都能夠給予開解，給予啟發，能夠讓人心生歡喜，所以無障礙。

無畏施也意味著無所求，無求就無障礙。

布施之後就是持戒，持戒的意義就是信守原則，持戒就是縮小自己，能夠縮小自己，能夠守住原則，能夠節制慾望，才能夠真正強化心靈的力量。因為心靈的力量如果被慾望給捆綁，被外力給捆綁，就不可能發揮力量。

慾望雖然是內在的，但是慾望容易被外物所牽引，凡是能被任何外力牽引的，都會影響內心心靈力量的強大。

要擁有心靈的強大，一定要拒絕慾望的捆綁。

持戒之後就是忍辱。忍辱意味著要有同理心，要能善解。雖然遭受侮辱，雖然遭受不當的批評，雖然遭受誤會，我們要以同理心來關照、來同理批評謾罵我們的人，因此忍辱的前期就是善解，善於理解，我們就不會被對方所激怒。所以忍辱不是一味地一直忍一直忍，忍到忍無可忍終於爆發出來。一把無名火，就燒盡功德田。

因此忍辱如果是以善解作前提，那麼人們是可以承擔極大的誤會、批評、謾罵、扭曲甚至冤屈。連污辱我們的人，都還能愛他，都還要度化他，最終都還要跟他結好緣，甚至啟發他共同為眾生付出，這才是真正忍辱的真諦。

忍辱之後，第四項心靈的修練就是「精進」。精進就是能夠持續地往更高層次的心靈邁進，心能包含太虛，能夠容納一切萬事、萬物，就是精進之意。

在菩薩十地裡，有難勝地、遠行地，然後到達不動地。不動地就是到達第五項修練的禪定功夫。禪定是真正不為外境所干擾，不為外界所牽引，能夠內在堅定自我的心性，就是真正的禪定。禪定也是指「無入而不自得」的境界，任何境界他都能夠動中靜，在任何環境他都能夠「無所住而生其心」，生何種心？生歡喜心，生慈悲心，生智慧心，生無畏的心，生靜定心。

心靈的第六項修練是智慧，智慧的境界是任何情況、任何人，修行人都能夠為他解惑、啟發、給予能量，這就是智慧。

智慧在佛教的意思還包含著了解宇宙世界的一切法，總一切法，持一切善，叫做智慧。《無量義經》所述：「得大智慧，通達諸法。」[37]這是大家都追求的境界。能得一切智慧，能解一切世間問題，誰都盼望。但如何能辦到呢？

佛陀的智慧是在一切無所求的付出中，能到這樣的大智慧。

其實，不是得一切智慧去度化一切人，是度化一切人當中的一切智慧。

我們在事業中，就是在一切事業中得一切智慧，幫助一切人當中，長養一切慈悲。

經濟活動的中心就是人，讓人得利，讓人得歡喜。讓人得利，但不助長他的慾望，讓人得歡喜，但能讓他也願意給別人歡喜，這是商業經濟中的善方法。

37〔蕭齊〕荊州隱士劉虯作，《無量義經》卷一，《大正新脩大藏經》第九冊，No. 0276。

總結

建立共善的經濟體系

善經濟的目標是為人類建構一個「身、心、境」富足與和合的社會。這是儒家天人合一的理想，而今期望透過善經濟能夠在當代社會具體開展出來。

道家的上善若水，不爭而利益萬物，因而能常保自身的榮景。是為「上善」。

儒家的善，是人與人，人與天地一切關係的合宜圓滿。因此是為「和善」。

佛教主張萬法是一，因此要與一切萬物共生、共享、共榮，是為「共善」。

西方的文明則是強調遵循理性的道德生活，以創造現世的幸福，是為「至善」。

善經濟在指向物質豐饒的同時，也提供心靈清淨的實踐之道。在追求人類普遍富庶之際，永續地球的生命。

讓商業是善，物質也是善，心、物皆為善的理想，能體現在世間。

利他利己的善經濟

「上善若水，水善利萬物而不爭。」利益萬物而無所執，是「上善」。老子的根本思想，是成就一切事物之後，心靈的絕對超越。

老子的哲學是「生而不有，為而不恃，功成而弗居，夫唯弗居，是以不去」。先生成、先有、先創造然後超越。越是能超越，其成果就越長久。

老子是以相反的作用達到正向作用。以退為進，以謙為上，以無而有。在經濟思想上先付出後擁有。先利他，才能利己。越能利他，就越能利己。

利他的精神是不必害己的，害己的利他不是究竟的，也不會是長遠的。如果生命同等重要，如何犧牲這個人去救另一個人？

「利他不害己」這種利他才能行之長久，才不會淪為道德性的「應該之暴行」。這需要更高的智慧才能圓滿。

老子對於經濟生活強調小國寡民，我們前面篇章已經說明。其精神不是放棄世間，而是追求人人生活與精神的自由。這自由來自自然之道。「人法地，地法天，天法道，道法自然」。地之德承載萬物而無求；人效法地應當如此，成就一切，但是無求。無執，才能在生活上及心靈上自由。老子認為越是無求、無執，一切物反而更長久。

地法天，天之道是不自生，故能成其生。老子言：天長地久，天地之所以能長久，以其不自生。那依何而生？依萬物所需而生。「天地不仁，以萬物為芻狗。」芻狗是古代祭祀的標竿，以萬物為崇敬依歸之意。但是因為天不自生，故能成其生。不自生，故生。故生，就無法生。不自利則利，自利則不利。人效法天地亦復如是。聖人不仁，以百姓為芻狗。聖人不要自己定天下需要什麼，要看百姓需要什麼。天地乃是依萬物所需而生成創發，他自己不自訂固定的標準，所以能成就萬物各成其類、各顯其榮。這是天地之德，利益萬物。天之道，利而不害，聖人之道，為而不爭。天就是利他，聖人也是利他，利他而無爭、無求。利他而無求，故能成就天地之道。聖人付出無求，故能成其德。付出無求，故己越多。

這就是利他利己的哲學。善經濟就是遵循「利他利己」的天地之道。

幸福理性的善經濟

西方文明從蘇格拉底開始強調人的理性力量。惡是因為無知。善來自知識與理性。柏拉圖則是把理念的至善單獨出來與世間的物質分開對待，理念是至善，物質是變動生滅。因此至善是理型（Ideal）。亞里斯多德修正他老師的見解，認為理念與物質並存，理念離不開物質，物質離不開理念，正如蘋果的理念離不開蘋果。

到了康德，集西方思想傳統之大成，他認為至高的善是能遵循理性的善意志。

善意志獨立於一切非善的結果之外，它是純粹的、獨自存在的，是基於先天的理性，以及人先天的道德律令。依此律令行事，就是善。依此先天道德理性與律令的善意志，所創造的幸福，是為至善。

因此以西方傳統的善事遵循理性的道德律令，創造人間的幸福，是至善。以善經濟言之，遵循人類先天理性的道德律令，所創造的幸福，是善經濟的目標。

這裡必須強調人有先天理性，人有先天善意志，善意志是出於理性，理性是善意志的根源。以此創造善的生活、幸福的經濟生活，是善經濟。

因此，以西方人文主義的觀點，善經濟一定是符合理性、道德，並創造幸福。

這區隔了慾望、非理性、非道德所創造的經濟結果。慾望與非理性可能造就的是惡經濟。

理性與善意志創造的幸福是長久的，非短暫的。相反的，非理性與非善的意志所創造的幸福是短暫與虛無的。蘇格拉底早就言明，人因為無知才追逐慾望，因為它無法帶來最終的幸福與快樂。

西方文明眼中的幸福，是指物質的滿足、生活的快樂、美的追求、親情的愛所帶來的心靈富足。而這一切都奠基於至高的理性，即真理。

西方人文主義中的善經濟，涵蓋了理性、真理、道德、美與愛。

天人合一的善經濟

儒家天人合一的經濟體，是追求一切關係的合宜圓滿。我們將之稱為「和善」。

在儒家的思想當中，所謂的天人合一，是指人能夠體會天道，能夠體會萬物的本質，能夠實踐天道與人間的真理，這種人格必須以至誠之心為之。

誠者純正也，誠者慈悲也，誠者智慧也。

能夠有純淨、慈悲、智慧之心，就能夠透澈了解宇宙天地的本質，所以才說盡其性。敬畏天地之心指出本性，能夠了解透澈天地之本性者，就能夠了解人的本質、本性，能夠了解人的本質、本性，就能夠了解透澈運用物質的本性，能夠透澈運用物質的本性，發揮其最大的用途者，就能夠參與天地的創造。天地的創造包含了人至誠的本性，人之本性與萬物之性、天地之性融合為一。

儒家的天道落實到現實中就是仁與禮。仁者，「己欲立而立人，己欲達而達人」，這當然是利他精神了。這種仁的陶冶，在當代社會特別值得提倡。而儒家的禮是放在一個倫理次序裡，所謂君臣、父子、夫妻、兄弟、朋友的和諧關係。儒家眼中的善，就是人際間的和諧關係。

《大學》所言的誠意、正心、修身、齊家、治國、平天下。治理天下從修身開始。修身從孝悌開始。從今日的善經濟觀點言之，是與家人、同仁、夥伴、客戶以及地球環境都建立好的正向關係，就是仁，就是禮。一切的經濟生產都是有益於鄰里、有益社群、國家、世界、地球，就是仁。

《禮記》言：「故君子有禮，則外諧而內無怨，故物無不懷仁，鬼神饗德。」[1]

遵循禮的人，外部和諧，內部無怨，所有一切有形的物都懷著仁德的心，連鬼神都享受到這份德。

禮者，理也。禮的前提是懂道理，懂為人處事的道理。禮，就今日而言不必過度放在垂直的倫理關係次序，而是應該朝水平的方向發展。水平意味著扁平。公司老闆與雇員，不像君臣關係，而是形同父子關係又著重愛，因為善企業機構就是個家。同仁關係像是兄弟姊妹關係，講求悌。與客戶的關係像是朋友的關係，講求義。與大自然關係像是與母親的關係，講求敬與惜。

以儒家重建當今企業的內部與外部倫理，從天道、到仁、至禮，其運用性仍然十分適切與需要。

善企業是過去的鄉里宗祀廟堂，企業主是宗族長，裡面有數不清的各種人才與關係，基於義與理，

1〔漢〕鄭玄注，〈禮器第十〉，《四禮集註‧小戴禮記》。臺灣：龍泉，頁八二—八三。

則治理無礙。特別是義的重要性。《禮記》說：

義者，藝之分，仁之節也。協於藝，講於仁，得之者強。仁者，義之本也，順之體也，得之者尊。[2]

義需要智慧分辨時機及狀況，做公平合理的分配才是義。這些分配是以仁為根本，為最高衡量。能分配圓滿，符合仁，這樣的成就者一定是強者，是好的領導者。仁是義的根本，能使人與人和諧順服，得到大家的敬愛。

義，是指大家利益的協調適宜，這協調適宜不是基於純利益，而是依於仁。義的思想於今用於善經濟的領域，利益與同伴均霑。著重在大家滿意，並非平均分配，而是審察不同的條件下，利益如何公平合理的分配。對於企業如此，對於國家的經濟亦是如此。

以仁治，則和諧無礙。以義分，則皆大歡喜，以禮行，則和合圓融。

天道是一切宇宙運行造化的力量與法則。仁者與天道合。「仁」是人與天地萬物關係的適宜，「義」是利益分配的適宜，「禮」是人與人關係的適宜。這三者合一，就是「善」。

經濟的活動能做到與一切的關係都恰到好處——中道（仁）、合理（義）、合宜（禮）。儒家從天道、仁、禮、義，都是從事經濟的行事智慧與法則。做到以仁修德、以義修慧，以禮修和，是善企業家的目標。

企業經營能上下圓滿、客戶圓滿、股東圓滿。經濟體系能達到人人安居樂業，社會祥和，天下太平。樂業，義也；祥和，禮也；太平，德也。

身心境圓滿的善經濟

佛教的人間理想，是期望一切眾生都達到身、境、心具足圓滿的「共善」。

佛教對於世間的理想，在《藥師經》裡有充分的闡述。佛陀所揭示藥師佛的十二大願。完整地說明了一個理想善經濟世界之藍圖。

理想的善經濟世界，物質極度豐盛，黃金為繩，琉璃為地。在藥師佛的世界中，每一個人的身形都很美麗、健康、莊嚴。每一個人最終能利益他人，並且修持清淨心，還入人群，啟發更多人去幫助更多人，給予物質的豐饒，最美好的生活所需，身心安住，然後行菩薩道，走向人人覺悟的最高之共善。

藥師佛的第一大願：「願我來世得阿耨多羅三藐三菩提時，自身光明，熾然照曜無量無數無邊世界，八十隨好，莊嚴其身；令一切有情，如我無異。」[3]藥師佛莊嚴其身，也能使眾生形象莊嚴完好。

在一個物質豐饒的世界，在一個社會祥和、人文深厚、富而有禮的環境中長大，人的身體自然健康，形象美好，而且氣質莊嚴。健康是環境的健康及物質的條件所累積。形象美好是人文條件所打造。

藥師如來第一大願是希望自己有八十隨形，三十二相好，讓一切眾生見到他都心生歡喜，見到他五官缺陷都能具足，身體殘疾者都能夠恢復健康，心靈有幽暗者都能夠展現光明。

這意味著修行人到達這樣的菩薩跟佛的境界，能與一切眾生結好緣，因為智慧具足，才華兼備，慈悲充滿，所以能夠進入每一個領域，能夠跟每一個人都相處和諧無礙，甚至能啟發每一個人，給予每一個人智慧，啟發每一個人的慈悲。這是共善的建造者。所以才說是八十隨形，三十二好相，而且綻放光芒。

2〔漢〕鄭玄注，〈禮運第九〉，《四禮集註．小戴禮記》。臺灣：龍泉，頁八一—八二。

3〔大唐〕三藏法師玄奘奉詔譯，《藥師琉璃光如來本願功德經》卷一，《大正新脩大藏經》第十四冊，No. 0450。

這裡綻放光芒意味著讓自己與人人的心靈都得到啟發，都充滿光明，就像陽光照耀大地，讓萬物欣欣向榮，充滿繁盛喜悅一般。

藥師佛的第二大願是：「願我來世得菩提時，身如琉璃，內外明徹，淨無瑕穢，光明廣大，功德巍巍，身善安住，焰網莊嚴，過於日月；幽冥眾生，悉蒙開曉，隨意所趣，作諸事業。」[4]第二大願是願自己能以無比莊嚴、清淨的身心，安住於善地；所處的住宅、所工作的處所都是善地。不只自己事業與生活都如此地莊嚴、亮麗，甚至比美日月。還能夠讓每個人都能成就自己想要的事業。給予他人開導，給予他人幫助。

這個願的成就，先是要自我身心清淨，爾後呈現莊嚴富貴相。因而得以事業成就，居住大宅之中。繼而協助在幽暗中掙扎的人脫離黑暗，讓他們依著自己本具的能力與興趣，成就事業，這是無上的大功德。

藥師佛的第三大願：「願我來世得菩提時，以無量無邊智慧方便，令諸有情，皆得無盡所受用物，莫令眾生有所乏少。」[5]

這是描述物質世界極度豐富的世界，沒有一個人缺乏物質。每一個人都可以無盡地受用自己需要的物質。這跟荀子「養人之欲，給人之求」是一樣的理想。可見佛教沒有反對物質性的需求，而是希望以無比的智慧，創造無盡的物質給予眾生一切所需。這裡強調無量無邊智慧，以智慧創造豐饒的物質世界，不讓眾生有所缺乏。

藥師如來的第四大願：「願我來世得菩提時，若諸有情行邪道者，悉令安住菩提道中；若行聲聞獨覺乘者，皆以大乘而安立之。」[6]

第三大願是給予豐富的物質，接著第四大願就是挽救人的心靈。當有人行邪道，誤入歧途，心思行為偏差，藥師佛以菩提及覺悟的智慧，開導他、引領他也能夠安住在正確的、覺悟的智慧之中。所以言：「悉令安住菩提道中。」不只度化邪道之人，一切只專注自修自得的聲聞、緣覺等修行人，也能夠啟發他們入世間，為人群奉獻心力與智慧。

藥師佛的境界放諸企業家、放諸所有的善知識，都要發願為眾生，以智慧創造有效物質，進而再引導眾生得覺悟的智慧。

藥師佛第五大願是：「願我來世得菩提時，若有無量無邊有情，於我法中修行梵行，一切皆令得不缺戒，具三聚戒；設有毀犯，聞我名已，還得清淨，不墮惡趣！」[7]

藥師佛再發願，願他覺悟最高智慧之後，能夠輔導所有立志修行的人，都能守住戒律，犯戒者，也能夠聽聞到他的道德名聲，即刻悔改，還得清淨，不會墮入或沉淪惡道之中。

藥師如來第六大願是：「願我來世得菩提時，若諸有情，其身下劣，諸根不具，醜陋、頑愚、盲、聾、瘖、啞、攣、躄、背僂、白癩、癲狂、種種病苦；聞我名已，一切皆得端正黠慧，諸根完具，無諸疾苦。」[8]

藥師佛的第六大願是希望一切眾生，如果生來五體不全、五官不正，或耳聾、或眼盲、或佝僂，聽到我的名號者，能五官俱全，五體端正，種種疾病都能痊癒。

藥師如來的第七大願：「願我來世得菩提時，若諸有情，眾病逼切，無救無歸，無醫無藥，無親無家，貧窮多苦；我之名號，一經其耳，病悉得除，身心安樂，家屬資具悉皆豐足，乃至證得無上菩提。」[9]

4〔大唐〕三藏法師玄奘奉詔譯，《藥師琉璃光如來本願功德經》卷一，《大正新脩大藏經》第十四冊，No. 0450。
5〔大唐〕三藏法師玄奘奉詔譯，《藥師琉璃光如來本願功德經》卷一，《大正新脩大藏經》第十四冊，No. 0450。
6〔大唐〕三藏法師玄奘奉詔譯，《藥師琉璃光如來本願功德經》卷一，《大正新脩大藏經》第十四冊，No. 0450。
7〔大唐〕三藏法師玄奘奉詔譯，《藥師琉璃光如來本願功德經》卷一，《大正新脩大藏經》第十四冊，No. 0450。
8〔大唐〕三藏法師玄奘奉詔譯，《藥師琉璃光如來本願功德經》卷一，《大正新脩大藏經》第十四冊，No. 0450。

第七大願是希望他能夠對一切貧苦的眾生，無藥無救，無家可歸者給予救助，讓他們身體健康，生活安住，身心安樂。一切的家人、日常所需的一切物資都能具足豐富，最終還能追求生命的真理，證得覺悟的無上智慧。

藥師佛所希望的都是給予物質的豐富，身體的健康，然後修為心靈，證得清淨的智慧。

藥師如來的第八大願是：「願我來世得菩提時，若有女人，為女百惡之所逼惱，極生厭離，願捨女身；聞我名已，一切皆得轉女成男，具丈夫相，乃至證得無上菩提。」[10]

藥師如來的第八大願是為那些在不合理的社會體制下受苦的女性而發。傳統社會中女性的社會地位低下，因而受苦。甚至今日許多國家地區的女性地位仍然低下，藥師佛希望她們得到與男性一樣的公平待遇。具備與男性一樣的機會就業學習，認真修行，乃至證得覺悟的最高智慧。

直到今日，許多佛教國家不准許女性出家修行，即便出家也不給予出家人同等的修行與實踐的機會。藥師佛的大願是絕對地解放女性的禁錮，讓女性與男性都同樣地發揮自我、成就自我。

藥師如來的第九大願是：「願我來世得菩提時，令諸有情，出魔罥網，解脫一切外道纏縛；若墮種種惡見稠林，皆當引攝置於正見，漸令修習諸菩薩行，速證無上正等菩提！」[11]

藥師如來發願說，希望我能夠引導一切眾生，脫離不純正的信念或信仰，被歪曲的思想與環境捆綁而不自知的狀態，我都要引領他們離開這樣的束縛，走入正道，使他們逐漸理解菩薩道；菩薩道就是入眾生、入人群、去幫助一切眾生所需。在幫助他人中成就自己的慈悲與智慧，也就是利他度己。

這樣的大願，放諸善經濟、善企業，就是要引領一切走入歪曲道路的經濟活動者，都能轉變行正道，體現利他的經濟信念。在成就社會的同時，自身的事業與心靈也得以成就。

藥師如來第十大願是：「願我來世得菩提時，若諸有情，王法所錄，縲錄鞭撻，繫閉牢獄，或當刑戮，及餘無量災難凌辱，悲愁煎迫，身心受苦；若聞我名，以我福德威神力故，皆得解脫一切憂苦！」[12]

藥師佛不放棄任何一位眾生，連犯罪者、受難者，身苦或心苦的人，他都要拯救、脫度他們。使他們遠離牢獄、遠離苦難。遠離身苦與心苦。

藥師佛第十一大願：「願我來世得菩提時，若諸有情，飢渴所惱，為求食故造諸惡業；得聞我名，專念受持，我當先以上妙飲食，飽足其身，後以法味，畢竟安樂而建立之。」[13]

那些因貧困而犯罪者，我一定以最好的食物給予他、豐富他，然後再啟發他理解真理的快樂，能夠追隨正道與真理，從中得到大歡喜，並以此安立他們的生命。

藥師如來的第十二大願是：「願我來世得菩提時，若諸有情，貧無衣服，蚊虻寒熱，晝夜逼惱；若聞我名，專念受持，如其所好，即得種種上妙衣服，亦得一切寶莊嚴具，華鬘塗香，鼓樂眾伎，隨心所翫，皆令滿足。」[14]

我發願對生活在極為困苦環境中的人，被疾病、酷熱、嚴寒逼迫的人，我將提供給他們最美好的衣服，最美味的食物，賜予他們一切華美之物，以及最芬芳的香味。讓他們聽到最美的音樂，觀賞最美的演員、最好的表演。一切他們所想要的，我都給他們滿足。

藥師如來十二大願當中，包含著身體健康、物質豐饒，以及心靈清淨。藥師如來佛的大願當中，要

9〔大唐〕三藏法師玄奘奉詔譯，《藥師琉璃光如來本願功德經》卷一，《大正新脩大藏經》第十四冊，No. 0450。
10〔大唐〕三藏法師玄奘奉詔譯，《藥師琉璃光如來本願功德經》卷一，《大正新脩大藏經》第十四冊，No. 0450。
11〔大唐〕三藏法師玄奘奉詔譯，《藥師琉璃光如來本願功德經》卷一，《大正新脩大藏經》第十四冊，No. 0450。
12〔大唐〕三藏法師玄奘奉詔譯，《藥師琉璃光如來本願功德經》卷一，《大正新脩大藏經》第十四冊，No. 0450。
13〔大唐〕三藏法師玄奘奉詔譯，《藥師琉璃光如來本願功德經》卷一，《大正新脩大藏經》第十四冊，No. 0450。
14〔大唐〕三藏法師玄奘奉詔譯，《藥師琉璃光如來本願功德經》卷一，《大正新脩大藏經》第十四冊，No. 0450。

每一個五官缺損的、身體殘疾的、生理有病的、心靈有殘缺的，都能夠得到治癒，都得到健康，得到潔淨、得到圓滿。

可見藥師佛的慈悲，是要讓最苦的人享受最美好的生活待遇。美食、美服、美味、美音、美劇，無窮的美好物資，都讓他們無缺無乏。

這不就是當代哈佛的哲學家約翰．羅爾斯的《正義論》所倡導的「給予最弱勢者最大的利益」嗎？藥師如來大願的第一個特點是希望人人都享受著豐富的物質，琉璃為地，黃金為繩。那是一個充滿最極致的物質豐富，生活優渥、國家昌盛、社會祥和、人民無憂無慮，享受各種無止境的繁華。

而藥師如來十二大願更重要的就是菩薩道，希望每一個人都行菩薩道，度盡一切苦難的眾生。菩薩道是成就藥師如來十二大願「身體健康，物質豐饒，心靈潔淨」的關鍵。如果沒有菩薩道，這一切繁華的物質，人類身體的健康、心靈的純淨，都不復存在。

這是亞里斯多德一再強調的道德生活，與人建立愛的關係，參與並貢獻公共事務，才是至高的幸福。藥師佛的理想也是如此。愛一切眾生，給予眾生一切物資所需，引導一切眾生修持清淨心，繼而行菩薩道，去幫助更多的人，去啟發更多的人。最終自我覺悟至高的真理。那是至高的生命之幸福。藥師佛象徵著佛教對於整體人類社會以及有情萬物，共容、共享、共榮，乃至「共善」的最具體、最宏偉、最極致的願景與理想。

一顆看不見的心締造均富社會

利他，是一顆看不見的心，創造均富祥和的社會。

藥師佛的大願不在於他的神力，而是利他的願力。如果人人具備這樣的願力，具備這樣的利他之心，就一定能創造藥師佛所期待的富足、清淨、祥和的世界。

利己的思想支配了人類經濟發展幾百年，它一方面締造了人類社會繁榮富裕的景象，另一方面也把半數的人口推向剝削與窮苦的邊緣。從「囚徒困境」的理論中已經證實，利己的雙方永遠無法達到最大化、最合理、最佳的分配狀態，亦即無法達到「帕雷托最優」。只有利他才能實現分配的優化。

如英國劍橋大學諾貝爾經濟學家安古斯．丹頓所言，全世界百分之十的富有者，只要每人捐一美元，就能夠讓地球上所有人都脫離貧窮。但問題是，並不是每一個人都願意如此地布施。然而利他，卻是一顆看不見的心，能創造均富祥和的社會。

現代醫學科學家已經找到利他的腦區位Posterior Superior Temporal Cortex（PSTC）[15]，包括人類與動物都具備利他的腦部區位。

當動物看到同類受傷、當人類看到貧苦，或捐助的行為，我們內心的慈悲心會興起，腦部利他的部位會產生變化，ＰＳＴＣ區域會變大。如果我們人類能夠成功地進化、開發利他的情感，讓利他的心與情懷普遍建立，人類就不用擔心要用什麼方法才能締造一個均富、清淨與祥和的社會。因為「利他」，是一個看不見的心，能引導社會對財富作最合理的分配；會創造每一個個體富足、安樂的生活，會自然地引領人們尋找需要幫助的對象、集合大眾的智慧，尋求方法幫助弱者、幫助其他物種繼續生存，愛護地球，進而尋求人類的永續生命發展。

15 Charles Ethan Paccione (2019), *The Giving Brain: A Look at the Neurology of Altruism*, Brain World, 2019. Jan.

參考書目

一、中文文獻

1.《大方便佛報恩經》，《大正新脩大藏經》第三冊，No. 0156。
2.《四十二章經》，臺北：慈濟文化出版社，二〇〇〇。
3.〔東晉〕罽賓三藏瞿曇僧伽提婆譯，《中阿含經》，《大正新脩大藏經》第一冊，No. 0026。
4.〔大唐〕三藏法師玄奘奉詔譯，《藥師琉璃光如來本願功德經》，《大正新脩大藏經》第十四冊，No. 0450。
5.〔唐〕般若譯，《大乘本生心地觀經》，《大正新脩大藏經》第三冊，No. 0159。
6.〔唐〕慧能著（曹溪原本、改正版、敦煌本）（一九九八），《六祖大師法寶壇經》。臺南：和裕出版社。
7.〔宋〕天竺三藏求那跋陀羅譯，《雜阿含經》，《大正新脩大藏經》第二冊，No. 0099。
8.〔東晉〕瞿曇僧伽提婆譯，《中阿含經》，《大正新脩大藏經》第一冊，No. 0026。
9.〔蕭齊〕荊州隱士劉虯作，《無量義經》，《大正新脩大藏經》第九冊，No. 0276。
10. 聖勇菩薩等造，宋朝散大夫試鴻臚少卿同譯經梵才大師紹德慧詢等奉詔譯，《菩薩本生鬘論》，《大正新脩大藏經》第三冊，No. 0160。
11. 龍樹菩薩造，後秦鳩摩羅什譯，《大智度論》，《大正新脩大藏經》第二十五冊，No. 1509。
12.〔後秦〕北印度三藏弗若多羅共羅什譯，《十誦律》，《大正新脩大藏經》第二冊，No. 1435。
13.〔元〕古筠比丘德異撰，《六祖大師法寶壇經》，《大正新脩大藏經》第四十八冊，No. 2008。

14. 北印度三藏弗若多羅共羅什譯，《十誦律》，《大正新脩大藏經》第二冊，No. 1435。
15. 方廣錩整理，《大乘無盡藏法》卷二，《CBETA電子佛典集成》藏外（W）第四冊，No. 0042。
16. 《佛學辭典在線版V1-EBS》http://www.baus-ebs.org/fodict_online/，紐約，美國佛教會電腦資訊庫功德會。
17. 《聖經（和合本）》（二〇一七）。新北市：財團法人臺灣聖經公會。
18. 滕志賢注譯，葉國良校閱（二〇〇五），《新譯詩經讀本》。臺北：三民書局。
19. 屈萬里撰（一九八三），《尚書集釋》。臺北：聯經出版股份有限公司。
20. 郭建勳譯注（二〇〇二），《新譯易經讀本》。臺北：三民書局，初版三刷。
21. 〔漢〕鄭玄注，《四禮集註・小戴禮記》。臺灣：龍泉出版社。
22. 王雲五主編，王夢鷗注釋（二〇〇六），《禮記今註今譯》。臺北：臺灣商務印書館。
23. 〔東漢〕班固撰，〔唐〕顏師古注（一九六二），《漢書》。臺北：中華書局。
24. 傅佩榮解讀（一九九九），《論語》。新北市：立緒文化。
25. 王邦雄（一九九四），《論語義理疏解》。臺北：鵝湖出版社。
26. 孫家琦編（二〇一九），《孟子》。新北市：人人出版股份有限公司。二版一刷。
27. 曾昭旭（二〇〇二），《孟子義理疏解》。臺北：鵝湖出版社。
28. 〔清〕王先謙撰（一九九四），孔子文化大全編輯部編輯（一九九四），《荀子集解》。山東：山東友誼書社。
29. 王邦雄（二〇一〇），《老子道德經注的現代解讀》。臺北：遠流出版公司。
30. 黃錦鋐譯注（一九九一），《新譯莊子讀本》。臺北：三民書局，十版。
31. 湯孝純注譯、李振興校閱（一九九五），《新譯管子讀本》。臺北：三民書局。
32. 董仲舒著，朱永嘉、王知常譯注（二〇一二），《新譯春秋繁露》。臺北：三民書局，初版二刷。
33. 楊家駱主編（一九八二），《新校本史記三家注並附編二種》。臺北：鼎文書局。
34. 石聲漢（一九五六），《氾勝之書今釋》。北京：科學出版社。
35. 王守仁撰，吳光、錢明、董平、姚延福編校（二〇一一），《王陽明全集》。上海：上海世紀出版股份有限公司、上海古籍出版社。
36. 王陽明著，鄧艾民注（二〇〇〇），《傳習錄注疏》。基隆：法嚴寺出版社。
37. 大衛·麥克亞當斯著，朱道凱譯（二〇一五），《賽局意識：看清情勢，先一步發掘機會點的終極思考》。臺北：天下雜誌。
38. 大衛·霍金斯著，蔡孟璿譯（二〇一二），《心靈能量：藏在身體裡的大智慧》。臺北：方智出版社。
39. 哈拉瑞著，林俊宏譯（二〇一七），《人類大命運：從智人到神人》。臺北：天下文化。
40. 康德著，李明輝譯（二〇一五），《道德底形上學》。臺北：聯經出版股份有限公司。
41. 林火旺（二〇一三），《基本倫理學》。臺北：三民書局。
42. 李澤厚（一九九六），《美的歷程》。臺北：三民書局。
43. 約翰·凱恩斯著，陳林堅等譯（一九九二），《就業、利息和貨幣的一般理論》。臺北：時報文化。
44. 劉濟昆編著（一九九二），《毛澤東詩詞全集》。臺北：海風出版社，一版三刷。
45. 約翰·羅爾斯著，李少軍、杜麗燕、張虹譯（二〇〇三），《正義論》。臺北：桂冠圖書。
46. 傑瑞·穆勒著，佘曉成、蘆畫澤譯（二〇一六），《市場與大師：西方思想如何看待資本主義》。北京：社會科學文獻出版社。（原書：Jerry Z. Muller, *The Mind and the Market: Capitalism in Western Thought*）。
47. 宏偉口述訪談記錄，於中國長春百洋建設善企業訪談，二〇一八年十二月七日。
48. 托洛斯基著，簡文宜譯（一九八七），《被背叛的革命》。臺北：南方叢書出版社。
49. 陸民仁著（一九九五），《經濟學概論》。臺北：三民書局，增訂再版。
50. 約翰·希克著，蔡怡佳譯（二〇一三），《宗教之詮釋：人對超越的回應》。臺北：聯經出版股份有限公司。
51. 卡里·紀伯倫著，趙永芬譯（二〇一七），《先知》。新北：野人文化。
52. 艾力克·佛洛姆著，孟祥森譯（一九九五），《愛的藝術》，臺北：志文出版社，重排版。
53. 索羅金著，蔡伸章譯（一九九一），《現代潮流與現代人》。臺北：志文出版社，再版。
54. David Kiley，〈福特救亡找到豐田老將〉，《今週刊》第六〇七期，二〇〇八年八月十一—十七日。

55. 何日生（二〇〇八），《慈濟實踐美學（上）生命美學》。新北：立緒文化。
56. 何日生（二〇〇八），《慈濟實踐美學（下）情境美學》。新北：立緒文化。
57. 何日生（二〇一六），《善經濟：論資本市場的善性與道德》，《山東師範大學學報》，二〇一六年三期，二〇一六年五月二十五日。
58. 吳壽彭譯（一九六五），《政治學》。北京：商務印書館（原書：Aristotle (Ancient Greek), *Politics*）。
59. 余英時（二〇一〇），〈近世中國儒家倫理與商人精神〉，《中國文化史通釋》。倫敦：牛津大學出版社。
60. 馬克斯・韋伯（一九九一），《社會經濟史》。臺北：臺灣商務印書館。
61. 馬克斯・韋伯（二〇〇七），《基督新教倫理與資本主義精神》。臺北：遠流出版公司。
62. 柏拉圖著，吳松林譯（二〇一八），《理想國》。臺北：華志文化出版社。
63. 赫西俄德著，艾佛林・懷特英譯，張竹明、蔣平轉譯（一九九九），《工作與時日・神譜》。臺北：臺灣商務印書館。
64. 張伯健、陸大年譯（一九八一），《經濟論：雅典的收入》。北京：商務印書館（原書：Xenophen (Acient Greek), *Oeconomicus*）。
65. 納爾遜・曼德拉著，譚振學譯（二〇一四），《漫漫自由路》。桂林：廣西師範大學出版社。
66. 亞布力中國企業家論壇（二〇一九），〈馬蔚華：影響力投資是一個必然的趨勢〉，http://www.sohu.com/a/310848199_99947734（第二十二屆哈佛中國論壇馬蔚華主題演講）。
67. 林海（二〇一四），〈金融機構退出與金融消費者保障——海南發展銀行倒閉風波簡析〉，《中國商貿》，二〇一四年第四期。
68. 季大偉（二〇一二），〈招商銀行：曾經的歲月〉，投資老兵・新浪博客，http://blog.sina.com.cn/s/blog_599a507f01012l4n.html（下載日：二〇一二／四／八）
69. 沈茗（二〇一〇），〈「銀行信徒」馬蔚華〉，《理財》，二〇一〇年二期。河南：海燕出版社。
70. 芮沃壽著，常蕾譯（二〇〇九），《中國歷史中的佛教》。北京：北京大學出版社（原書：Arthur F. Wright,

Buddhism in Cinese History）。
71. 湯恩比著，陳曉林譯（一九八〇），《歷史研究》。臺北：桂冠圖書。
72. 修馬克著，李華夏譯（二〇〇〇），《小即是美：一本把人當回事的經濟學著作》。新北市：立緒文化。
73. 樓宇烈（二〇一三），《宗教研究方法講記：繼承與批判》。北京：北京大學出版社。
74. 樓宇烈、赫曼・李奧納等著（二〇一七），《慈濟宗門的普世價值》。臺北：財團法人慈濟傳播人文志業基金會。
75. 龐士東著，葉家興譯（二〇一四），《囚犯的兩難：賽局理論與數學天才馮紐曼的故事》。臺北：左岸文化出版社。
76. 釋太虛（一九九八），《太虛大師全書》。臺北：善導寺佛經流通處印行。
77. 釋印順（一九九二），《唯識學探源》。臺北：正聞出版社。
78. 釋印順（二〇〇三），《攝大乘論講記》。新竹：正聞出版社，新版二刷。
79. 呂澂（二〇〇〇），《印度佛學源流略論》。臺北：大千出版社。
80. 釋證嚴（一九八九），《靜思語》。臺北：九歌出版社。
81. 釋證嚴著，高信疆、何國慶、柯元馨、洪素貞編（一九八九），《靜思語》。臺北：九歌出版社。
82. 證嚴上人，《靜思精舍早課開示》。
83. 釋證嚴，《靜思精舍：結集中心開示》。
84. 釋證嚴（二〇〇七），《靜思精舍與清修士開示》。
85. 證嚴上人（二〇一三），《靜思晨語》，靜思精舍。
86. 證嚴上人（二〇一六），《靜思晨語：靜思妙蓮華》九一三集，播出日期：二〇一六年九月十三日。
87. 釋德𠆩編撰（二〇一五），《證嚴上人衲履足跡》二〇一五年春之卷。臺北，慈濟人文出版社。
88. 釋證嚴（一九九一），《慈濟月刊》二九二期，一九九一年四月二十五日。臺北：財團法人慈濟傳播人文志業基金會。

89. 釋證嚴（一九九八），《慈濟月刊》三七八期，一九九八年五月二十五日。臺北：財團法人慈濟傳播人文志業基金會。
90. 釋證嚴（二〇〇三），《慈濟月刊》五五八期，二〇一三年五月二十五日。臺北：財團法人慈濟傳播人文志業基金會。
91. 釋證嚴（一九九六），《回歸心靈的故鄉》。臺北：慈濟人文出版社。

二、西文文獻

1. Antoine de Saint Exupéry (1933), *Wind, Sand and Stars*, Lewis Galantière (Trans), New York: Reynal and Hitchcock.
2. Barry O'Mahony & Antonio Lobo (2017), *The Austrlia Organic Industry*, Current and Future trends. Land Use Policy (66).
3. Bell, D. (1976), *The cultural contradictions of capitalism*, New York: Basic Books.
4. C. Daniel Baston (2014), *The Altruism Question--Toward A Social Psychological Answer*, London: Psychology Press.
5. C.G. Jung, R.F.C. Hull (1969), *The Archetypes and Collective Unconscious*, Collected Works of C.G. Jung Vol.9 Part 1.
6. Chao Kang (1986), *Man and Land in Chinese History*, Stanford: Stanford University Press.
7. Charles Ethan Paccione (2019), *The Giving Brain: A Look at the Neurology of Altruism*, Brain World, 2019. Jan.
8. Clair Brown (2003), *Buddhist Economics: An Enlightenment Approach to the Dismal Science*, London: Bloomsbury Press.
9. Colin D. Pearce (2013), *Aristotle and Business: An Inescapable Tension*, Handbook of the Philosophical Foundations of Business Ethics. Vol.1, Springer Publishing.
10. Darrell K. Rigby, Jeff Sutherland & Andy Noble (2018), *Agile at Scale*, Harvard Business Review (the May-June 2018 Issue), Massachusetts: Harvard Business Publishing.

11. Greg Bailey & Ian Mabbett (2003), *The Sociology of Early Buddhism*, Cambridge: Cambridge University press.
12. H. van Werveke, *The Cambridge Economics History of Europe from the Decline of the Roamn Empire*, Cambridge: Cambridge University Press.
13. Hennie Stander (2014), *The Oxford handbook of Christianity and Economics: Economics in the Church fathers*, Oxford:Oxford University Press.
14. Hyek, F. A. (1967) , *Prices and Production*, New York: Augustus M. Kelley Publisher.
15. Hyek, F. A. (1994), *The road to serfdom*, Chicago: University of Chicago Press (Originally published in 1944).
16. Immanuel Kant (1997), *Groundwork of the Metaphysics of Moral*, Mary Gregor and Jens Timmermann (Edited and Trans), Cambridge: University press.
17. Karl Jaspers (1950), *The Perennial Scope of Philosophy*, Ralph Manbeim (trans), London: Routledge & Kegan Paul, Philosophical Library.
18. Karl Jaspers (1996), *The Great Philosophers*, New York: Harcourt, Brace & World.
19. Kazimierz Z. Poznanski (2015), *Confucian Economics: The World At Work*, World Review of Political Economy, Vol. 6 No2, Summer 2015.
20. Kehoe, D. P. (1992), *Management and Investment on Estates in Roman Egypt during the Early Empire* (Papyrologische Texte und Abhandlungen 40), Bonn: Habelt.
21. Keynes, J. M. (1936), *General theory of employment interest and money*, New York: Harcourt, Brace and Company.
22. Lester M. Salamon(2010), Director of Johns Hopkins Center for Civil Society Study: "Putting the Civil Society Sector on the Economic Map of the World", *Annuals of Public and Cooperative Economics*, New Jersey:Wiley-Blackwell.
23. Luigino Bruni and Stefano Zamagni (2014), *Economics and Theology in Italy Since the Eighteenth Century* (The Oxford Handbook of Christianity and Economics), Oxford: Oxford University Press.

24. Mark Casson and Catherine Casson, *The history of entrepreneurship: Medieval origins of a modern phenomenon*, Business History, Rouledge Publishing.
25. Martin Heidegger (1962), *Being and Time*, Stambaugh, Joan(Trans), New York: Harper & Row, Publisher Incorporated.
26. Marx, K. (1976), *Capital: Critique of political economy*, London: Penguin Books (Original work published in 1867).
27. Marx, K. & Engel, F. (2002), *The Communist manifesto*, London: Penguin Books (Original work published in 1848).
28. Matthieu Ricard (2015), *Altruism: The Science and Psychology of Kindness*, London: Atlantic Book.
29. Muhammad Yunus (2008), *Creating A World Without Poverty: Social Business and the Future of Capitalism*, New York: Public Affairs.
30. Myers, R. H. (1970), *The Chinese peasant economy*, Boston: Harvard University Press.
31. Paul Jakov Smith(1999), *Shen-Tsung's Reign and the New Policies of Wang An-Shih(1106-1085)*, The Cambridge history of China, Cambridge University Press.
32. Pesterfield, H. (2007), *Traditional Lead Climbing: A Rock Climber's Guide to Taking the Sharp End of the Rope*, Birmingham: Wilderness Press.
33. Pierre Bordeaux, Richard Nice (1977), *Outline of a Theory of Practice*, Cambridge: Cambridge University Press.
34. R De Roover (2008), *The Cambridge Economic History of Europe from the Decline of the roman Empire*, Cambridge: Cambridge University Press.
35. Schumpeter, J.A. (1947), *Capitalism, socialism and democracy*, New York: Harper & Brothers (Original work published in 1942), Chinese Copy by Rive Gauche Publishing, 2003.
36. Schumpeter, J.A. (1994), *History of economic analysis*, E. B. Schumpeter (Ed.), New York: Oxford University Press (Original work published in 1954), Chinese Copy by Rive Gauche Publishing, 2003.
37. Smith, A. (1999), *The wealth of nations*, London: Penguin (Original work published in 1776).

38. Thomas C. Scott-Phillips, Thomas E. Dickins, Sturart A. West (2011), *Evolutionary Theory and the Ultimate-Proximate Distinction in the Human Behavioral Sciences*, Perspectives on Psychological Science, January 2011 Vol. 6 No. 1 SAGE Journal.
39. Trotsky, L. (2009), *The revolution betrayed*, Atlanta: Pathfinder Press (Original work published in 1936).
40. Vygosky (1992), *The Zone of proximal Distance*, 1926. Educational Psychology. Robert Silverman (Trans). Florida: St. Lucie Press.
41. Walter Isaacson (2012), *The Real Leadership Lessons of Steve Jobs*, Harvard: Business Review (the April 2012 Issue), Massachusetts: Harvard Business Publishing.
42. Wang Zhongshu (1982), *Han civilization*, (K. C. Chang and collaborators Trans), New Heaven and London: Yale University Press.
43. Weber, M. A. (1968), *Society and economy*, G. Roth and C. Wittich (Ed.), Los Angeles: University of California Press, Chinese Publishing, Zhe Ging University Publishing Co.
44. Weber, M. A. (2003), *The Protestant ethics and the spirit of capitalism*, New York: Penguin Group (Original work published in 1905).
45. Wilson, K. E. , Silva, F. , & Ricardson, D. (2015), *Social impact investment: building the evidence base*, Social Science Electronic Publishing.

善經濟：經濟的利他思想與實踐

2020年3月初版　　定價：新臺幣550元
2023年11月初版第七刷

著　　者　何日生
叢書編輯　張擎
校　　對　吳美滿
內文排版　極翔企業
封面設計　兒日

出版者　聯經出版事業股份有限公司
地址　新北市汐止區大同路一段369號1樓
叢書主編電話　(02)86925588轉5305
台北聯經書房　台北市新生南路三段94號
電話　(02)23620308
郵政劃撥帳戶第0100559-3號
郵撥電話　(02)23620308
印刷者　世和印製企業有限公司
總經銷　聯合發行股份有限公司
發行所　新北市新店區寶橋路235巷6弄6號2樓
電話　(02)29178022

副總編輯　陳逸華
總編輯　涂豐恩
總經理　陳芝宇
社長　羅國俊
發行人　林載爵

行政院新聞局出版事業登記證局版臺業字第0130號

本書如有缺頁，破損，倒裝請寄回台北聯經書房更換。　ISBN 978-957-08-5493-0 (平裝)
聯經網址：www.linkingbooks.com.tw
電子信箱：linking@udngroup.com

國家圖書館出版品預行編目資料

善經濟：經濟的利他思想與實踐/何日生著．初版．新北市．
聯經．2020年3月（民109年）．512面．17×23公分
ISBN 978-957-08-5493-0（平裝）
[2023年11月初版第七刷]

1.經濟哲學　2.利他主義

550.1　　109002056